U0142687

圖解

五南圖書出版公司 印行

警報系統
消防安全設備

作者 **盧守謙**　協同作者 **陳承聖**

閱讀文字

理解內容

觀看圖表

圖解讓
警報系統
消防安全設備
更簡單

圖解系列

推薦序

推薦序

　　為培育出國家消防安全設備之設計、監造、裝置、檢修及防火防災實務型人才，本校特創立消防安全學士學位學程之獨立系所，建置了水系統、警報系統及氣體滅火系統專業教室等軟硬體設備，擁有全方位師資團隊，跨消防、工程科技、機械工程、電機、資訊等完整博士群組成，每年消防設日間部四技班、進修部四技班及進修學院二技班等，目前也刻正籌備規劃消防系（所），為未來消防人力注入所需的充分能量。

　　本校經營主軸為一核心之提升人的生命品質；三主軸之健康促進、環境保育、關懷服務；四志業之健康、管理、休閒、社會福利等完整理念目標。在消防學程發展上，重視實務學習與經驗獲得，促進學生能儘快瞭解就業方向；並整合相關科系資源，創造發展出綜合性消防專業課程模組，不僅能整合並加強教學資源，使課程更為專業及專精，還能順應新世紀社會高度分工發展，提升學生消防就業市場之競爭能力。在課程規劃上，含消防、土木建築、機械、化工、電機電子、資訊等基礎知識與專業技能，培育學生具備公共安全、災害防救、職業安全衛生管理等市場所需之專業領域知識；並使學生在校期間，取得救護技術員、防火管理人、保安監督人、CAD 2D、CAD 3D 或 Pro/E 等相關證照，及能考取消防設備士、消防四等特考、職業安全／衛生（甲級）或職業安全／衛生管理師（員）等公職及專業證照之取得。

　　本書作者盧守謙博士在消防機關服務期間累積豐富之現場救災經歷，也奉派至英國及美國消防學院進階深造，擁有消防設備師，也熟稔英日文能力，教學經驗及消防書籍著作相當豐富。本書再版完整結合理論面與實務面內涵，相信能使讀者在學習上有系統式貫通的了解，本人身為作者任教大學之校長，也深感與有榮焉，非常樂意為本書推薦給所有之有志消防朋友們，並敬祝各位身心健康快樂！

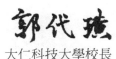

大仁科技大學校長

自
序

自序

警報系統關係建築物使用之人命安全問題，初期火災應變黃金時間通常是很短的，假使同棟建築物使用人（火災層或其上方樓層）也能儘速覺知這種危機，對其避難逃生愈是有利。在日本警報設備種類是採取多元化的，有緊急警報設備（緊急警鈴、自動警笛及廣播設備）及緊急警報器具（警鐘、攜帶式擴音機及手動式警笛）；手段不同，但能達到同等目的，且能快速取用到，因火災這種緊急狀態下，時間是相當迫切且分秒必爭的。

從日本消防設備場所設置上，四大系統中以警報系統要求較多，而建築物設計滅火設備之要求除滅火器外是採取較嚴謹的，這是考量警報設備直接關係人命安全與早期發現危機，設置成本也較經濟，尤文化財場所等；而滅火設備設置，投入成本相對較多，且滅火工作係以公設消防單位之專業滅火為主，因人民已納稅，政府自應負起保護之責，除不特定多數人聚集之特定防火對象物外，盡量不再要求人民付出高額經濟裝置滅火設備。

作者任教於大仁科技大學，學校特成立火災鑑識組織，由作者專責執行火災原因調查與鑑定、火災／消防研究產學合作及廠區防火安全技術顧問等，也順應社會市場需求，另於消防學程舉辦各種消防訓練班，有消防 20 學分班、防火管理人初訓／複訓班及消防設備師士考前衝刺班等推廣教育，也接受客製化消防訓練。在本書編輯上，特以消防設備師（士）國家考試及教學用書方式來撰寫，以火災學原理、警報設備構造、動作原理、系統組成，以圖示進行解說，並以考選部公告應考範圍，即各類場所消防安全設備設置標準、公共危險物品場所消防設計、檢修申報作業基準、消防安全設備認可基準、消防安全設備測試報告書測試方法及判定要領等，文末也納入消防設備師（士）近 10 年完整歷屆考題，非常適宜參加報考之讀者；也能作為消防設備從業人員在職進修之工具用書。倘若本書對教學與實務上有些微貢獻，自甚感榮幸，這也是筆者孜孜不倦動力來源。

盧守謙 博士
大仁科技大學消防學程火災鑑識中心主任

考試命題

消防設備師考試命題大綱

中華民國 108 年 12 月 31 日考選部選專五字第 1083302163 號公告修正

專門職業及技術人員高等考試消防設備師考試各應試科目命題大綱		
應試科目數	共計 6 科目	
業務範圍及核心能力	有關各類場所消防安全設備之設計、監造、裝置、檢修業務	
編號	科目名稱	命題大綱內容
一	消防法規	一、消防法規總論 （一）消防法。 （二）消防法施行細則。 （三）消防設備師及消防設備士管理辦法。 （四）消防安全設備檢修專業機構管理辦法。 （五）防焰性能認證實施要點。 （六）公共危險物品試驗方法及判定基準。 （七）防火牆及防火水幕設置基準。 （八）可燃性高壓氣體儲存場所防爆牆（防護牆）設置基準。 （九）公共危險物品及可燃性高壓氣體製造儲存處理場所設置標準暨安全管理辦法。 （十）消防安全設備檢修及申報辦法。 （十一）消防機具器材及設備認可實施辦法。 （十二）消防機關受理集合住宅消防安全設備檢修申報作業處理原則。 二、消防安全設備相關法規 （一）各類場所消防安全設備設置標準。 （二）消防機關辦理建築物消防安全設備審查及查驗作業基準。 （三）各類場所消防安全設備檢修及申報作業基準。 （四）複合用途建築物判斷基準。 （五）二氧化碳及乾粉滅火設備各種標示規格。 （六）消防幫浦加壓送水裝置等及配管摩擦損失計算基準。 （七）緊急電源容量計算基準。 （八）避難器具支固器具及固定部之結構、強度計算及施工方法。 （九）各項消防安全設備認可基準。 （十）消防安全設備測試報告書測試方法及判定要領。 （十一）滅火器藥劑更換及充填作業規定。 （十二）潔淨區消防安全設備設置要點。 （十三）住宅用火災警報器設置辦法。 （十四）119 火災通報裝置設置及維護注意事項。 （十五）水道連結型自動撒水設備設置基準。 三、建築相關消防法規 （一）建築法。

		（二）建築技術規則：包括建築設計施工篇第一章、第三章、第四章（第一、四、五、六節）、第十一章（第一、三節）、第十二章（第一、三、四節）。 （三）原有合法建築物防火避難設施及消防設備改善辦法。 （四）工程倫理。
二	火災學	一、火災燃燒基本理論 　（一）燃燒理論：包括可燃物、氧氣、熱源、連鎖反應及滅火原理等。 　（二）熱傳導：包括熱傳導、對流、輻射等。 　（三）火災理論：包括火災概念特性等。 　（四）火災分類：包括 A、B、C、D 類等火災之介紹。 　（五）火災化學特性。 　（六）爆炸工學：包括高壓氣體爆炸、分解爆炸、粉塵爆炸、蒸氣爆炸等。 二、火災類型 　（一）建築物火災。 　（二）電氣火災。 　（三）化學火災。 　（四）儲槽火災。 　（五）工業火災分析。 　（六）特殊場所火災。 三、預防與搶救 　（一）防火及滅火：包括火災防阻與搶救等理論之論述。 　（二）滅火劑與滅火效果：包括各種滅火藥劑及效果之介紹與評析。 　（三）火災生成物（煙、熱、火焰）之分析與處理。 四、火災工學 　（一）可燃物的燃燒種類、特性和過程。 　（二）火災過程中之熱傳導、熱對流、熱輻射。 　（三）浮升火羽（柱）的結構及其在火災發展過程中的熱流變化。 　（四）影響火災煙氣的產生、蔓延和控制的相關因素。 　（五）區劃空間火災特性。
三	避難系統消防安全設備	一、設備之構造與機能 　（一）包括基本原理、設備系統構造機能 　（二）構件元件之檢定、認可、檢驗測試原理 二、設備法規 　國內相關法規及解釋令：包括各類場所消防安全設備設置標準、審勘作業規定、各類場所消防安全設備檢修及申報作業基準及相關實務 三、設計實務 　包括設計步驟、設計公式、繪圖及其實務應用 四、設備竣工測試 　含審勘作業規定 五、設備檢修要領（含檢修作業規定） 　（一）設備機能之檢測 　（二）檢測儀器之操作使用
四	水系統消防安全設備	一、設備之構造與機能（含消防專用蓄水池等消防安全設備） 　（一）包括基本原理、設備系統構造機能 　（二）構件元件之檢定、認可、檢驗測試原理 二、設備法規 　國內相關法規及解釋令：包括各類場所消防安全設備設置標準、審勘作業規定、各類場所消防安全設備檢修及申報作業基準及相關實務 三、設計實務 　包括設計步驟、設計公式、繪圖及其實務應用 四、設備竣工測試 　含審勘作業規定

		五、設備檢修要領（含檢修作業規定） （一）設備機能之檢測 （二）檢測儀器之操作使用
五	化學系統消防安全設備	一、設備之構造與機能（含海龍替代品等滅火設備） （一）包括基本原理、設備系統構造機能 （二）構件元件之檢定、認可、檢驗測試原理 二、設備法規 國內相關法規及解釋令：包括各類場所消防安全設備設置標準、審勘作業規定、各類場所消防安全設備檢修及申報作業基準及相關實務 三、設計實務 包括設計步驟、設計公式、繪圖及其實務應用 四、設備竣工測試 含審勘作業規定 五、設備檢修要領（含檢修作業規定） （一）設備機能之檢測 （二）檢測儀器之操作使用
六	警報系統消防安全設備	一、設備之構造與機能 （一）包括基本原理、設備系統構造機能 （二）構件元件之檢定、認可、檢驗測試原理 二、設備法規 國內相關法規及解釋令：包括各類場所消防安全設備設置標準、審勘作業規定、各類場所消防安全設備檢修及申報作業基準及相關實務 三、設計實務 包括設計步驟、設計公式、繪圖及其實務應用 四、設備竣工測試 含審勘作業規定 五、設備檢修要領（含檢修作業規定） （一）設備機能之檢測 （二）檢測儀器之操作使用
備註		表列各應試科目命題大綱為考試命題範圍之例示，惟實際試題並不完全以此為限，仍可命擬相關之綜合性試題。

消防設備師四大系統考試型式與規定

考試時間：2 小時

考試型式：四題申論題，每一題占 25 分

※ 注意：

一）禁止使用電子計算器。

二）不必抄題，作答時請將試題題號及答案依照順序寫在申論試卷上，於本試題上作答者，不予計分。

三）請以黑色鋼筆或原子筆在申論試卷上作答。

消防設備士考試命題大綱

中華民國 101 年 9 月 24 日考選部選專五字第 1013302056 號公告修正

專門職業及技術人員普通考試消防設備士考試各應試科目命題大綱		
應試科目數	共計 4 科目	
業務範圍及核心能力	有關各類場所消防安全設備之裝置、檢修業務	
編號	科目名稱	命題大綱內容
一	消防法規概要	一、消防法規總論 （一）消防法。 （二）消防法施行細則。 （三）消防設備師及消防設備士管理辦法。 （四）消防安全設備檢修專業機構管理辦法。 （五）公共危險物品及可燃性高壓氣體設置標準暨安全管理辦法。 （六）防火牆及防火水幕設置基準。 （七）可燃性高壓氣體儲存場所防爆牆（防護牆）設置基準。 二、消防安全設備相關法規 （一）各類場所消防安全設備設置標準。 （二）消防機關辦理建築物消防安全設備審查及查驗作業基準。 （三）各類場所消防安全設備檢修及申報作業基準。 （四）二氧化碳及乾粉滅火設備各種標示規格。 （五）消防幫浦加壓送水裝置等及配管摩擦損失計算基準。 （六）避難器具支固器具及固定部之結構、強度計算及施工方法。 三、建築相關消防法規 （一）建築技術規則：建築設計施工篇第一章。 （二）工程倫理。
二	火災學概要	一、火災燃燒基本理論 （一）燃燒理論：包括可燃物、氧氣、熱源、連鎖反應及滅火原理等。 （二）熱傳理論：包括熱傳導、對流、輻射等。 （三）火災理論：包括火災概念特性等。 （四）火災分類：包括 A、B、C、D 類等火災之介紹。 二、火災類型 （一）建築物火災 （二）電氣火災 （三）化學火災 （四）儲槽火災 （五）工業火災分析 （六）特殊場所火災 三、預防與搶救 （一）防火及滅火：包括火災防阻與搶救等理論之論述。 （二）滅火劑與滅火效果：包括各種滅火藥劑及效果之介紹與評析。 （三）火災生成物（煙、熱、火焰）之分析與處理。

三	水與化學系統消防安全設備概要	一、設備設置標準 　　包括相關法令規定及解釋令 二、設備之構造與機能 　　包括基本原理、設備系統構造機能 三、設備竣工測試 　　含審勘作業規定 四、設備檢修要領（含檢修作業規定） 　　（一）設備機能之檢修 　　（二）檢測儀器之操作使用
四	警報與避難系統消防安全設備概要	一、設備設置標準 　　包括相關法令規定及解釋令 二、設備之構造與機能 　　包括基本原理、設備系統構造機能 三、設備竣工測試 　　含審勘作業規定 四、設備檢修要領（含檢修作業規定） 　　（一）設備機能之檢修 　　（二）檢測儀器之操作使用
備註		表列各應試科目命題大綱為考試命題範圍之例示，惟實際試題並不完全以此為限，仍可命擬相關之綜合性試題。

消防設備士四大系統考試型式與規定

考試時間：1 小時 30 分

※ 注意：禁止使用電子計算器。

甲、申論題部分：（50 分）

一）一般有二題，一題（25 分）

二）不必抄題，作答時請將試題題號及答案依照順序寫在申論試卷上，於本試題上作答者，不予計分。

三）請以黑色鋼筆或原子筆在申論試卷上作答。

乙、測驗題部分：（50 分）

一）本測驗試題為單一選擇題，請選出一個正確或最適當的答案，複選作答者，該題不予計分。

二）共 40 題，每題 1.25 分，須用 2B 鉛筆在試卡上依題號清楚劃記，於本試題或申論試卷上作答者，不予計分。

第3章　公共危險物品場所消防設計　97

第4章　檢修申報作業基準　109

第5章　認可基準　185

第6章　測試方法及判定要領　227

Note

第1章
警報系統火災學理

1-1 火災學理（一）

起火與探測

　　在建築物起火上，除明火外一般會經歷醞釀期發展（此階段所需時間可能是數秒至數小時），此時會釋出裂解氣體，粒子大子通常為 < 0.3 microns[註1]，這是一種人類不可見煙粒子，難以偵知到熱量之形成，需使用室內空氣取樣（Air Sampling）或離子式偵煙探測器[註2]予以感知潛在起火情況。接著熱裂解形成可見煙粒子（> 0.3 microns），但周遭仍沒有多少熱量出現，此階段得使用光電式偵煙探測器[註3]。火勢繼續成長至小火出現，形成可見輻射能及不可見之紅外線及紫外線光譜火焰，可使用火花（Sparks Detectors）或火焰式（Flame Detectors）探測器[註4]等感知火災。

避難安全時間

　　依英國 Drysdale 指出，人類為何會使死於火災中，就是未能克服火災所形成環境條件，而無法到達安全位置。Marchant（1976）區別出人類避難逃生時間，可分察覺火災發生之時間（tp）、從察覺火災到開始進行避難逃生之時間（ta）、移動到一相對（絕對）安全之位置（tr）、從起火到已形成無法克服之火災環境（tf），即：

$$\mathbf{tp + ta + tr > tf} \qquad （安全）$$
$$\mathbf{tp + ta + tr < tf} \qquad （失敗）$$

　　其中 tp 與 ta 是察覺出火災存在之因素，tr 是受到許多因素之影響，包括個人之行動能力、建築物幾何形狀與內容物，以及受到火災生成物之影響程度等。因此，Drysdale 指出為能避難成功之機率，必須藉由初期就能探測出火災，以減少 tp 時間；避免使用易燃材質而導致火災快速成長及增加防火區劃、內裝限制，而延長 tf 時間。另一方面，採取減少 ta 與 tr 之消防措施，包括規劃良善之避難路線及消防設備，免於受到濃煙影響避難行動。

避難所需時間

　　避難所需時間（t, sec）計算如次：

$$t = \frac{d}{v} = \frac{P}{N \times W}$$

　　式中 d 為至避難出口步行距離（m），V 為步行速度（m/sec），P 為收容人數（人），N 為人員至出口流動係數（人 /m/sec），W 為出入口寬度（m）。所以，火警自動警報設備主要是減少 tp 時間，使避難所需時間能相對安全環境下進行動作，增加人員在火災存活機率，扮演重要之作用。

[註1]　1 microns = 10^{-6}m.

[註2]　離子式偵煙探測器之感知部為放射性金屬（錇 Am²⁴¹），煙粒子致正、負極離子電流變化。

[註3]　光電式偵煙探測器之感知部為發光二極體，可分散亂光與遮光式煙粒子致離子電流變化。

[註4]　火焰式可分紫外線、紅外線為不可見光波，波長 0.36～075μm 為人類可見光波。

火警警報系統

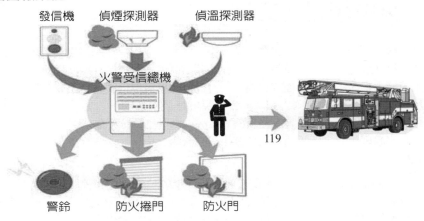

從火災起火後在燃料上方形成火羽流（Fire Plume），因溫度升高、密度變小，受熱氣體向上升，使周遭冷空氣捲入至火羽流下方，形成室內對流情況。火羽流的溫度和速度隨著天花板高度距離，呈現垂直下降，即沿著燃料上方之火羽流與煙流距離增加而遞減現象；這對探測器與自動撒水設備感知啟動時間影響很大。

空氣取樣型

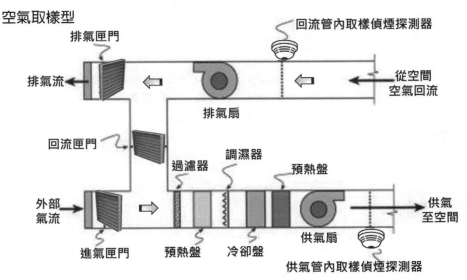

（空氣取樣偵煙探測系統）

1-2 火災學理（二）

　　火警系統一個迴路中，至少包含一個火災探測器，以規律性的週期或持續監控與燃燒有關的物理或化學現象，並將至少一種相關信號傳送至控制及操作顯示設備。探測器自動偵測火災產生的熱、煙或火焰，而向受信總機發出信號，釋出聲光警報。

　　火場中所生成的煙，有兩大類：一為可見的燃燒生成物，主要為未完全燃燒的碳（黑煙）；另一為不可見、小於 5 微米（μm）的固體微粉和其他氣體（白煙）。煙到達一定的濃度值時，能迅速自動並發出信號警報。

光電式

　　光電式（Photoelectric）為發光室發射光源撞擊煙粒子造成光線散亂，當受光室感應到光線時，煙濃度達到設定警報之濃度，立即回報火警受信總機。在構造與特點上，發光室每隔幾秒發射一次光束信號，檢知是否有火災發生之煙霧，當煙霧達設定標準，接收會有信號確認，瞬間確認後，將火災信號傳遞至火警受信總機。新式導煙口採人字型設計可遮蔽不受強光影響並可將煙霧引導進入，且水蒸氣將被摒除在防蟲網壁面凝結，不致造成誤報。光電式侷限型探測器之動作原理主要分「遮光型」（即減光型）與「散光型」（即增光型）二種。

(1)遮光型

　　遮光型（Obscuration Smoke Detector）在探測器之內部有一個「發光部」所發出的光由另一個「受光部」完全接收，當有煙粒子進入探測器內部時，阻礙了「受光部」接收光源達某一程度時探測器動作。較新式類比式（Analog）探測器上，設發光二極體，約每隔幾秒發光，平常由於遮光壁的阻隔，光源無法到達受光素子，但是當煙進入遮光內部空間時，由於煙粒子會造成光源散亂反射的現象，而使光源到達受光體，此時依據煙的濃度而使受光量增加，探測器內回路將此信號經增幅後，以數位式訊號傳至總機，由總機內設定之資訊進行記錄、分析、處理。新式探測器並接收總機監控，定期進行遮光內之動作試驗及常時監測零部件汙損及劣化狀況之功能。

(2)散光型

　　散光型（Light Scattering Smoke Detectors）在探測器之內部有一個「發光部」所發出的光不會由另一個「受光部」所接收，當有煙粒子進入探測器內部時，因煙粒子接觸到「發光部」所發出的光產生了折射程度之探測器動作。

離子式

　　離子式（Ionization）為周圍空氣中含煙濃度達到某一限度時即會動作，原理係利用離子化電流受煙影響而產生變化。

空氣取樣式

　　空氣取樣偵煙探測系統（Smoke Sampling Detector System）為高靈敏度、低火警誤報率之一種光學探測系統。

火警探測器種類

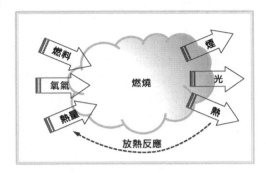

從火三要素（燃料、氧、熱量）之燃燒生成物發展出偵煙式、偵溫式及火焰式（光）探測器。

火災早期探測器種類

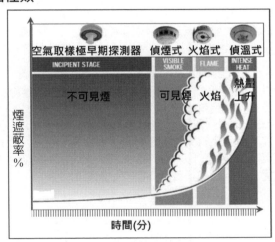

因應火災早期不同階段探測器

典型火焰之波譜

火焰式探測器：
紅外線及紫外線

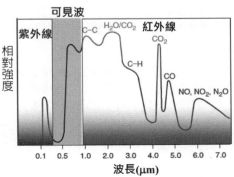

1-3 火災學理（三）

助燃物

燃燒消耗空氣中的氧氣通常是用來氧化燃料。地球表面中空氣正常的氧氣含量為 20% 多，而空氣中近 79% 是氮氣，和其餘的 1% 則其他元素所組成。火必須被氧化，其可以透過氧或一些其他含有氧的化合物或混合物（如氯、硝酸等）來助燃，如鎂帶可以在二氧化碳中燃燒，此時二氧化碳即為助燃物。此外，也有一些燃料可能不需要氧氣，因本身含有氧化劑在其化學式，在它們名稱中有 -oxy 或 -xo 字根，例如有機過氧化物（Organic Peroxide），有時我們能透過其化學特性來識別這些燃料屬性。

燃燒原理

燃燒原理基本是一化學原理，物質本身不會主動發生燃燒，絕大多數物質是因為受熱（外內在）分解產生可燃氣體分子，達到起火溫度時所發生燃燒現象。實際上並非是物質本身在燃燒，以固體而言，絕大多數是分解的可燃性氣體在氧化燃燒，並氧氣量供給產生水、二氧化碳或一氧化碳等。舉如木塊的分子式為 $C_6H_{10}O_5$，加熱之後分子開始進行分解，6 個碳分解，可能形成 2 個碳的結構分解燃燒，而連鎖反應持續不斷的分解，就會不斷的燃燒；當氧氣量受限火災發生後，生成物最多的是一氧化碳，因為燃燒發生太過迅速使空氣中的氧氣供給量不足，導致燃燒不完全而產生一氧化碳。

燃料控制火災

火因需供氧需產生自然浮升對流，產生向上使其生成物能遠離火焰本身，而氧氣能從底部供應。當其火焰成長延伸時，也基於供氧而產生向外或向大空間位置燃燒趨勢，此二種現象在牆壁面上會留下 V 型的燒痕特徵。任何火災一開始皆是燃料控制火災，於此階段發展關鍵，是否有足夠燃料量。大多數情況下，從單一起火物的熱釋放速率，通常不足以閃燃發生，除非是沙發或其他大型家具物體。在理論上，初期火災一旦啟動後，火災進展不是成長就是燃料不足而衰退。

熱慣性

一些物質如木材或紙類有機聚合物，通常需要釋放出 $2g/m^2s$ 之可燃氣體，才足以引燃。如是塑膠之合成聚合物，因其擁有高能含量，僅約需釋放出 $1g/m^2s$ 之可燃氣體，就足以引燃。基本上，假使熱傳係數越小、密度（比重）越小、比熱越小（溫度越易變化）或熱膨脹係數越大條件，則其熱慣性愈小越易起火。

可燃固體受熱轉換可燃氣體，必須經歷熱裂解（Pyrolysis）過程，熱裂解涉及燃料之分解現象（Decomposing）；假使物質具有高熱慣性（Thermal Inertia，kρc），表面能迅速加熱；而低熱慣性物質，則其受熱升溫就緩慢。

悶燒

有焰燃燒情況，固體是以氣體進行燃燒反應；而悶燒情況，僅在氧氣接觸表面或多孔性內部，使其氧化反應能持續，而反應所生熱量保持在內部，產生熱裂解至起火。多孔物質之燒焦殘餘物固體碳層，通常能持續進行悶燒反應。悶燒常見於家具軟墊物質如寢具或沙發等，遭到微小火源引燃。悶燒在缺氧環境中，且裂解出可燃氣體被氣流帶走，而使悶燒非常緩慢，這意味會持續很長一段時間，如煙蒂引燃可達 4 小時之久。

熱傳方式

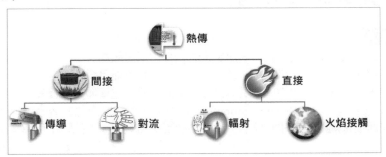

火災成長期火羽流使探測器動作

對流熱
天花板噴流

火羽流

建築物火災對流

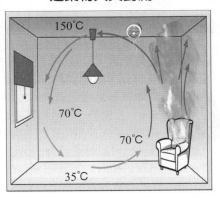

150℃

70℃

70℃

35℃

熱對流：從受熱液體或氣體之熱能轉移。

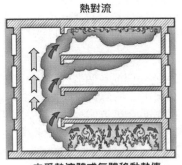

熱對流

由受熱液體或氣體移動熱傳

偵溫探測器靠對流產生感知

1-4 火災學理（四）

生鏽與爆炸

燃燒（Combustion）是定義爲快速氧化的過程中所導致起火，但地球上物質氧化並不總是迅速。如前所述其可能是非常緩慢的，或者它可能是瞬間的。這兩種極端都不會產生火，這是我們所知的，其是發生在本身的現象，這種非常緩慢氧化通常稱爲生鏽（Rusting）或分解（Decomposition）。以一種油性薄膜來包覆著金屬或擦油漆，從金屬表面上來隔離空氣和其氧氣，致其不能反應和氧化，而能防止生鏽反應；又油性乳液抹在臉部肌膚上產生抗氧化效果，以保青春。而瞬間氧化如一個子彈殼體內的可燃物（火藥）被板機撞擊點燃時，所發生爆炸。氧化過程的速度會決定釋放熱量的速率和反應的爆發力。在氧化劑（Oxidizer）存在下，可加速燃料，通常會從緩慢燃燒現象發展到快速之爆炸情況，有時這種規模是很小，因此不是明顯的。

熱分解

燃料能以 3 種狀態之任何形式存在：即固體、液體或氣體。原則上，只有蒸氣或氣相才能著火燃燒（Burn），只有少數物質可以固態形式直接燃燒，如鎂與木炭。基本上，液體或固體燃料的開始燃燒，是需透過受熱而轉換成蒸氣或氣體狀態。燃料氣體演變可以是從固體燃料的熱裂解過程（Pyrolysis Process），即直接昇華（Sublimation）爲氣體，或是物質透過熱傳進行化學分解（Chemical Decomposition）再蒸發爲氣體現象；或是熔點低之可燃固體會先溶解爲液體，或者固體先溶解再加上分解爲液體；也可以是從液體的蒸發汽化（Vaporization）或先分解再蒸發至燃料氣體。這些過程是相同的，就如無論是水沸騰蒸發或在陽光下的水蒸發；在這些情況下，皆是受熱導致液體氣化之現象。

火災熱傳

火災是一種熱量傳遞之結果，對熱量或能量轉移之熱傳理解，是了解火行爲和火災過程之關鍵。從火三角的概念可知熱能是燃燒必要條件之一，燃燒一旦開始，重要的是了解火如何藉熱能傳遞而持續進行。熱傳之基本條件是存在溫度差異，根據熱力學第二定律，熱傳之方向必往溫度較低移動，溫度差就是構成熱傳之推動力。

熱傳特性

在區劃空間，如船艙能夠透過熱傳 4 種方式中的一個或多個進行傳輸：即傳導、對流、輻射和火焰直接接觸（Impingement）。事實上，熱傳對一物質而言，是一種熱損失。於固體的傳熱方式是傳導；熱從高溫的物體傳到低溫的物體，即固體溫度梯度內部傳遞的過程。基本上，在固體或靜止流體（液體或氣體）中，熱傳導是由於物體內分子之無規則運動所造成，其是一分子向另一分子傳遞振動能的結果。各種材料傳導性能佳如金屬，其電子自由移動，熱傳速度快，能做熱交換器材料；傳導性能不良如石棉，能做熱絕緣材料。以物質三態熱傳導性，爲固體 > 液體 > 氣體。依傅立葉定律（Fourier's Law）指出，在熱傳導中，單位時間內通過一定截面積的熱量，正比於溫度變化率和截面面積，而熱量傳遞的方向則與溫度升高的方向相反。

火警探測器動作計算例（國家考試原則不考）

例 1：在 6m 高室內倉庫，有一 4m² 的煤油池（kerosene）燃燒。倉庫內環境初始溫度（Ta）為 20℃，天花板上有一偵溫式探測器（RTI = 55 m$^{1/2}$s$^{1/2}$），如果其安裝距離火羽流中心 6m 處，當其受火災熱 30 秒後，探測器之溫度將達到多少？

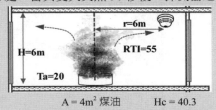

A = 4m² 煤油　　　Hc = 40.3

解：查表得煤油燃燒熱（Hc）為 40.3kJ/g，當對流分數在 65% 時對流熱 26.2kJ/g，使用 Alpert 方程式，燃燒速率（m"）約為 67 g/m²s。所以，全部熱釋放率（Q）如下：

$$Q = 燃燒熱 \times 燃燒速率 \times 燃燒表面積 = H_c m" A$$
$$Q = 40.3 \times 67 \times 4$$
$$Q = 10800 \ (kW)$$
$$\frac{探測器與火羽流距離}{天花板高度} = \frac{r}{H} = \frac{6}{6} = 1 > 0.18$$

$$天花板熱流溫度 － 初始溫度 = T_g - T_a = \frac{\left[5.38\left(\dfrac{Q}{r}\right)^{2/3}\right]}{H} \ (℃)$$

$$T_g - 20 = \frac{\left[5.38\left(\dfrac{10800}{6}\right)^{2/3}\right]}{H} \ (℃)$$

$$T_g - 20 = 132.7 \ (℃)$$
$$T_g = 153 \ (℃)$$

在天花頂板噴流（Ceiling Jet）上火災熱流速度（u）如下

$$u = \frac{[0.20Q^{1/3}H^{1/2}]}{r^{5/6}} \ (m/s)$$
$$u = \frac{[0.20(10800)^{1/3}(6)^{1/2}]}{(6)^{5/6}} \ (m/s)$$
$$u = 2.4 \ m/s$$

因此，在火災受熱 30 秒後，探測器溫度（T$_d$）將達到多少？

$$天花板熱流溫度變化率（\Delta T_d）= T_d - T_a = (T_g - T_a)\left[1 - \exp\left(\frac{-tu^{1/2}}{RTI}\right)\right] \ (℃)$$

$$\Delta T_d = (153 - 20)\left[1 - \exp\left(\frac{-30(2.4)^{1/2}}{55}\right)\right] \ (℃)$$

$$\Delta T_d = 76 \ (℃)$$
$$\Delta T_d = T_d - T_a$$
$$76 = T_d - 20$$

因此火災熱傳至探測器之溫度，T$_d$ = 96（℃）

火災感知動作時間
撒水頭

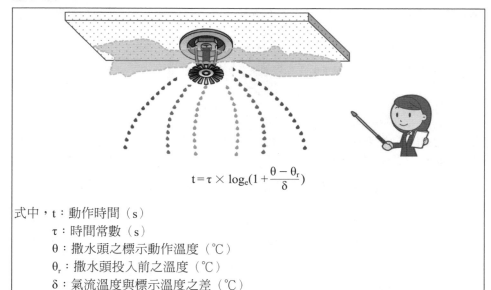

$$t = \tau \times \log_e(1 + \frac{\theta - \theta_r}{\delta})$$

式中，t：動作時間（s）

　　　τ：時間常數（s）

　　　θ：撒水頭之標示動作溫度（℃）

　　　θ_r：撒水頭投入前之溫度（℃）

　　　δ：氣流溫度與標示溫度之差（℃）

定溫式探測器

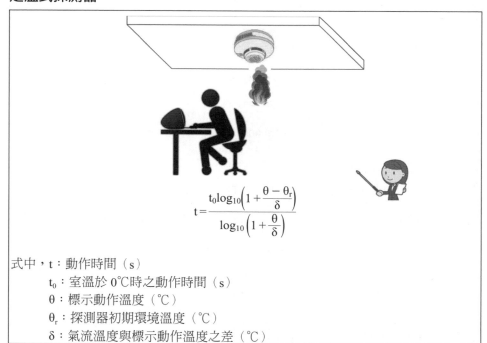

$$t = \frac{t_0 \log_{10}\left(1 + \frac{\theta - \theta_r}{\delta}\right)}{\log_{10}\left(1 + \frac{\theta}{\delta}\right)}$$

式中，t：動作時間（s）

　　　t_0：室溫於 0℃時之動作時間（s）

　　　θ：標示動作溫度（℃）

　　　θ_r：探測器初期環境溫度（℃）

　　　δ：氣流溫度與標示動作溫度之差（℃）

第2章
設置標準消防設計

2-1 授權命令

> **第 1 條**
> 本標準依消防法（以下簡稱本法）第六條第一項規定訂定之。

【解說】

消防法第六條如次：

> **第 6 條** 本法所定各類場所之管理權人對其實際支配管理之場所，應設置並維護其消防安全設備；場所之分類及消防安全設備設置之標準，由中央主管機關定之。
> 消防機關得依前項所定各類場所之危險程度，分類列管檢查及複查。
> 第一項所定各類場所因用途、構造特殊，或引用與依第一項所定標準同等以上效能之技術、工法或設備者，得檢附具體證明，經中央主管機關核准，不適用依第一項所定標準之全部或一部。
> 不屬於第一項所定標準應設置火警自動警報設備之旅館、老人福利機構場所及中央主管機關公告場所之管理權人，應設置住宅用火災警報器並維護之；其安裝位置、方式、改善期限及其他應遵行事項之辦法，由中央主管機關定之。
> 不屬於第一項所定標準應設置火警自動警報設備住宅場所之管理權人，應設置住宅用火災警報器並維護之；其安裝位置、方式、改善期限及其他應遵行事項之辦法，由中央主管機關定之。

「各類場所消防安全設備設置標準」係依據消防法制定，在法律位階層次上，係屬第 3 位階之法規命令，行政機關必須基於法律直接授權依據，如右圖所示。所以在本辦法第 1 條需開宗明義講出，係依消防法第 6 條第 1 項之法律授權來訂定。

基本上，「法規命令」與「行政規則」皆屬「行政命令」，第 4 位階之行政規則以行政體系內部事項為內容，原則上無需法律授權，行政機關得依職權訂定習稱之「行政規定」，而第 3 位階法規命令需要法律明確授權，有規範上的拘束力，需於行政院發布後即送立法院備查。目前在消防體系上有法制化法律，有消防法、災害防救法及爆竹煙火管理條例等，惟獨法制化之第 2 位階，始能訂定罰則，因罰則會嚴重影響人民權利義務，需送由人民選舉出之立法委員，進行 3 讀立法審查。因此，人民假使違反本標準（第 3 位階）規定，只能引用消防法相關罰則進行處分。

應設置消防安全設備之各類場所予以分類列管檢查，另依同法第九條規定前揭場所管理權人應委託消防設備師、士，定期檢修消防安全設備（滅火設備、警報設備、避難逃生設備、消防搶救上之必要設備等），以維護各項設備功能之正常；次查「建築物公共安全檢查簽證及申報辦法」規定之檢查內容係針對建築物之防火避難設施（防火區劃、內部裝修材料、避難層出入口、走廊、安全梯第十一項）及設備安全（昇降設備、緊急供電系統、燃氣設備等六項）等項目由建築專業檢查人為之。

金字塔型法律位階架構

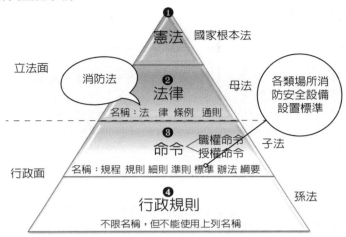

中華民國法律位階明細圖

憲法（立法院提案公民複決）

法律（立法院三讀後總統公布）			
法	律	條例	通則

法規命令（行政院發布立法院備查）						
規程	規則	細則	準則	標準	辦法	綱要

行政規則（行政院所屬機關依職權訂定）									
基準	規定	要點	措施	範圍	程序	需知	方法	原則	章程

樓地板面積

指建築物各層樓地板或其一部分，在該區劃中心線以內之水平投影面積。但不包括花臺及陽臺（未超過建築面積1/8）、屋簷、雨遮、花臺突出超過一點零公尺者，應自一點零公尺作為中心線扣除其外緣部分。

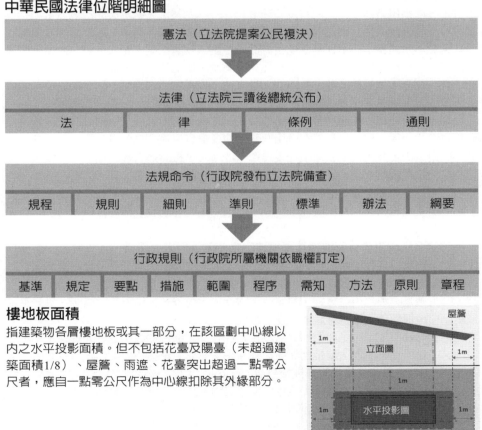

2-2 單一場所

第 6 條

供本編第十二條第五款使用之複合用途建築物，有分屬同條其他各款目用途時，適用本標準各編規定（第十七條第一項第四款、第五款、第十九條第一項第四款、第五款、第二十一條第二款、第一百四十九條第二款、第三款、第一百五十二條第二款及第一百五十七條除外），以各目為單元，按各目所列不同用途，合計其樓地板面積，視為單一場所。

【解說】

在各類場所消防安全設備設置標準之規定，主要以人命危險性之用途（第十二條）、多數人及火載量之面積及避難搶救難易之空間樓層來作考量，設計上係以規格為主、同等性能以上替代之方式，來辦理規劃消防安全設備；亦即亦能允許性能化設計。事實上，同樣規格建築物在使用及管理上也不一，尤其是火載量與開口氧氣量大相逕庭，一旦起火後火災行為迥異，難僅以規格（多少樓地板面積等）來作法規之規範。

在各類場所區畫上，依建築規則可分面積區劃、樓層區劃、豎穴區劃、用途區劃。此主要旨意係在控制及圍限火勢行為在一定範圍，避免波及整棟建築物，如同船舶設計一樣，劃分數個船艙區隔，船艙間人員來往，以水密門作控制，避免船舶哪一部位被魚雷攻擊，船舶進水波及整艘，而難以挽救，這與建築物火災是一樣趣旨。

於複合用途建築物如檢討室內消防栓設備，依內政部消防法令函釋及公告，依第六條檢討該複合用途建築物是否有分屬同條其他各款目用途，以各目為單元，按各目所列不同用途，合計其樓地板面積，視為單一場所，再檢討是否達到標準；有關複合用途建築物檢討消防安全設備之設置，係參照日本消防法規訂定，其著眼點在避免業者以逐次變更使用為手段，使建築物將低強度用途，大部分變更為高強度用途，而免設有關消防安全設備；在高危險程度免設，而低危險程度應設之情況，係屬特例，且在樓地板面積較小之建築物方有之情形。

消防法之場所用途分類與建築法之建築物使用分類方式殊異，且二者各有配套之使用管理措施；各類場所於變更用途時，應依消防法第十條第三項及設置標準第十三條檢討設置。如建築物辦理變更供托嬰中心及課後托育中心、第六目、第十二目使用時，因火載量有限且用途單純，建築使用強度未大幅提升，適用第六條時，以變更用途範圍樓地板面積，單獨檢討消防安全設備之設置即可。

視為另一場所規定，是與單一場所為相對性條文，進行標準化之定義解釋，基本上視為另一場所在建築物法築視為他棟之條件幾乎一樣，建築技術規則建築設計施工編第 89 條規定略以，建築物以無開口且具有一小時以上防火時效之牆壁及樓地板所區劃分隔者，適用本章各節規定，視為他棟建築物。於防火構造建築物一基地內二棟建築物間之防火間隔未達三公尺範圍內之外牆部分，應具有一小時以上防火時效，其牆上之開口應裝設具同等以上防火時效之防火門或固定式防火窗等防火設備。於非防火構造建築物一基地內兩棟建築物間應留設淨寬三公尺以上之防火間隔。

單一用途建築物

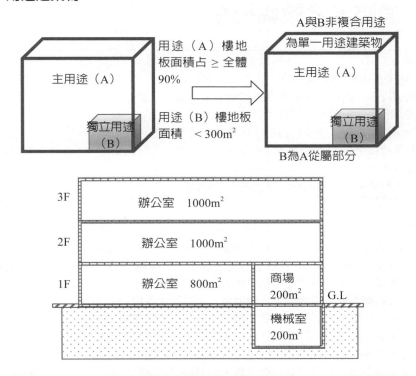

區分	用途	主及獨立用途所占比例	加入共用面積合計（m²）
主用途部分	辦公室	(1000 + 1000 + 800)/3000 = 0.93	2800 + (200×0.93) = 2986
獨立用途部分	商場	200/3000 = 0.07	200 + (200×0.07) = 214
共用部分	機械室		

1. 供主用途部分樓地板面積合計占該棟總樓地板面積 ≥ 90%。
2. 供獨立用途部分樓地板面積合計 < 300 m²。

總樓地板面積

指樓地板面積合計 + 屋頂突出物、閣樓及夾層等樓地板面積之總和。但不包括昇降機、法定騎樓、花臺及陽臺（未超過建築面積1/8）、屋簷、雨遮或遮陽板等。

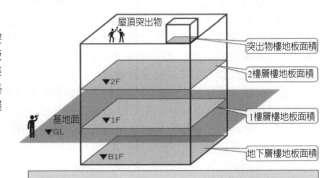

2-3 消防安全設備種類

第 7 條
各類場所消防安全設備如下：
一、滅火設備：指以水或其他滅火藥劑滅火之器具或設備。
二、警報設備：指報知火災發生之器具或設備。
三、避難逃生設備：指火災發生時為避難而使用之器具或設備。
四、消防搶救上之必要設備：指火警發生時，消防人員從事搶救活動上必需之器具或設備。
五、其他經中央主管機關認定之消防安全設備。

【解說】

本條名詞標準化，也可區別建築技術規則出現設備名稱，避免相互混淆。

消防安全設備種類如同防火管理制度之自衛消防編組一樣，發生火災時需有滅火班（滅火設備），第一時間建築物使用人能知悉火災發生之通報班（警報設備），及建築物主要避難動線為濃煙所阻之避難班（避難逃生設備）；上述是建築物使用人員遇到危險時，所採取自力防衛行為，倘若火勢失控或是建築物規模較大，則有仰賴專業裝備及專業人員之公部門消防單位前來應變，並提供消防搶救上之必要設備，如水源、排煙、供電、通信輔助等，以進行有效及安全之消防活動。

消防安全設備應用之各種材料與規格，係關係到建築物使用安全，有人命與財產保障之意；至其品質應符合國家相關標準，以確保其性能與使用壽命及設備可靠度。依內政部消防法令函釋及公告（以下同），至消防類產品是否與國家標準之規定一致，係由經濟部標準檢驗局依商品檢驗法據以公告，並依國家標準實施檢驗，目前經標準檢驗局公告為應施檢驗品目；對於未公告為應施檢驗品目，現階段由「內政部消防技術審議委員會」擇定消防安全設備、器材進行審核認可。

取得使用執照之建築物，為分租或分售辦理分戶使用，其各分戶之消防安全設備，仍應依原核准圖說維持各項消防安全設備之功能。又工商單位會辦一般營業（如飲食店、網咖、KTV 等）現場勘查案件，倘無法檢附核准消防安全設備圖說，得依建築令核准圖面之面積或現場實際勘查認定，惟涉火警自動警報設備、室內消防栓設備、自動撒水設備……等系統式設備之設置者，仍應檢附消防設備師設計，並經審查通過之消防圖說。而違規使用場所（未申領使用執照），以其實際用途以新法規要求設置消防安全設備，並予分類列管檢查。

有關防火建材含括防火構造材料及耐燃裝修材料等，因防火建材之包裝材多屬可燃物質，因故起火時，該等物料散發之煙毒仍將危及人命，故防火建材倉庫仍應依各類場所消防安全設備設置標準檢討其消防安全設備之設置。

消防安全設備種類

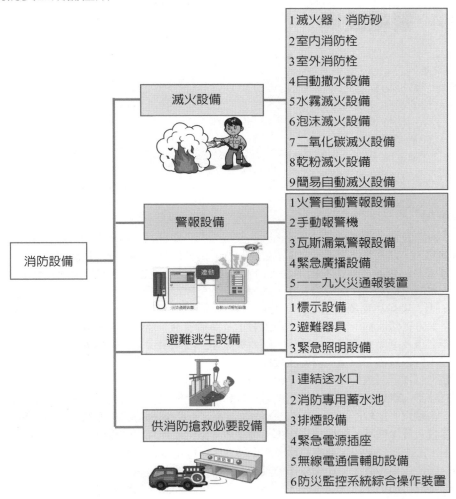

消防設備

滅火設備
1 滅火器、消防砂
2 室內消防栓
3 室外消防栓
4 自動撒水設備
5 水霧滅火設備
6 泡沫滅火設備
7 二氧化碳滅火設備
8 乾粉滅火設備
9 簡易自動滅火設備

警報設備
1 火警自動警報設備
2 手動報警機
3 瓦斯漏氣警報設備
4 緊急廣播設備
5 一一九火災通報裝置

避難逃生設備
1 標示設備
2 避難器具
3 緊急照明設備

供消防搶救必要設備
1 連結送水口
2 消防專用蓄水池
3 排煙設備
4 緊急電源插座
5 無線電通信輔助設備
6 防災監控系統綜合操作裝置

樓地板面積

樓地板面積合計指各層樓地板面積之合計。

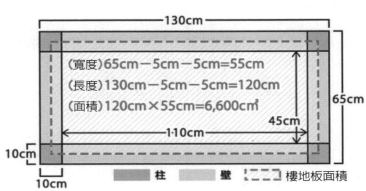

─130cm─

(寬度)65cm－5cm－5cm＝55cm
(長度)130cm－5cm－5cm＝120cm
(面積)120cm×55cm＝6,600cm²

65cm

45cm

─110cm─

10cm

10cm

■ 柱　　■ 壁　　⌐ ¬ 樓地板面積

2-4 警報設備

第9條
警報設備種類如下：
一、火警自動警報設備。
二、手動報警設備。
三、緊急廣播設備。
四、瓦斯漏氣火警自動警報設備。
五、一一九火災通報裝置。

【解說】

火災一旦發生越早發現越有利，因此設置火警自動警報；如果火勢已起，探測器尚未感知，人類眼睛已發現，立即以手動報警設備或以緊急廣播進行危險通報。

警報系統係關於建築物使用之人命安全，而火警發現首重通報，使同一建築物使用人也能早期覺知此種危機，在日本警報設備是相當多元化，目的係能快速取到及使用，因火災發生係屬緊急狀態，時間分秒必爭，如目前已納入法規之一一九通報裝置、緊急警報設備（緊急警鈴、自動警笛及廣播設備）及緊急警報器具（警鐘、攜帶式擴音機及手動式警笛）；此外，國內火災原因歷年來皆以電氣火災為首位，或許納入日本警報設備之漏電火災警報設備，不失為是一種改善方式。

觀之日本消防設備設置標準，場所內四大系統以警報系統之要求較多，滅火設備之設置除滅火器外要求較寬鬆，這是考量警報設備是關係到場所使用之人命安全，且經濟上也較為人民所能接受，所以法規之訂定較不採取鬆綁方式；而滅火設備之設置，因其投入成本較多，採取法規鬆綁，這是考量滅火工作係以公設消防單位之專業滅火為主，因人民已納稅，政府自應負起保護之責，除必要使用空間外，不需再使人民額外付出成本來設置滅火設備或排煙設備；此外，日本政府也大力教育人民防火防災意識之提升，盡力使防火端做好，於滅火端呈現較少問題；且消防隊也要求8分鐘消防或市區5分鐘消防到達現場，如不足，即設消防據點（消防分隊）。

於日本警報設備包含漏電火災警報設備，為法定消防設備；但消防署並未列入，反而出現在國內建築技術規則之第十一章地下建築物所規定漏電自動警報設備。

日本消防安全設備種類

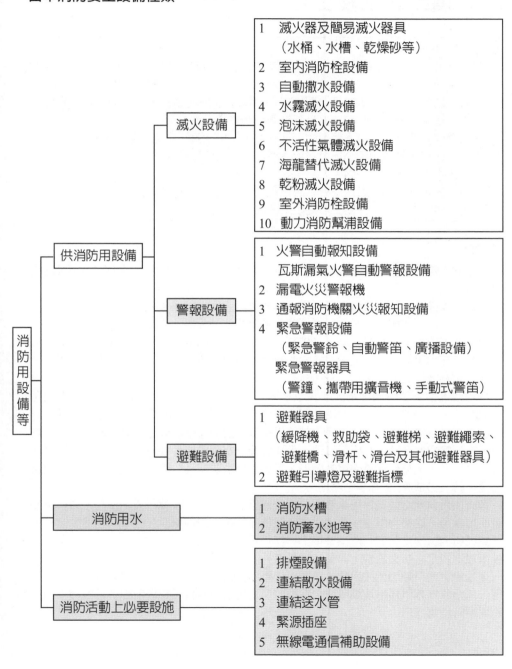

		1　滅火器及簡易滅火器具 （水桶、水槽、乾燥砂等） 2　室內消防栓設備 3　自動撒水設備 4　水霧滅火設備 5　泡沫滅火設備 6　不活性氣體滅火設備 7　海龍替代滅火設備 8　乾粉滅火設備 9　室外消防栓設備 10　動力消防幫浦設備
	滅火設備	
供消防用設備	警報設備	1　火警自動報知設備 　　瓦斯漏氣火警自動警報設備 2　漏電火災警報機 3　通報消防機關火災報知設備 4　緊急警報設備 　　（緊急警鈴、自動警笛、廣播設備） 　　緊急警報器具 　　（警鐘、攜帶用擴音機、手動式警笛）
	避難設備	1　避難器具 　　（緩降機、救助袋、避難梯、避難繩索、 　　避難橋、滑杆、滑台及其他避難器具） 2　避難引導燈及避難指標
消防用設備等	消防用水	1　消防水槽 2　消防蓄水池等
	消防活動上必要設施	1　排煙設備 2　連結撒水設備 3　連結送水管 4　緊源插座 5　無線電通信補助設備

2-5 增改建或變更用途（一）

第 13 條

各類場所於增建、改建或變更用途時，其消防安全設備之設置，適用增建、改建或用途變更前之標準。但有下列情形之一者，適用增建、改建或變更用途後之標準：

一、其消防安全設備為滅火器、火警自動警報設備、手動報警設備、緊急廣播設備、標示設備、避難輔助器具及緊急照明設備者。

二、增建或改建部分，以本標準中華民國八十五年七月一日修正條文施行日起，樓地板面積合計逾一千平方公尺或占原建築物總樓地板面積二分之一以上時，該建築物之消防安全設備。

三、用途變更為甲類場所使用時，該變更後用途之消防安全設備。

四、用途變更前，未符合變更前規定之消防安全設備。

【解說】

用途變更為補習班之新設立補習班，則依第 13 條第 1 款規定，其消防安全設備為滅火器、火警自動警報設備、手動報警設備、緊急廣播設備、標示設備、避難器具及緊急照明設備者，該等設備之設置，適用變更用途後之標準。如此考量是在經濟及人命安全之平衡。在經濟考量是以低經濟非系統式（滅火器、標示設備、避難器具及緊急照明）來要求；而系統式滅火設備是高成本設備；另警報設備是低成本高效益之消防設備，在火災人命安全上扮演能早期應變之重要角色。因此，上揭設備在法規上，是採取溯及既往之原則。

依內政部消防法令函釋及公告（以下同），幼兒園申請兼辦國民小學兒童課後照顧服務時，如未涉及建築物使用執照之變更時，考量幼兒園兼辦國民小學兒童課後照顧服務，係以幼兒園為主要用途，其使用強度及消防安全設備之檢討以幼兒園較為嚴格，在一定招收（國民小學兒童）人數及建築一定規模條件（幼兒園原核定空間範圍二分之一），免辦理變更使用執照下，得免辦理消防安全設備之檢討。惟如有使用用途變更時，仍依第 13 條規定辦理。

領有使用執照之建築物用途變更，應依建築法第七十三條執行要點檢討，並申請變更使用執照；建築物增建、改建之部分應依建築技術規則檢討，並申請建造執照。按各類場所消防安全設備設置標準第十三條係規定消防設備之檢討，而防火門係屬建築技術規則規定之防火設備，非屬消防設備。

用途變更為甲類場所使用時，該變更後用途之消防安全設備，適用變更後之標準規定，係指原為非甲類用途場所變更為甲類用途場所或原為甲類場所變更為他種甲類用途場所時均應適用之。

不同行為消防法規適用

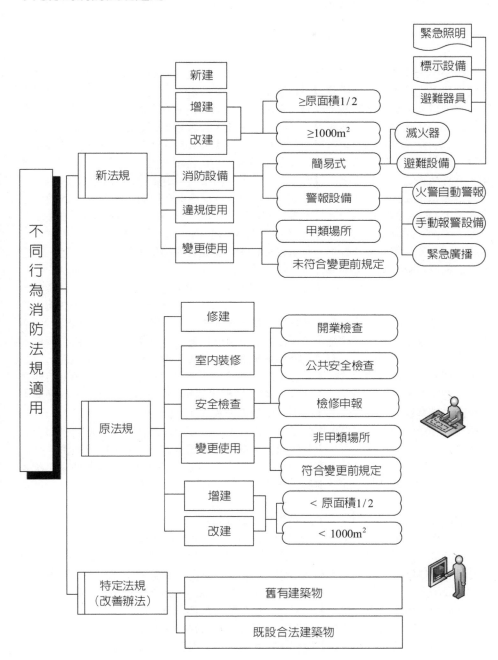

2-6 增改建或變更用途（二）

【解說】

消防安全設備審查，其法規適用之原則，係以申請建造執照掛號之日期為準，其消防安全設備之設置，得依申請建造執照當時之法規設計。於建築法第七十三條執行要點規定，辦理建築物變更使用執照有關項目免檢討，消防安全設備之檢討仍應依消防法規處理。如建築物三、四層原供醫院用途使用，辦理變更用途為護理之家，依建築法第七十三條執行要點規定辦理變更使用時，雖屬同類組使用項目變更，有關項目免檢討，惟仍應依規定重新檢討消防安全設備設置。在古蹟方面，按「古蹟依其主管機關，區分為國定、直轄市定、縣（市）定三類，分別由內政部、直轄市政府及縣（市）政府審查指定及公告之，並報內政部備查。」「古蹟應保存原有形貌及文化風貌，不得變更，如因故損毀應依照原有形貌及文化風貌修復，並得依其性質，報經古蹟主管機關許可後，採取不同之保存、維護或再利用方式。」供玻璃工藝博物館使用之市定古蹟，如涉及消防設備之改善，且基於文化資產保護考量難依現行法規改善時，仍應依規定報經古蹟當地主管機關審查許可後始得辦理。

假使原使用執照用途為一般零售業（甲類第 4 目）變更為酒吧（甲類第 1 目）時，業構成上開規定「變更用途之條件」，爰應依消防法第 6 條第 2 項：「消防機關得依前項所定各類場所之危險程度，分類列管檢查及複查。」、各級消防主管機關辦理消防安全檢查違法案件處理注意事項規定，以其實際用途分類列管檢查，並依現行規定要求設置消防安全設備。原建築物總樓地板面積的計算，增建後各棟未能視為另一場所，該總面積應為各棟樓地板面積之合計；增建棟場所用途歸類認定，得單就該棟之場所檢討；其消防安全設備之設置，以增建棟整體建築物依第 13 條規定，就應適用增建前之標準或增建後之標準檢討，於增建部分設置該消防安全設備。

按實施都市計畫地區總樓地板面積在二百平方公尺以上之補習班，或非實施都市計畫地區總樓地板面積在五百平方公尺以上之補習班均屬供公眾使用建築物範圍。又建築物使用應按其使用強度及危險指標分類分組，在變更使用檢討項目及標準，與該變更使用範圍是否為供公眾使用建築物無涉。至其變更使用涉及消防設備之檢討，仍應依規定檢討消防安全設備之設置。

在補辦登記方面，未登記工廠補辦臨時工廠登記辦法第 8 條第 2 款規定：「申請案件未經駁回而有下列情形，由地方主管機關於通知函記載申請人應檢附下列規定檔，進行第二階段審查：……。二、出具地方消防主管機關核發符合各類場所消防安全設備設置標準、公共危險物品及可燃性高壓氣體設置標準暨安全管理辦法之審查查驗核准或證明文件。……。」既存未登記工廠補辦臨時工廠登記時，其消防安全部分應經當地消防機關審查查驗，並於符合現行上開設置標準及管理辦法後，核予相關證明文件，爰上開場所依法設置之消防安全設備，於日後申請使用執照時，依各類場所消防安全設備設置標準第 13 條規定意旨如該工廠未增建、改建或變更用途，得以沿用。

各類場所用途分類檢討消防安全設備設置

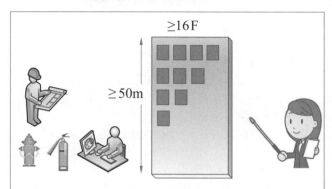

消防法第 1 條後段明定，本法未規定者，適用其他法律規定。
如屬高層建築物應依建築設計施工編高層建築物第 243 條，就
燃氣設備設置處所，要求設置瓦斯漏氣火警自動警報設備。假
使高層建築物部分樓層變更使用，依第 13 條檢討。至連結送
水管之設置，業有完整規範，應依設置標準規定辦理。

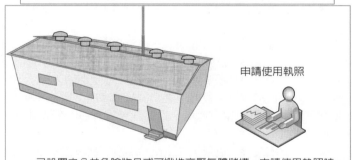

　　已設置之公共危險物品或可燃性高壓氣體儲槽，申請使用執照時，
如能檢具儲槽設置時之相關證明文件，則其消防安全設備得依設置時
之相關法規辦理。

2-7 應設置火警自動警報設備

第 19 條

下列場所應設置火警自動警報設備：

一、五層以下之建築物，供第十二條第一款及第二款第十二目所列場所使用，任何一層之樓地板面積在三百平方公尺以上者；或供同條第二款（第十二目除外）至第四款所列場所使用，任何一層樓地板面積在五百平方公尺以上者。（整棟設置）

二、六層以上十層以下之建築物任何一層樓地板面積在三百平方公尺以上者。（整棟設置）

三、十一層以上建築物。（整棟設置）

四、地下層或無開口樓層，供第十二條第一款第一目、第五目及第五款（限其中供第一款第一目或第五目使用者）使用之場所，樓地板面積在一百平方公尺以上者；供同條第一款其他各目及其他各款所列場所使用，樓地板面積在三百平方公尺以上者。（該樓層設置）

五、供第十二條第五款第一目使用之建築物，總樓地板面積在五百平方公尺以上，且其中甲類場所樓地板面積合計在三百平方公尺以上者。（整棟設置）

六、供第十二條第一款及第五款第三目所列場所使用，總樓地板面積在三百平方公尺以上者。（該場所設置）

七、供第十二條第一款第六目所定榮譽國民之家、長期照顧服務機構（限機構住宿式、社區式之建築物使用類組非屬 H-2 之日間照顧、團體家屋及小規模多機能）、老人福利機構（限長期照護型、養護型、失智照顧型之長期照顧機構、安養機構）、護理機構（限一般護理之家、精神護理之家）、身心障礙福利機構（限照顧植物人、失智症、重癱、長期臥床或身心功能退化者）使用之場所。（該場所設置）

前項應設火警自動警報設備之場所，除供甲類場所、地下建築物、高層建築物或應設置偵煙式探測器之場所外，如已依本標準設置自動撒水、水霧或泡沫滅火設備（限使用標示攝氏溫度七十五度以下，動作時間六十秒以內之密閉型撒水頭）者，在該有效範圍內，得免設火警自動警報設備。

【解說】

依消防署修正說明，其中增列榮譽國民之家、長期照顧服務機構（限機構住宿式、社區式之建築物使用類組非屬 H-2 之日間照顧、團體家屋及小規模多機能）不論面積大小皆應設置火警自動警報設備。

因建築物使用，會有碳氫化合物之可燃物品，如電氣石化產品外殼、傢俱、寢具等，並帶有用火用電之起火源，一旦二者結合，在空氣中氧助燃下，火勢形成發展，其中火煙之生成物對人類產生相當威脅。因此，火警自動警報設備扮演重要角色，其能讓建築物使用人早期發現火勢已發生，儘早發現火災，無論就滅火或避難逃生都有絕對優勢。尤其是人類處於休息或睡眠時段，無人為活動時只能藉由機械設備來及時發現火災之存在並發出警報。

應設火警自動警報設備場所

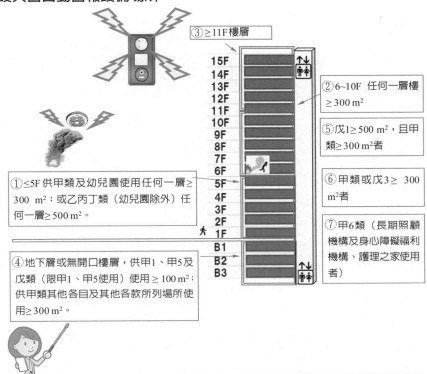

③≧11F樓層

15F
14F
13F
12F
11F
10F
9F
8F
7F
6F
5F
4F
3F
2F
1F
B1
B2
B3

②6~10F 任何一層樓 ≧300 m²

⑤戊1≧500 m²，且甲類≧300 m²者

⑥甲類或戊3≧ 300 m²者

⑦甲6類（長期照顧機構及身心障礙福利機構、護理之家使用者）

①≦5F供甲類及幼兒園使用任何一層≧300 m²；或乙丙丁類（幼兒園除外）任何一層≧500 m²。

④地下層或無開口樓層，供甲1、甲5及戊類（限甲1、甲5使用）使用≧100 m²；供甲類其他各目及其他各款所列場所使用≧300 m²。

如已設自動撒水、水霧或泡沫滅火設備（限≦75℃，≦60 秒密閉型撒水頭）者免設火警自動警報設備。（甲類、地下建築物、高層建築物或應設偵煙式場所除外）

火警受信總機受信與移報

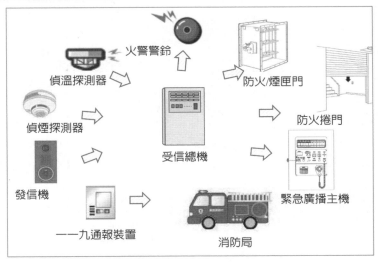

火警警鈴

偵溫探測器

防火/煙匣門

偵煙探測器

防火捲門

受信總機

發信機

緊急廣播主機

——九通報裝置

消防局

應設火警自動警報設備場所

類別	目別	應設火警自動警報設備場所	樓地板面積以上				
			全部（總）	任一層			
				≤5層	地下層或無開口	6～10層	≧11層
甲	1	電影片映演場所（戲院、電影院）、歌廳、舞廳、夜總會、俱樂部、理容院（觀光理髮、視聽理容等）、指壓按摩場所、錄影節目帶播映場所（MTV等）、視聽歌唱場所（KTV等）、酒家、酒吧、酒店（廊）	左列畫底線場所皆應設，其餘300 m²	300 m²	100 m²	300 m²	皆設
	2	保齡球館、撞球場、集會堂、健身休閒中心（含提供指壓、三溫暖等設施之美容瘦身場所）、室內螢幕式高爾夫練習場、遊藝場所、電子遊戲場、資訊休閒場所。			300 m²		
	3	觀光旅館、飯店、旅館、招待所（限有寢室客房者）					
	4	商場、市場、百貨商場、超級市場、零售市場、展覽場					
	5	餐廳、飲食店、咖啡廳、茶藝館			100 m²		
	6	醫院、療養院、榮譽國民之家、長期照顧服務機構（限機構住宿式、社區式之建築物使用類組非屬H-2之日間照顧、團體家屋及小規模多機能）、老人福利機構（限長期照護型、養護型、失智照顧型長期照顧機構、安養機構）、兒童及少年福利機構（限托嬰中心、早期療育機構、有收容未滿二歲兒童之安置及教養機構）、護理機構（限一般護理之家、精神護理之家、產後護理機構）、身心障礙福利機構（限供住宿養護、日間服務、臨時及短期照顧者、限照顧植物人、失智症、重癱、長期臥床或身心功能退化者）、身心障礙者職業訓練機構（限提供住宿或使用特殊機具者）、啟明、啟智、啟聰等特殊學校			500 m²		
	7	三溫暖、公共浴室					
乙	1	車站、飛機場大廈、候船室	—		300 m²	500 m²	
	2	期貨經紀業、證券交易所、金融機構					
	3	學校教室、兒童課後照顧服務中心、補習班、訓練班、K書中心、前款第六目以外兒童及少年福利機構（限安置及教養機構）及身心障礙者職業訓練機構					
	4	圖書館、博物館、美術館、陳列館、史蹟資料館、紀念館及其他類似場所					
	5	寺廟、宗祠、教堂、供存放骨灰（骸）之納骨堂（塔）及其他類似場所					
	6	辦公室、靶場、診所、長期照顧服務機構（限社區式建築物使用類組屬H-2之日間照顧、團體家屋及小規模多機能）、日間型精神復健機構、兒童及少年心理輔導或家庭諮詢機構、身心障礙者就業服務機構、老人文康機構、前款第六目以外之老人福利機構及身心障礙福利機構					

類別	目別	應設火警自動警報設備場所	樓地板面積以上				
			全部（總）	任一層			
				≤ 5 層	地下層或無開口	6～10層	≧ 11 層
	7	集合住宅、寄宿舍、住宿型精神復健機構	—	500 m²	300 m²	300 m²	皆設
	8	體育館、活動中心					
	9	室內溜冰場、室內游泳池					
	10	電影攝影場、電視播送場					
	11	倉庫、傢俱展示販售場					
	12	幼兒園		300 m²			
丙	1	電信機器室		500 m²			
	2	汽車修護廠、飛機修理廠、飛機庫					
	3	室內停車場、建築物依法附設之室內停車空間					
丁	1	高度危險工作場所					
	2	中度危險工作場所					
	3	低度危險工作場所					
戊	1	複合用途建築物中，有供甲類用途者	500 m²（甲300）		甲 1 與甲 5 為 100 m²		
	2	前目以外供乙至丁類用途之複合用途建築物	-	-			
	3	地下建築物	300 m²				
其他		經中央主管機關公告之場所	-				

設有火警自動警報建築物，應設置緊急廣播設備。
免設規定
應設火警自動警報設備之場所，除供甲類場所、地下建築物、高層建築物或應設置偵煙式探測器之場所外，如已依本標準設置自動撒水、水霧或泡沫滅火設備（限使用標示溫度 ≤ 75℃，動作時間 ≤ 60 sec 之密閉型撒水頭）者，在該有效範圍內，得免設火警自動警報設備。

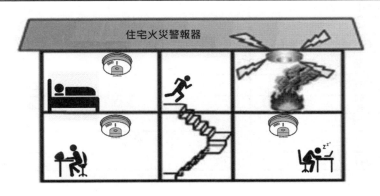
住宅火災警報器

日本應設火警自動警報設備場所

款目		防火對象物	一般 （總樓板面積 m^2）
1	(1)	戲院、電影院、娛樂場所、展覽中心	
	(2)	公民館、集會場	
2	(1)	歌舞表演、咖啡館、夜總會	300
	(2)	遊藝場、舞廳	
	(3)	海關業務銷售場所	
	(4)	卡拉 OK、為客戶提供服務房間	全部
3	(1)	會議室、餐廳類似場所	
	(2)	飲食店	300
4		百貨商店、超級市場、商場或展覽廳	
5	(1)	旅館、汽車旅館、有客房招待所	全部
	(2)	集合住宅、寄宿舍	500
6	(1)	①醫院 ②診所 ③有床診所	全部
		④無床診所	300
	(2)	老年短期住宿設施，老人養老院等（自力避難困難者）	全部
	(3)	①老人日服務中心，幼兒保育有入住或寄宿類似場所	全部
		②老人日服務中心，幼兒保育無入住或寄宿類似場所	300
	(4)	幼兒園或特殊學校	300
7		小學、中學、高中、大學類似場所	500
8		圖書館，博物館，美術館等類似場所	
9	(1)	公共浴池之外部蒸汽浴室、熱氣浴室類似特定場所	200
	(2)	9(1) 以外之一般公共浴池	500
10		候車場或船舶／飛機起飛／到達地點（僅限乘客上下車或等候場所）	-
11		神社、寺廟、教會	1000
12	(1)	工廠、作業場	
	(2)	電影攝影場、電視播送場	500
13	(1)	車庫、停車場	
	(2)	飛機或旋翼飛機機庫	全部
14		倉庫	500
15		不適用上述之商業場所	1000
16	(1)	複合用途建築物中供第 1 至 4、5、6 或 9 款特定用途者	300
	(2)	16(1) 以外之複合非特定用途建築物	-

款目	防火對象物	一般 （總樓板面積 m²）
16-2	地下街	供上述 2（2）、5（1）、6（1）①②③、6(2)、6(3) 入住或寄宿場所應設
16-3	16-2 以外地下層接合連續性地下通路（準地下街）	總樓地板≥ 500m² 且供上述 1、2、3、4、5(1)、6、9(1) 項之樓地板合計≥ 300m²
17	古蹟歷史建築、重要民俗資料、史跡等建築物（文化財）	全部
18	≥ 50m 拱廊	
19	鄉鎮市長指定山林	-
20	總務省指定舟車	
註：上述有底色者為特定防火對象物（不特定多數人聚集場所）		

天花板噴流與探測器關係

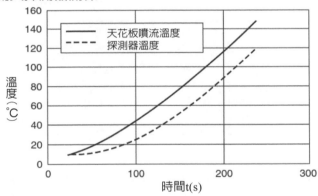

天花板噴流（Ceiling Jet）與探測器溫度為時間之函數，前者大於後者約20°C

2-8 應設置手動報警設備

第 20 條
下列場所應設置手動報警設備：
一、三層以上建築物，任何一層樓地板面積在二百平方公尺以上者。（整棟設置）
二、第十二條第一款第三目之場所。（該場所設置）

【解說】

手動報警機已改為發信機之名稱。為快速告知火災發生，於三層以上建築物或旅館等住宿場所，處於不同隔間寢睡使用人應設之。在日本手動報警設備是多元化的，有緊急警報器具指警鐘、攜帶用擴聲器、手搖式警笛，用於小規模空間。手動報警設備扮演著火警探測器或感知撒水頭尚未感知火災發生，由個人發現火煙，能即時快速通報建築物多數使用人之重要功能，尤其是人類休息睡眠之寢室客房使用之場所，因通報比滅火還重要。

第 21 條
下列使用瓦斯之場所應設置瓦斯漏氣火警自動警報設備：
一、地下層供第十二條第一款所列場所使用，樓地板面積合計一千平方公尺以上者。
二、供第十二條第五款第一目使用之地下層，樓地板面積合計一千平方公尺以上，
　　且其中甲類場所樓地板面積合計五百平方公尺以上者。
三、總樓地板面積在一千平方公尺以上之地下建築物。

【解說】

本條是採總樓地板或樓地板面積合計方式來檢討，應設場所僅限於地下空間設置，因其通風不良，易蓄積濃度至爆炸範圍。瓦斯（天然及液化）洩漏時人體不易查覺，而藉由檢知器來感知達一定程度瓦斯洩漏時，予以發出警報。

第 22 條
依第十九條或前條規定設有火警自動警報或瓦斯漏氣火警自動警報設備之建築物，應設置緊急廣播設備。

【解說】

本條之設置非整棟，係以第十九條或前條之應設範圍來作要求。本條國內規定一律設置顯然比日本嚴格多了。在日本設緊急廣播設備是以收容人員數及樓層來作考量，而非以火警自動警報或瓦斯漏氣火警自動警報設備，即應設置緊急廣播設備。基本上，火警自動警報無法告知建築物使用火警正確詳細位置，此時可由人語音告知火災燃燒物及正確避難逃生方向。依第 19 條第 2 項規定，於所定條件設有自動滅火設備之有效範圍內得免設火警自動警報設備，其緊急廣播設備仍不得減免。

應設手動報警及瓦斯漏氣火警自動警報場所

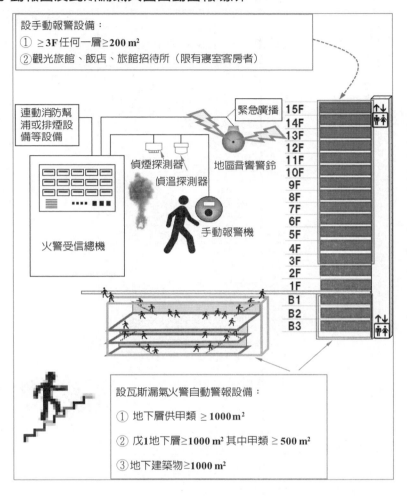

設手動報警設備：

① ≥3F 任何一層≥200 m²

②觀光旅館、飯店、旅館招待所（限有寢室客房者）

連動消防幫浦或排煙設備等設備

緊急廣播

15F
14F
13F
12F
11F
10F
9F
8F
7F
6F
5F
4F
3F
2F
1F
B1
B2
B3

偵煙探測器

偵溫探測器

地區音響警鈴

手動報警機

火警受信總機

設瓦斯漏氣火警自動警報設備：

① 地下層供甲類 ≥1000 m²

② 戊1地下層≥1000 m² 其中甲類 ≥500 m²

③地下建築物≥1000 m²

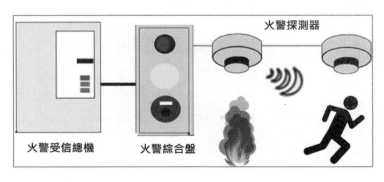

火警探測器

火警受信總機　　　火警綜合盤

應設手動報警及瓦斯漏氣火警自動警報場所

類別	目別	應設手動報警及瓦斯漏氣火警自動警報場所	樓地板面積	
			地下層全部（總）	任一層 ≥ 3 層
甲	1	電影片映演場所（戲院、電影院）、歌廳、舞廳、夜總會、俱樂部、理容院（觀光理髮、視聽理容等）、指壓按摩場所、錄影節目帶播映場所（MTV 等）、視聽歌唱場所（KTV 等）、酒家、酒吧、酒店（廊）	≥ 1000 m² 瓦斯漏氣火警	≥ 200 m² 手動報警設備
	2	保齡球館、撞球場、集會堂、健身休閒中心（含提供指壓、三溫暖等設施之美容瘦身場所）、室內螢幕式高爾夫練習場、遊藝場所、電子遊戲場、資訊休閒場所。		
	3	觀光旅館、飯店、旅館、招待所（限有寢室客房者）		0 m² 手動報警設備
	4	商場、市場、百貨商場、超級市場、零售市場、展覽場		
	5	餐廳、飲食店、咖啡廳、茶藝館		
	6	醫院、療養院、榮譽國民之家、長期照顧服務機構（限機構住宿式、社區式之建築物使用類組非屬 H-2 之日間照顧、團體家屋及小規模多機能）、老人福利機構（限長期照護型、養護型、失智照顧型長期照顧機構、安養機構）、兒童及少年福利機構（限托嬰中心、早期療育機構、有收容未滿二歲兒童之安置及教養機構）、護理機構（限一般護理之家、精神護理之家、產後護理機構）、身心障礙福利機構（限供住宿養護、日間服務、臨時及短期照顧者）、身心障礙者職業訓練機構（限提供住宿或使用特殊機具者）、啟明、啟智、啟聰等特殊學校		
	7	三溫暖、公共浴室		
乙	1	車站、飛機場大廈、候船室	-	≥ 200 m² 手動報警設備
	2	期貨經紀業、證券交易所、金融機構		
	3	學校教室、兒童課後照顧服務中心、補習班、訓練班、K書中心、前款第六目以外兒童及少年福利機構（限安置及教養機構）及身心障礙者職業訓練機構		
	4	圖書館、博物館、美術館、陳列館、史蹟資料館、紀念館及其他類似場所		
	5	寺廟、宗祠、教堂、供存放骨灰（骸）之納骨堂（塔）及其他類似場所		
	6	辦公室、靶場、診所、長期照顧服務機構（限社區式建築物使用類組屬 H-2 之日間照顧、團體家屋及小規模多機能）、日間型精神復健機構、兒童及少年心理輔導或家庭諮詢機構、身心障礙者就業服務機構、老人文康機構、前款第六目以外之老人福利機構及身心障礙福利機構		
	7	集合住宅、寄宿舍、住宿型精神復健機構		

類別	目別	應設手動報警及瓦斯漏氣火警自動警報場所	樓地板面積	
			地下層全部（總）	任一層≥3層
	8	體育館、活動中心		
	9	室內溜冰場、室內游泳池		
	10	電影攝影場、電視播送場		
	11	倉庫、傢俱展示販售場		
	12	幼兒園		
丙	1	電信機器室		
	2	汽車修護廠、飛機修理廠、飛機庫		
	3	室內停車場、建築物依法附設之室內停車空間		
丁	1	高度危險工作場所		
	2	中度危險工作場所		
	3	低度危險工作場所		
戊	1	複合用途建築物中，有供甲類用途者	$\geq 1000\ m^2$（甲500）瓦斯漏氣火警	-
	2	前目以外供乙至丁類用途之複合用途建築物	-	
	3	地下建築物	$\geq 1000\ m^2$瓦斯漏氣火警	
其他		經中央主管機關公告之場所	-	
註：設有瓦斯漏氣火警自動警報設備之建築物，應設置緊急廣播設備				

建築物火警自動警報系統

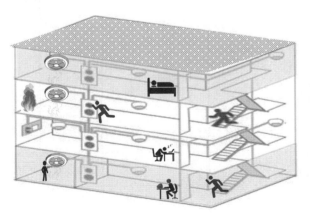

早期偵知火災發生，是決定滅火或避難成功之關鍵因素

日本應設火警緊急警報設備／器具場所

款目		防火對象物	警報（收容人員）		緊急廣播（收容人員）	
			器具	設備	一般	樓層
1	(1)	戲院、電影院、娛樂場所、展覽中心	－	≥ 50 人或地下層及無開口樓層≥ 20 人	≥ 300 人	≥ 11F 或 ≥ 地下 3F 全部
	(2)	公民館、集會場				
2	(1)	歌舞表演、咖啡館、夜總會				
	(2)	遊藝場、舞廳、				
	(3)	海關業務銷售場所				
	(4)	卡拉 OK、為客戶提供服務房間				
3	(1)	會議室、餐廳類似場所				
	(2)	飲食店				
4		百貨商店、超級市場、商場或展覽廳	20～50 人			
5	(1)	旅館、汽車旅館、有客房招待所	－	≥ 20 人	≥ 800 人	
	(2)	集合住宅、寄宿舍		≥ 50 人或地下層及無開口樓層≥ 20 人		
6	(1)	①醫院 ②診所 ③有床診所	20～50 人	≥ 20 人	≥ 300 人	
		④無床診所				
	(2)	老年短期住宿設施，老人養老院等（自力避難困難者）				
	(3)	①老人日服務中心，幼兒保育有入住或寄宿類似場所		≥ 50 人或地下層及無開口樓層≥ 20 人		
		②老人日服務中心，幼兒保育無入住或寄宿類似場所				
	(4)	幼兒園或特殊學校				
7		小學、中學、高中、大學類似場所	－		≥ 800 人	
8		圖書館，博物館，美術館等類似場所				
9	(1)	公共浴池之外部蒸汽浴室、熱氣浴室類似特定場所	－	≥ 20 人	≥ 300 人	
	(2)	9(1) 以外之一般公共浴池	20～50 人	≥ 50 人或地下層及無開口樓層≥ 20 人	－	

款目		防火對象物	警報（收容人員）		緊急廣播（收容人員）	
			器具	設備	一般	樓層
10		候車場或船舶／飛機起飛／到達地點（僅限乘客上下車或等候場所）	－			
11		神社、寺廟、教會				
12	(1)	工廠、作業場	20～50 人			
	(2)	電影攝影場、電視播送場				
13	(1)	車庫、停車場				
	(2)	飛機或旋翼飛機機庫				
14		倉庫		≥ 50 人或地下層及無開口樓層≥ 20 人		≥ 11 F 或≥地下 3 F全部
15		不適用上述之商業場所				
16	(1)	複合用途建築物中供第 1 至 4、5、6 或 9 款等特定用途者			≥ 500 人	
	(2)	16(1) 以外之複合非特定用途建築物			-	
16-2		地下街	－			
16-3		16-2 以外地下層接合連續性地下通路（準地下街）			全部	
17		古蹟歷史建築、重要民俗資料、史蹟等建築物（文化財）				
18		≥ 50m 拱廊				
19		鄉鎮市長指定山林		－		
20		總務省指定舟車				

註：
a) 上述有底色者為特定防火對象物
b) 緊急警報器具指警鐘、攜帶用擴聲器、手搖式警笛，用於小規模空間。
c) 緊急警報設備指緊急警鈴（Bell）、自動式警笛（Siren）、緊急廣播（另外規定）。
d) 當設有火警自動報警設備或緊急警報設備時，在其有效範圍部分，得免設。
e) 當設有火警自動報警設備或緊急廣播設備時，在其有效範圍部分，緊急警鈴或自動式警笛得免設。

火警自動警報系統

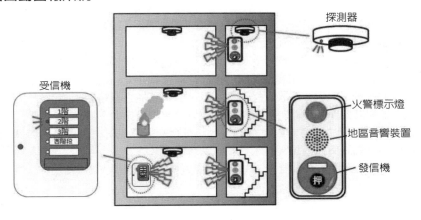

受信機　1階　2階　3階　西階段

探測器

火警標示燈

地區音響裝置

發信機　押

2-9 應設置一一九火災通報裝置

> 第 22 條之 1
> 下列場所應設置一一九火災通報裝置：
> 一、供第十二條第一款第六目所定醫院、療養院、榮譽國民之家、長期照顧服務機
> 　　構（限機構住宿式、社區式之建築物使用類組非屬 H-2 之日間照顧、團體家
> 　　屋及小規模多機能）、老人福利機構（限長期照護型、養護型、失智照顧型之
> 　　長期照顧機構、安養機構）、護理機構（限一般護理之家、精神護理之家）、
> 　　身心障礙福利機構（限照顧植物人、失智症、重癱、長期臥床或身心功能退化
> 　　者）使用之場所。
> 二、其他經中央主管機關公告之供公眾使用之場所。

【解說】

　　依消防署民 107 年 10 月修正說明，為提升有收容需維生器材、行動遲緩或無法行動之患者或年長者之長照服務等場所火災發生時之通報效率，避免延誤報案致生重大火災事故，並確保能將火災訊息以迅速確實的通報方法通知消防機關，以利及時應變及降低火災損害於最低限度。

　　一一九火災通報裝置係參酌日本消防法施行令第二十三條規定，明定醫院等場所應設置一一九火災通報裝置，目的是為提升特定避難弱者場所（收容需維生器材、行動遲緩或無法行動之患者或年長者之長照服務等），火災發生時之通報效率，將火災訊息以迅速確實的通報方法通知消防機關，避免人員延誤報案，以利及時應變及降低火災損害於最低限度。

　　一一九火災通報裝置為火災發生時，藉由操作手動啟動裝置（指火災通報專用之按鈕、通話裝置及遠端啟動裝置等），透過公眾電話交換網路與消防機關連通，以蓄積語音（指以預先錄製之語音傳達訊息）進行通報，並可執行通話之裝置。適用場所與消防機關據點之距離在 0.5～10 公里。

1. 火災通報裝置應設於值日室等經常有人之處所。但設有防災中心時，應設於該中心。
2. 火災通報裝置之操作部（手動啟動裝置、監控部、發報顯示及緊急送收話器）與控制部分離者，應設在便於維護操作處所。
3. 設置遠端啟動裝置時，應設有可與設置火災通報裝置場所通話之設備。
4. 手動啟動裝置之操作開關距離樓地板面之高度，在 0.8 公尺以上 1.5 公尺以下。
5. 火災通報裝置附近，應設置送、收話器，並與其他內線電話明確區分。
6. 火災通報裝置應避免傾斜裝置，並採取有效防震措施。
7. 火災通報裝置之通信介面與電磁相容應符合交通部電信總局所訂「公眾交換電話網路終端設備技術規範」，並經審驗合格。

在日本一一九火災通報裝置於 2009 年，現有些已發展為無線化做為一一九火災通報裝置。

非以通信連接器作為分界點

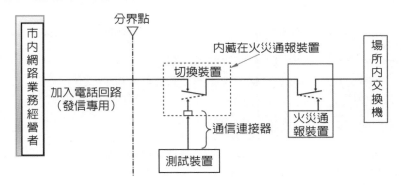

以通信連接器作為分界點

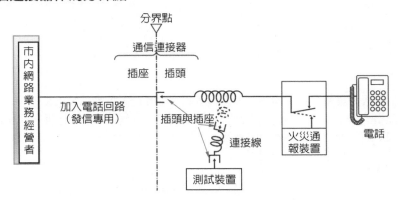

一一九火災通報裝置

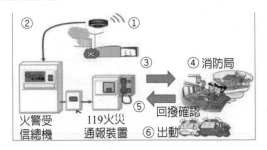

2-10 火警分區

第 112 條

裝設火警自動警報設備之建築物，依下列規定劃定火警分區：

一、每一火警分區不得超過一樓層，並在樓地板面積六百平方公尺以下。但上下二層樓地板面積之和在五百平方公尺以下者，得二層共用一分區。

二、每一分區之任一邊長在五十公尺以下。但裝設光電式分離型探測器時，其邊長得在一百公尺以下。

三、如由主要出入口或直通樓梯出入口能直接觀察該樓層任一角落時，第一款規定之六百平方公尺得增為一千平方公尺。

四、樓梯、斜坡通道、昇降機之昇降路及管道間等場所，在水平距離五十公尺範圍內，且其頂層相差在二層以下時，得為一火警分區。但應與建築物各層之走廊、通道及居室等場所分別設置火警分區。

五、樓梯或斜坡通道，垂直距離每四十五公尺以下為一火警分區。但其地下層部分應為另一火警分區。

【解說】

火警自動警報設備為所有消防設備之火車頭，由其最先自動感知火災發生，進而帶動一切後續消防設備，如連動防火捲門、排煙設備、受信總機等。因此，火災發生，首重偵知並進行通報建築物使用人周知，而採取火災應變行動；如同自衛消防編組之通報、滅火及避難引導活動一樣。

劃定火警分區旨在能顯示火警發生之區域，以一回路為一區域，並作為日後檢修查知。因此，如同防火（煙）區劃一樣，將建築物內部使用劃分為若干區域，以作為火災在建築物一區域位置發生。

每一分區之任一邊長在五十公尺以下，而面積在六百平方公尺以下，避免過大難以即時查知火警在哪一位置，假使能直接即時觀察到，則面積得增為一千平方公尺。在樓梯、斜坡通道、昇降機之昇降路及管道間等場所，在建築物區劃上為管道間區劃，係火煙垂直上升煙流型態，而走廊、通道及居室為水平區劃空間，火煙流係為水平擴展型態，有其差異性，探測器感知也顯有不同，故分別設火警分區。

地下層部分應為另一火警分區，這也是因應火災行為不同，而火警分區個別回路，地下層火災特色為無開口空間，煙流難以釋出，加之外來氧氣供應困難，使得火災室燃燒行為會相對較快陷入通風控制燃燒型態，也就是氧氣控制所有燃燒行為，因此氧氣提供有限，形成不完全生成物充滿地下空間，使內部使用人面臨煙流威脅之空間環境，所以地下層或地下建築物或無開口樓層部分，在法規上無論是消防設備設置或防火（煙）區劃火警分區，皆特別作考量。

火警分區設定

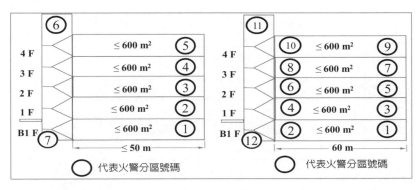

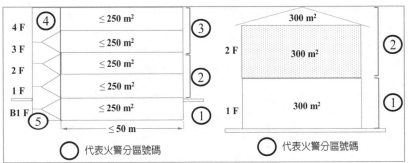

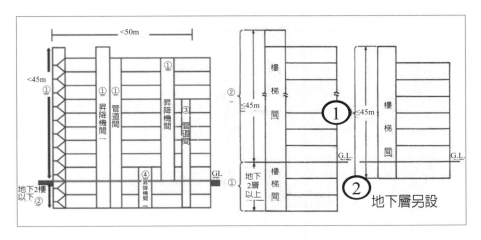

火警自動警報設備之消防設計流程

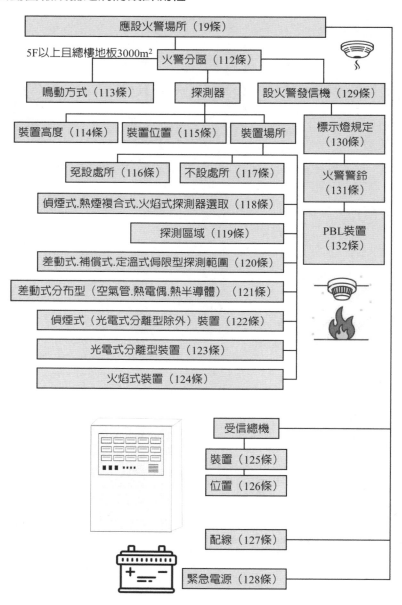

警報設備之構件表

檢修項目 \ 設備項目	火警自動警報設備	瓦斯漏氣火警自動警報設備	緊急廣播設備
1 緊急電源	O	O	O
2 受信總機或廣播主機	O	O	O
3 探測器、檢知器或揚聲器	O	O	O
4 手動報警機或啓動裝置	O	×	O
5 標示燈	O	O	O
6 火警警鈴或警報音響	O	O	×

【解說】
1) 因火災會造成電氣設備燒損，導致短路停電，因此各消防設備皆需緊急電源，目前國內實務上緊急電源僅以蓄電池（分個別或集中式）、發電機二種為主，在日本消防設備法定緊急電源除上述外，尚有專用受電設備及燃料電池二種。
2) 手動報警機或啓動裝置，是探測器尚未偵知火警，但人員已確認發現火勢，進行啓動報警；而瓦斯漏氣火警自動警報設備之對象，不是火災，沒有火煙外觀視覺現象，且瓦斯無色無味，洩漏難以察覺，只有藉由自動檢知之偵知裝置。
3) 火警警鈴或警報音響，或是緊急廣播設備，主要目的皆是作為室內人員通報之性能使用。

2-11 鳴動方式及探測器高度

> **第 113 條**
> 火警自動警報設備之鳴動方式,建築物在五樓以上,且總樓地板面積在三千平方公尺以上者,依下列規定:
> 一、起火層為地上二層以上時,限該樓層與其直上二層及其直下層鳴動。
> 二、起火層為地面層時,限該樓層與其直上層及地下層各層鳴動。
> 三、起火層為地下層時,限地面層及地下層各層鳴動。
> 四、前三款之鳴動於十分鐘內或受信總機再接受火災信號時,應立即全區鳴動。

【解說】

　　第四款係民 110 年 6 月 25 日新增,因總機內部修改,生效日延至 110 年 7 月 1 日起實施。火警鳴動方式分一齊鳴動與分區(層)鳴動。建築物在五樓以上且總樓地板面積在三千平方公尺以上者,此顯示內部收容人員勢必有一定規模數量,且在一定樓層以上,此時使用人群在避難逃生問題上如何來有效疏散及避免恐慌,這是法規上所需重要考量。假使火警發生,一開始即全部樓層一齊鳴動,大樓內部人員同一時間湧入安全梯間,會造成擁擠不堪混亂環境,或人員踐踏場面;而大樓內部火災對每一樓層使用人產生威脅,會有時間順序差異,因此,火災層及其直上層是首先面臨直接,有必要先予以疏散,如此火警應有分層鳴動之必要。分層鳴動在國內與日本有其差異(見右圖)。

> **第 114 條**
> 探測器應依裝置場所高度,就下表選擇探測器種類裝設。但同一室內之天花板或屋頂板高度不同時,以平均高度計。
>
> | 裝置場所高度 | 未滿四公尺 | 四公尺以上未滿八公尺 | 八公尺以上未滿十五公尺 | 十五公尺以上未滿二十公尺 |
> |---|---|---|---|---|
> | 探測器種類 | 差動式侷限型、差動式分布型、補償式侷限型、離子式侷限型、光電式侷限型、光電式分離型、定溫式、火焰式 | 差動式侷限型、差動式分布型、補償式侷限型、定溫特種或種、離子式侷限型一種或二種、光電式侷限型一種或二種、光電式分離型、火焰式。 | 差動式分布型、離子式侷限型一種或二種、光電式侷限型一種或二種、火焰式、光電式分離型。 | 離子式侷限型一種、光電式侷限型一種、光電式分離型一種、火焰式。 |

【解說】

　　探測器是依火災生成物之煙、溫度、紅外線或紫外線來感知。而火災煙上升是靠熱膨脹,假使裝置面過高,火災煙逐漸冷卻會產生上升至某一高度,再也上不去;因此法規依其探測原理,而予以區分。此外依內政部消防法令函釋及公告,於柴電客車檢修棚高度超過 15 公尺,現場因維修客車等常時有電焊施作,易生火焰、煙霧致裝設偵煙式探測器及火焰式探測器易生誤報時,得設置差動式分布型或火焰式等探測器。

　　基本上,偵溫式裝置高度與撒水頭一樣在 8m 以下高度,而偵煙式能達 20m 以下高度。

火警分層鳴動：（左）台灣方式，（右）日本方式

≥ 5F 且≥ 3000m²者　　　　　　　　**≥ 5F 且≥ 3000m²者**

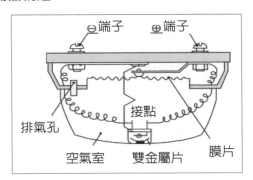

台灣方式							日本方式					
5F ✳							5F					
4F ✳	✳						4F ✳					
3F 🔥	✳						3F 🔥	✳				
2F ✳	🔥	✳					2F	🔥	✳			
1F	✳	🔥	✳	✳	✳ G.L		1F		🔥	✳		
B1F		✳	🔥	✳	✳		B1F		✳	🔥	✳	✳
B2F		✳	✳	🔥	✳		B2F		✳	✳	🔥	✳
B3F		✳	✳	✳	🔥		B3F		✳	✳	✳	🔥

依火災學理，在地面樓層發生火災，在內部初期應變，火災層以下是不可能有火煙狀況，因火煙受熱膨脹往上層流向。顯然與日本規定比較，國內是較不合火災學理的。

補償式局限型探測器構造

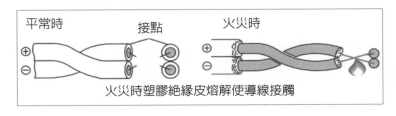

定溫式線型火警探測器構造

火災時塑膠絕緣皮熔解使導線接觸

2-12 探測器裝置規定

第 115 條
探測器之裝置位置，依下列規定：
一、天花板上設有出風口時，除火焰式、差動式分布型及光電式分離型探測器外，應距離該出風口一點五公尺以上。
二、牆上設有出風口時，應距離該出風口一點五公尺以上。但該出風口距天花板在一公尺以上時，不在此限。
三、天花板設排氣口或回風口時，偵煙式探測器應裝置於排氣口或回風口周圍一公尺範圍內。
四、侷限型探測器以裝置在探測區域中心附近為原則。
五、侷限型探測器之裝置，不得傾斜四十五度以上。但火焰式探測器，不在此限。

【解說】

　　天花板或牆上設有出風口，出風是正壓空氣，會使火災煙可能無法靠近此一區域，所以法規有必要規範避開此一區域。天花板設排氣口或回風口時，是負壓空氣而產生吸引空氣遊離粒子，如有火災煙形成，必定很快會被吸引進來，所以偵煙式裝置此一負壓區域，能較快速來感知火災發生。而侷限型探測器之裝置，不得傾斜四十五度以上，這是與撒水頭規定是一樣的，因這會減小其探測範圍。

　　此外，消防署規定觀光旅館、飯店、旅館、招待所（限有寢室客房者）等場所，採膠囊式經營時，應符合下列規定：
(一) 依設置標準需設置火警自動警報設備者，應符合下列規定：
　　1. 旅館內走道每步行距離 15 公尺至少設置 1 個偵煙式探測器，且距離盡頭牆壁或出口在 7.5 公尺以下。
　　2. 地區音響裝置之音壓於膠囊型之休眠空間內需達 60 分貝（dB）以上。
　　3. 每一個膠囊型之休眠空間內均需設置探測器（進出部分為常時開放者不在此限）。
(二) 依設置標準需設置自動撒水設備者，膠囊型之休眠空間應設置撒水頭。
(三) 膠囊艙體內有消防法第 11 條規定之窗簾、布幕時，應使用防焰物品。另建議寢具使用具防焰性能之製品。
(四) 依消防法第 13 條實施防火管理時，為迅速疏散住宿之旅客，其避難引導至少 2 人以上。
　　此外，在火焰式探測器係利用火災發生時會發生紅外線及紫外線，而分為紅外線式火焰探測器、紫外線式火焰探測器、紅與紫外線併合式火焰探測器。為防誤報，排除了不閃爍紅外線及紫外線，如人造光源（燈泡）或太陽光。

局限型探測器裝置

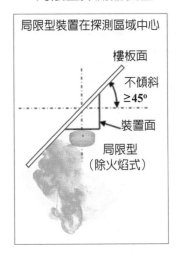

局限型裝置在探測區域中心

樓板面

不傾斜
≥45º

裝置面

局限型
（除火焰式）

探測器裝置位置

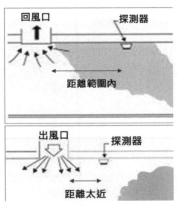

回風口　　　探測器

距離範圍內

出風口　　　探測器

距離太近

偵煙式探測器

機械室

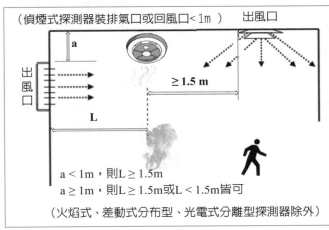

（偵煙式探測器裝排氣口或回風口<1m　）　　出風口

a

出
風
口

≥ 1.5 m

L

a＜1m，則L≥1.5m

a≥1m，則L≥1.5m或L＜1.5m皆可

（火焰式、差動式分布型、光電式分離型探測器除外）

2-13 免設探測器處所

第 116 條
下列處所得免設探測器：
一、探測器除火焰式外，裝置面高度超過二十公尺者。
二、外氣流通無法有效探測火災之場所。
三、洗手間、廁所或浴室。
四、冷藏庫等設有能早期發現火災之溫度自動調整裝置者。
五、主要構造為防火構造，且開口設有具一小時以上防火時效防火門之金庫。
六、室內游泳池之水面或溜冰場之冰面上方。
七、不燃性石材或金屬等加工場，未儲存或未處理可燃性物品處。
八、其他經中央主管機關指定之場所。

【解說】

　　免設探測器處所，是因為設置探測器也無效或同等性能替代或防火構造等因素。於本條法規內容於前 7 款為列舉式，而最後一款則為概括式之規定，這是法規規範基本法條格式。

　　依內政部消防法令函釋及公告，於機場捷運線高架站月臺層屬無外牆之開放式構造建築物，探測器建置於通風良好之月臺層頂棚處，離地面層各站體約 18 至 20 公尺，月臺層上方構造體約 8 公尺，考量所提開放性月臺煙層會逸散至大氣中不易有效偵測，設置探測器易因水氣結霧、汽車粉塵及沿海鹽害等影響時常誤動作，且月臺層天花板、牆面及地坪之裝修材質為耐燃一級，並採設置 CCTV 監看、保全及捷運員警巡檢及設置滅火器及室內消防栓防護等措施，車站月臺及車站站體下方適用第 116 條第 2 款規定，屬外氣流通無法有效探測火災之場所，免設探測器。不燃性石材或金屬等加工場未儲存或未處理可燃性物品處得免設探測器，係屬針對火災風險較低場所之放寬規定，惟該等場所尚非全無火災可能，是仍應檢討其手動報警設備及緊急廣播設備之設置。

　　設置海龍替代品設備場所之火警探測器符合各類場所消防安全設備設置標準有關火警自動警報設備之規定，且將火警信號移報至火警受信總機時，該火警自動警報設備部分得免重複設置火警探測器。有關火警探測器回路間配線配管之設置，現行各類場所消防安全設備設置標準及屋內線路裝置規則等相關規定，並無限制不得採用 PVC 塑膠導線管（註：得採用 PVC 導管）。

外氣流通無法有效探測火災處所

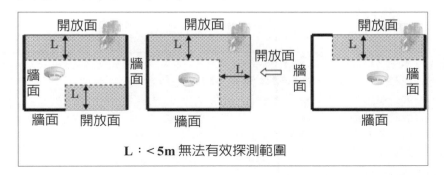

L：＜5m 無法有效探測範圍

差動式分布型空氣管式與熱電偶式及免設探測器處所

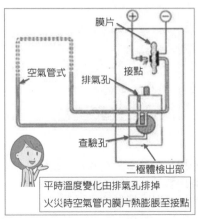

平時溫度變化由排氣孔排掉
火災時空氣管內膜片熱膨脹至接點

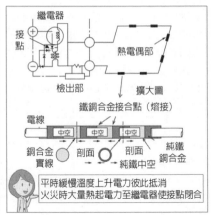

平時緩慢溫度上升電力彼此抵消
火災時大量熱起電力至繼電器使接點閉合

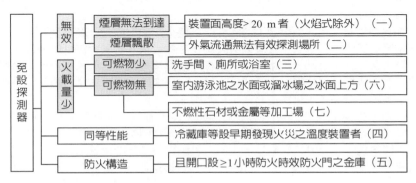

2-14 偵煙式、熱煙複合式侷限型不得設置處所

第 117 條
偵煙式或熱煙複合式侷限型探測器不得設於下列處所：
一、塵埃、粉末或水蒸氣會大量滯留之場所。
二、會散發腐蝕性氣體之場所。
三、廚房及其他平時煙會滯留之場所。
四、顯著高溫之場所。
五、排放廢氣會大量滯留之場所。
六、煙會大量流入之場所。
七、會結露之場所。
八、設有用火設備其火焰外露之場所。
九、其他對探測器機能會造成障礙之場所。
火焰式探測器不得設於下列處所：
一、前項第二款至第四款、第六款、第七款所列之處所。
二、水蒸氣會大量滯留之處所。
三、其他對探測器機能會造成障礙之處所。
前二項所列場所，依右表狀況，選擇適當探測器設置：

【解說】

　　熱煙複合式探測器係具有定溫及偵煙功能的複合探測器，在其定溫功能及偵煙功能都動作後，才將火災信號傳到受信總機，後發出警報。而第 117 條第一項第一、三、六款空間，會造成偵煙式誤報，或熱煙複合式探測器之偵煙功能誤動作久而損壞；而第四款會造成熱煙複合式探測器之偵溫功能誤動作，且第二、五、七款也造成整個探測器故障失去作用。

　　而火焰式探測器採用非偵煙或偵溫，係直接將火焰輻射能量（紅／紫外線）轉化為電流或電壓信號的方式。於用火設備會誤動作、於大量水蒸氣會減低輻射能、平時煙滯留或煙大量流入會遮蔽火焰輻射及上方探測器監視效果、腐蝕性氣體與顯著高溫及結露場所會造成探測器故障；故僅能適用於下方灰塵粉末及下方排放廢氣（一般比空氣重），其對上方高處火焰探測器較不具影響。

　　第 118 條於樓梯或斜坡通道，基本上樓梯少有火載量，火勢延燒少，僅為煙流路徑，於熱煙複合式探測器之偵溫功能，難以達到觸動門檻而不動作；而斜坡通道一般位於出入口附近，大氣流通且斜坡上少置有可燃物。在升降機管道間於火災成長期只有煙流現象，而天花板高度大於 15m 場所，會使煙流上升逐漸冷卻難以到達高度。故熱煙複合式探測器僅能適合於人文使用居室連接走廊通道及地下層（偵煙及偵溫複合減少誤報）、無開口樓層（偵煙及偵溫複合減少誤報）及 11 樓以上樓層來使用（11 樓以上人命考量偵煙式比複合式更為宜）。

探測器設置場所

感知原理	場所		1 灰塵、粉末會大量滯留場所	2 水蒸氣會大量滯留之場所	3 會散發腐蝕性氣體之場所	4 平時煙會滯留之場所	5 顯著高溫之場所	6 排放廢氣會大量滯留之場所	7 煙會大量流入之場所	8 會結露之場所	9 用火設備火焰外露之場所
空氣膨脹	差動式局限型	一種	○					○	○		
		二種	○					○	○		
	差動式分布型	一種	○		○			○	○	○	
		二種	○	○	○			○	○		
金屬片＋空氣膨脹	補償式局限型	一種	○					○	○		
		二種	○	○	○			○	○		
金屬片彎曲	定溫式	特種	○	○	○	○	○	○		○	○
		一種		○	○	○	○	○		○	
光電壓	火焰式		○					○			

註：
一）○表可選擇設置。
二）場所 1 所使用之差動式局限型或補償式局限型探測器或差動式分布型之檢出器，應具灰塵、粉末不易入侵之構造。
三）場所 1、2、4、8 所使用之定溫式或補償式探測器，應具有防水性能。
四）場所 3 所使用之定溫式或補償式探測器，應依腐蝕性氣體別，使用具耐酸或耐鹼性能者；使用差動式分布型時，其空氣管及檢出器應採有效措施，防範腐蝕性氣體侵蝕。

差動式局限型火警探測器構造

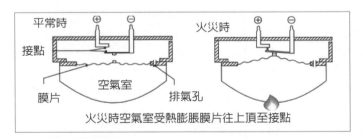

平常時　⊕　⊖
火災時　⊕　⊖
接點
空氣室
膜片　　排氣孔
火災時空氣室受熱膨脹膜片往上頂至接點

定溫式局限型火警探測器構造

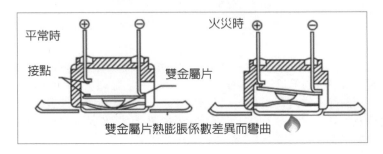

火災時
平常時　⊕　⊖
⊕　⊖
接點　　雙金屬片
雙金屬片熱膨脹係數差異而彎曲

2-15 偵煙式、熱煙複合式或火焰式選設及探測區域

> **第 118 條**
> 　下表所列場所應就偵煙式、熱煙複合式或火焰式探測器選擇設置：

設置場所	樓梯或斜坡通道	走廊或通道（限供第十二條第一款）、第二款第二目、第六目至第十目、第四款及第五款使用者）	昇降機之升降坑道或配管配線管道間	天花板高度在十五以上，未滿二十公尺之場所	天花板等高度超過二十公尺之場所	地下層、無開口樓層及十一層以上之各層（前揭所列樓層限供第十二條第一款、第二款第二目、第六目、第八目至第十目及第五款使用者）
偵煙式	○	○	○	○		○
熱煙複合式		○				○
火焰式				○	○	○
註：○表可選擇設置。						

【解說】

　按火警探測器之檢討設置，應以適材適所為原則。樓梯或斜坡通道空間是火煙流易上升垂直環境，但火焰式無法裝置係火點易受到樓梯轉折所遮到。而天花板等高度超過二十公尺之場所，是一般火災煙流到達較有困難之位置，當然這要視場所火載量與其堆積高度及火災猛烈度，來決定火災煙是否能到達如此高之上方位置，所以裝置偵煙式或熱煙複合式，是較不會納入考量設置的。因此，高天花板場所首要考量仍是以火焰式探測器為宜。依內政部消防法令函釋及公告，挑空高度超過二十公尺之機械工廠廠房，廠內布滿機器，依各類場所消防安全設備設置標準第一百十八條規定檢討設置火焰式探測器顯有探測障礙時，改設偵煙式探測器以為因應。

> **第 119 條**
> 探測器之探測區域，指探測器裝置面之四周以淨高四十公分以上之樑或類似構造體區劃包圍者。但差動式分布型及偵煙式探測器，其裝置面之四周淨高應為六十公分以上。

【解說】

　偵溫式以天花板面熱對流為啟動機制，在此規範其下方四十公分內為範圍。偵煙式為煙流相對較熱溫層易以累積擴展，可至六十公分，如超過，火災發展已相當大，始為偵知，這對建築物內人命安全，已不具意義。此外，設置排煙設備場所，採用 R 型受信總機及偵煙式探測器，於分別符合設置標準排煙設備及火警自動警報設備之性能時，其火警自動警報設備得與排煙設備共用探測器。

探測器探測區域

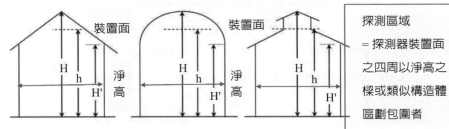

探測區域
= 探測器裝置面
之四周以淨高之
樑或類似構造體
區劃包圍者

$$探測區域\ h = \frac{H + H'}{2} \geq 40\ cm$$

$$差動式分布型及偵煙式\ h = \frac{H + H'}{2} \geq 60\ cm$$

（埼玉市消防用設備等審查基準 2016）

差動式侷限型、補償式侷限型及定溫式侷限型探測器裝設

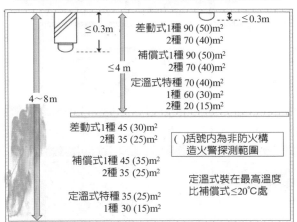

探測器之探測區域

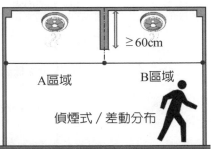

探測器探測區域圖示

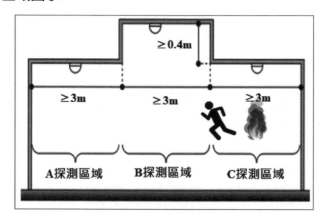

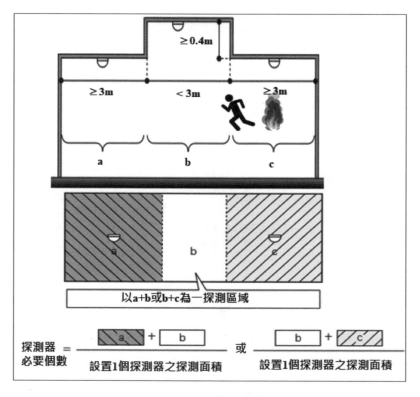

（埼玉市消防用設備等審查基準 2016）

探測器與裝置高度

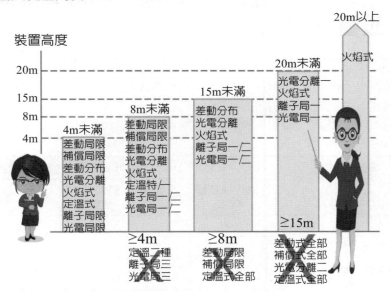

定溫式與差動式之動作反應時間與火災成長關係例

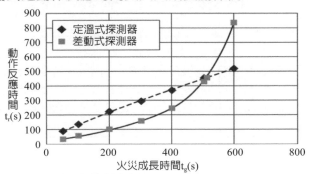

火焰式探測器（日本消防設備基準）

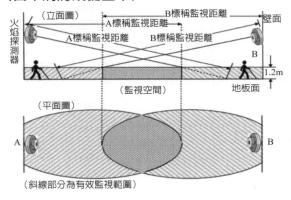

2-16 差動式、補償式及定溫式侷限型探測器設置規定

第 120 條
差動式侷限型、補償式侷限型及定溫式侷限型探測器，依下列規定設置：
一、探測器下端，裝設在裝置面下方三十公分範圍內。
二、各探測區域應設探測器數，依下表之探測器種類及裝置面高度，在每一有效探
　　測範圍，至少設置一個。

裝置面高度			未滿四公尺		四公尺以上未滿八公尺	
建築物構造			防火構造建築物	其他建築物	防火構造建築物	其他建築物
探測器種類及有效探測範圍（平方公尺）	差動式侷限型	一種	90	50	45	30
		二種	70	40	35	25
	補償式侷限型	一種	90	50	45	30
		二種	70	40	35	25
	定溫式侷限型	特種	70	40	35	25
		一種	60	30	30	15
		二種	20	15	-	-

三、具有定溫式性能之探測器，應裝設在平時之最高周圍溫度，比補償式侷限型探
　　測器之標稱定溫點或其他具有定溫式性能探測器之標稱動作溫度低攝氏二十度
　　以上處。但具二種以上標稱動作溫度者，應設在平時之最高周圍溫度比最低標
　　稱動作溫度低攝氏二十度以上處。

【解說】
　　差動式啟動是靠環境熱空氣之溫度上升，達一定速率以上時始能動作。而定溫式
啟動則是靠環境熱空氣之溫度上升至一定溫度以上時始能動作。而補償式是環境空氣
皆達到上述二者所設定值者。因此，是靠火災熱量，而非煙流，且在天花板面下方至
三十公分範圍內，假使超過其範圍，已較不具人命安全意義，因火災已發展至相當規
模。而應裝設在平時之最高周圍溫度，比其標稱動作溫度低攝氏二十度以上處，這是
考量探測器誤報問題。
　　依靈敏度試驗，差動式局限型於 1 種平均 10℃/min 升溫 < 4.5 分鐘動作，於 2 種
則 15℃/min 升溫 < 4.5 分鐘。補償式局限型於 1 種自平均 10℃/min 升溫 < 4.5 分鐘且
標稱溫度低 10℃至高 10℃內動作，於 2 種則 15℃/min 升溫 < 4.5 分鐘且標稱溫度低
10℃至高 10℃內動作。定溫式侷限型於標稱動作溫度 125% 時，於特種 < 40 秒動作、
1 種 < 120 秒及 2 種 < 300 秒。

火警探測器種類結構圖

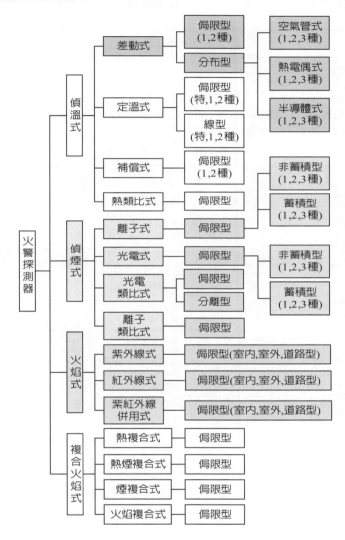

無線式探測器及受信總機（日本消防設備基準）

2-17 差動式分布型設置規定（一）

第 121 條
差動式分布型探測器，依下列規定設置：
一、差動式分布型探測器為空氣管式時，應符合下列規定：
　　（一）每一探測區域內之空氣管長度，露出部分在二十公尺以上。
　　（二）裝接於一個檢出器之空氣管長度，在一百公尺以下。
　　（三）空氣管裝置在裝置面下方三十公分範圍內。
　　（四）空氣管裝置在自裝置面任一邊起一點五公尺以內之位置，其間距，在防
　　　　　火構造建築物，在九公尺以下，其他建築物在六公尺以下。但依探測區
　　　　　域規模及形狀能有效探測火災發生者，不在此限。
二、差動式分布型探測器為熱電偶式時，應符合下列規定：
　　（一）熱電偶應裝置在裝置面下方三十公分範圍內。
　　（二）各探測區域應設探測器數，依下表之規定：

建築物構造	探測區域樓地板面積	應設探測器數
防火構造建築物	八十八平方公尺以下	至少四個
	超過八十八平方公尺	應設四個，每增加二十二平方公尺（包含未滿），增設一個。
其他建築物	七十二平方公尺以下	至少四個
	超過七十二平方公尺	應設四個，每增加十八平方公尺（包含未滿），增設一個。

　　（三）裝接於一個檢出器之熱電偶數，在二十個以下。
（續）

【解說】
　　差動式分布型探測器，常用於高天花板且樓地板面積廣大之場所，如倉庫、工廠、體育館等；依法規種類有空氣管式、熱電偶式及熱半導體式等三種。基本上，侷限型顧名思義其探測範圍是侷限於某一相對較小一定溫度以上熱空氣區域；而分布型是分布於相對較廣之一定溫度以上熱空氣區域。
　　空氣管式感知原理是火災發生時，天花板下方高溫熱空氣使空氣管內部空氣受外在熱而膨脹，相對使檢出器內之空氣膜片，受熱擴展至其設置之信號接點相接觸產生閉合，送出火災信號。一個檢出器，有時可達到 100m 長度，假使熱量少許，是無法使其信號接點相接觸，且檢出器空氣管越長越能防止局部熱效果之誤報。所以，空氣管露出部分≥ 20m。在防火構造建築物係指建築技術規則建築設計施工編第 70 條，其主要構造之柱、樑、承重牆壁、樓地板及屋頂應具有至少半小時至三小時不等之防火時效。

　空氣管依測試規格需 ≥ 20m，以具廣範圍偵熱效果（<100m），如空間未達 20m 即以繞行裝置。而熱電偶式至少 4 個是能較佳正確效果，於防火構造建築物，每一探測範圍 ≤ 22m²，如非防火構造則每一個 ≤ 18m²。

差動式分布型探測器裝設規定

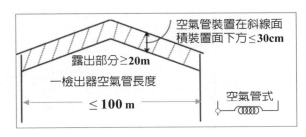

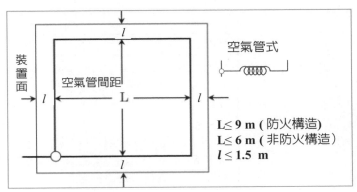

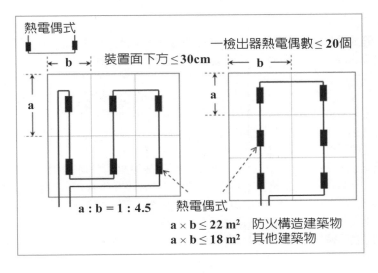

2-18 差動式分布型設置規定（二）

第 121 條（續）

三、差動式分布型探測器爲熱半導體式時，應符合下列規定：
  （一）探測器下端，裝設在裝置面下方三十公分範圍內。
  （二）各探測區域應設探測器數，依下表之探測器種類及裝置面高度，在每一有效探測範圍，至少設置二個。但裝置面高度未滿八公尺時，在每一有效探測範圍，至少設置一個。

裝置面高度	建築物之構造	探測器種類及有效探測範圍（平方公尺）	
		一種	二種
未滿八公尺	防火構造建築物	65	36
	其他建築物	40	23
八公尺以上未滿十五公尺	防火構造建築物	50	-
	其他建築物	30	-

  （三）裝接於一個檢出器之感熱器數量，在二個以上十五個以下。
前項之檢出器應設於便於檢修處，且與裝置面不得傾斜五度以上。
定溫式線型探測器，依下列規定設置：
一、探測器設在裝置面下方三十公分範圍內。
二、探測器在各探測區域，使用第一種探測器時，裝置在自裝置面任一點起水平距離三公尺（防火構造建築物爲四點五公尺）以內；使用第二種探測器時，裝在自裝置面任一點起水平距離一公尺（防火構造建築物爲三公尺）以內。

【解說】

　　但空氣管式是以大範圍區域之火災熱煙空氣熱傳累積而動作，在產品測試當然也應以有空氣管 20m 長度來作測試，所以露出部分應在 20m 以上。而裝接於一個檢出器之空氣管長度，在 100m 以下，這是考慮太長致熱傳效應傳導距離而致熱衰減，致難以準確偵知火災發生。如果在小規模區劃空間，則使用空氣管式則必須依室內形狀繞圈或捲線式來布置設計。而熱電偶式之數量不得少於 4 個，而不得超過 20 個，這種考量如同上述。此外，檢出器應設於便於檢修處，且與裝置面不得傾斜 5° 以上，假使超過一定傾斜度，將使電氣信號接點難以正確接通。

　　熱電偶是一種被廣泛應用的溫度傳感器，也被用來將熱勢差轉換爲電勢差，因任何導體（金屬）被施加熱梯度時都會產生電壓。現在這種現象被稱爲熱電效應或「Seebeck 效應」。在電路中使用不同的金屬會產生不同的電壓，在本探測器利用鐵與銅產生溫度差，並轉換爲電勢差之電力，使檢出部計量繼器動作接點閉合。而熱半導體也是將熱能轉爲電能，由於沒有雙金屬片或膜片之可動部分，因此可靠度高。

差動式分布型探測器裝設規定

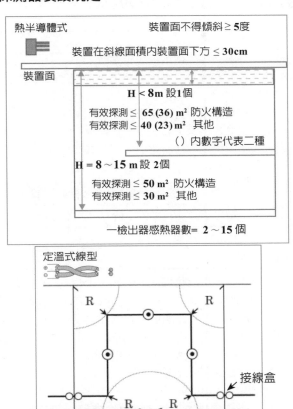

```
熱半導體式              裝置面不得傾斜 ≥ 5度

                  裝置在斜線面積內裝置面下方 ≤ 30cm
裝置面

                  H < 8m 設1個

          有效探測 ≤ 65 (36) m²  防火構造
          有效探測 ≤ 40 (23) m²  其他
                         （）內數字代表二種

          H = 8 ～ 15 m 設 2個

          有效探測 ≤ 50 m²  防火構造
          有效探測 ≤ 30 m²  其他

          一檢出器感熱器數 = 2 ～ 15 個
```

定溫式線型

接線盒

探測區域 R（m）		
	特種　1種	2種
防火構造	≤ 4.5	≤ 3
其他	≤ 3	≤ 1

探測區域（日本消防設備基準）

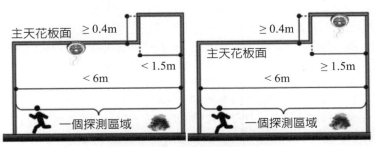

主天花板面　≥ 0.4m　　　　　　　≥ 0.4m
　　　　　　　　　　　　　主天花板面
　　　　　　< 1.5m　　　　　　　　≥ 1.5m
　< 6m　　　　　　　　　< 6m
一個探測區域　　　　　　　一個探測區域

（探測器應安裝最佳裝置）

2-19 偵煙式探測器裝置規定

第 122 條

偵煙式探測器除光電式分離型外,依下列規定裝置:
一、居室天花板距樓地板面高度在二點三公尺以下或樓地板面積在四十平方公尺以
　　下時,應設在其出入口附近。
二、探測器下端,裝設在裝置面下方六十公分範圍內。
三、探測器裝設於距離牆壁或樑六十公分以上之位置。
四、探測器除走廊、通道、樓梯及傾斜路面外,各探測區域應設探測器數,依下表
　　之探測器種類及裝置面高度,在每一有效探測範圍,至少設置一個。

裝置面高度	探測器種類及有效探測範圍（平方公尺）	
	一種或二種	三種
未滿四公尺	150	50
四公尺以上未滿二十公尺	75	-

五、探測器在走廊及通道,步行距離每三十公尺至少設置一個;使用第三種探測器
　　時,每二十公尺至少設置一個;且距盡頭之牆壁在十五公尺以下,使用第三種
　　探測器應在十公尺以下。但走廊或通道至樓梯之步行距離在十公尺以下,且樓
　　梯設有平時開放式防火門或居室有面向該處之出入口時,得免設。
六、在樓梯、斜坡通道及電扶梯,垂直距離每十五公尺至少設置一個;使用第三種
　　探測器時,其垂直距離每十公尺至少設置一個。
七、在昇降機坑道及管道間（管道截面積在一平方公尺以上者）,應設在最頂部。
　　但昇降路頂部有昇降機機械室,且昇降路與機械室間有開口時,應設於機械
　　室,昇降路頂部得免設。

【解說】
　　侷限型為感熱部與檢知部集中於同一構造體內;而分布（離）型為感熱部與檢知
部分離為兩部分構造體。侷限型為空間內局部區域煙熱效應而動作者;而分布型則廣
範圍區域煙熱效應而動作。此外,偵煙式分為離子式與光電式,前者因煙粒子存在導
致鋂 241 離子電流起變化而動作。而光電式為煙粒子進入致光電素子之受光量產生變
化而動作。居室天花板距樓地板面高度在二點三公尺以下或樓地板面積在四十平方公
尺以下時,應設在其出入口附近;這是因小區劃空間火災時,室內火羽流膨脹快速擠
壓原來空間,很快會往出入口外大空間流出。探測器下端裝設在裝置面下方 60cm 範
圍內,這與第 119 條偵煙探測區域四周淨高 60cm 以上作呼應。而火羽流受熱空氣膨
脹,原來空氣會往牆壁或樑方向擠壓,空間壓縮至一定程度時火羽流熱空氣再也無法
進入,因原來空間內空氣是佔有質量與體積的;這也就是探測器要求裝設於距離牆壁
或樑60cm以上之位置。在探測器在走廊及通道,步行距離每三十公尺至少設置一個。

偵煙式探測器裝設（光電式分離型除外）

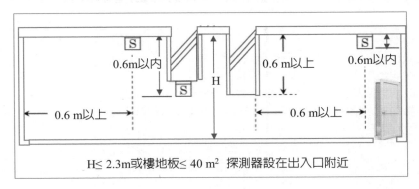

H≤ 2.3m或樓地板≤ 40 m²　探測器設在出入口附近

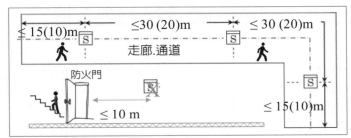

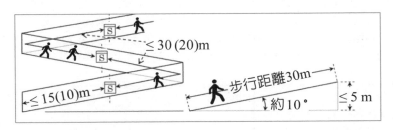

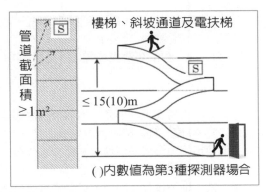

（使用第三種探測器時，每二十公尺至少設置一個；且距盡頭之牆壁在十五公尺以下，使用第三種探測器應在十公尺以下）

2-20 光電式分離型及火焰式設置規定

第 123 條

光電式分離型探測器，依下列規定設置：

一、探測器之受光面設在無日光照射之處。

二、設在與探測器光軸平行牆壁距離六十公分以上之位置。

三、探測器之受光器及送光器，設在距其背部牆壁一公尺範圍內。

四、設在天花板等高度二十公尺以下之場所。

五、探測器之光軸高度，在天花板等高度百分之八十以上之位置。

六、探測器之光軸長度，在該探測器之標稱監視距離以下。

七、探測器之光軸與警戒區任一點之水平距離，在七公尺以下。

前項探測器之光軸，指探測器受光面中心點與送光面中心點之連結線。

【解說】

　　光電式分離型探測器於送光部與受光部間，以長距離光路對空間火災進行廣範圍之擴散煙霧進行綜合性之檢知。於大空間環境火災初期時所產生低濃度、全面擴散煙霧，不像小區劃空間火災生成高濃度且局部性煙霧，易於檢知。因此，分離式主要為大面積煙霧檢知，能比侷限型更易發現火災。最大監視使用距離可達 100m、寬 14m，因此最適於大空間區域。而受光器及送光器設在距其背部牆壁 ≤ 1m 範圍，這是減少偵測盲點及死角。為了能及早發現火勢，其光軸高度在天花板等高度 ≥ 80% 位置。而設在與探測器光軸平行牆壁 ≥ 60cm 位置，這與第 122 條距離牆壁或梁 ≥ 60cm，皆為煙流受空氣擠壓反動力，難以驅近壁面之故。

第 124 條

火焰式探測器，依下列規定設置：

一、裝設於天花板、樓板或牆壁。

二、距樓地板面一點二公尺範圍內之空間，應在探測器標稱監視距離範圍內。

三、探測器不得設在有障礙物妨礙探測火災發生處。

四、探測器設在無日光照射之處。但設有遮光功能可避免探測障礙者，不在此限。

【解說】

　　紅外線式火焰探測器是以捕捉物體燃燒時所產生的放射能量如紫或紅外線，進而探測火警狀況。其監測視角多為 90 度，且無障礙監視地板面高 ≤ 1.2m 空間，因火災常在這範圍發生起火的。一般使用的偵溫或是偵煙式，由於需待熱或煙到達設置位置後才會感應，對於挑高的場所會有熱或煙稀釋位移或是費時較久等問題。如果採用直接探測放射能量的火警探測方式，則不會有時間差，進而確實地探測火警。特別適合設置於挑高的空間。主要用於挑高場所如中庭、劇院、倉庫或有換氣流或外氣流的場所如玄關、大廳、懸空式建築。

光電式分離型探測器裝設

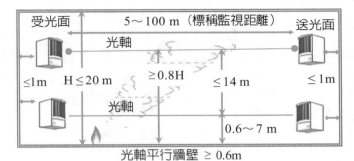

火焰式探測器裝設

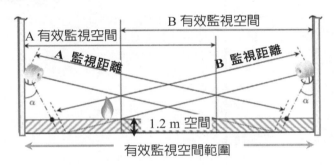

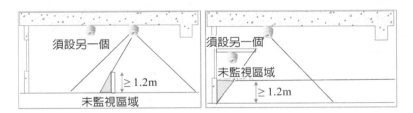

差動式分布型熱電偶式探測器

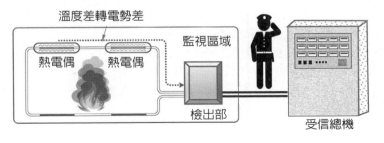

2-21 火警受信總機裝置

第 125 條

火警受信總機應依下列規定裝置：

一、具有火警區域表示裝置，指示火警發生之分區。

二、火警發生時，能發出促使警戒人員注意之音響。

三、附設與火警發信機通話之裝置。

四、一棟建築物內設有二臺以上火警受信總機時，設受信總機處，設有能相互同時通話聯絡之設備。

五、受信總機附近備有識別火警分區之圖面資料。

六、裝置蓄積式探測器或中繼器之火警分區，該分區在受信總機，不得有雙信號功能。

七、受信總機、中繼器及偵煙式探測器，有設定蓄積時間時，其蓄積時間之合計，每一火警分區在六十秒以下，使用其他探測器時，在二十秒以下。

八、歌廳、舞廳、夜總會、俱樂部、錄影節目帶播映場所（MTV 等）、視聽歌唱場所（KTV 等）、酒家、酒吧、酒店（廊）或其他類似場所，因營業時音量或封閉式隔間等特性，致難以聽到火警警鈴聲響或辨識緊急廣播語音，於火災發生時，應連動停止相關娛樂用影音設備。

九、受信總機應具有於接受火災信號後一定時間內或再接受火災信號時，強制地區警報音響裝置鳴動之功能。

總樓地板面積未達三百五十平方公尺之建築物，得設置單回路火警受信總機，其裝置不受前項第一款及第三款至第五款之限制；符合第十九條第一項第四款所定之樓層及場所用途分類，且該層樓地板面積未達三百五十平方公尺者，亦同。

【解說】

本條第 8、9 款係民 110 年新增，因封閉式隔間等特性，易對火警警鈴或廣播聲響造成干擾，致消費者不易聽到緊急廣播或警鈴聲響，火災發生時應能連動關閉娛樂用之影音設備。附設與火警發信機通話之裝置，人員需至現場確認是否有火煙等現象。受信總機附近備有識別火警分區之圖面資料，因總機面上一小燈，即代表一火警分區，亦即一回路，但各小燈代表位置，應以圖面資料另存表示之。而蓄積時間不能超過一分鐘，會延誤火災人員啓動緊急應變時間。所謂蓄積型者，係指一定濃度以上之煙粒子，在一定時段內需以高於該濃度持續進入、存在，始將火災信號傳出之構造；而蓄積時間為探測器檢測出火災信號起持續檢測至受信為止之時間。亦即探測器（A）、中繼器（B，其設 A 和 C 之間故稱中繼器）及受信總機（C），於較靈敏之偵煙式 A＋B＋C ≤ 60 秒，而偵溫式等 A＋B ≤ 20 秒。

火警受信總機規定

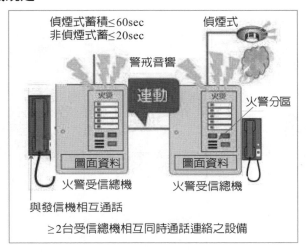

偵煙式蓄積≤60sec
非偵煙式蓄≤20sec

偵煙式

警戒音響

連動

火警分區

圖面資料　圖面資料

火警受信總機　火警受信總機

與發信機相互通話

≥2台受信總機相互同時通話連絡之設備

火警受信總機安裝位置

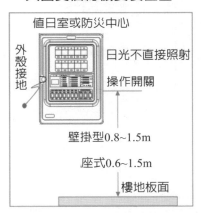

值日室或防災中心

外殼接地

日光不直接照射

操作開關

壁掛型0.8~1.5m

座式0.6~1.5m

樓地板面

再鳴動功能

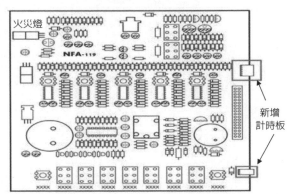

火災燈

NFA-119

新增計時板

【再接受火災信號係指受信總機再次接受火災信號（如來自其他火警分區之火災信號）或接受由火警發信機發出之火災信號，應立即使地區警報音響裝置切換為鳴動狀態。為使地區音響警報裝置經操作停止後，火警受信總機於一定時間內或再接受新的火災信號時，應強制開啟地區音響警報裝置之鳴動功能。但一定時間可設定者，得為十分鐘以內，並應具有五分鐘以下之設定值；接受新的火災信號係指受信總機再次接受火災信號或接受由火警發信機發出之火災信號。】

中繼器功用

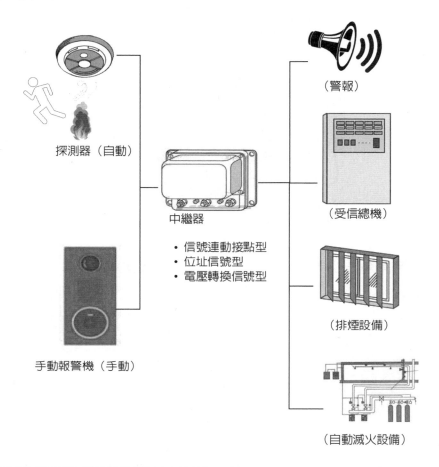

探測器（自動）

中繼器

• 信號連動接點型
• 位址信號型
• 電壓轉換信號型

手動報警機（手動）

（警報）

（受信總機）

（排煙設備）

（自動滅火設備）

中繼器（Repeater）介於發信部至受信部之中間體，如依信號類型可分爲兩種類型，具體取決於它們處理的數據類型：

一、類比式中繼器（Analog repeater）

這種類型用於以類比信號形式傳輸數據的通道，其中電壓或電流與信號的幅度成比例。它們還用於頻分複用（FDM）傳輸多個信號線。類比式中繼器由線性放大器組成，並且可以包括電子濾波器以補償線路中的頻率和相位失眞。

二、數位式中繼器（Digital repeater）

數位式中繼器用於通過二進制數位信號傳輸數據的通道，其中數據是脈衝形式，只有兩個可能的值，表示二進制 1 和 0 數位放大信號，也可以重新定時、重新同步和重塑脈衝。

蓄積型探測器

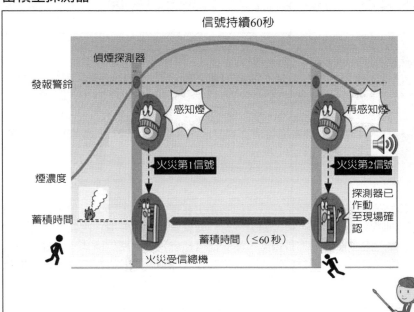

裝置蓄積式探測器或中繼器之火警分區，該分區在受信總機，不得有雙信號功能。

而受信總機、中繼器及偵煙式探測器，有設定蓄積時間時，其蓄積時間之合計，每一火警分區在六十秒以下，使用其他探測器時，在二十秒以下。

信號未持續而發報停止

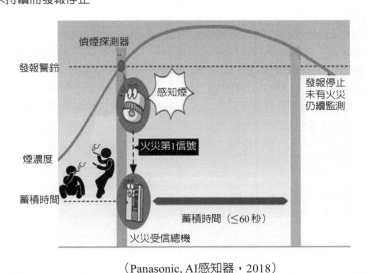

（Panasonic, AI感知器，2018）

2-22 火警受信總機位置配線及電源

第 126 條

火警受信總機之位置，依下列規定裝置：

一、裝置於值日室等經常有人之處所。但設有防災中心時，設於該中心。

二、裝置於日光不直接照射之位置。

三、避免傾斜裝置，其外殼應接地。

四、壁掛型總機操作開關距離樓地板面之高度，在零點八公尺（座式操作者，爲零點六公尺）以上一點五公尺以下。

【解說】

　　雙信號分探測器送出第一信號至總機時僅鳴動主音響與亮起地區表示燈，再傳入總機第二信號時則鳴動地區音響，這是避免一有信號就響起地區音響，因其有可能是誤報。假使探測器或是中繼器如爲蓄積型，而受信總機就不可爲雙信號式，因會遲報火警。但操作手動報警機（火警發信機）時，主音響及地區音響裝置應鳴動，火災燈及地區表示燈應亮燈；且消防設備由人員站立之手動操作，原則高度以0.8～1.5m爲之。

第 127 條

火警自動警報設備之配線，除依屋內線路裝置規則外，依下列規定設置：

一、常開式之探測器信號回路，其配線採用串接式，並加設終端電阻，以便藉由火警受信總機作回路斷線自動檢出用。

二、P 型受信總機採用數個分區共用一公用線方式配線時，該公用線供應之分區數，不得超過七個。

三、P 型受信總機之探測器回路電阻，在五十 Ω 以下。

四、電源回路導線間及導線與大地間之絕緣電阻值，以直流二百五十伏特額定之絕緣電阻計測定，對地電壓在一百五十伏特以下者，在零點一 MΩ 以上，對地電壓超過一百五十伏特者，在零點二 MΩ 以上。探測器回路導線間及導線與大地間之絕緣電阻值，以直流二百五十伏特額定之絕緣電阻計測定，每一火警分區在零點一 MΩ 以上。

五、埋設於屋外或有浸水之虞之配線，採用電纜並穿於金屬管或塑膠導線管，與電力線保持三十公分以上之間距。

【解說】

　　線路採串接式，將探測器底盤分離時，接點中有一端會呈現開路，爲斷線現象，一端量測到 24V，另一端量測爲 10KΩ（終端電阻值），其作爲回路斷線能自動發出警報。常開式之探測器是平常不接通信號，回路電阻 50Ω 以下，是能有效接地問題。此外，火警探測器回路間配線配管之設置，現行各類場所消防安全設備設置標準及屋內線路裝置規則等相關規定，並無限制不得採用 PVC 塑膠導線管。

火警自動警報設備配線規定

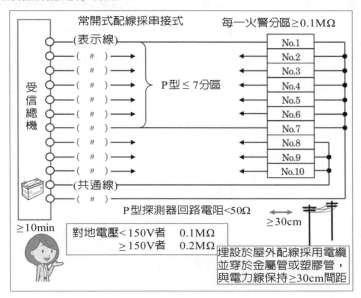

火警自動警報設備緊急電源

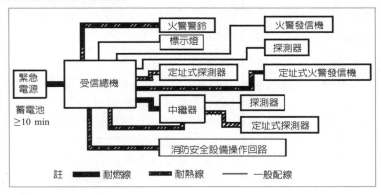

終端電阻：回路斷線檢測

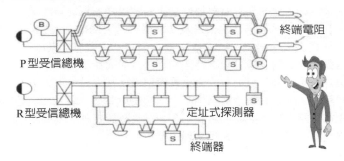

2-23 緊急電源、火警發信機及火警警鈴

第 128 條
火警自動警報設備之緊急電源,應使用蓄電池設備,其容量能使其有效動作十分鐘以上。

【解說】

　　火警自動警報設備之緊急電源,有效動作僅需 10 分鐘即可,因其係偵知及發出火警信號及接收移報至消防設備如排煙、滅火設備等,這些火災初期之信號接收及移報傳送工作,即完成火警自動警報設備之階段性工作,接下來由其他消防設備執行;因此火警設備是帶動一切設備之火車頭。

第 129 條
每一火警分區,依下列規定設置火警發信機:
一、按鈕按下時,能即刻發出火警音響。
二、按鈕前有防止隨意撥弄之保護板。
三、附設緊急電話插座。
四、裝置於屋外之火警發信機,具防水之性能。
二樓層共用一火警分區者,火警發信機應分別設置。但樓梯或管道間之火警分區,得免設。

【解說】

　　火警發生,可由探測器之自動偵知,也可由人員察覺出火警,一旦察知火災發生,首重火災通報工作,再者才是滅火工作及避難逃生工作,有其時間性之優先順序。因此,火災如何通報呢?緊急廣播或由火警發信機也就是手動報警機,按鈕按下時,能即刻發出火警音響,建築物使用人即可警覺有火災之緊急事件發生了,停止一切工作,開始進行火災應變。當然,這需要事前演練之團隊合作,所以消防法施行細則規定,一定規模以上供公眾使用建築物,每半年至少應舉辦自衛消防編組訓練一次,每次不得少於四小時,並應事先通報當地消防機關。緊急事件發生時,人員一接收到火警信號,即應立刻作出有效反應,然而這記憶性反應,來自於平時訓練工作印象,假使平時不訓練,此時自然就難以反應出有效應變,更遑論能滅火、避難引導等工作之團隊合作。此外,發信機之構造及功能應符合 CNS8876 之規定,火警發信機啓動開關時即能送出火警信號,CNS8876 亦有明定。火警發信機於接裝 R 型受信總機回路時,自動作至火警音響發報之時間間隔,目前尚無法定秒數之明確規範。

　　手動報警機之法定名稱,目前已改為火警發信機。當人員發現火災,按下即發出音響,不需蓄積時間。而附設緊急電話插座(僅能使用 P 型一級,二級是無此插孔),係現場能與總機對話火煙發展狀況。發信機一般設置於走廊、樓梯間和出入口,但樓梯或管道間之火警分區得免設,未解其理由。

P型（左）與R型（右）受信總機配線

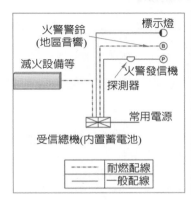
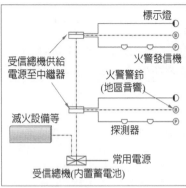

中繼器與終端電阻

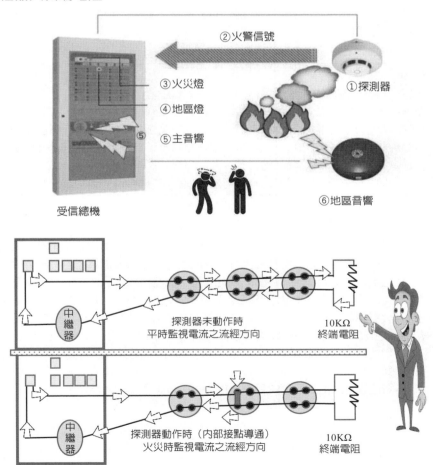

2-24 火警發信機及火警警鈴

第 130 條

設有火警發信機之處所，其標示燈應平時保持明亮，標示燈與裝置面成十五度角，在十公尺距離內須無遮視物且明顯易見。

【解說】

民 110 年規定標示燈透明罩形狀無限制之必要。火警發信機係利用手動對火警受信總機或中繼器等發出信號之設備。火警發信機依操作方式區分「強壓型」及「扳動型」，依設置場所區分「屋內型」及「屋外型」。而標示燈由火警受信總機或中繼器等操作，於火災發生時發出閃亮燈光之表示設備。標示燈燈罩應為紅色透明之玻璃材料或耐燃性材料；而燈座及座台應為不燃或耐燃材料。

在周圍照度 300 Lux 以上之狀態下，沿著與裝設面成為 15 度以上角度之方向距離 10 公尺處，可以目視確認其亮燈。且施以額定電壓之 130% 電壓連續 20 小時後，不得有斷線、黑化或發生電流降低達到初期量測值之 20% 以上。

第 131 條

設有火警發信機之處所，其火警警鈴，依下列規定設置：
一、電壓到達規定電壓之百分之八十時，能即刻發出音響。
二、在規定電壓下，離開火警警鈴一百公分處，所測得之音壓，在九十分貝以上。
三、電鈴絕緣電阻以直流二百五十伏特額定之絕緣電阻計測定，在二十 MΩ 以上。
四、警鈴音響應有別於建築物其他音響，並除報警外不得兼作他用。
依本章第三節設有緊急廣播設備時，得免設前項火警警鈴。

【解說】

火警警鈴由火警受信總機或中繼器等操作，於火災發生時發出警報音響之設備。火警警鈴係使用鈴殼及打鈴振動臂者應有防腐蝕處理，且鈴殼需為紅色；使用電源需為 DC 24V 且應標明消耗電流。P 型 1 級與 P 型 2 級發信機差異性，係前者有電話插孔及確認燈，而後者沒有。將火警警鈴裝置於無響室內，施以額定電壓之 80% 電壓時，在距離火警警鈴正面 1m 處所測得之音壓需在 65dB 以上，以預防電壓不足以發出音響；施以額定電壓時，在距離火警警鈴正面 1m 處所測得之音壓需在 90dB 以上，以確保建築物使用人員能聽到警告。絕緣電阻≥ 20MΩ，是能抵抗問題避免破壞而誤報。而設有緊急廣播設備，得免設火警警鈴，緊急廣播可由人語音告知火警或由人員確認明確告知位置及狀況，而警鈴只能提供警告，並不得知火災狀況。

火警發信機與標示燈

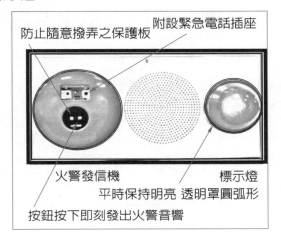

防止隨意撥弄之保護板　　附設緊急電話插座

火警發信機　　　　　標示燈

平時保持明亮 透明罩圓弧形

按鈕按下即刻發出火警音響

消防設備警鈴比較

	火警警鈴	緊急廣播	瓦斯漏氣
分貝	90（1m 處）	92/87/84（1m 處）	70（1m 處）

差動式分布型探測器

感知部位於火警為探測器，分布型為檢出器，瓦斯漏氣為檢知器。

差動式分布型探測器（檢出器與裝置面不得傾斜 5 度以上）	
空氣管式	裝接於一個檢出器之空氣管長度，在 20（露出）～100 m。
熱電偶式	裝接於一個檢出器之熱電偶數，在 4～20 個。
熱半導體式	裝接於一個檢出器之感熱器數量，在 2～15 個。

火災信號移報

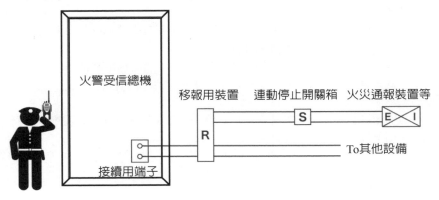

火警受信總機

移報用裝置　　連動停止開關箱　火災通報裝置等

接續用端子

To其他設備

2-25 火警發信機、標示燈及火警警鈴裝置

第 132 條
火警發信機、標示燈及火警警鈴,依下列規定裝置:
一、裝設於火警時人員避難通道內適當而明顯之位置。
二、火警發信機離地板面之高度在一點二公尺以上一點五公尺以下。
三、標示燈及火警警鈴距離地板面之高度,在二公尺以上二點五公尺以下。但與火
　　警發信機合併裝設者,不在此限。
四、建築物內裝有消防立管之消防栓箱時,火警發信機、標示燈及火警警鈴裝設在
　　消防栓箱上方牆上。

【解說】

　　火警發信機係手動報警機,不能代表整個手動報警設備。發信機適合設置於避難通道或火警分區之明顯處,可由人員快速尋找接近操作,一般與標示燈、火警警鈴共同裝置於消防立管之室內消防栓箱上方。考量手動報警設備設置位置符合第 132 條第 1 款至第 3 款規定,而設置在消防栓箱側方者,實質具有設置在該箱上方之同等效能,手動報警設備得不受第 132 條第 4 款規定之限制。

　　火警發信機離地板面之高度在一點二公尺以上一點五公尺以下,此與一般消防設備手動操作部分,高度原則於 0.8～1.5m,略有差異,此當人員已發現火警,需速進行通報,為免被他物影響,有略為高一點且較明顯。而標示燈及火警警鈴距離地板面之高度,在二公尺以上二點五公尺以下,因此不需人員接觸操作,此提供視覺與聽覺之緊急信號,高一點有較明顯效果且易引起人員注意。

　　設有緊急廣播設備時,「得」免設前項火警警鈴,係指緊急廣播設備確實具有火警警鈴之音響或警報功能。另緊急廣播設備之火警音響與火警警鈴併設是否影響廣播效果,需視該設備之功能而定。

　　原有合法建築物設置之火警自動警報設備及緊急廣播設備,依內政部消防法令函釋及公告,為確保緊急廣播內容不受火警警鈴、自動語音廣播干擾,且改善不破壞原有結構之安全,考量各直轄市、縣市宣達及改善緩衝時程,如不符規定應於 106 年 12 月 31 日前改善完畢。

　　此外,為期火災初期有效應變處置,火警自動警報設備受信總機火警區域表示裝置,於審、勘、檢查時,應注意左列事項:
(一)檢測火警受信總機時,應確保各回路之表示窗與火警分區編號是否吻合;至 P 型受信總機火警分區(各回路)之表示窗,應確實以不易脫落方式記明警戒區功能變數名稱。
(二)檢查圖面上各分區之編號是否與受信總機表示窗相符,且為容易識別,並指導業主於圖面上以不同色彩區別之。

火警自動警報設備受信總機

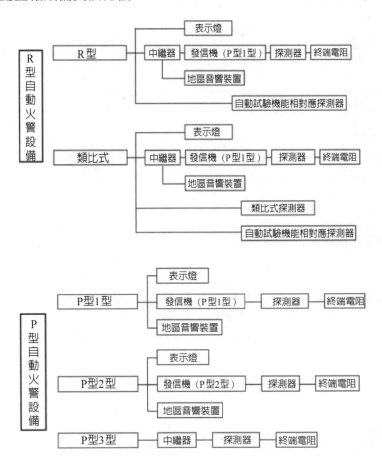

火警設備

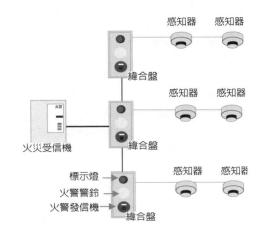

2-26 緊急廣播設備裝置（一）

第 133 條

緊急廣播設備，依下列規定裝置：

一、距揚聲器一公尺處所測得之音壓應符合下表規定：

揚聲器種類	音壓
L 級	92 分貝以上
M 級	87 分貝以上 92 分貝未滿
S 級	84 分貝以上 87 分貝未滿

二、揚聲器，依下列規定裝設：

（一）廣播區域超過一百平方公尺時，設 L 級揚聲器。

（二）廣播區域超過五十平方公尺一百平方公尺以下時，設 L 級或 M 級揚聲器。

（三）廣播區域在五十平方公尺以下時，設 L 級、M 級或 S 級揚聲器。

（四）從各廣播區域內任一點至揚聲器之水平距離在十公尺以下。但居室樓地板面積在六平方公尺或由居室通往地面之主要走廊及通道樓地板面積在六平方公尺以下，其他非居室部分樓地板面積在三十平方公尺以下，且該區域與相鄰接區域揚聲器之水平距離相距八公尺以下時，得免設。

（五）設於樓梯或斜坡通道時，至少垂直距離每十五公尺設一個 L 級揚聲器。

（續）

【解說】

　　設有火警自動警報設備或瓦斯漏氣火警自動警報設備之建築物，應設緊急廣播設備。緊急廣播設備可藉由火警探測器動作後連動啓動，亦可經由人員手動啓動。火警自動警報設備與緊急廣播設備最大的差異在於緊急廣播設備可於火災發生時，能利用擴音設備發布「火災語音訊息」通知防火對象內相關人員，確實知悉正確的火災訊息（例如：發生位置、避難指引等），而採行因應行動之消防安全設備。緊急廣播設備，基於警報、避難指導及心理安撫等需求，宜具有語音合成之功能。

　　聲音係由物質的震動所造成，經由彈性介質以聲波方式傳送出去（眞空無介質，故聲音無法傳播；但輻射不需介質，眞空中仍能輻射），於空氣中音速爲 340m/s 左右。由於聲波的傳播是從聲源處往四周散開，所以聲音的強度隨傳播距離的增加而減弱。固、液、氣：就同長的傳播距離而言，以在空氣中傳播的聲音強度衰減最大，其次爲液體，在固體中則最小。例如伏在鐵軌上，可以清楚地聽到遠處火車在鐵軌上滾動的聲響，但站起來時就聽不清楚，這就是因爲聲波在鐵軌中傳播時，其衰減程度遠較在空氣中爲小的緣故。，因此，揚聲器因應區域大小需分 L、M 與 S 級。

緊急廣播設備裝置規定

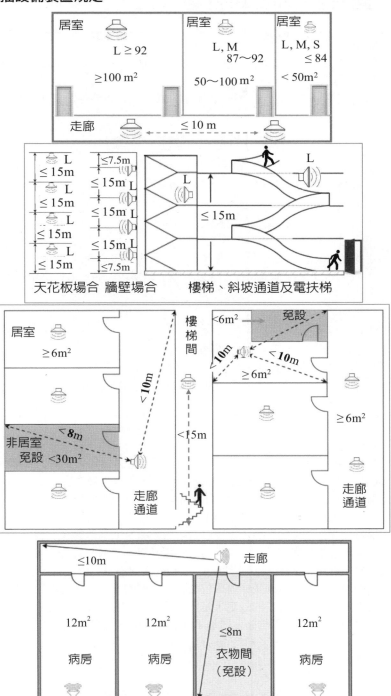

2-27 緊急廣播設備裝置（二）

第 133 條（續）

三、樓梯或斜坡通道以外之場所，揚聲器之音壓及裝設符合下列規定者，不受前款
　　第四目之限制：
　　（一）廣播區域內距樓地板面一公尺處，依下列公式求得之音壓在七十五分貝
　　　　　以上者。

$$P = p + 10 \log_{10}(Q/4\pi r^2 + 4(1 - \alpha)/S\alpha)$$

　　　　P 值：音壓（單位：dB）
　　　　p 值：揚聲器音響功率（單位：dB）
　　　　Q 值：揚聲器指向係數
　　　　r 值：受音點至揚聲器之距離（單位：公尺）
　　　　α 值：廣播區域之平均吸音率
　　　　S 值：廣播區域內牆壁、樓地板及天花板面積之合計（單位：平方公尺）
　　（二）廣播區域之殘響時間在三秒以上時，距樓地板面一公尺處至揚聲器之距
　　　　　離，在下列公式求得值以下者。

$$r = 3/4 \sqrt{QS\alpha/\pi(1 - \alpha)}$$

　　　　r 值：受音點至揚聲器之距離（單位：公尺）
　　　　Q 值：揚聲器指向係數
　　　　S 值：廣播區域內牆壁、樓地板及天花板面積之合計（單位：平方公尺）
　　　　α 值：廣播區域之平均吸音率。

【解說】

　　dB 英文全名為 deci Bel，即 10^{-1} 分貝之意，而 1 分貝為以 1 瓦電力在離揚聲音器 1m 處所測得音壓。指向特性為揚聲器於正面軸上所測得之最高音壓位準，隨遠離正面軸而逐漸衰減，其極座標圖示 (Polar diagram) 之音壓位準曲線所顯示揚聲器之指向特徵。而指向係數為該點方向之音壓強度與全方向平均值之音壓強度比值。而揚聲器為由增幅器以及操作之作動，發出必要音量播報警報音或其他聲音之裝置。廣播區域之平均吸音率，這是依實際狀況需求性能式法規計算：α = (Σ Sn αn) / ΣSn，其中，α 為平均吸音率，Sn 為建築材料之面積（m^2），αn 為建築材料之吸音率。

　　而分貝（decibel）是量度兩個相同單位之數量比例的單位，主要用於度量聲音強度或響度，也就是音量。零分貝的設定，是根據聽力正常的年輕人所能聽到的最小聲音所得到的。每增加 10 分貝等於強度增加 10 倍，增加 20 分貝增加 100 倍，30 分貝則增加 1000 倍。一般講話的聲音約為 50 分貝左右，而汽車喇叭約為 90～115 分貝，超過 130 分貝為超音波。

揚聲器之音壓計算例

在一辦公室空間，圓錐型（W）揚聲器指向係數爲 3、音響功率爲 100 分貝、平均吸音率爲 0.10（2KHz），求受音點至揚聲器距離及音壓爲何？

【解說】

$S = 10 \times 3 \times 2 + 10 \times 3 \times 2 + 10 \times 10 \times 2 = 320$

受音點至揚聲器距離（r）

$r = 3/4 \sqrt{\dfrac{QS\alpha}{\pi(1-\alpha)}} = 3/4 \sqrt{\dfrac{3 \times 320 \times 0.10}{\pi(1-0.10)}} = 4.37m$

音壓 P

$P = p + 10\log_{10}\left(\dfrac{Q}{4\pi r^2} + \dfrac{4(1-\alpha)}{S\alpha}\right) = 100 + 10\log_{10}\left(\dfrac{3}{4\pi(4.37)^2} + \dfrac{4(1-0.10)}{320 \times 0.10}\right)$

$= 100 - 9.03 = 90.97(dB)$

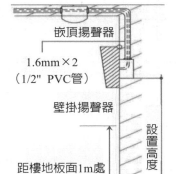

嵌頂揚聲器

1.6mm×2
（1/2" PVC管）

壁掛揚聲器

設置高度

距樓地板面1m處
音壓 ≥ 75dB

殘響時間（T，秒）

$$T = 0.161 \dfrac{V}{S\alpha}$$

式中
V：廣播區域之空間體積（m^3）
S：廣播區域之空間牆、樓板
　　或天花板合計面積（m^2）
α：廣播區域之平均吸音率

揚聲器音壓及音響警報規定

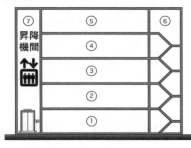

廣播分區設定（7 區）
平均吸音率計算例

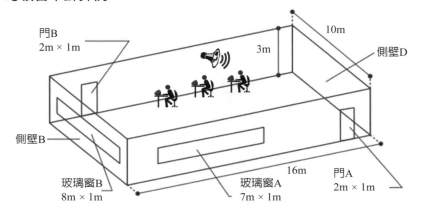

例題：

建築材料吸音率（埼玉市消防局，平成 28 年）

名稱	面積 S (m²)	建築材料	材料吸音率 α		材料吸音力 Sα	
			500Hz	2KHz	500Hz	2KHz
樓地板	16×10=160	鑲木地板面	0.12	0.09	19.20	14.40
天花板	16×10=160	9mm 石膏板	0.25	0.23	40.00	36.80
側壁 A	16×3 − 7×1 − 1×2 = 39	混凝土	0.02	0.03	0.78	1.17
側壁 B	10×3 − 8×1 = 22	同上	0.05	0.03	1.10	0.66
側壁 C	16×3 − 1×2 = 46	同上	0.05	0.03	2.30	1.38
側壁 D	10×3 = 30	同上	0.05	0.03	1.50	0.90
玻璃窗 A	7×1 = 7	玻璃窗（木質框）	0.18	0.07	1.26	0.49
玻璃窗 B	8×1 = 8	同上	0.18	0.07	1.44	0.56
門 A	1×2 = 2	門（乙烯基皮革包覆）	0.20	0.30	0.40	0.60
門 B	1×2 = 2	同上	0.20	0.30	0.40	0.60
合計	476	-	-	-	68.38	57.56

解：

依據上表，計算平均吸音率於 2KHz 情況

$$\alpha = \frac{\Sigma S_n \alpha_n}{\Sigma S_n}$$

$$\alpha = \frac{(160 \times 0.09)+(160 \times 0.23)+(39 \times 0.03)+(22 \times 0.03) \cdots +(2 \times 0.30)}{160+160+39+22 \cdots +2}$$

$$= \frac{57.56}{476} = 0.12$$

又預測殘響時間於 500Hz 情況

$$T = 0.161 \frac{V}{S\alpha}$$

$$T = 0.161 \frac{10 \times 16 \times 3}{(160 \times 0.12)+(160 \times 0.25)+(39 \times 0.02) \cdots +(2 \times 0.20)}$$

$$T = 0.161 \frac{480}{68.38} = 1.13 \text{（秒）}$$

主建築材料之吸音率（埼玉市消防局，平成 28 年）

材料	125Hz	250Hz	500Hz	1KHz	2KHz	4KHz
混凝土	0.01	0.01	0.02	0.02	0.03	0.04
乙烯基瓷磚	0.01	0.01	0.02	0.02	0.03	0.04
玻璃窗（木質框）	0.35	0.25	0.18	0.12	0.07	0.04
絨織物 10mm	0.09	0.08	0.21	0.26	0.27	0.37
石膏板 7mm 空氣層 45mm	0.26	0.14	0.09	0.06	0.05	0.05
合板 12mm 空氣層 45mm	0.25	0.14	0.07	0.04	0.10	0.08
鑲木地板面	0.16	0.14	0.12	0.11	0.09	0.07

✚ 小博士解說

殘響時間

殘響時間是聲音在封閉區域「消失」所需的時間。房間中的聲音會反覆反射，如地板，牆壁，天花板，窗戶或桌子等反射表面。當這些反射音相互混合時，會產生一種稱為殘響的現象。當反射音碰到吸音性表面如窗簾、軟墊椅子甚至人時，殘響會減弱。當殘響過多會對聲音的清晰度產生負面影響。

2-28 廣播分區

第 134 條
裝設緊急廣播設備之建築物，依下列規定劃定廣播分區：
一、每一廣播分區不得超過一樓層。
二、室內安全梯或特別安全梯應垂直距離每四十五公尺單獨設定一廣播分區。安全
　　梯或特別安全梯之地下層部分，另設定一廣播分區。
三、建築物挑空構造部分，所設揚聲器音壓符合規定時，該部分得為一廣播分區。

【解說】
　　廣播分區為最小單元面積廣播範圍，而地下層部分在法規上皆視為一特別予以考量
空間，因其人命危險度較高處所。建築物挑空構造部分，揚聲器音壓會因空間距離而
衰減，故得為另一廣播分區單元。於室內安全梯等垂直距離每四十五公尺設定一廣播
分區。安全梯或特別安全梯之地下層部分，另設定一廣播分區。此如同第 122 條「於
樓梯等垂直距離每四十五公尺為一火警分區。但其地下層部分應為另一火警分區」。

第 135 條
緊急廣播設備與火警自動警報設備連動時，其火警音響之鳴動準用第一百十三條之規定。
緊急廣播設備之音響警報應以語音方式播放。
緊急廣播設備之緊急電源，準用第一百二十八條之規定。

【解說】
　　緊急廣播設備，具有警報、避難指導及心理安撫等需求，宜具有語音合成方式之功
能。緊急電源應使用穩定且即時供電之直流蓄電池。火警與廣播緊急電源皆應使用蓄
電池之直流電，這是考量須有穩定可靠度高之電源。

第 136 條
緊急廣播設備之啓動裝置應符合 CNS 一〇五二二之規定，並依下列規定設置：
一、各樓層任一點至啓動裝置之步行距離在五十公尺以下。
二、設在距樓地板高度零點八公尺以上一點五公尺以下範圍內。
三、各類場所第十一層以上之各樓層、地下第三層以下之各樓層或地下建築物，應
　　使用緊急電話方式啓動。

【解說】
　　內政部公告「火警受信總機」為應施認可品目，緊急廣播設備應依火警受信總機認
可基準辦理認可。於地下建築物等場所，有避難上時間長問題，人員再進入手動操作
也有其危險，使用緊急電話方式啓動，如此手動實在令人不解，可能是防止誤報之可
靠度考量。而緊急廣播設備與火警自動警報設備連動時，仍應各確保其獨立功能，所
設緊急電話方式啓動，不得免設；另手動報警機與緊急廣播設備啓動裝置併設方式，
或總機兼具緊急電話啓動裝置主機之設計方式，其功能符合相關規定尚屬可行。

緊急廣播設備劃設廣播分區

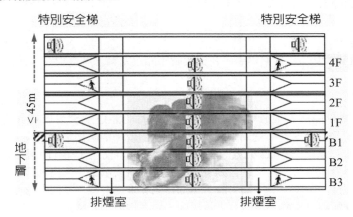

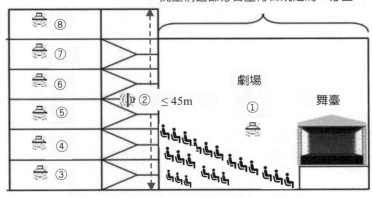

每一廣播分區不得超過一樓層，本例為八個分區

一般聲音分貝數

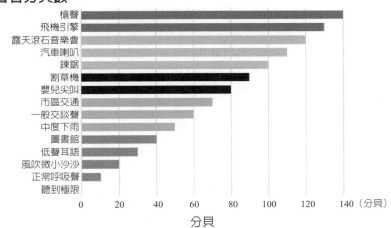

2-29 擴音機及操作裝置

> **第 137 條**
> 緊急廣播設備與其他設備共用者，在火災時應能遮斷緊急廣播設備以外之廣播。

【解說】

「緊急廣播設備與其他設備共用者，在火災時應能遮斷緊急廣播設備以外之廣播。」為使緊急廣播內容不受火警警鈴干擾，依內政部消防法令函釋及公告，日本平成 6 年 2 月 1 日消防予第 22 號與昭和 60 年 9 月 30 日消防予第 110 號規範，以麥克風開關啓動緊急廣播時，若火警自動警報設備地區音響鳴動中，應即停止地區音響；停止麥克風廣播（關麥克風開關）時，應即再鳴動地區音響，此設計之受信總機與緊急廣播設備間配線應為耐熱保護。上述規範，請各地方消防機關於消防安全設備圖說審查時，要求消防專技人員納入消防安全設備圖說，以確保緊急廣播音聲之清晰。而麥克風開關啓動緊急廣播時，若火警自動警報設備地區音響鳴動中，應即停止地區音響；停止麥克風廣播（關麥克風開關）時，應即再鳴動地區音響之功能。

> **第 138 條**
> 擴音機及操作裝置，應符合 CNS 一〇五二二之規定，並依下列規定設置：
> 一、操作裝置與啓動裝置或火警自動警報設備動作連動，並標示該啓動裝置或火警自動警報設備所動作之樓層或區域。
> 二、具有選擇必要樓層或區域廣播之性能。
> 三、各廣播分區配線有短路時，應有短路信號之標示。
> 四、操作裝置之操作開關距樓地板面之高度，在零點八公尺以上（座式操作者，為零點六公尺）一點五公尺以下。
> 五、操作裝置設於值日室等經常有人之處所。但設有防災中心時，設於該中心。

【解說】

緊急廣播設備組成元件為電源供應器、廣播主機、操作裝置、功率擴大器、啓動裝置、揚聲器及相關連動介面等。其啓動裝置可由手動壓下或由緊急電話方式啓動，即 P 型 1 級之附緊急電話插孔，來啓動緊急廣播設備，並與火警自動警報設備動作連動。而標示火警動作之區域，此即為火災發生樓層位置，人員應變首應了解資訊。為能各樓層鳴動，應具有選擇必要樓層或區域廣播之性能。為能便於日後維修，應有短路信號之標示；而人員手動操作高度，所有消防設備皆以 0.8～1.5m 為原則。有警報音與操作，當然需設在經常有人之處所，始有意義。

緊急廣播設備

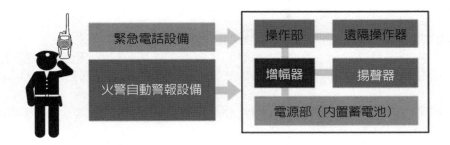

緊急廣播設備啓動及操作裝置

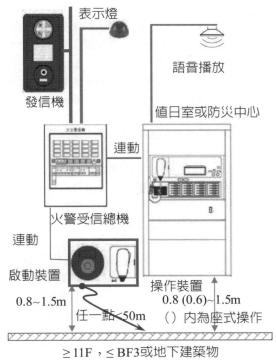

2-30 緊急廣播設備配線

第 139 條
緊急廣播設備之配線，除依用戶用電設備裝置規則外，依下列規定設置：
一、導線間及導線對大地間之絕緣電阻值，以直流二百五十伏特額定之絕緣電阻計測定，對地電壓在一百五十伏特以下者，在零點一 MΩ 以上，對地電壓超過一百五十伏特者，在零點二 MΩ 以上。
二、不得與其他電線共用管槽。但電線管槽內之電線用於六十伏特以下之弱電回路者，不在此限。
三、任一層之揚聲器或配線有短路或斷線時，不得影響其他樓層之廣播。
四、設有音量調整器時，應為三線式配線。

【解說】

　　緊急廣播設備之啟動方式分為手動和自動，自動即由火警設備或瓦斯漏氣火警自動警報設備之探測器等來連動。緊急廣播設備之擴音機及操作裝置與火警自動警報設備動作連動時，則可免設啟動裝置。

　　一般於線路間電流狀態於正常狀態 I = 24V/10kΩ = 2.4mA；斷線狀態 I = 24V/ 無限大 Ω < 0A；火警狀態 I =24V/0Ω > 2.4mA 導線間及導線對大地間之絕緣電阻值，這是控制配線短路之問題。不得與其他電線共用管槽，是怕受到其他感應電流引起誤報之問題。而任一層之揚聲器或配線有短路或斷線時，應在各樓層有其獨立回路之個別配線，即不會影響其他樓層之廣播。

　　廣播區域內之配線，基本上只需二線式，而三線式配線是再加一條配線，這可做為其他用途，此可經過音量調整器來調整音量大小，請見右圖所示。一旦緊急廣播時，揚聲器是不需經過音量調整器，即可進行人語音方式廣播火警訊息。而集合住宅依各類場所消防安全設備設置標準之規定，應設緊急廣播設備時，其居室部分得免設揚聲器，僅檢討其走廊、通道等部分即可，其揚聲器應以設置 L 級為原則。

　　在消防安全設備測試報告書測試方法及判定要領，於緊急廣播設備性能測試之回路短路測試，其測試方法規定：「在依額定輸出使音聲警報音之第二信號鳴動的狀態下，使任意輸出回路短路時，確認不會對其他回路產生性能障礙。」判定要領：「短路輸出回路以外的輸出回路廣播應正常，同時確認係哪一個輸出回路發生短路。」假使是採每層（區）揚聲器以二條線配置至各樓層昇位（幹線）交會處，經由二線式控制模組與二條主音源線（幹線）連接至廣播主機之設計，在任一層（區）平面或昇位處，有短路情形時，音源輸出電壓恐降為零，致全棟緊急廣播無法動作，這是違反設置標準之規定。

緊急廣播設備配線

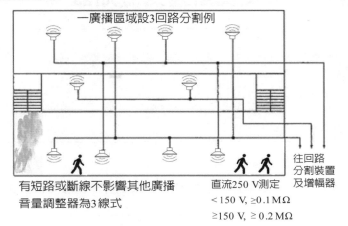

一廣播區域設3回路分割例

有短路或斷線不影響其他廣播

音量調整器為3線式

往回路
分割裝置
及增幅器

直流250 V測定

<150 V, ≥0.1 MΩ

≥150 V, ≥0.2 MΩ

音量調整器三線式配線

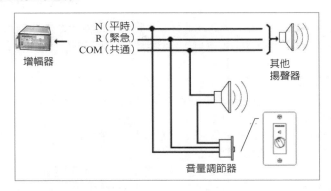

增幅器

N（平時）
R（緊急）
COM（共通）

其他
揚聲器

音量調節器

廣播區域（日本消防設備基準）

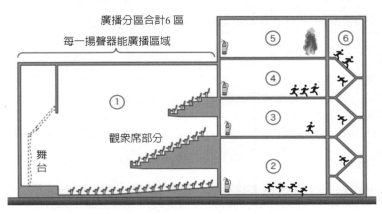

廣播分區合計6區

每一揚聲器能廣播區域

① ② ③ ④ ⑤ ⑥

觀象席部分

舞
台

2-31 警報分區及瓦斯漏氣檢知器

> **第 140 條**
> 瓦斯漏氣火警自動警報設備依第一百十二條之規定劃定警報分區。
> 前項瓦斯,指下列氣體燃料:
> 一、天然氣。
> 二、液化石油氣。
> 三、其他經中央主管機關指定者。

【解說】
　　將場合劃分為小區域(警報分區),以利一回線路進行偵知及位置辨別。

> **第 141 條**
> 瓦斯漏氣檢知器,依瓦斯特性裝設於天花板或牆面等便於檢修處,並符合下列規定:
> 一、瓦斯對空氣之比重未滿一時,依下列規定:
> 　　(一)設於距瓦斯燃燒器具或瓦斯導管貫穿牆壁處水平距離八公尺以內。
> 　　　　但樓板有淨高六十公分以上之樑或類似構造體時,設於近瓦斯燃燒器具
> 　　　　或瓦斯導管貫穿牆壁處。
> 　　(二)瓦斯燃燒器具室內之天花板附近設有吸氣口時,設在距瓦斯燃燒器具或
> 　　　　瓦斯導管貫穿牆壁處與天花板間,無淨高六十公分以上之樑或類似構造
> 　　　　體區隔之吸氣口一點五公尺範圍內。
> 　　(三)檢知器下端,裝設在天花板下方三十公分範圍內。
> 二、瓦斯對空氣之比重大於一時,依下列規定:
> 　　(一)設於距瓦斯燃燒器具或瓦斯導管貫穿牆壁處水平距離四公尺以內。
> 　　(二)檢知器上端,裝設在距樓地板面三十公分範圍內。
> 三、水平距離之起算,依下列規定:
> 　　(一)瓦斯燃燒器具為燃燒器中心點。
> 　　(二)瓦斯導管貫穿牆壁處為面向室內牆壁處之瓦斯配管中心處。

【解說】
　　依行政院勞工委員會函釋,依高壓氣體勞工安全規則之規定,氧氣、氮氣、氬氣及二氧化碳之分裝場所,不需設置氣體漏洩檢知警報之設備。

　　瓦斯漏氣檢知器如同火警探測器,向中繼器或總機送出信號,但裝設必須依天然瓦斯(以 CH_4 為主成)及液化瓦斯(以 C_3H_8 為主)之比重大小,其是相對於空氣莫耳質量 $(0.23 \dfrac{mol\,O_2}{mol\,空氣}) \times (\dfrac{32g}{mol\,O_2}) + (0.77 \dfrac{mol\,N_2}{mol\,空氣}) \times (\dfrac{28g}{mol\,N_2}) = \dfrac{28.92g}{mol\,空氣}$ 而言,所以天然瓦斯比重 $\dfrac{16}{28.92} = 0.55$,設置於天花板面;而液化瓦斯 $\dfrac{44}{28.92} = 1.52$ 之位置。

瓦斯漏氣檢知器

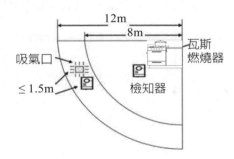

瓦斯漏氣檢知器裝設規定

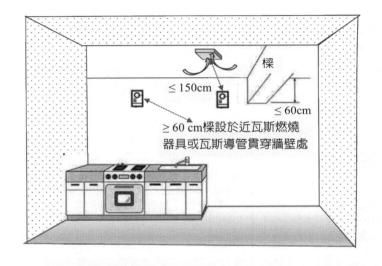

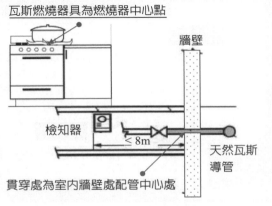

（貫穿處會有接管，易成為漏氣源）

2-32 瓦斯漏氣受信總機及警報裝置

第 142 條
瓦斯漏氣受信總機，依下列規定：
一、裝置於值日室等平時有人之處所。但設有防災中心時，設於該中心。
二、具有標示瓦斯漏氣發生之警報分區。
三、設於瓦斯導管貫穿牆壁處之檢知器，其警報分區應個別標示。
四、操作開關距樓地板面之高度，須在零點八公尺以上（座式操作者為零點六公尺）一點五公尺以下。
五、主音響裝置之音色及音壓應有別於其他警報音響。
六、一棟建築物內有二臺以上瓦斯漏氣受信總機時，該受信總機處，設有能相互同時通話聯絡之設備。

【解說】

　　一般瓦斯漏氣檢知器之檢知濃度，設定在該爆炸下之 1/4 濃度以下發出警報，以利關閉火源或打開門窗等有時間來進行相應動作。

　　瓦斯漏氣檢知器一旦偵測瓦斯洩漏設定濃度時，向受信總機或中繼器發出信號，而信號可分警報聲及瓦斯洩漏信號二種。而瓦斯漏氣受信總機並沒有像火警自動警報設備之二信號式。但為避免誤報，仍有延遲之功能。

第 143 條
瓦斯漏氣之警報裝置，依下列規定：
一、瓦斯漏氣表示燈，依下列規定。但在一警報分區僅一室時，得免設之。
　　（一）設有檢知器之居室面向通路時，設於該面向通路部分之出入口附近。
　　（二）距樓地板面之高度，在四點五公尺以下。
　　（三）亮度在表示燈前方三公尺能明確識別，並於附近標明瓦斯漏氣表示燈字樣。
二、檢知器所能檢知瓦斯漏氣之區域內，該檢知器動作時，該區域內之檢知區域警報裝置能發出警報音響，其音壓在距一公尺處應有七十分貝以上。但檢知器具有發出警報功能者，或設於機械室等常時無人場所及瓦斯導管貫穿牆壁處者，不在此限。

【解說】

　　警報裝置主要指檢知器與瓦斯漏氣表示燈，但一警報分區僅一室時，能即時察覺，即可免設表示燈。檢知方式可分為接觸燃燒式、半導體式、熱傳導式或熱阻體式等。接觸燃燒式是將白金線周圍以氧化鋁等物燒結，再於其表面披覆白金或鈀等氧化觸媒發熱，可燃性氣體就在表面上接觸燃燒，而使白金線之溫度升高，並使電阻增加，利用此性質作瓦斯之偵測原理。而半導體瓦斯檢知器為利用半導體表面吸著瓦斯時導電率（電阻）會變化而做成，材質有 SnO_2、ZnO 及 Fe_2O_3。

　　熱阻體式利用熱阻體元件的熱傳導式，是可靠度極高的瓦斯感測器。以上三種，接觸燃燒式檢出可燃性瓦斯，輸出為線性，對溫度、溼度安定，但其觸媒有一定壽命限界。半導體式輸出大，檢知警報電路簡單，致安定性稍差，可靠性差。而熱阻體式元件具有較不劣化之特性。

　　檢知區域警報裝置能發出警報音響，檢知器音壓距一公尺僅大於 70 分貝即可，因該檢知器區域面積及空間一般不大，不像火警鈴 90 分貝讓整層樓人員都能聽到。

瓦斯漏氣檢知器

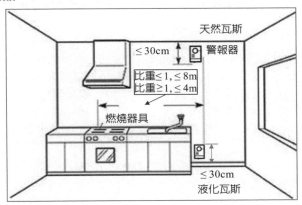

瓦斯漏氣受信總機與警報裝置

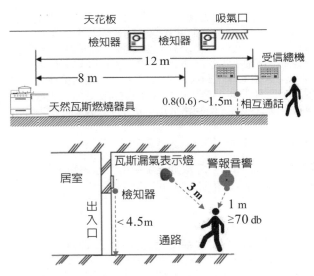

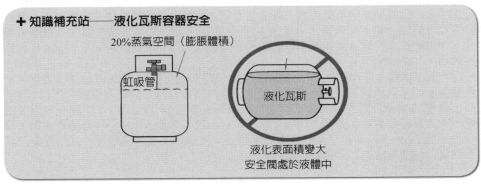

＋知識補充站──液化瓦斯容器安全

2-33 瓦斯漏氣警報設備配線及緊急電源

> **第 144 條**
> 瓦斯漏氣火警自動警報設備之配線,除依屋內線路裝置規則外,依下列規定:
> 一、電源回路導線間及導線對大地間之絕緣電阻值,以直流五百伏特額定之絕緣電阻計測定,對地電壓在一百五十伏特以下者,應在零點一 MΩ 以上,對地電壓超過一百五十伏特者,在零點二 MΩ 以上。檢知器回路導線間及導線與大地間之絕緣電阻值,以直流五百伏特額定之絕緣電阻計測定,每一警報分區在零點一 MΩ 以上。
> 二、常開式檢知器信號回路之配線採用串接式,並加設終端電阻,以便藉由瓦斯漏氣受信總機作斷線自動檢出用。
> 三、檢知器回路不得與瓦斯漏氣火警自動警報設備以外之設備回路共用。

【解說】

　　瓦斯漏氣發出警報信號,如同火警探測器一樣可分即時警報型或警報延遲型等,此同火警蓄積型一樣,一般從接受瓦斯漏氣信號開始至瓦斯漏氣標示為止所要之時間在60 秒內,避免時間過久,造成人員緊急應變延遲,造成易燃易爆瓦斯起爆,這也就失去設備存在之意義。電源回路導線間及導線對大地間之絕緣電阻值,是有關短路問題;而常開式檢知器信號,係平時接點未接觸,一旦感應接觸時可發出信號;而加設終端電阻,以便藉由瓦斯漏氣受信總機作斷線自動檢出用;而檢知器回路不得與瓦斯漏氣火警自動警報設備以外之設備回路共用,這是怕感應其他電流而造成誤報之問題。

> **第 145 條**
> 瓦斯漏氣火警自動警報設備之緊急電源應使用蓄電池設備,其容量應能使二回路有效動作十分鐘以上,其他回路能監視十分鐘以上。

【解說】

　　國內緊急電源不外乎直流 24V 之蓄電池與發電機供應電源方式。檢知器動作時能發出警報音響,其音壓在距一公尺處應有 70 分貝以上,但火警警鈴音壓為 90 分貝,為何警報音壓分貝僅 70 分貝,這是檢知區域一般是廚房場所,廚房空間面積必然不是那麼大,因空間面積不像火警,需要整層樓之使用人員皆能聽到。此外,在火警自動警報設備緊急電源有效動作容量為 10 分鐘以上,而瓦斯漏氣檢知器,以接觸燃燒式、半導體式、熱傳導式或熱阻體式等,必須給以相當反應前置時間,始能達到設定啟動值,才能發出信號。

　　在內政部函釋上,消防法第 1 條後段明定,本法未規定者,適用其他法律規定。是各類場所如屬高層建築物,應依建築技術規則建築設計施工編高層建築物專章第 243 條,就燃氣設備設置處所,要求設置瓦斯漏氣火警自動警報設備;該設備之設置規範,則依設置標準第 3 編第 2 章第 4 節之規定。當高層建築物部分樓層變更使用,除依設置標準第 13 條檢討其消防安全設備設置,並應依上揭事項辦理。又所提高層建築物集合住宅新建工程,亦有該項之適用。

瓦斯漏氣火警自動警報設備配線及緊急電源

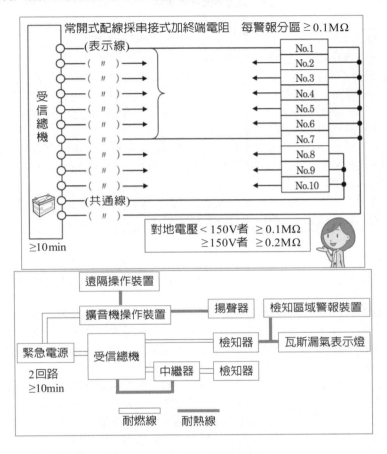

瓦斯漏氣火警自動警報設備（日本消防設備基準）

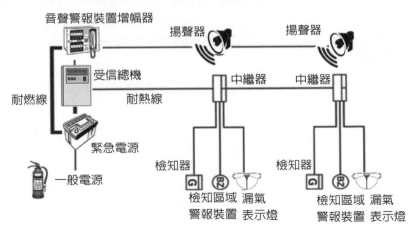

2-34 一一九火災通報裝置

第 145 條之 1
一一九火災通報裝置，應依下列規定設置：
一、應設於值日室等經常有人之處所。但設有防災中心時，應設於該中心。
二、應具手動及自動啓動功能。
三、操作部（手動啓動裝置、監控部、發報顯示及緊急送收話器）與控制部分離者，應設在便於維護操作處所。
四、設置遠端啓動裝置時，應設有可與設置一一九火災通報裝置場所通話之設備。
五、手動啓動裝置之操作開關距離樓地板面之高度，在零點八公尺以上一點五公尺以下。
六、裝置附近，應設置送、收話器，並與其他內線電話明確區分。
七、應避免傾斜裝置，並採取有效防震措施。

【解說】

本條於民 107 年 10 月新增條文。基本上，條文內有之 1 或之 2，係新增插入條文，僅能之 1……方式作新增規定。

於本條消防署參酌日本消防法施行規則第二十五條及一一九火災通報裝置設置指導綱領，明定一一九火災通報裝置之設置規範。當自動啓動裝置係指接收到火警自動警報設備訊號時可自動對消防機關及設定電話發出通報；手動啓動裝置則以手動操作對消防機關及設定電話發出通報。

一一九火災通報裝置設置場所，應以場所火警自動警報設備可連接自動報警功能者優先設置，以發揮裝置之自動報警功能。若場所無法連接自動報警功能，考量一一九火災通報裝置具有手動報警之功能，亦可設置，俾利聘用語言不通之外籍看護或人力不足之場所，能透過本裝置手動報警功能通報消防機關，惟仍以可連接自動報警功能場所優先設置。

爲避免誤報，設置場所於進行消防安全設備測試前，應先將火災通報裝置關閉，測試完畢後再復歸。火災通報裝置將火警訊號通報消防機關後，消防機關應主動聯繫設置場所相關人員確認火災狀況，如經聯繫未回應者，視爲授權消防機關現場指揮官進行救助相關處置。

119 火災通報裝置主要構成

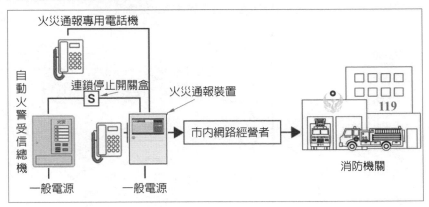

119 火災通報裝置至消防機關示意圖

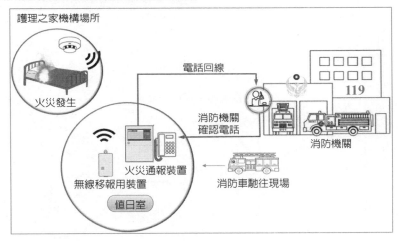

119 火災通報裝置附近應設送收話器

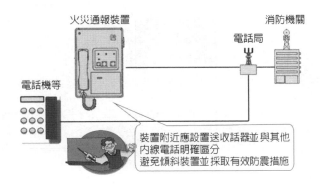

✚ 知識補充站

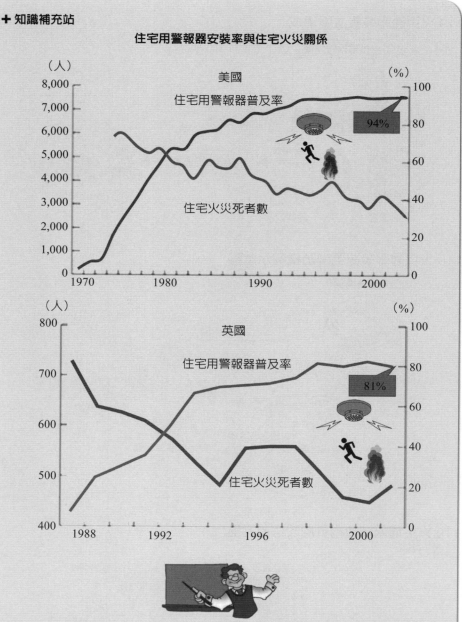

住宅用警報器安裝率與住宅火災關係

日本消防法規修訂,2006 年在所有新建住宅應安裝住宅火災警報器之強制規定,以確保提升住宅火災發生時之使用人命安全性。

臺灣消防法規指出,不屬於應設置火警自動警報設備之旅館、老人福利機構場所及中央主管機關公告場所之管理權人,應設置住宅用火災警報器並維護之。

第3章
公共危險物品場所消防設計

3-1 火警自動警報設備場所

第 205 條

下列場所應設置火警自動警報設備：

一、公共危險物品製造場所及一般處理場所符合下列規定之一者：
　　（一）總樓地板面積在 500m² 以上者。
　　（二）室內儲存或處理公共危險物品數量達管制量 100 倍以上者。但處理操作溫度未滿 100℃ 之高閃火點物品者，不在此限。
　　（三）建築物除供一般處理場所使用外，尚供其他用途者。但以無開口且具 1 小時以上防火時效之牆壁、樓地板區劃分隔者，不在此限。
二、室內儲存場所符合下列規定之一者：
　　（一）儲存或處理公共危險物品數量達管制量 100 倍以上者。但儲存或處理高閃火點物品，不在此限。
　　（二）總樓地板面積在 150m² 以上者。但每 150m² 內以無開口且具 1 小時以上防火時效之牆壁、樓地板區劃分隔，或儲存、處理易燃性固體以外之第 2 類公共危險物品或閃火點在 70℃ 以上之第 4 類公共危險物品之場所，其總樓地板面積在 500m² 以下者，不在此限。
　　（三）建築物之一部分供作室內儲存場所使用者。但以無開口且具 1 小時以上防火時效之牆壁、樓地板區劃分隔者，或儲存、處理易燃性固體以外之第 2 類公共危險物品或閃火點在 70℃ 以上之第 4 類公共危險物品，不在此限。
　　（四）高度在 6 m 以上之一層建築物。
三、室內儲槽場所達顯著滅火困難者。
四、一面開放或上方有其他用途樓層之室內加油站。
　　前項以外之公共危險物品製造、儲存或處理場所儲存、處理公共危險物品數量達管制量 10 倍以上者，應設置手動報警設備或具同等功能之緊急通報裝置。但平日無作業人員者，不在此限。

【解說】

　　公共危險物品場所分製造、處理及儲存（室內／室外），本條不包含於大氣流通之室外儲存／儲槽。而火警自動警報設備係指火災時，在其初期階段，藉由火警探測器自動偵測火災產生之煙或熱，或操作火警發信機，並以電氣信號傳送火警受信總機受信後，經由標示燈、火警警鈴等告知建築物內有關人員火警發生之設備。而緊急廣播設備係利用錄製之語音或值勤人員廣播，於火警時對建築物或特定區域內人員引導避難或指示進行初期滅火行動之設備。

　　場所一旦意外發生起火，人員勢必趕快緊急應變，尤公共危險物品火災非常容易失控，因此，火警自動警報設備扮演重要角色，尤其是深夜無人員活動時段。基本上消防設備有自動就需有手動，但本條僅限公共危險物品數量達管制量 10 倍以上者，始設置手動報警設備或具同等功能之緊急通報裝置，可能考量場所規模小，一有狀況彼此用呼喊或無線電通報告知即可。此外，室內、外加油站主要以其油泵島設於建築物內或建築物外區分之。至油泵島上方設置遮雨棚蓋者，原則上係屬室外加油站。

應設火警自動警報設備公共危險物品場所

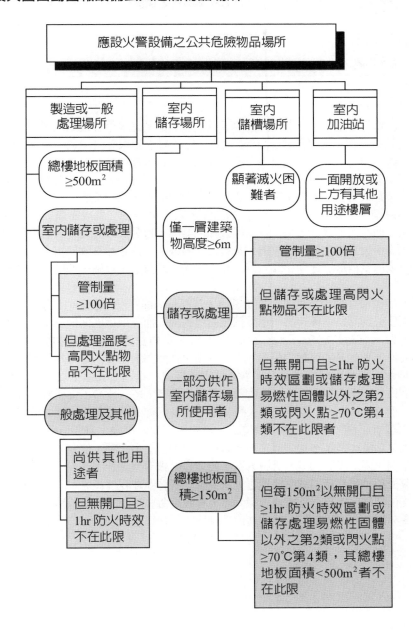

3-2 警報設備與標示設備設置

> **第 226 條**
> 警報設備之設置，依第 112 條至第 132 條之規定。

【解說】

於第 205 條第 5 項指出：前項以外之公共危險物品製造、儲存或處理場所儲存、處理公共危險物品數量達管制量 10 倍以上者，應設置手動報警設備或具同等功能之緊急通報裝置。但平日無作業人員者，不在此限。有關緊急通報裝置依日本分緊急警報設備及緊急警報器具，前者有緊急警鈴、自動警笛、廣播設備，後者有警鐘、攜帶用擴音機、手動式警笛；而與手動報警設備具同等功能者，係指後者。

「警報設備」主要是火災通報之告知功能，對火災發生之生成物煙、火、熱，依其時間順序而有偵煙式、火焰式及偵溫式探測器等，自動加以感知，並送出信號至受信總機，表示火災發生的回路位置，及發出音響警報，通知建築物使用人採取火災應變動作，或由受信總機連動相關設備（滅火設備、避難逃生設備、消防人員搶救設備等）。

火警受信總機在國內多為 P 型與 R 型：P（Proprietary）型是專有所有的意思，是指每一火警分區回路為專有的一組配線至受信總機，而受信總機面板上小燈有其相對應專屬回路，能夠判定哪一回路之探測器動作，但無法判定該回路中哪一探測器動作。如此使 P 型依其回路數之配線多，大都使用在回路數不多的建築物使用；因此，因應 P 型使火警受信總機應具有火警區域表示裝置，指示火警發生之分區，且受信總機附近備有識別火警分區之圖面資料，又當火警發生時，能發出促使警戒人員注意之音響。而 R（Record）型是記錄式的意思，為受信總機所接收的信號並非直接式，需經過中繼器記錄、解碼、轉換數位式，再傳送到受信總機之警報信號。因 R 型具有可定址之功能，當某一探測器感知能以數字或圖形送出並顯示位置，使火災位置更易搜尋掌握；因 P 型只知某一火警分區，可能是一樓層整個範圍。

如果裝置蓄積式探測器或中繼器之火警分區，該分區在受信總機，不得有雙信號功能。而受信總機、中繼器及偵煙式探測器，有設定蓄積時間時，其蓄積時間之合計，每一火警分區在六十秒以下，使用其他探測器時，在二十秒以下。

蓄積型火警受信總機

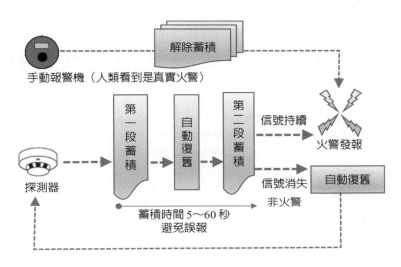

二信號式火警受信總機

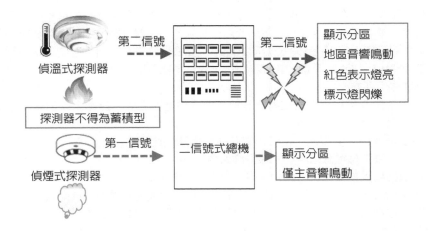

3-3 配線耐燃耐熱

第 236 條

消防安全設備緊急供電系統之配線，依右表之區分，施予耐燃保護或耐熱保護。

【解說】

本條消防用配線，係分三個等級：

1. 耐燃保護配線係 CNS 11359 規定於 750℃時耐 3 小時或 CNS 11174 規定於 840℃時耐 30 分鐘，與緊急電源需保持開啓狀態之供應連接線、非與緊急電源直接連接但爲重要組件者。

2. 耐熱保護配線係 CNS 11175 於 310℃時耐 15 分鐘，經由控制盤或受信總機之控制回路、非控制回路但較重要傳送信號或不燃天花板底板者。

3. 一般配線，單純傳送末端信號或火災造成短路也會發出同樣信號者或內置蓄電池者。

在消防設備上需耐燃保護配線，一般係直接連接電源之裝置，再者是一旦斷線會嚴重影響系統功用如幫浦、電動機、檢知器等。而耐熱保護配線，一般係由控制盤或總機等控制之回路。一旦斷線會直接影響系統控制作用。

在消防工程中一般電線使用上已有愈少傾向，而要求耐熱電線及耐燃電線，來提高火災防護效果。以下依內政部消防法令函釋及公告，火警自動警報設備及瓦斯漏氣火警自動警報設備受信總機至中繼器間之配線，如爲緊急電源回路，應施耐燃保護；如爲控制回路，得採耐熱保護。其實務執行，應就中繼器緊急供電系統之輸入端型態區分，分別依下列方式辦理：

1. 中繼器由受信總機、檢知器或其他中繼器供應電力者，該輸入端配線認定屬控制回路，得採耐熱保護。

2. 中繼器非由受信總機、檢知器或其他中繼器供應電力者，其電力回路輸入端配線認定屬緊急電源回路，應採耐燃保護。

3. 中繼器內置蓄電池者，該輸入端配線得採一般配線。

有關室內消防栓之緊急供電系統配線施予耐燃保護或耐熱保護，惟配線進入消防栓箱箱體內至結線部分，考量室內消防栓箱箱身爲厚度在一點六公釐以上之鋼板或具同等性能以上之不燃材料者，且進入箱體至結線之距離短，尚具保護作用，得免施金屬導線管。另按火警自動警報設備之配線，採用電線配線者，需爲耐熱六百伏特塑膠絕緣電線；採用電纜者，需爲通信電纜。而耐燃電線係屬內政部消防技術審議委員會決議應經審核認可之消防安全設備品目，需經審核認可始能設置使用。

消防安全設備緊急供電系統配線

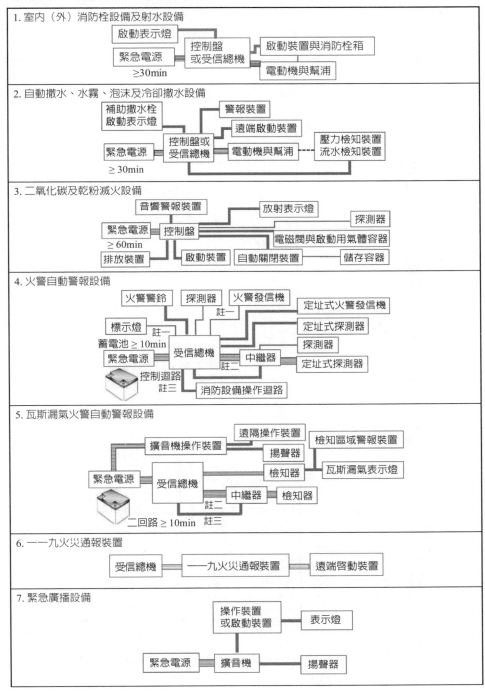

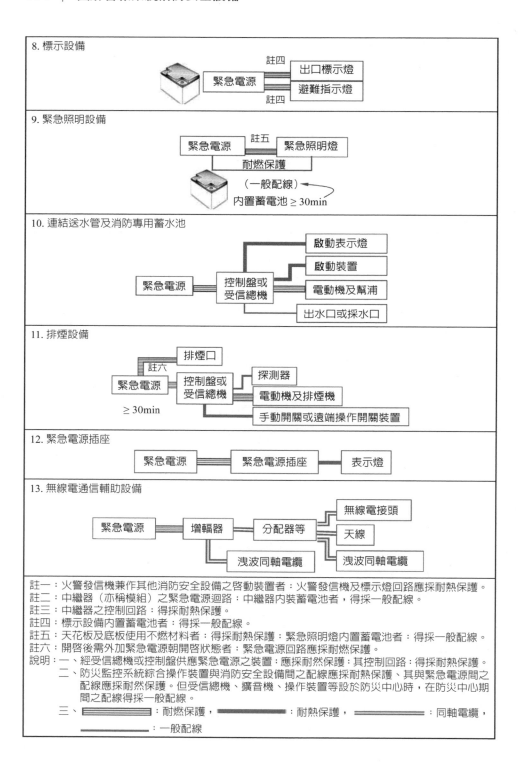

8. 標示設備

緊急電源 — 註四 — 出口標示燈 / 避難指示燈 — 註四

9. 緊急照明設備

緊急電源 — 註五 — 緊急照明燈
耐燃保護
（一般配線）
內置蓄電池 ≥ 30min

10. 連結送水管及消防專用蓄水池

緊急電源 — 控制盤或受信總機 — 啟動表示燈 / 啟動裝置 / 電動機及幫浦 / 出水口或採水口

11. 排煙設備

緊急電源 — 註六 — 控制盤或受信總機 — 排煙口 / 探測器 / 電動機及排煙機 / 手動開關或遠端操作開關裝置
≥ 30min

12. 緊急電源插座

緊急電源 — 緊急電源插座 — 表示燈

13. 無線電通信輔助設備

緊急電源 — 增輻器 — 分配器等 — 無線電接頭 / 天線
洩波同軸電纜 — 洩波同軸電纜

註一：火警發信機兼作其他消防安全設備之啟動裝置者：火警發信機及標示燈回路應採耐熱保護。
註二：中繼器（亦稱模組）之緊急電源迴路：中繼器內裝蓄電池者，得採一般配線。
註三：中繼器之控制回路：得採耐熱保護。
註四：標示設備內置蓄電池者：得採一般配線。
註五：天花板及底板使用不燃材料者：得採耐熱保護；緊急照明燈內置蓄電池者：得採一般配線。
註六：開啟後需外加緊急電源朝開啟狀態者：緊急電源回路應採耐燃保護。
說明：一、經受信總機或控制盤供應緊急電源之裝置：應採耐燃保護；其控制回路：得採耐熱保護。
　　　二、防災監控系統綜合操作裝置與消防安全設備間之配線應採耐熱保護、其與緊急電源間之
　　　　　配線應採耐燃保護。但受信總機、擴音機、操作裝置等設於防災中心時，在防災中心期
　　　　　間之配線得採一般配線。
　　　三、▦▦▦▦：耐燃保護，▬▬▬▬：耐熱保護，▬▬▬▬：同軸電纜，
　　　　　▬▬▬▬：一般配線

✚ 知識補充站

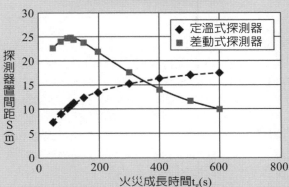

探測器裝置間距（S）為火災成長時間（tg）之函數

探測器所需裝置間距 (S) 為火災成長時間 (tg) 之函數

tg (sec)	探測器所需裝置間距 (m)	
	定溫式	差動式
50	7.2	23
75	9	24
100	10	25
110	11	25
120	11	24
150	12	24
200	14	22
300	15	18
400	16	14
500	17	12
600	18	10

　上圖表示當火災成長較快速時（較小 tg），則需較小探測器裝置間距，始能符合所設定之目標；假使火災成長較緩慢時（較大 tg），則較大探測器裝置間距，是能符合所設定之目標。這種關係清楚顯示火災熱吸收遲滯（thermal lag）在探測器動作反應之影響。

　依上圖顯示曲線峰值約在 tg = 110 及 S = 25m 時，以差動式探測器而言，當火災成長較緩慢時（較大 tg），則降低火災熱吸收遲滯（thermal lag）影響，這也如定溫式探測器一樣。

　然而，隨著火災成長速率減慢時，探測器溫度的變化速率也相對減慢。對於這種探測器和火勢情況，在火災成長時間約在 110sec 以上時，必須減小探測器裝置間距（detector spacing），使其達到最大允許的熱釋放速率（heat release rate）之前，就能達到探測器額定動作值。

3-4 緊急供電系統電源

> **第 237 條**
> 緊急供電系統之電源，依下列規定：
> 一、緊急電源使用符合 CNS 一○二○四規定之發電機設備、一○二○五規定之蓄
> 　　電池設備或具有相同效果之設備，其容量之計算，由中央消防機關另定之。
> 二、緊急電源裝置切換開關，於常用電源切斷時自動切換供應電源至緊急用電器
> 　　具，並於常用電源恢復時，自動恢復由常用電源供應。
> 三、發電機裝設適當開關或連鎖機件，以防止向正常供電線路逆向電力。
> 四、裝設發電機及蓄電池之處所為防火構造。但設於屋外時，設有不受積水及雨水
> 　　侵襲之防水措施者，不在此限。
> 五、蓄電池設備充電電源之配線設專用回路，其開關上應有明顯之標示。

【解說】

　　國內緊急供電系統之電源主要為發電機設備與蓄電池設備，在日本經認可緊急電源，除此之外尚有緊急電源專用受電設備（分高壓與低壓受電設備）、機櫃型之燃料電池設備（分室外與室內型）。

　　依內政部消防法令函釋及公告，關於發電機設備規定：

1. 設置於屋內時，應依建築技術規則設備篇第十條規定外，並為防火構造之牆壁、地板所區劃之專用空間。
2. 不得設於有妨礙發電機正常機能之處所。
3. 為使發電機機能正常，應確保供檢修或維護所需之距離如下：操作部（指前面）為 ≥ 1m。進行檢修之面為 ≥ 0.6m。
4. 設於屋內者，為供給燃燒等必需空氣量，應設置通到外氣有效通風換氣設備。用以換氣之進風管及排風管，應為專用管道，並不可貫穿防火區劃。如不得不貫穿防火區劃時，應符合建築技術規則設計施工篇第八十五條之規定。
5. 引擎等之排氣管應為專用，並直接排放至屋外或連接到煙囪；如需接到共用煙囪時，應注意不可引起逆流，且不可接於一般排氣管道。並應注意排氣管之斷熱措施。
6. 通風換氣設備與發電機室照明之電源，應能夠由發電機自動切換。

　　此外，對於領有審核認可書之發電機組，要求檢附電機技師簽證報告。

項目	緊急供電系統之電源
電源設備	符合 CNS 發電機設備或蓄電池等設備
電源切換	於常用電源切斷或恢復自動切換電源
發電機	應防止逆向電力
處所	防火構造但屋外防水不在此限
電源配線	設專用回路及標示

日本消防設備認可緊急電源

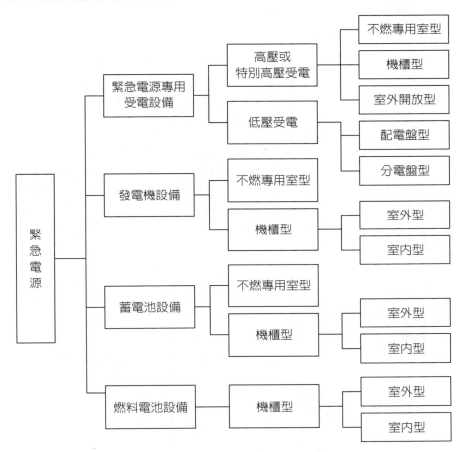

緊急供電系統

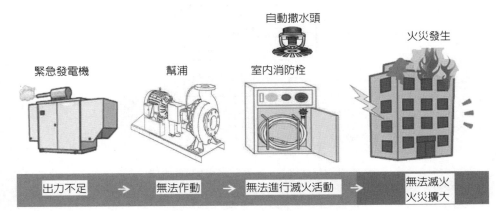

日本受信總機分類

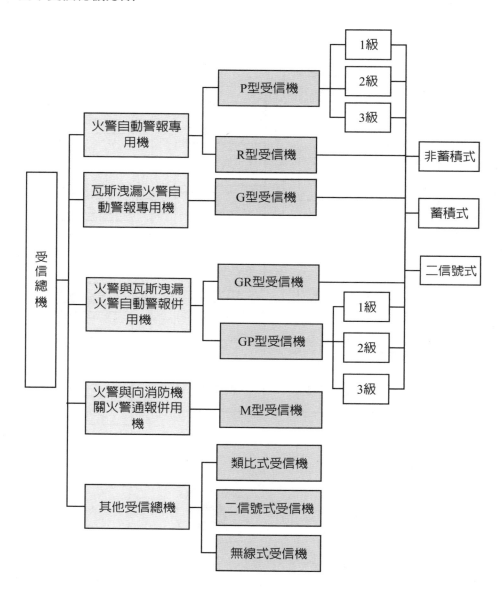

第4章
檢修申報作業基準

4-1 火警自動警報設備外觀檢查（一）

(一)預備電源與緊急電源（限內藏型）
1. 檢查方法
    (1)外形：以目視確認有無變形、腐蝕等。
    (2)標示：以目視確認蓄電池銘板。
2. 判定方法
    (1)外形
        A.應無變形、腐蝕、龜裂。
        B.電解液應無洩漏、導線之接續部應無腐蝕。
    (2)標示：應與受信機上標示之種別、額定容量及額定電壓相符。

(二)受信總機及中繼器
1. 檢查方法：
    (1)周圍狀況確認周圍有無檢查上或使用上之障礙。
    (2)外形：以目視確認有無變形、腐蝕等。
    (3)火警分區之表示裝置：以目視確認有無汙損等。
    (4)電壓表
        A.以目視確認有無變形、損傷等。
        B.確認電源、電壓是否正常。
    (5)開關：以目視確認開、關位置是否正常。
    (6)標示：確認如圖例示（P型1級受信機）各開關名稱之標示是否正常。
    (7)預備零件等：確認是否備有保險絲、燈泡等零件及回路圖等。
2. 判定方法
    (1)周圍狀況：應設在經常有人之場所（中繼器除外），且應依下列保持檢查上及使用上必要之空間。
        A.受信機應設在其門開關沒有障礙之位置。
        B.受信機前應確保一公尺以上之空間。
        C.受信機背面有門者，其背面應確保檢查必要之空間。
    (2)外形：應無變形、損傷、明顯腐蝕等。
    (3)火警分區之表示裝置：應無汙損、不明顯部分。
    (4)電壓表：
        A.應無變形、損傷等。
        B.電壓表之指示值應在所定之範圍內。
        C.無電壓表者，其電源表示燈應亮燈。
    (5)開關：開、關位置應正常。
    (6)標示
        A.應貼有檢驗合格證。
        B.各開關之名稱應無汙損、不明顯部分
        C.銘板應無脫落。

外觀檢查

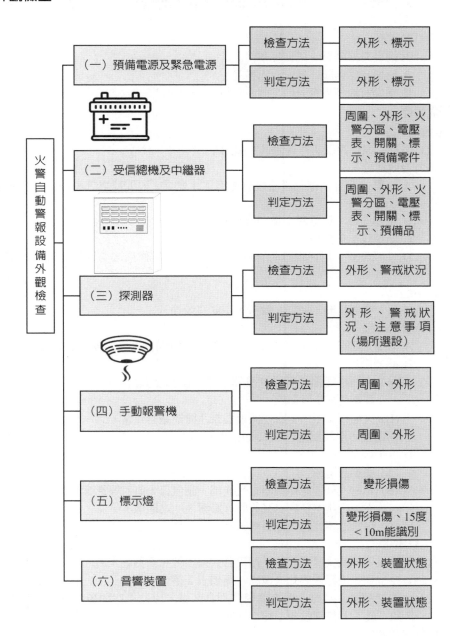

火警自動警報設備外觀檢查

- （一）預備電源及緊急電源
  - 檢查方法 — 外形、標示
  - 判定方法 — 外形、標示

- （二）受信總機及中繼器
  - 檢查方法 — 周圍、外形、火警分區、電壓表、開關、標示、預備零件
  - 判定方法 — 周圍、外形、火警分區、電壓表、開關、標示、預備品

- （三）探測器
  - 檢查方法 — 外形、警戒狀況
  - 判定方法 — 外形、警戒狀況、注意事項（場所選設）

- （四）手動報警機
  - 檢查方法 — 周圍、外形
  - 判定方法 — 周圍、外形

- （五）標示燈
  - 檢查方法 — 變形損傷
  - 判定方法 — 變形損傷、15度＜10m能識別

- （六）音響裝置
  - 檢查方法 — 外形、裝置狀態
  - 判定方法 — 外形、裝置狀態

4-2 火警自動警報設備外觀檢查（二）

(7) 預備品

A.應備有保險絲、燈泡等零件。

B.應備有回路圖、操作說明書等。

C.應備有識別火警分區之圖面資料。

(三)探測器

1. 檢查方法

(1) 外形：以目視確認有無變形、腐蝕等。

(2) 警戒狀況

A.未警戒部分：確認設置後有無因用途變更、隔間變更等形成之未警戒部分。

B.感知區域：確認設定是否恰當。

C.適應性：確認是否設置適當之探測器。

D.性能障礙：以目視確認有無被塗漆，或因裝修造成妨礙熱氣流、煙流動之障礙。

2. 判定方法

(1) 外形：應無變形、損傷、脫落、明顯腐蝕等。

(2) 警戒狀況

A.未警戒部分：應無設置後因用途變更、隔間變更等形成之未警戒部分。

B.感知區域

(A) 火焰探測器以外之探測器：應設置符合其探測區域及裝置高度之探測器之種別及個數。

(B) 火焰探測器：監視空間或監視距離應適當正常。

C.適應性：應設置適合設置場所之探測器。

D.性能障礙

(A) 應無被塗漆。

(B) 光電式分離型探測器之受光部，應無日光直射等影響性能之顧慮。

(C) 火焰探測器應無日光直射等影響性能之顧慮。

(D) 應無因裝修造成妨礙熱氣流、煙流動之障礙。

3. 注意事項

(1) 不能設置偵煙式探測器或熱煙複合式侷限型探測器之場所，應依表1選設。

(2) 有發生誤報或延遲感知之虞處，應依表2選設。

(3) 火焰探測器，其每一個被牆壁區劃之區域，由監視空間各部分到探測器之距離，應在其標稱監視距離之範圍內。

(四)手動報警機

1. 檢查方法

(1) 周圍狀況：確認周圍有無檢查上或使用上之障礙。

預備源與緊急電源外觀檢查

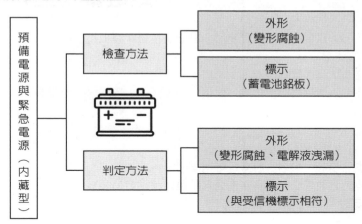

P型1級受信機

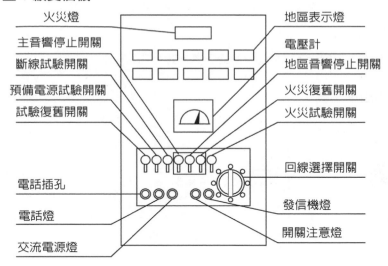

探測器外觀檢查注意事項

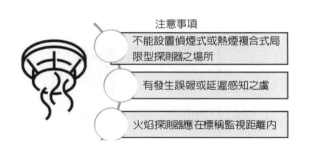

4-3 火警自動警報設備外觀檢查（三）

(2)外形：以目視確認有無變形、腐蝕及按鈕保護板損壞等。

2. 判定方法

(1)周圍狀況：應無檢查上及使用上之障礙。

(2)外形：應無變形、損傷、脫落、顯著腐蝕，按鈕保護板損壞等。

(五)標示燈

1. 檢查方法：以目視確認有無變形、損傷，及是否亮燈。

2. 判定方法

(1)應無變形、損傷、脫落、燈泡損壞等。

(2)與裝置面成十五度角在十公尺距離內應能容易識別。

(六)音響裝置

1. 檢查方法

(1)外形：以目視確認有無變形、腐蝕等。

(2)裝置狀態：以目視確認有無脫落及妨礙音響效果之障礙。

2. 判定方法

(1)外形：應無變形、損傷、明顯腐蝕。

(2)裝置狀態：應無脫落、鬆動及妨礙音響效果之障礙。

火警自動警報設備系統

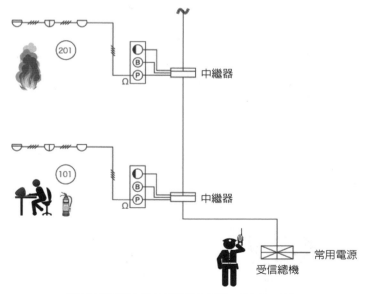

（埼玉市消防用設備等審查基準，平成28年）

表1　不能設置偵煙式探測器或熱煙複合式侷限型探測器之場所

設置場所		適用之感熱式探測器								火焰式探測器	備考
		差動式侷限型		差動式分布型		補償式侷限型		定溫型			
場所	具體例示	1種	2種	1種	2種	1種	2種	特種	1種		
灰塵、粉末會大量滯留之場所	垃圾收集場、貨物堆放場、油漆室、紡織、木材、石材之加工場所	×	×	○	○	○	○	○	×	○	1. 甲類場所之地下層、無開口樓層及十一層以上之部分，雖可設置火焰探測器，但於火焰探測器監視顯著困難時，得設置適用之感熱式探測器。 2. 設置差動式分布型探測器時，其檢出器應有防止塵埃、粉塵侵入之措施。 3. 設置補償式侷限型探測器時，應使用防水型。 4. 設於紡織，木材加工場所等有火災急速擴大顧慮之場所之定溫式探測器，應儘可能使用特種且標稱動作溫度在 75℃ 以下者。
水蒸氣會大量滯留之場所	蒸氣洗淨室、更衣室、熱水室、消毒室等	×	×	×	○	×	○	○	○	×	1. 差動式分布型探測器或補償式侷限型探測器，限使用於不發生急遽溫度變化之場所。 2. 設置差動式分布型探測器時，其檢出器應有防止水蒸氣進入之措施。 3. 設置補償式侷限型探測器時，應使用防水型。 4. 設置定溫式探測器時，應使用防水型。
會散發腐蝕性氣體之場所	電鍍工場、蓄電池室、汙水處理場等	×	×	○	○	○	○	○	○	×	1. 設置差動式分布型探測器時，探測器應有被覆，且檢出器應為不受腐蝕性氣體影響之型式或設有防止腐蝕性氣體侵入之措施。 2. 設置補償式侷限型探測器或定溫式探測器時，應針對腐蝕性氣體之性狀，使用耐酸型或耐鹼型。 3. 設置定溫式探測器時，應儘可能使用特種。
平時煙會滯留之場所	廚房、烹調室、熔接作業場所等。	×	×	×	×	×	×	○	○	×	於廚房、烹調室等有高溼度顧慮場所之探測器，應使用防水型
顯著高溫之場所	乾燥室、殺茵室、鍋爐室、鑄造場、放映室、攝影棚等	×	×	×	×	×	×	○	○	×	

設置場所		適用之感熱式探測器								火焰式探測器	備考
場所	具體例示	差動式侷限型		差動式分布型		補償式侷限型		定溫型			
		1種	2種	1種	2種	1種	2種	特種	1種		
排放廢氣會大量滯留之場所	停車場、車庫、貨物處理所、車道、發電機室、卡車調車場、引擎測試室等。	○	○	○	○	○	○	×	×	○	甲類場所之地下層，無開口樓層及11層以上之部分，可設置火焰探測器，但於火焰探測器監視顯著困難時，得設置適用之感熱式探測器。
煙會大量流入之場所	配膳室、廚房前室、廚房內之食品庫、廚房周邊之走廊及通道、餐廳等。	○	○	○	○	○	○	○	○	×	1. 設於存放固體燃料可燃物之配膳室、廚房前室等之定溫式探測器，應儘可能使用特種。 2. 廚房周邊之走廊及通道、餐廳等處所，不可使用定溫式探測器。
會結露之場所	以石棉瓦或鐵板做屋頂之倉庫工場、套裝型冷凍機專用之存放室、密閉室之地下倉庫、冷凍室之周邊等	×	×	○	○	○	○	○	○	×	1. 設置補償式侷限型探測器或定溫式探測器時，應使用防水型。 2. 補償式侷限型探測器限使用於不發生急遽溫度變化之場所。
設有用火設備其火焰外露之場所	玻璃工場、有熔鐵爐之場所、熔接作業場所、廚房、鑄造所、鍛造所等。	×	×	×	×	×	×	○	○	×	

註：1.「○」表適用。
　　2. 差動式侷限型、差動式分布型、補償式侷限型及偵煙式非蓄積型之1種，因感度良好所以應留意其比2種容易發生火災誤報之情形。
　　3. 差動式分布型3種及定溫型2種，限使用於與滅火設備連動之場合。

——九火災通報裝置檢修完成標示附加位置圖例

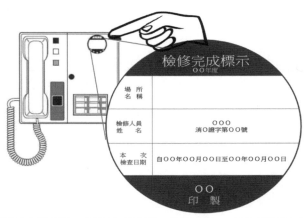

（通報裝置本體附近，檢修人員專用，綠色為底，內政部消防署 2019）

表 2　有發生誤報或延遲感知之虞處適用之探測器

設置場所		適用之感熱式探測器			適用之偵煙式探測器						火焰探測器	備考
場所	具體例示	差動式	補償式	定溫式	離子式型 非蓄積型	離子式型 蓄積型	光電式型 非蓄積型	光電式型 蓄積型	光電式分離型 非蓄積型	光電式分離型 蓄積型		
因吸煙而有煙滯留之換氣不良場所	會議室、接待室、休息室、控制室、康樂室、後台（演員休息室）、咖啡廳、餐廳、等候室、酒吧等之客房、集會堂、宴會廳等	○	○					○	○	○		
作為就寢設施使用之場所	飯店（旅館、旅社）之客房、休息（小睡）房間等					○		○	○	○		
有煙以外微粒子浮游之場所	地下街通道（通路）等					○		○	○	○	○	
容易受風影響之場所	大廳（門廳）、禮拜堂、觀覽場、在大樓頂上之機械室等。							○	○	○	○	設差動式探測器時，應使用分布型
煙需經長時間移動方能到達探測器之場所	走廊、樓梯、通道、傾斜路、昇降機機道等						○		○	○		
有成為燻燒火災之虞之場所	電話機械室、通信機器室、電腦室、機械控制室等						○		○	○		
大空間且天花板高等熱、煙易擴散之場所	體育館、飛機停機庫、高天花板倉庫、工場、觀眾席上方等探測器裝置高度在 8 公尺以上之場所	○							○	○	○	差動式探測器應使用分布型

消防設備裝置面高度

60cm內　偵煙式探測器
50cm內　防煙垂壁
30cm內　偵溫式探測器　撒水頭　天然瓦斯漏氣檢知器
40cm　樑區劃
80cm內　排煙口　地下空間防煙垂壁
液化瓦斯漏氣檢知器　120cm內　火焰式探測器
30cm內

4-4 火警自動警報設備性能檢查（一）

(一)預備電源及緊急電源（限內藏型）

1. 檢查方法
   (1)端子電壓：操作預備電源試驗開關，由電壓表確認。
   (2)切換裝置：由受信總機內部之電源開關動作確認。
   (3)充電裝置：以目視確認有無變形、腐蝕、發熱等。
   (4)結線接續：以目視或螺絲起子確認有無斷線、端子鬆動等。
2. 判定方法
   (1)端子電壓：電壓表之指示應正常（電壓表指針指在紅色線以上）
   (2)切換裝置：自動切換緊急電源，常用電源恢復時自動切換成常用電源。
   (3)充電裝置
      A.應無變形、損傷、明顯腐蝕等。
      B.應無異常發熱。
   (4)結線接續：應無斷線、端子鬆動、脫落、損傷等。
3. 注意事項
   (1)預備電源之容量超過緊急電源時，得取代緊急電源。
   (2)充電回路使用抵抗器者，因為會變成高溫，故不能以發熱即判斷為異常，應以是否變色等來判斷。
   (3)電壓表之指示不正常時，應考量是否為充電不足、充電裝置、電壓表故障。

(二)受信機及中繼器

1. 開關類
   (1)檢查方法：以螺絲起子及開、關操作確認端子有無鬆動及開關性能是否正常。
   (2)判定方法
      A.應無端子鬆動、發熱。
      B.開、關操作應正常。
2. 保險絲類
   (1)檢查方法：確認有無損傷、熔斷等，及是否為所定之種類、容量。
   (2)判定方法
      A.應無損傷、熔斷等。
      B.應使用回路圖所示之種類、容量。
3. 繼電器
   (1)檢查方法：確認有無脫落、端子鬆動、接點燒損、灰塵附著，及由試驗裝置使繼電器動作確認其性能。
   (2)判定方法
      A.應無脫落、端子鬆動、接頭燒損、灰塵附著。
      B.動作應正常。
4. 標示燈
   (1)檢查方法：由開關之操作確認是否亮燈。

火警自動警報設備性能檢查（一）

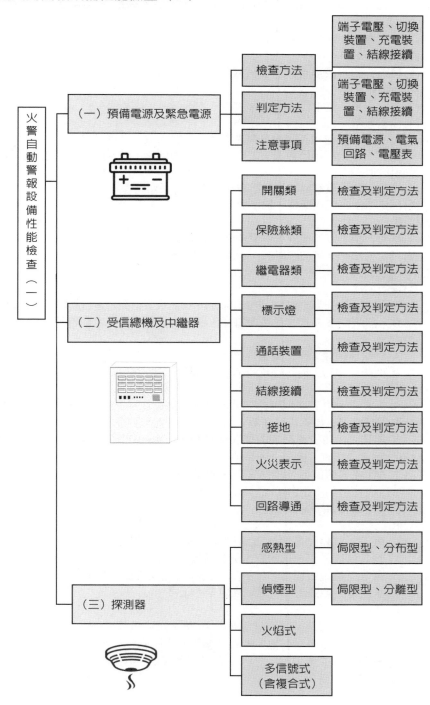

火警自動警報設備性能檢查（一）

（一）預備電源及緊急電源
- 檢查方法 — 端子電壓、切換裝置、充電裝置、結線接續
- 判定方法 — 端子電壓、切換裝置、充電裝置、結線接續
- 注意事項 — 預備電源、電氣回路、電壓表

（二）受信總機及中繼器
- 開關類 — 檢查及判定方法
- 保險絲類 — 檢查及判定方法
- 繼電器類 — 檢查及判定方法
- 標示燈 — 檢查及判定方法
- 通話裝置 — 檢查及判定方法
- 結線接續 — 檢查及判定方法
- 接地 — 檢查及判定方法
- 火災表示 — 檢查及判定方法
- 回路導通 — 檢查及判定方法

（三）探測器
- 感熱型 — 侷限型、分布型
- 偵煙型 — 侷限型、分離型
- 火焰式
- 多信號式（含複合式）

4-5 火警自動警報設備性能檢查（二）

(2)判定方法：應無明顯劣化，且應正常亮燈。

5. 通話裝置

(1)檢查方法：設兩台以上受信機時，由操作相互間之送受話器，確認能否同時通話。

(2)判定方法：應能同時通話。

(3)注意事項

A.受信總機處相互間設有對講機時，該對講機亦應實施檢查。

B.同一室內或場所內設有二台以上受信總機時，相互間得免設通話裝置。

6. 結線接續

(1)檢查方法：以螺絲起子確認有無斷線、端子鬆動等。

(2)判定方法：應無斷線、端子鬆動、脫落、損傷等。

7. 接地

(1)檢查方法：以目視或三用電表確認有無腐蝕、斷線等。

(2)判定方法：應無明顯腐蝕、斷線等之損傷。

8. 附屬裝置

(1)檢查方法

A.移報：在受信總機作火災表示試驗，確認火災信號是否自動地移報到副機。

B.消防栓連動：操作手動報警機確認消防栓幫浦是否自動啟動。

(2)判定方法

A.移報：副機之移報應正常進行。

B.消防栓連動：消防栓幫浦應自動啟動。

9. 火災表示

(1)檢查方法：依下列步驟進行火災表示試驗確認。此時，試驗每一回路確認其保持性能後操作復舊開關，再進行下一回路之測試。

A.蓄積式：將火災試驗開關開到試驗側，再操作回路選擇開關，進行每一回路之測試，確認下列事項。

(A) 主音響裝置及地區音響裝置是否鳴動，且火災燈及地區表示裝置之亮燈是否正常。

(B) 蓄積時間是否正常。

B.二信號式

將火災試驗開關開到試驗側，再操作回路選擇開關，依正確之方法進行，確認於第一信號時主音響裝置或副音響裝置是否鳴動及地區表示裝置之亮燈是否正常，於第二信號時主音響裝置、地區音響裝置之鳴動及火災燈、地區表示裝置之亮燈是否正常。

C.其他

將火災試驗開關開到試驗側，再操作回路選擇開關，依正確之方法進行，確認主音響裝置、地區音響裝置之鳴動及火災燈、地區表示裝置之亮燈是否正常。

火警自動警報設備性能檢查（二）

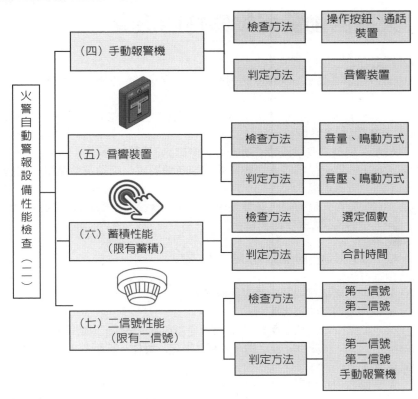

檢查數量

表 1　探測器選取檢查數量表

探測器之設置數量	選取檢查數量
1 以上 10 以下	1
11 以上 50 以下	2
51 以上 100 以下	4
101 以上	7

感熱型探測器性能檢查注意事項

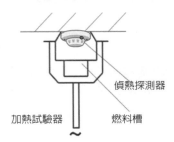

偵熱探測器

加熱試驗器　　燃料槽

1. 應使用所規定之加熱試驗器。
2. 檢查設在有因可燃性氣體滯留而有引火之虞
   場所及高壓變電室等有感電之虞之場所之探
   測器時，應由差動式局限型試驗器或回路試
   驗用按鈕等試驗器進行。

4-6 火警自動警報設備性能檢查（三）

(2) 判定方法

  A. 各回路之表示窗與編號應對照符合，火災燈、地區表示裝置之亮燈及音響裝置之鳴動、應保持性能正常。

  B. 對於蓄積式受信機除前項 A 外，其蓄積之測定時間，應在受信機設定之時間加五秒以內。

  C. 於二信號式受信機除前項 A 外，應確認下列事項。

    (A) 於第一信號時主音響裝置或副音響裝置之鳴動及地區標示裝置之亮燈應正常。

    (B) 於第二信號時主音響裝置、地區音響裝置之鳴動及火災燈、地區表示裝置之亮燈應正常。

10. 回路導通

  依下列方式進行回路斷線試驗，並確認之。

(1) 檢查方法

  A. 將回路斷線試驗開關開到試驗側。

  B. 依序旋轉回路選擇開關。

  C. 各回路由試驗用計器之指示值確認是否在所定範圍，或斷線表示等確認之。

(2) 判定方法：試驗用計器之指示值應在所定之範圍，或斷線表示燈亮燈。

(3) 注意事項

  A. 有斷線表示燈者，斷線時亮燈。

  B. 具有自動斷線監視方式者，應將回路作成斷線狀態確認其性能。

(三)探測器

1. 感熱型探測器（多信號探測器除外。以下相同）

(1) 侷限型

  A. 檢查方法

    (A) 定溫式及差動式（再用型）：使用加熱試驗器對探測器加熱，確認到動作之時間及警戒區域之表示是否正常。

    (B) 定溫式（非再用型）：按表 1 選取檢查數量，依再用型探測器進行加熱試驗。

  B. 判定方法

    (A) 動作時間應在表 2 時間以內。

    (B) 火警分區之表示應正常。

  C. 注意事項

    (A) 應使用所規定之加熱試驗器。

    (B) 檢查設在有因可燃性氣體滯留而有引火之虞之場所及高壓變電室等有感 電之虞之場所之探測器時，應由差動式侷限型試驗器或回路試驗用按鈕等試驗器進行。

探測器性能檢查

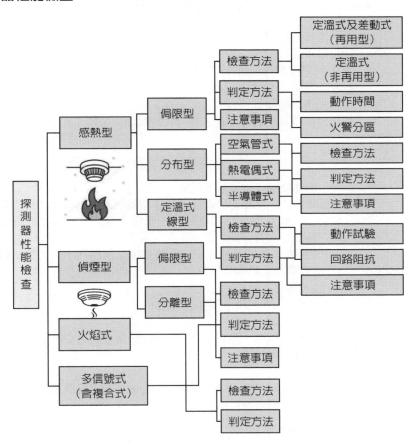

動作時間

表 2　探測器之動作時間表

動作時間 探測器	探測器之種別（單位：秒）			
	特種	1種	2種	3種
差動式侷限型	―	30	30	―
定溫式侷限型	40	60	120	―
離子式侷限型光電式侷限型	―	30	60	90
光電式分離型	―	30	30	―
備註	定溫式侷限型當其標稱動作溫度與周圍溫度之差超過五十度時，其動作時間得加倍計算			

4-7 火警自動警報設備性能檢查（四）

(C) 非再用型之探測器，因做過測驗後即不能再使用，所以測試後應立即更換新品。

(D) 非再用型探測器之每次測試時應輪流選取，可於圖面或檢查表上註記每次選取之位置。又在選出之探測器中，發現有不良品時，應再重新抽選實施檢查。

(E) 對於連接蓄積性能之回路，亦可先行解除其蓄積性能。

(2) 分布型

A. 空氣管式

(A) 檢查方法

a. 火災動作試驗（空氣注入試驗）

依下列方式，將相當於探測器動作空氣壓之空氣量，使用空氣注入試驗器（5CC 用）（以下稱「空氣注入器」）送入，確認其至動作之時間及火警分區之表示是否正常。

(a) 依右圖 A 將空氣注入器接在檢知器之試驗孔上，再將試驗旋塞配合調整至動作試驗位置。

(b) 注入檢出器所標示之空氣量。

(c) 測定注入空氣後至動作之時間。

b. 動作持續試驗

作火災動作試驗，測定探測器動作之後，至復舊之時間，確認探測器之動作持續是否正常。

(B) 判定方法

a. 動作時間及動作持續時間，應在檢出器貼附之範圍表所示值內。

b. 火警分區之表示應正常。

(C) 注意事項

a. 火災動作試驗注入之空氣量，因探測器感度種別或空氣管長度不一，如注入規定量以上之空氣，恐有損壞膜片之虞，應特別注意。

b. 具有注入之空氣不通過逃氣孔之構造者，注入規定量之空氣後，應立即將試驗旋塞歸定位。

c. 於空氣管式之火災動作或動作持續試驗，不動作或測定之時間超過範圍時，或與前次檢查之測定值相差幅度大時，應即確認空氣管與旋塞台之連接部位是否栓緊，且應進行流通試驗及接點水高試驗。

(a) 流通試驗

Ⅰ、檢查方法

將空氣注入空氣管，並依下列事項確認空氣管有無洩漏、堵塞、凹陷及空氣管長度。

(Ⅰ)在檢出器之試驗孔或空氣管之一端連接流體壓力計，將試驗旋塞配合調整至動作試驗位置，並在另一端連接空氣注入器。

空氣注入試驗器（圖 A）

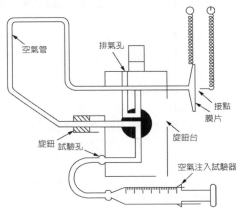

流體壓力計（圖 B）

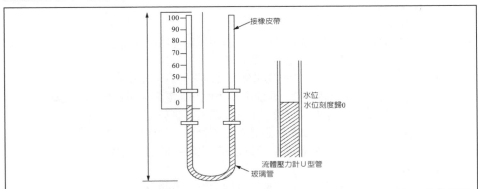

測定流通時間使用之流體壓力計（U型玻璃管），內徑約 3mm 之形狀，通常是由底部加水至100mm左右，對準○之刻度。刻度約達130mm左右，標示於玻璃管上。使用流體壓力計時，玻璃管內之水因表面張力成圓形，但可於底部觀察調整至歸零。又水位上升與下降時，會有 0.1 至 0.3mm 之差，故以上升時作為標準。

偵煙型探測器性能檢查注意事項

1. 應使用規定之加煙試驗器。
2. 發煙材應使用試驗器之指定品。
3. 加煙試驗時，應不受裝置面氣流之影響。
4. 對於連接蓄積性能之回路，亦可先行解除其蓄積性能。

4-8 火警自動警報設備性能檢查（五）

(II)以空氣注入器注入空氣，使流體壓力計之水位由零上升至約100mm即停止水位。如水位不停止時，有可能由連接處洩漏，應即中止試驗予以檢查。

(III)由試驗旋塞，測定開啟送氣口使上升水位下降至1／2之時間。（流通時間）

(IV)有關流體壓力計之處置如圖B：

II、判定方法：對空氣管長之流通時間，應在圖C所示之範圍內。

(b) 接點水高試驗

I、檢查方法：將空氣管由旋塞台取下，連接流體壓力計及空氣注入器，並將試驗旋塞調整至接點水高試驗位置，再緩緩注入空氣，確認接點閉合時之水位（接點水位高）。

II、判定方法：接點水高值，應在檢出器標示值之範圍內。

B. 熱電偶式

(A) 檢查方法

a. 火災動作試驗：依下列步驟由試驗器將動作電壓附加在檢出器，確認其動作時之電壓（動作電壓值）及火警分區之表示是否正常。

(a) 將試驗器之開關調整至動作試驗側，連接檢出器。

(b) 操作刻度盤，對檢出器緩緩附加電壓，測定動作時之電壓值。

b. 回路合成阻抗試驗：用儀表繼電器試驗器可以試驗者，將試驗器之插頭插入檢出器，進行規定之操作。其他之試驗器，將熱電偶回路由檢出器端子切離，確認回路之阻抗值是否正常。

(B) 判定方法

a. 動作電壓值，應在檢出器標示值之範圍內。

b. 回路合成阻抗值，應在各檢出器標示值以下。

c. 火警分區之表示應正常。

(C) 注意事項：應使用規定之試驗器。

C. 熱半導體式

(A) 檢查方法：使用試驗器按照熱電偶式之檢查方法進行。但對於感熱部之裝置面未滿八公尺者，得準用差動式侷限型探測器之加熱試驗，進行測試。

(B) 判定方法：準用熱電偶式或差動式侷限型探測器之標準。

(C) 注意事項：應使用規定之試驗器。

(3) 定溫式線型（如右圖所示）

2. 偵煙型探測器（多信號探測器除外，以下相同。）

(1) 侷限型

A. 檢查方法：使用加煙試驗器，確認偵煙型探測器到動作之時間及警戒區域之表示是否正常。

定溫式線型性能檢查

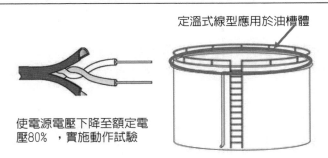

定溫式線型應用於油槽體

使電源電壓下降至額定電壓80% ，實施動作試驗

1. 檢查方法
   (1) 動作試驗：操作設在探測器末端之回路試驗器，確認火警分區之表示是否正常。
   (2) 回路合成阻抗試驗：依下列步驟確認探測器回路之配線與感知線之合成阻抗值：
      a. 拆下受信總機之外線，將擬測定之回路末端短路。
      b. 回路中插入終端電阻者，使終端電阻短路。
      c. 以三用電表測定探測器回路之配線與感知線之合成阻抗值。
2. 判定方法
   (1) 動作試驗：火警分區之表示應正常。
   (2) 回路合成阻抗試驗：合成阻抗值應在探測器標示值以下。
   (3) 注意事項：使電源電壓下降至額定電壓之百分之八十，實施動作試驗，確實動作時，得省略回路合成阻抗試驗。

空氣管流通曲線（圖 C）

1. 空氣管內徑在 1.4mm 時

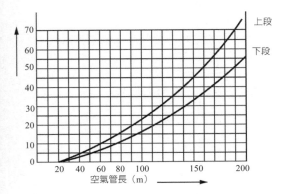

2. 空氣管內徑 1.5mm 時

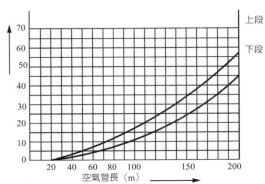

4-9 火警自動警報設備性能檢查（六）

　　　　B.判定方法
　　　　　(A) 探測器加煙後到動作之時間，應在表 3 所示之時間內。
　　　　　(B) 蓄積型探測器之動作時間，應在表 3 所示之時間加其標稱蓄積時間
　　　　　　　及五秒之時間內。
　　　　　(C) 火警分區之表示應正常。
　　　　C.注意事項
　　　(2) 分離型（如右圖）
　　3. 火焰式探測器
　　(1) 檢查方法：使用火焰探測器用動作試驗器，確認探測器之動作及火警分區
　　　　之表示是否正常。
　　(2) 判定方法
　　　　A.探測器之動作時間，應在 30 秒內
　　　　B.火警分區之表示應正常。
　　4. 多信號探測器（含複合式探測器）
　　(1) 檢查方法：準用前述 1 及 2 確認之。
　　(2) 判定方法
　　　　A.探測器之動作時間，應在前述之 1 及 2 規定之時間內。
　　　　B.火警分區之表示應正常。
　　(3) 注意事項：準用前述 1 及 2 規定。

㈣手動報警機
　1. 檢查方法：操作按鈕或送受話器（通話裝置），確認是否動作。
　2. 判定方法：音響裝置應鳴動，有確認燈者，確認燈應亮燈。

㈤音響裝置
　1. 檢查方法
　(1) 音量：設於有其他機械發出噪音處所者，使該分區探測器或手動報警機動
　　　作，確認其音壓及音色。
　(2) 鳴動方式：使探測器或手動報警機動作，確認地區音響裝置之鳴動方式是
　　　否正確。
　2. 判定方法
　(1) 音壓：音壓及音色與其他機械發出之噪音，應有明顯區別且清晰。
　(2) 鳴動方式（如右圖）

分離型探測器性能檢查

光電式分離型探測器

1. 檢查方法：使用減光罩，確認探測器之動作及火警分區
   之表示是否正常。
2. 判定方法
   (1) 插入減光罩後到動作之時間，應在 30 秒內。
   (2) 蓄積型探測器之動作時間，應在30秒加其標稱蓄積時間及五秒之時間內。
   (3) 火警分區之表示應正常。
3. 注意事項
   (1) 應使用規定之減光罩。
   (2) 對於連接蓄積性能之回路，亦可先行解除其蓄積性能。

動作時間

表 3　探測器動作時間

動作時間 探測器	探測器之種類		
	1 種	2 種	3 種
離子式侷限型 光電式侷限型	30 秒	60 秒	90 秒

鳴動方式

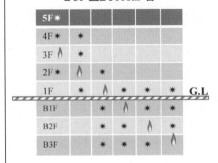

≥ 5F 且≥ 3000m² 者

1. 一齊鳴動：全棟之地區音響自動地一齊鳴動。
2. 分區鳴動：建築物在五層以上，且總樓地板面積超過三千平方公尺者，其地區音響裝置應依下列所示分區鳴動，必要時可以手動操作一齊鳴動。

(1) 起火層為地上二層以上時，限該樓層與其直上兩層及其直下層鳴動。
(2) 起火層為地面層時，限該樓層與其直上層及地下層各層鳴動。
(3) 起火層為地下層時，限地面層及地下層各層鳴動。
前三款之鳴動於十分鐘內或受信總機再接受火災信號時，應立即全區鳴動。

4-10 火警自動警報設備性能檢查（七）

(六)蓄積性能（限有蓄積性能者）

1. 檢查方法：選定表 4 所定數量之感熱探測器、偵煙式探測器及火焰式探測器，使用各型探測器之試驗器，使各個探測器動作，確認其至火災表示時間是否正常。對於有蓄積性能之中繼器或受信機，操作手動報警機時，應與其設定之時間無關，確認其是否能自動地火災表示。

2. 判定方法
   (1) 對感熱式探測器加熱時，應於表 5 所示之時間加蓄積式中繼器或受信總機設定之蓄積時間之合計時間（最大 20 秒）內動作。
   (2) 對偵煙式探測器加煙測試時，應於下列時間內動作：
   　　A. 非蓄積型：
   　　　表 6 所示之時間加蓄積式中繼器或受信總機設定之蓄積時間之合計時間（最大 60 秒）
   　　B. 蓄積型
   　　　表 6 所示之時間加蓄積型之標稱蓄積時間與蓄積式中繼器或受信機設定之蓄積時間之合計時間（最大 60 秒）再加上 5 秒。
   　　C. 以火焰式探測器用動作試驗器之紅外線或紫外線照射時，30 秒加上蓄積式中繼器或受信機設定之蓄積時間之合計時間（最大 20 秒）。
   　　D. 有蓄積性能之中繼器或受信機，使手動報警機動作時，其蓄積性能應自動解除，且立即火災表示。
   (3) 注意事項
   　　進行蓄積性能檢查，選擇探測器時，應輪流選取，並應於圖面或檢查表上註記每次選取之位置。

(七)二信號性能（限有二信號性能者）

1. 檢查方法
   於任一回路，使用加熱試驗器或加煙試驗器使探測器動作，確認第一信號及第二信號之火災表示是否正常。
   操作手動報警機時，不論第一信號及第二信號，確認其是否立即進行火災表示。

2. 判定方法
   (1) 第一信號時，主音響或副音響裝置應鳴動及地區表示燈應亮燈。
   (2) 第二信號時，主音響及地區音響裝置應鳴動且火災燈及地區表示燈應亮燈。
   (3) 操作手動報警機時，主音響及地區音響裝置應鳴動，火災燈及地區表示燈應亮燈。

選定個數

表 4　選定所定數量之探測器

火警分區數	探測器之選定個數		
	感熱式探測器	偵煙式探測器	火焰探測器
50 以下	1	1	1
51 以上	2	2	2

感熱式動作時間

表 5　感熱式探測器加熱動作時間

動作時間 ＼ 探測器	探測器之種別		
	特種	1 種	2 種
差動式侷限型 補償式侷限型	—	30 秒	30 秒
定溫式侷限型	40 秒	60 秒	120 秒

偵煙式動作時間

表 6　偵煙式探測器動作時間

動作時間 ＼ 探測器	探測器之種別		
	1 種	2 種	3 種
離子式侷限型 光電式侷限型	30 秒	60 秒	90 秒

二信號火警自動警報設備性能檢查

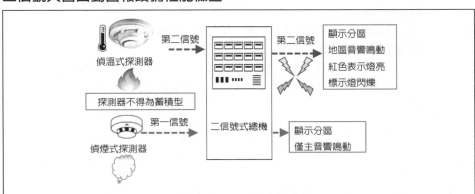

1. 檢查方法：於任一回路，使用加熱試驗器或加煙試驗器使探測器動作，確認第一信號及第二信號。操作手動報警機時確認火災表示。
2. 判定方法
   (1) 第一信號時，主音響或副音響裝應鳴動及地區表示燈應亮燈。
   (2) 第二信號時，主音響及地區音響應鳴動且火災燈及地區表示燈應亮燈。
   (3) 操作手動報警機時，主音響及地區音響應鳴動且火災燈及地區表示燈應亮燈。

4-11 火警自動警報設備綜合檢查

(一)同時動作

1. 檢查方法：操作火災試驗開關及回路選擇開關，不要復舊使任意五回路（不滿五回路者，全部回路），進行火災動作表示試驗。
2. 判定方法：受信機（含副機）應正常動作，主音響及地區音響裝置之全部或接續該五回路之地區音響裝置應鳴動。

(二)偵煙式探測器、煙複合式探測器或熱煙複合式探測器之感度。

1. 檢查方法：進行外觀清潔後，依下列步驟確定探測器之感度。
   (1) 侷限型
      A. 取下偵煙式探測器，進行外觀清潔。
      B. 使用偵煙式探測器用感度試驗器，進行感度（濃度）試驗，確認其感度是否在探測器所定之範圍內。
      C. 按前述 A 之步驟確認其感度正常者，即再裝回原位，裝置後使用加煙試驗器，進行動作之確認。
   (2) 分離型
      A. 使用適合該分離型探測器之減光罩進行動作及不動作試驗。
      B. 清潔分離型探測器之送光器及受光器鏡片時，應依正確之方法使其回復到初期時狀態。
2. 判定方法：感度應在所定之範圍內。
3. 注意事項：取下偵煙式探測器之場所，應即裝上替代之探測器，不可使其形成未警戒區域，應將此記錄在檢查表上。
   (1) 分離型探測器：清潔探測器之送光器及受光器時，應依正確之方法回復到初期時狀態。
   (2) 偵煙式探測器用感度試驗器及減光罩，應使用規定之器材。

(三)地區音響裝置之音壓

1. 檢查方法：距音響裝置設置位置中心一公尺處，使用噪音計，確認其音壓。
2. 判定方法：音壓應在九十分貝以上。（85 年 6 月 30 日前取得建造執照者為八十五分貝）
3. 注意事項
   (1) 警鈴於收藏箱內者，應維持原狀測定其音壓。
   (2) 音壓使用簡易或普通噪音計測定。

(四)綜合檢查

1. 檢查方法：切換成緊急電源或預備電源供電狀態，使用加熱試驗器等使任一探測器動作，依下列步驟確認其性能是否正常。
   (1) 應遮斷受信總機之常用電源主開關或分電盤之專用開關。
   (2) 進行任一探測器加熱或加煙試驗時，在受信總機處應確認其火警分區之火災表示裝置是否正常亮燈、主音響及地區音響裝置是否正常鳴動。
2. 判定方法：火災表示裝置應正常亮燈、音響裝置應正常鳴動。

火警自動警報設備綜合檢查

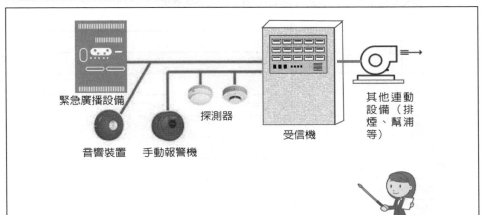

緊急廣播設備
探測器
音響裝置　　手動報警機
受信機
其他連動設備（排煙、幫浦等）

1. 檢查方法：切換成緊急電源或預備電源供電狀態，使用加熱試驗器等使任一探測器動作，依下列步驟確認其性能是否正常。
   (1) 應遮斷受信總機之常用電源主開關或分電盤之專用開關。
   (2) 進行任一探測器加熱或加煙試驗時，在受信總機處應確認其火警分區之火災表示裝置是否正常亮燈、主音響及地區音響裝置是否正常鳴動。
2. 判定方法：火災表示裝置應正常亮燈、音響裝置應正常鳴動。

地區音響裝置音壓綜合檢查

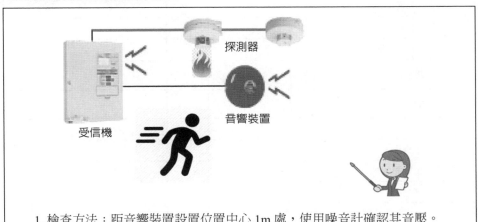

探測器
音響裝置
受信機

1. 檢查方法：距音響裝置設置位置中心 1m 處，使用噪音計確認其音壓。
2. 判定方法：音壓 ≥ 90dB（85 年 6 月 30 日前為 ≥ 85dB）。
3. 注意事項
   (1) 警鈴於收藏箱內者，應維持原狀測定其音壓。
   (2) 音壓使用噪音計測定。

4-12 火警自動警報設備檢查表

檢修設備名稱			火警受信總機	製造廠：				
				型　號：				
檢修項目				檢　修　結　果				處置措施
				種別、容量等內容	判定	不良狀況		
外　觀　檢　查								
預備電源、緊急電源（內藏型）			外形					
			標示					
受信總機等		周圍狀況						
		外形						
		表示裝置						
		電壓表		V				
		開關						
		標示						
		預備零件						
探測器		外形						
	警戒狀況	未警戒部分						
		感知區域						
		適應性						
		性能障礙						
手動報警機	周圍狀況							
	外型							
標示燈								
音響裝置	外形							
	裝置狀態							
性　能　檢　查								
預備電源緊急電源（內藏型）		端子電壓		V				
		切換裝置						
		充電裝置						
		結線接續						

受信機及中繼器	開關類						
	保險絲			A			
	繼電器						
	表示燈						
	通話裝置						
	結線接續						
	接地						
	附屬裝置						
	火災表示						
	回路導通						
探測器	感熱式	局限型	差動式				
			定溫式				
			補償式				
		分佈型	空氣管式				
			熱電偶式				
			熱半導體式				
		定溫式線型					
	偵煙式	侷限型	離子式				
			光電式				
		光電式分離型					
	火焰式探測器						
	多信號探測器						
手動報警機							
音響裝置	音量等						
	鳴動方式		□一齊　□分區				
蓄積性能							
二信號性能							
綜合檢查							
同時動作							
偵煙式探測器之感度							
地區音響裝置之音壓			dB				
綜合動作							

備註									
檢查器材	機器名稱	型式	校正年月日	製造廠商	機器名稱	型式	校正年月日	製造廠商	

檢查日期	自民國　年　月　日至民國　年　月　日					
檢修人員	姓名		消防設備師（士）	證書字號		簽章	（簽章）
	姓名		消防設備師（士）	證書字號		簽章	
	姓名		消防設備師（士）	證書字號		簽章	
	姓名		消防設備師（士）	證書字號		簽章	

1. 應於「種別‧容量等情形」欄內填入適當之項目。
2. 檢查合格者於判定欄內打「○」；有不良情形時於判定欄內打「×」，並將不良情形填載於「不良狀況」欄。
3. 對不良狀況所採取之處置情形應填載於「處置措施」欄。
4. 欄內有選擇項目時應以「○」圈選之。

火警自動警報設備（附表一）

防護區域		探測器																			地區音響裝置	手動報警機	檢查結果
回路編號	名稱	差動式				定溫式		偵煙式							火焰式探測器	熱複合式局限型	熱煙複合式局限型	煙複合局限型	多信號式探測器				
		局限型	分布型			局限型	線型	偵限型				分離型											
			空氣管式	熱半導體式	熱電偶式			離子式		光電式		光電式											
								非蓄積	蓄積	非蓄積	蓄積	非蓄積	蓄積									
合計																						
備註																						

火警自動警報設備（附表二）

警戒區域		類別	製造號碼	差動式分布型												定溫式感知線型		煙感知器	音響裝置	處置措施
回路編號	名稱			空氣管式						熱電偶式		熱半導體式								
				空氣長管	送氣	動作	繼續	水高H/2	流通	動作	回路電阻	動作	回路電阻	回路電阻	絕緣電阻	感度濃度	音壓			
				m	cc	秒	秒	mm	秒	mV	Ω	mV	Ω	Ω	MΩ	ΔV	dB			
備註																				

※ 本表為設備有不良情形時，記載其檢修時測定之結果及處置方式。

4-13 瓦斯漏氣火警自動警報設備外觀檢查（一）

(一)預備電源及緊急電源（限內藏型）

1. 檢查方法
   (1) 外形：以目視確認有無變形、腐蝕等。
   (2) 標示：以目視確認蓄電池銘板。
2. 判定方法
   (1) 外形
      A. 應無變形、腐蝕、龜裂。
      B. 電解液應無洩漏、導線之接續部應無腐蝕。
   (2) 標示：應與受信總機上標示之種別、額定容量及額定電壓相符。

(二)受信機及中繼器

1. 檢查方法
   (1) 周圍狀況：確認周圍有無檢查上或使用上之障礙。
   (2) 外形：以目視確認有無變形、腐蝕等。
   (3) 警報分區之表示裝置：以目視確認有無汙損等。
   (4) 電壓表
      A. 以目視確認有無變形、損傷等。
      B. 確認電源、電壓是否正常。
   (5) 開關：以目視確認開、關位置是否正常。
   (6) 標示：確認如圖1例示各開關之標示是否正常。
   (7) 預備零件等：確認是否備有保險絲、燈泡等零件及回路圖等。
2. 判定方法
   (1) 周圍狀況：應設在經常有人之場所（中繼器除外），且應保持檢查上及使用上必要之空間。
   (2) 外形：應無變形、損傷、明顯腐蝕等。
   (3) 警報分區之表示裝置：應無汙損、不明顯之部分。
   (4) 電壓計
      A. 應無變形、損傷等。
      B. 電壓計之指示值應在所定之範圍內。
      C. 無電壓計者，其電源表示燈應亮燈。
   (5) 開關：開、關位置應正常。
   (6) 標示
      A. 應貼有檢驗合格證。
      B. 各開關之名稱應無汙損、不明顯之部分。
      C. 銘板應無脫落。

瓦斯漏氣受信總機外觀檢查（圖1）

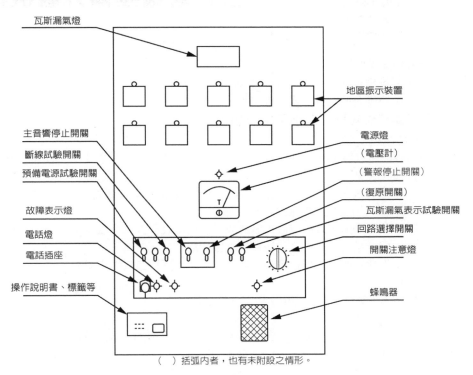

（　）括弧內者，也有未附設之情形。

外觀檢查

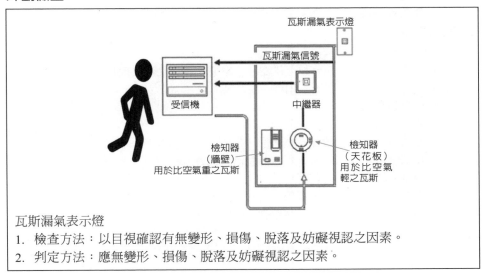

瓦斯漏氣表示燈
1. 檢查方法：以目視確認有無變形、損傷、脫落及妨礙視認之因素。
2. 判定方法：應無變形、損傷、脫落及妨礙視認之因素。

4-14 瓦斯漏氣火警自動警報設備外觀檢查（二）

(7) 預備零件等。

　　A.應備有保險絲、燈泡等零件。

　　B.應備有回路圖、操作說明書等。

(三)瓦斯漏氣檢知器（以下簡稱「檢知器」）

1. 檢查方法

(1) 外形：以目視確認有無變形、損傷、腐蝕等。

(2) 警戒狀況

　　A.未警戒部分：確認設置後有無因用途變更、隔間變更、瓦斯燃燒器具設置場所變更等形成之未警戒部分。

　　B.設置場所及設置位置：確認設置場所及設置位置是否恰當。

　　C.確認是否設置符合瓦斯特性之檢知器。

　　D.性能障礙：以目視確認有無被塗漆、覆蓋等造成性能障礙之顧慮。

2. 判定方法

(1) 外形：應無變形、損傷、脫落、明顯腐蝕等。

(2) 警戒狀況

　　A.未警戒部分：應無設置後因用途變更、隔間變更或瓦斯燃燒器具設置場所變更等形成之未警戒部分。

　　B.設置場所及設置位置：應符合下表 2 之規定。

　　C.適用性：設置符合瓦斯特性之檢知器。

　　D.性能障礙：應無被塗漆、覆蓋等影響性能之顧慮。

(四)警報裝置

1. 瓦斯漏氣表示燈

(1) 檢查方法：以目視確認有無變形、損傷、脫落及妨礙視認之因素。

(2) 判定方法：應無變形、損傷、脫落及妨礙視認之因素。

2. 檢知區域警報裝置

(1) 檢查方法

　　A.外形：以目視確認有無變形、損傷、明顯腐蝕等。

　　B.裝置狀態：以目視確認有無脫落、妨礙音響效果之因素。

(2) 判定方法

　　A.外形：應無變形、損傷、明顯腐蝕等。

　　B.裝置狀態：應無脫落、鬆動、妨礙音響效果之因素。

瓦斯漏氣火警自動警報設備外觀檢查

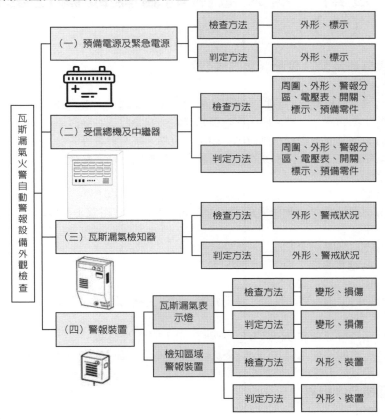

檢知器

表 2　檢知器之設置基準

設置場所	一、應為便於檢修之處所。 二、不得設在下列場所： 　1. 在出入口附近外氣流通之場所。 　2. 距出風口 1.5 公尺內之場所。 　3. 瓦斯燃燒器具之廢氣容易接觸之場所。 　4. 明顯無法確保檢知器性能之場所。
設置位置	瓦斯對空氣之比重未滿一時

設置位置	瓦斯對空氣之比重未滿一時	1. 應距瓦斯燃燒器具或瓦斯導管貫穿牆壁處水平距離八公尺以內。但樓板有淨高六十公分以上之樑或類似構造體時，應設於近瓦斯燃燒器或瓦斯導管貫穿牆壁處。 2. 瓦斯燃燒器具室內之天花板設有吸氣口時，應設在距瓦斯燃燒器具或瓦斯導管貫穿牆壁處與天花板間無淨高六十公分以上之樑或類似構造體區隔之吸氣口一點五公尺範圍內。 3. 檢知器下端，應裝設在天花板下方三十公分範圍內。
	瓦斯對空氣之比重大於一時	1. 應距瓦斯燃燒器具或瓦斯導管貫穿牆壁處水平距離四公尺以內。 2. 檢知器上端，應裝設在距樓地板面三十公分範圍內。

4-15 瓦斯漏氣火警自動警報設備性能檢查（一）

(一)預備電源及緊急電源（限內藏型）

1. 檢查方法
   (1) 端子電壓或出力電壓：操作預備電源試驗開關，由電壓計確認。
   (2) 切換裝置：由受信機內部遮斷常用電源開關確認其動作。
   (3) 充電裝置：確認有無變形、腐蝕、發熱、灰塵附著等。
   (4) 結線接續：以目視或螺絲起子確認有無斷線、端子鬆動等。
2. 判定方法
   (1) 端子電壓或出力電壓：電壓表指示應在規定值以上。
   (2) 切換裝置：自動切換成蓄電池設備之電源，常用電源恢復時自動切換成常用電源。
   (3) 充電裝置
     A. 應無變形、損傷、明顯腐蝕等。
     B. 應無異常發熱等。
   (4) 結線接續：應無斷線、端子鬆動、脫落、損傷等。
3. 注意事項
   (1) 預備電源之容量超過緊急電源時，得取代緊急電源。
   (2) 充電回路使用阻抗器者，因為會變成高溫，故不能以發熱即判斷為異常，應以是否變色等來判斷。

(二)受信機及中繼器

1. 開關類
   (1) 檢查方法：以螺絲起子及開、關操作確認端子有無鬆動、開關性能是否正常。
   (2) 判定方法
     A. 應無端子鬆動、發熱。
     B. 開關操作正常。
2. 保險絲類
   (1) 檢查方法：確認有無損傷、熔斷等，及是否為規定之種類、容量。
   (2) 判定方法
     A. 應無損傷、熔斷等。
     B. 應使用回路圖所示之種類及容量。
3. 繼電器
   (1) 檢查方法：確認有無脫落、端子鬆動、接點燒損、灰塵附著，及由試驗裝置使繼電器動作確認其性能。

瓦斯漏氣火警自動警報設備性能檢查

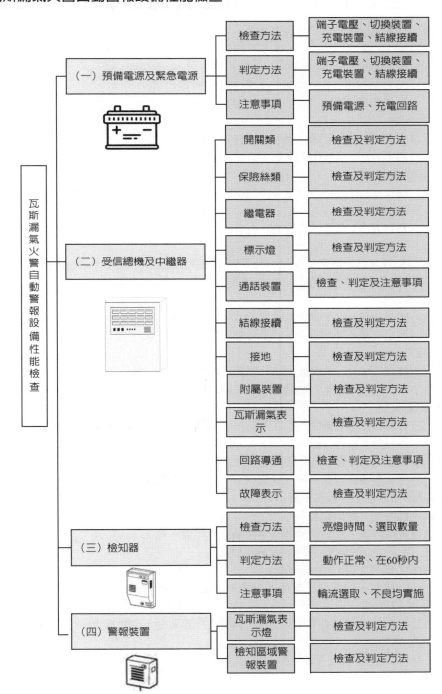

瓦斯漏氣火警自動警報設備性能檢查			
	（一）預備電源及緊急電源	檢查方法	端子電壓、切換裝置、充電裝置、結線接續
		判定方法	端子電壓、切換裝置、充電裝置、結線接續
		注意事項	預備電源、充電回路
	（二）受信總機及中繼器	開關類	檢查及判定方法
		保險絲類	檢查及判定方法
		繼電器	檢查及判定方法
		標示燈	檢查及判定方法
		通話裝置	檢查、判定及注意事項
		結線接續	檢查及判定方法
		接地	檢查及判定方法
		附屬裝置	檢查及判定方法
		瓦斯漏氣表示	檢查及判定方法
		回路導通	檢查、判定及注意事項
		故障表示	檢查及判定方法
	（三）檢知器	檢查方法	亮燈時間、選取數量
		判定方法	動作正常、在60秒內
		注意事項	輪流選取、不良均實施
	（四）警報裝置	瓦斯漏氣表示燈	檢查及判定方法
		檢知區域警報裝置	檢查及判定方法

4-16 瓦斯漏氣火警自動警報設備性能檢查（二）

(2)判定方法

　　A.應無脫落、端子鬆動、接點燒損、灰塵附著。

　　B.動作應正常。

4. 表示燈

　(1)檢查方法：由開關之操作確認有無亮燈。

　(2)判定方法：應無明顯劣化，且應正常亮燈。

5. 通話裝置

　(1)檢查方法：設二台以上受信總機時，由操作相互間之送受話器，確認能否同時通話。

　(2)判定方法：應能同時通話。

　(3)注意事項

　　A.設受信總機處相互間，設有對講機時，得以對講機取代電話機。

　　B.同一居室設二台以上受信總機時，得免設通話裝置。

6. 結線接續

　(1)檢查方法：以目視或螺絲起子確認有無斷線、端子鬆動、脫落、損傷等。

　(2)判定方法：應無斷線、端子鬆動、脫落、損傷等。

7. 接地

　(1)檢查方法：以目視或回路計確認有無明顯腐蝕、斷線等。

　(2)判定方法：應無明顯腐蝕、斷線等之損傷等。

8. 附屬裝置

　(1)檢查方法：在受信機作瓦斯漏氣表示試驗，確認瓦斯漏氣信號是否能自動地移報到表示機（副受信機），及有無性能障礙。

　(2)判定方法：表示機之移報應正常進行。

　(3)注意事項有連動瓦斯遮斷機構者，檢查時應特別注意。

9. 瓦斯漏氣表示（如右圖所示）

10. 回路導通（斷線試驗）

　(1)檢查方法：依下列步驟進行回路導通試驗，確認之。

　　A.將斷線試驗開關開到斷線試驗側。

　　B.依序旋轉回路撰擇開關。

　　C.確認各回路之試驗用計器測定值是否在規定範圍，或由斷線表示燈確認之。

　(2)判定方法：試驗用計器之指示值應在所定範圍，或斷線表示燈應亮燈。

瓦斯漏氣表示之性能檢查

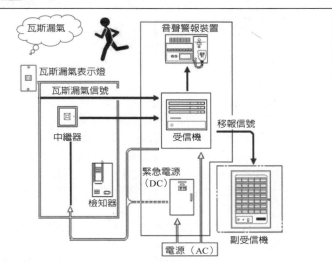

1. 檢查方法：按下列步驟，進行瓦斯漏氣表示試驗確認之。
   (1) 設有回路選擇開關者
      A. 將瓦斯漏氣表示試驗開關開到試驗側。
      B. 按下列步驟操作回路選擇開關：
         a. 有延遲時間者，應每一回路依次確認其瓦斯漏氣表示。
         b. 有保持機能者，應每一回路邊確認其保持機能邊操作復舊開關，如
            此確認完後再依次進行下一回路之確認。
2. 判定方法
   (1) 各回路之表示窗與動作回路編號相符合。
   (2) 瓦斯漏氣表示燈及警報分區之表示裝置亮燈與音響裝置之鳴動應正常。
   (3) 受信總機之延遲時間，應在 60 秒以內。
   (4) 保持機能應正常。

檢知器選取檢查數量表

一回路之檢知器數量	選取檢查數量
1~5 個	1
6~10 個	2
11~15 個	3
16~20 個	4
21~25 個	5
26~30 個	6
30 個以上	20%

4-17 瓦斯漏氣火警自動警報設備性能檢查（三）

(3)注意事項：有斷線表示燈者，斷線時亮燈，應特別留意。

11. 故障表示

(1)檢查方法

依下列步驟進行模擬故障試驗，並確認之。

A.對於由受信機、中繼器，或檢知器供給電力方式之中繼器，拆下對外部負載供給電力回路之保險絲，或遮斷其斷路器。

B.對於不由受信機、中繼器，或檢知器供給電力方式之中繼器，遮斷其主電源，或者拆下由該中斷器對外部負載供給電力回路之保險絲或遮斷其斷路器。

C.有檢知器之電源停止表示機能者，由開關器遮斷該檢知器之主電源。

(2)判定方法

A.對於中繼器、受信總機之音響裝置及故障表示燈應能自動地動作。

B.對於檢知器，在受信總機側應能確認電源之停止。

(三)檢知器（如右圖所示）

(四)警報裝置

1. 瓦斯漏氣表示燈

(1)檢查方法：按照檢知器之性能檢查，使檢知器動作，確認其亮燈狀況。

(2)判定方法

A.應無明顯劣化，且正常亮燈。

B.動作之檢知器，其所在位置應能容易辨識。

2. 檢知區域警報裝置

(1)檢查方法：按照檢知器之性能檢查，使檢知器動作，按下列步驟確認其鳴動狀況。

A.音壓：確認其音壓是否在七十分貝以上，且其音色是否有別於其他機械噪音。

B.鳴動區域；一個檢知器能有效檢知瓦斯漏氣之區域（以下簡稱『檢知區域』）內，確認是否能有效聽到。

(2)判定方法

A.音壓音壓應在七十分貝以上，且其音色有別於其他機械噪音。

B.鳴動區域：鳴動區域適當，且於檢知區域內任一點均能有效聽到。

瓦斯漏氣之檢知器性能檢查

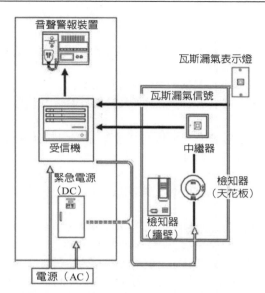

1. 檢查方法：使用「加瓦斯試驗器」進行加瓦斯測試（對空氣之比重未滿一者使用甲烷，對空氣之比重大於一者使用異丁烷），依下列 (1) 至 (3) 其中之一來進行測定。

   (1) 有動作確認燈之檢知器，測定由確認燈亮燈至受信總機之瓦斯漏氣燈亮燈之時間。

   (2) 由檢知區域警報裝置或中繼器之動作確認燈，能確認檢知器之動作時，測定由檢知區域警報裝置動作或中繼器之動作確認亮燈，至受信總機之瓦斯漏氣燈亮燈之時間。

   (3) 無法由前述 (1)、(2) 測定者，測定加壓試驗用瓦斯後，至受信總機之瓦斯漏氣燈亮燈之時間。

   (4) 檢知器應按下表選取檢查數量。

2. 判定方法

   (1) 中斷器、瓦斯漏氣表示燈及檢知區域警報裝置之動作應正常。受信總機之瓦斯漏氣燈、主音響裝置之動作及警報分區之表示應正常。

   (2) 由前述檢查方法之 (1)、(2)、(3) 測得之時間，扣除下列 A 及 B 所定之時間，應在 60 秒內。

   　A. 介入中繼器時為 5 秒。

   　B. 檢查方法採用 (3) 時為 20 秒。

3. 注意事項

   (1) 檢知器每次測試時應輪流選取，可於圖面或檢查表上註記每次選取之位置。

   (2) 在選取之檢知器中，發現有不良品時，該回路之全部檢知器均應實施檢查。

4-18 瓦斯漏氣火警自動警報設備綜合檢查

(一) 同時動作
1. 檢查方法：使用加瓦斯試驗器，使兩個回路之任一檢知器（各回路一個）同時動作，確認其性能是否異常。
2. 判定方法：中繼器、瓦斯漏氣表示燈及檢知區域警報裝置之動作應正常，且受信總機之瓦斯漏氣燈、主音響裝置之動作及警報分區之表示應正常。

(二) 檢知區域警報裝置
1. 檢查方法：使任一檢知器動作，於檢知區域警報鳴動時，於距該裝置之裝設位置中心一公尺處，使用噪音計確認其音壓是否在規定值以上。
2. 判定方法：音壓應在七十分貝以上。
3. 注意事項：設在箱內者，應保持原狀測定其音壓。

(三) 綜合動作
1. 檢查方法：切換成緊急電源之狀態，使任一檢知器動作，確認其性能是否正常。
2. 判定方法：中繼器、瓦斯漏氣表示燈及檢知區域警報裝置之動作應正常，且受信總機之瓦斯漏氣燈、主音響裝置之動作及警報分區之表示應正常。
3. 注意事項：得以預備電源取代緊急電源實施綜合動作測試。

+ 知識補充站

目前臺灣住戶使用二大瓦斯種類比較

項目	天然氣（NG）	液化石油氣（LPG）
輸送	管路	桶裝
氣體種類	壓縮氣體	液化氣體
主成份	甲烷及少量乙烷	丙烷及少量丁烷
氣體比重	$\dfrac{CH_4}{N_2 \times 77\% + O_2 \times 23\%} = \dfrac{16}{28.92} = 0.55$ （往上升，易消散，危險性較低）	$\dfrac{C_3H_8}{N_2 \times 77\% + O_2 \times 23\%} = \dfrac{44}{28.92} = 1.52$ （往下沈，易囤積，危險性較高）
完全燃燒耗氧量	$CH_4 + 2O_2 \rightarrow CO_2 + 2H_2O$ 需 2 莫耳純氧	$C_3H_8 + 5O_2 \rightarrow 3CO_2 + 4H_2O$ 需 5 莫耳純氧
爆炸下限 n = 氧莫耳數	$\dfrac{0.55}{1+4.8n} = \dfrac{0.55}{1+4.8(2)} = 5.2\%$	$\dfrac{0.55}{1+4.8n} = \dfrac{0.55}{1+4.8(5)} = 2.2\%$ 爆炸下限低危險高

瓦斯漏氣火警自動警報設備綜合檢查

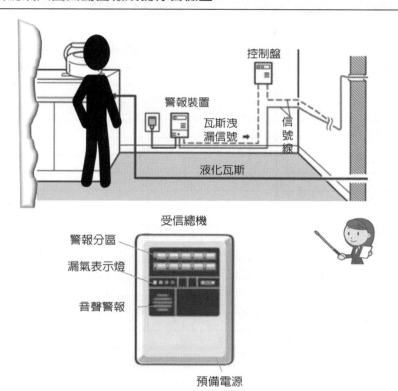

1. 同時動作
   (1) 檢查方法：使用加瓦斯試驗器，使兩回路之任一檢知器同時動作。
   (2) 判定方法：中繼器、漏氣燈及警報裝置，與受信總機之漏氣燈、主音響及警報分區表示正常。
2. 檢知區域警報裝置
   (1) 檢查方法：使任一檢知器鳴動時，於距該裝置 1 m 處，使用噪音計其音壓在規定值以上。
   (2) 判定方法：音壓 ≥ 70dB。
   (3) 注意事項：箱內者保持原狀測音壓。
3. 綜合動作
   (1) 檢查方法：切換成緊急電源，使任一檢知器動作。
   (2) 判定方法：中繼器、漏氣燈及警報裝置，與受信總機之漏氣燈、主音響及警報分區表示正常。
   (3) 注意事項：得以預備電源取代緊急電源實施綜合測試。

4-19 瓦斯漏氣火警自動警報設備檢查表

檢修設備名稱	火警受信總機	製造廠：		中繼器	製造廠：
		型式等：			型式等：

檢修項目		檢修結果			處置措施
		種別、容量等內容	判定	不良狀況	
外觀檢查					
預備電源、緊急電源（內藏型）	外形				
	標示				
受信機中繼器	周圍狀況				
	外形				
	警報分區之表示裝置				
	電壓表	V			
	開關類				
	標示				
	預備零件				
檢知器	外形				
	警戒狀況 未警戒部分				
	警戒狀況 設置位置				
	警戒狀況 適應性				
	警戒狀況 性能障礙				
警報裝置	瓦斯漏氣表示燈				
	檢知區域警報裝置 外形				
	檢知區域警報裝置 裝置狀態				
性能檢查					
預備電源、緊急電源（內藏型）	端子電壓出力電壓	V			
	切換裝置				
	充電裝置				
	結線接續				
受信機及中繼器	開關類				
	保險絲類	A			
	繼電器				
	表示燈				
	通話裝置				
	結線接續				
	接地				

	附屬裝置					
	瓦斯漏氣表示					
	回路導通					
	故障表示					
瓦斯漏氣檢知器						
警報裝置	瓦斯漏氣表示燈					
	檢知區域警報裝置	音壓				
		鳴動區域				
綜合檢查						
同時作動						
檢知區域警報裝置			dB			
綜合動作						
備註						

檢查器材	機器名稱	型式	校正年月日	製造廠商	機器名稱	型式	校正年月日	製造廠商

檢查日期	自民國　　年　　月　　日至民國　　年　　月　　日				

檢修人員	姓名		消防設備師（士）	證書字號		簽章	（簽章）
	姓名		消防設備師（士）	證書字號		簽章	
	姓名		消防設備師（士）	證書字號		簽章	
	姓名		消防設備師（士）	證書字號		簽章	

1. 應於「種別・容量等情形」欄內填入適當之項目。
2. 檢查合格者於判定欄內打「○」；有不良情形時於判定欄內打「×」，並將不良情形填載於「不良狀況」欄。
3. 對不良狀況所採取之處置情形應填載於「處置措施」欄。
4. 欄內有選擇項目時應以「○」圈選之。

瓦斯漏氣火警自動警報設備檢查表（附表一）

防護區域		瓦斯漏氣檢知器（天然氣）	瓦斯漏氣檢知器（液化石油氣）	檢知區域警報裝置	瓦斯漏氣表示燈	檢修結果	採取措施
回路編號	名稱						
合 計							
備 註							

瓦斯漏氣火警自動警報設備檢修完成標示附加位置圖例

檢修完成標示
○○年度

場　所 名　稱	
檢修人員 姓　　名	○○○ 消○證字第○○號
本　　次 檢查日期	自○○年○○月○○日至○○年○○月○○日

○○
印　製

（瓦斯漏氣受信總機本體上，檢修人員專用－綠色為底，內政部消防署 2019）

　　為使民眾簡單及清楚辨別消防安全設備是否經檢修完成，爰參考日本總務省消防庁於平成八年四月五日以消防予第六十一号通知之消防用設備等点検済表示制度，第一項定明經檢修完成之消防安全設備應附加檢修完成標示。

　　於消防安全設備檢修及申報辦法第八條，檢修完成之消防安全設備，檢修人員或檢修機構應依下列規定附加檢修完成標示：

一、標示之規格樣式應符合附表六規定。

二、以不易脫落之方式，於附表七規定位置附加標示。

三、附加標示時，不得覆蓋、換貼或變更原新品出廠時之資訊；已附加檢修完成標示者，應先清除後，再予附加，且不得有混淆或不易辨識情形。

　　檢修人員或檢修機構未附加檢修完成標示、附加之檢修完成標示違反前項規定或經查有不實檢修者，消防機關應命其附加或除去之。

　　於第九條指出，經當地消防機關會勘通過依法取得使用執照、變更使用執照或室內裝修許可等證明文件之合法場所，於該證明文件申請範圍內之消防安全設備，符合下列規定之一者，免辦理當次檢修及申報備查：

一、甲類場所：自該證明文件核發之日期起算，距申報期限在六個月以內。

二、甲類以外場所：自該證明文件核發之日期起算，距申報期限在一年以內。

4-20 緊急廣播設備外觀檢查（一）

(一)緊急電源（限內藏型）

1. 檢查方法
   (1) 外形：以目視確認有無變形、腐蝕等。
   (2) 標示：以目視確認蓄電池銘板是否適當。
2. 判定方法
   (1) 外形
      A. 應無變形、損傷、龜裂等。
      B. 電解液應無洩漏、導線之接續部應無腐蝕。
   (2) 標示：應標示規定之電壓及容量。

(二)擴音機、操作裝置及遠隔操作裝置

1. 檢查方法
   (1) 周圍狀況：確認周圍有無檢查以及使用上之障礙。
   (2) 外形：確認有無變形、腐蝕等。
   (3) 電壓表
      A. 以目視確認有無變形、損傷等。
      B. 確認電源電壓是否正常。
   (4) 開關類：以目視確認開關位置是否正常。
   (5) 保護板：以目視確認有無變形、脫落等。
   (6) 標示：確認開關之名稱標示是否正確。
   (7) 預備零件：確認是否備有保險絲、燈泡等零件及回路圖。
2. 判定方法
   (1) 周圍狀況
      A. 操作部及遠隔操作裝置應設在經常有人之處所。
      B. 應有檢查上及使用上之必要空間。
   (2) 外形：應無變形、損傷、脫落、明顯腐蝕等。
   (3) 電壓計
      A. 應無變形、損傷等。
      B. 電壓計指示值應在規定範圍內。
      C. 無電壓計者，電源表示燈應亮燈。
   (4) 開關類：開關位置應正常。
   (5) 保護板：應無變形、損傷、脫落等。
   (6) 標示
      A. 開關名稱應無汙損、不鮮明部分。
      B. 銘板應無龜裂。

緊急廣播設備外觀檢查

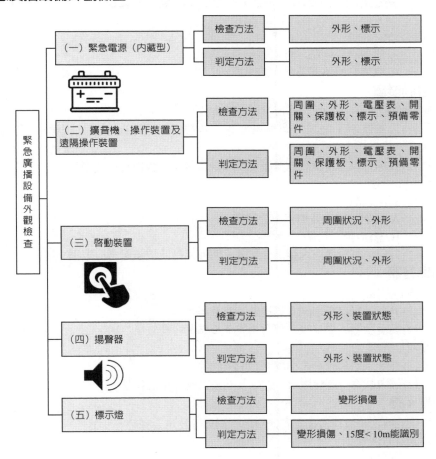

（一）緊急電源（內藏型）	檢查方法	外形、標示
	判定方法	外形、標示
（二）擴音機、操作裝置及遠隔操作裝置	檢查方法	周圍、外形、電壓表、開關、保護板、標示、預備零件
	判定方法	周圍、外形、電壓表、開關、保護板、標示、預備零件
（三）啟動裝置	檢查方法	周圍狀況、外形
	判定方法	周圍狀況、外形
（四）揚聲器	檢查方法	外形、裝置狀態
	判定方法	外形、裝置狀態
（五）標示燈	檢查方法	變形損傷
	判定方法	變形損傷、15度＜10m能識別

標示燈外觀檢查

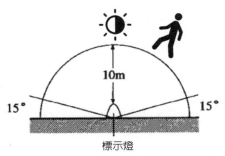

1. 檢查方法：有無變形損傷及亮燈。
2. 判定方法
   (1) 無變形損傷脫落且亮燈。
   (2) 標示燈與裝置面成 15° 角，在≤ 10m 能顯見。

火警標示燈於民110年刪除圓弧形狀之規定

4-21 緊急廣播設備外觀檢查（二）

(7) 預備零件

　　A. 應備有保險絲、燈泡等預備零件。

　　B. 應備有回路圖及操作說明書。

(三)啟動裝置

1. 檢查方法

(1) 周圍狀況：確認周圍有無檢查上及使用上之障礙，及是否標示「啟動裝置」。

(2) 外形：以目視確認有無變形、腐蝕及按鈕保護板有無破損等。

2. 判定方法

(1) 周圍狀況

　　A. 應無檢查上及使用上之障礙。

　　B. 應無標示汙損、不鮮明之部分。

(2) 外形：應無變形、損傷、脫落、明顯腐蝕及按鈕保護板破損之情形。

(四)揚聲器

1. 檢查方法

(1) 外形：以目視確認有無變形、腐蝕等。

(2) 裝置狀態：以目視確認有無脫落及妨礙音響效果之物。

2. 判定方法

(1) 外形：應無變形、損傷、明顯腐蝕等。

(2) 裝置狀態：應無脫落、鬆動及妨礙音響效果之物品。

(五)標示燈

1. 檢查方法：以目視確認有無變形、損傷等及是否亮燈。

2. 判定方法

(1) 應無變形、損傷、脫落等，且保持亮燈。

(2) 標示燈與裝置面成十五度角，在十公尺距離內應均能明顯易見。

緊急廣播設備性能檢查

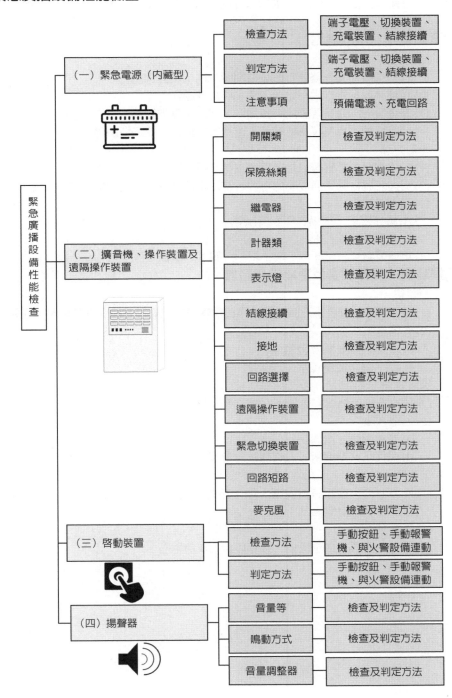

緊急廣播設備性能檢查	（一）緊急電源（內藏型）	檢查方法	端子電壓、切換裝置、充電裝置、結線接續
		判定方法	端子電壓、切換裝置、充電裝置、結線接續
		注意事項	預備電源、充電回路
	（二）擴音機、操作裝置及遠隔操作裝置	開關類	檢查及判定方法
		保險絲類	檢查及判定方法
		繼電器	檢查及判定方法
		計器類	檢查及判定方法
		表示燈	檢查及判定方法
		結線接續	檢查及判定方法
		接地	檢查及判定方法
		回路選擇	檢查及判定方法
		遠隔操作裝置	檢查及判定方法
		緊急切換裝置	檢查及判定方法
		回路短路	檢查及判定方法
		麥克風	檢查及判定方法
	（三）啟動裝置	檢查方法	手動按鈕、手動報警機、與火警設備連動
		判定方法	手動按鈕、手動報警機、與火警設備連動
	（四）揚聲器	音量等	檢查及判定方法
		鳴動方式	檢查及判定方法
		音量調整器	檢查及判定方法

4-22 緊急廣播設備性能檢查（一）

(一)緊急電源（限內藏型）

1. 檢查方法
   (1) 端子電壓：操作緊急電源試驗開關，由電壓計確認。
   (2) 切換裝置：操作常用電源開關，確認其動作。
   (3) 充電裝置：以目視確認有無變形、腐蝕、發熱等。
   (4) 結線接續：以目視或螺絲起子確認有無斷線、端子鬆動等。
2. 判定方法
   (1) 端子電壓：電壓表之指示值應正常（電壓計指針在紅色線以上）。
   (2) 切換裝置自動切換成緊急電源，常用電源恢復時自動切換成常用電源。
   (3) 充電裝置
       A. 應無變形、損傷、明顯腐蝕等。
       B. 應無異常之發熱。
   (4) 結線接續：應無斷線、端子鬆動、脫落、損傷等。

(二)擴音機、操作裝置及遠隔操作裝置

1. 開關類
   (1) 檢查方法：以目視及開、關操作確認端子有無鬆動及開、關性能是否正常。
   (2) 判定方法
       A. 應無端子鬆動及發熱等。
       B. 開、關功能應正常。
2. 保險絲類
   (1) 檢查方法：確認有無損傷、熔斷等，及是否為所定之種類及容量。
   (2) 判定方法
       A. 應無損傷、熔斷等。
       B. 應使用回路圖所示之種類及容量等。
3. 繼電器
   (1) 檢查方法：確認有無脫落、端子鬆動、接點燒損、灰塵附著，及由開關操作使繼電器動作確認其性能。
   (2) 判定方法
       A. 應無脫落、端子鬆動、接點燒損、灰塵附著。
       B. 動作應正常。

遠隔操作裝置性能檢查

二台以上之操作裝置或遠隔操作裝置：
(1) 檢查方法
　　A. 設有二台以上之操作裝置或遠隔操作裝置時，使其相互動作，確認其廣
　　　　播分區是否正確，及相互之操作裝置或遠隔操作裝置之表示是否正確。
　　B. 對同時通話設備，確認是否能相互通話。
(2) 判定方法
　　A. 使其中一台操作裝置或遠隔操作裝置動作時，其相互之性能應正常，
　　　　且廣播分區及操作裝置或遠隔操作裝置之表示正常。
　　B. 應能相互呼應及清楚通話。
遠隔操作裝置：
(1) 檢查方法：操作操作部及遠隔操作裝置任一操作開關時，確認是否正常
　　動作。
(2) 判定方法
　　A. 操作部或遠隔操作裝置動作之繼電器、監聽揚聲器、出力計等，應動作。
　　B. 由遠隔操作裝置之啟動裝置，應能進行一齊廣播。
　　C. 操作遠隔操作裝置之回路選擇開關，應能對任一樓層廣播。
　　D. 由遠隔操作裝置之監聽揚聲器，應能確認廣播內容。

麥克風性能檢查

1. 檢查方法：於操作裝置使用音聲警報鳴動，再由麥克風廣播，確認警報是否自動地停止。
2. 判定方法：由麥克風廣播啟動同時，音聲警報應停止。且麥克風廣播終了時，音聲警報即開始鳴動。

4-23 緊急廣播設備性能檢查（二）

4. 計器類
   (1) 檢查方法：由開關之操作及廣播，確認電壓表及出力計是否正常動作。
   (2) 判定方法：指針之動作應正常。
5. 表示燈
   (1) 檢查方法：由開關之操作確認是否亮燈。
   (2) 判定方法：應無明顯劣化，且應正常亮燈。
6. 結線接續
   (1) 檢查方法：以目視及螺絲起子確認有無斷線、端子鬆動、脫落、損傷等。
   (2) 判定方法：應無斷線、端子鬆動、脫落、損傷等。
7. 接地
   (1) 檢查方法：以目視或三用電表確認有無腐蝕、斷線等。
   (2) 判定方法：應無明顯腐蝕、斷線等之損傷。
8. 回路選擇
   (1) 檢查方法：操作樓層別選擇開關或一齊廣播開關，確認回路選擇是否確實
       進行。
   (2) 判定方法被選定之回路，其樓層別動作表示及火災燈應正常亮燈。
9. 二台以上之操作裝置或遠隔操作裝置（如上一頁上面圖示）
10. 遠隔操作裝置（如上一頁下面圖示）
11. 緊急廣播切換
    (1) 檢查方法：與一般廣播兼用時，於一般廣播狀態，進行緊急廣播時，確認
        是否切換成緊急廣播。
    (2) 判定方法：應確實切換成緊急廣播，且在未以手動復舊前，應正常持續緊
        急廣播之動作狀態。
12. 回路短路
    (1) 檢查方法：於警報音響播送狀態，進行回路短路時，確認其他回路是否發
        生性能障礙。
    (2) 判定方法：於短路之回路，遮斷短路保護回路，或於表示已短路之同時，
        對其他回路之廣播應無異常。
13. 麥克風（限發出音聲警報者）
    (1) 檢查方法：於操作裝置使用音聲警報鳴動，再由麥克風進行廣播，確認音
        聲警報是否自動地停止。
    (2) 判定方法：由麥克風之廣播啟動同時，音聲警報音響應即停止。且於麥克
        風之廣播終了時，音聲警報即開始鳴動。

啓動裝置性能檢查

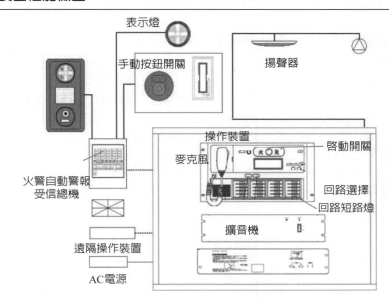

1. 檢查方法
   (1) 手動按鈕開關：操作手動按鈕開關，確認是否動作。
   (2) 火警自動警報設備之手動報警機。
      A. 操作火警自動警報設備之手動報警機，確認廣播設備是否確實啓動，自動進行火災廣播。
      B. 操作緊急電話（分機），於操作部（主機）呼出鳴動之同時，確認能否相互通話。
      C. 操作二具以上之緊急電話（分機），確認於操作部是否可任意選擇通話，且此時被遮斷之緊急電話是否能聽到講話音。
   (3) 與火警自動警報設備之連動：使火警自動警報設備動作，確認是否能確實連動。
2. 判定方法
   (1) 手動按鈕開關：在操作部應發出音響警報及火災音響信號。
   (2) 火警自動警報設備之手動報警機
      A. 應能自動地進行火災廣播。
      B. 操作部（主機）呼出鳴動，且應能明確相互通話。
      C. 應能任意選擇通話，且此時被遮斷之緊急電話亦應能聽到講話音。
   (3) 與火警自動警報設備之連動
      A. 於受信火災信號後，自動地啓動廣播設備，其火災音響信號或音響裝置應鳴動。
      B. 起火層表示燈應亮燈。
      C. 起火層表示燈至火災信號復舊前，應保持亮燈。

4-24 緊急廣播設備性能檢查（三）

(三)啓動裝置（請見上一頁啓動裝置性能檢查圖示）
(四)揚聲器
1. 音量等
   (1) 檢查方法：設於有其他機械之噪音處所者，藉由操作裝置或遠隔操作裝置之操作，確認其音量及音色。
   (2) 判定方法：音量及音色應有別於其他機械之噪音。
2. 鳴動方式
   (1) 檢查方法：操作操作裝置，由進行廣播中，確認揚聲器是否正確鳴動。
   (2) 判定方法
   　A. 一齊鳴動：全棟之揚聲器應一齊鳴動。
   　B. 分區鳴動
   　　應能進行下列所示之分區鳴動。
   　　(A) 起火層爲地上二層以上時
   　　　限該樓層與其直上二層及其直下一層鳴動。
   　　(B) 起火層爲地面層時
   　　　限該樓層與其直上層及地下層各層鳴動。
   　　(C) 起火層爲地下層時。
   　　　限地面層及地下層各層鳴動。
   　C. 相互鳴動：設有二台以上操作裝置或遠隔操作裝置之建築物，由任一操作裝置或遠隔操作裝置均能使揚聲器鳴動。
   (3) 音量調整器
   　A. 檢查方法：於緊急廣播狀態，操作音量調整器時，確認緊急廣播是否有障礙。
   　B. 判定方法：不論音量調整器之調整位置在何位置，均應能有效進行緊急廣播。

揚聲器性能檢查

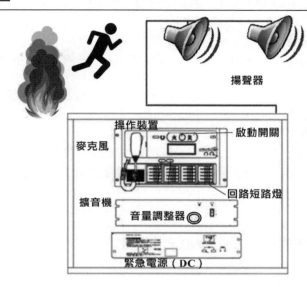

1. 音量等
   (1) 檢查方法：設於噪音處所者，藉由操作裝置或遠隔操作，確認其音量及音色。
   (2) 判定方法：音量及音色應有別於其他噪音。
2. 鳴動方式
   (1) 檢查方法：操作操作裝置，由進行廣播中，確認揚聲器是否正確鳴動。
   (2) 判定方法
   A. 一齊鳴動：全棟一齊鳴動。
   B. 分區鳴動：下列分區鳴動。
      a. 起火層為地上二層以上時：限該樓層與其直上二層及其直下一層鳴動。
      b. 起火層為地面層時：限該樓層與其直上層及地下層各層鳴動。
      c. 起火層為地下層時：限地面層及地下層各層鳴動。
   C. 相互鳴動：設有二台以上由任一操作裝置或遠隔操作裝置均能使揚聲器鳴動。

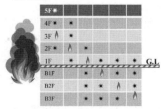

   (3) 音量調整器
   A. 檢查方法：音量調整器時緊急廣播是否有障礙。
   B. 判定方法：調整位置在何位置均應有效緊急廣播。

4-25 緊急廣播設備綜合檢查

(一)揚聲器之音壓
1. 檢查方法：距揚聲器一公尺處，使用噪音計（A 特性），確認是否可得規定之音壓。
2. 判定方法：揚聲器之音壓，L 級 92 分貝以上，M 級 87 分貝以上，S 級 84 分貝以上。

(二)綜合檢查
1. 檢查方法：切換成緊急電源供電狀態，操作任一啟動裝置或操作裝置之緊急廣播開關，或受信由火警自動警報設備啟動之信號，確認是否進行火災表示及正常廣播。
2. 判定方法：火災表示及揚聲器之鳴動應正常。

緊急廣播設備檢修完成標示附加位置圖例

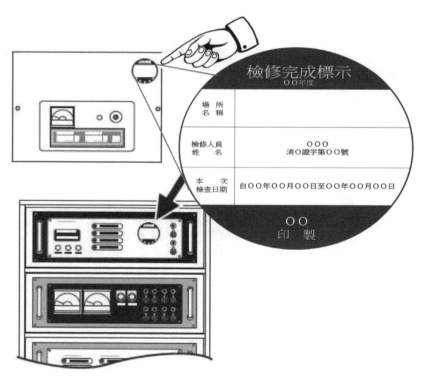

（於操作裝置或擴音機本體，檢修人員專用，綠色為底，內政部消防署 2019）

緊急廣播設備綜合檢查

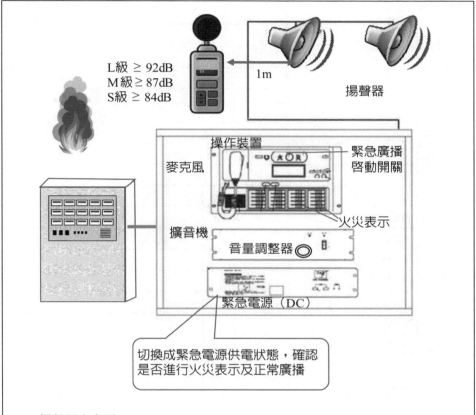

1. 揚聲器之音壓
   (1) 檢查方法：距揚聲器 1m 噪音計可得規定音壓。
   (2) 判定方法：音壓 L 級 92 分貝以上，M 級 87 分貝以上，S 級 84 分貝以上。
2. 綜合檢查
   (1) 檢查方法：切換成緊急電源供電狀態，操作任一啟動裝置或緊急廣播開關，或由火警自動警報設備信號，確認火災表示及正常廣播。
   (2) 判定方法：火災表示及揚聲器鳴動正常。

4-26 緊急廣播設備檢查表

檢修設備名稱	操作裝置	製造廠： 型號：		增幅器	製造廠： 型號：	
檢修項目		檢修結果				處置措施
		種別、容量等內容	判定	不良狀況		
外觀檢查						
緊急電源（內藏型）	外形					
	標示					
擴音機、操作裝置及遠隔操作裝置	周圍狀況					
	外形					
	電壓表	V				
	開關類					
	保護板					
	標示					
	預備品					
啟動裝置	周圍狀況					
	外形					
揚聲器	外形					
	裝置狀態					
標示燈						
性能檢查						
緊急電源（內藏型）	端子電壓	V				
	切換裝置					
	充電裝置					
	結線接續					
擴音機、操作裝置及遠隔操作裝置	開關類					
	保險絲	A				
	繼電器					
	計器類					
	標示					

		結線接續				
		接地				
		回路選擇				
		二台以上之操作裝置及遠隔操作裝置				
		遠隔操作裝置				
		緊急廣播切換				
		回路短路				
		麥克風				
啓動裝置	手動按扭裝置					
	緊急電話					
	與火警警報設備之連動					
揚聲器	音量等					
	鳴動方式		□一齊　　□分區			
	音量調整器					
綜合檢查						
揚聲器之音壓			dB			
綜合動作						
備註						

檢查器材	機器名稱	型式	校正年月日	製造廠商	機器名稱	型式	校正年月日	製造廠商

檢查日期	自民國　　年　　月　　日至民國　　年　　月　　日

檢修人員	姓名		消防設備師（士）	證書字號		簽章	（簽章）
	姓名		消防設備師（士）	證書字號		簽章	
	姓名		消防設備師（士）	證書字號		簽章	
	姓名		消防設備師（士）	證書字號		簽章	

4-27 配線外觀檢查

(一)專用回路

1. 檢查方法

以目視確認之。

2. 判定方法

(1) 有消防安全設備別之明顯標示，且標示無汙損及不明顯之情形。

(2) 不得與一般電路相接。

(二)開關器、斷路器等

1. 檢查方法

以目視確認之。

2. 判定方法

(1) 無損傷、溶斷、過熱、變色之情形。

(2) 接續部確實接續，無脫落之情形。

(三)保險絲等

1. 檢查方法

以目視確認之。

2. 判定方法

(1) 應無損傷或溶斷之情形。

(2) 應為規定之種類及容量。

(四)耐燃耐熱保護

1. 檢查方法

以目視確認之。

2. 判定方法

(1) 耐燃、耐熱保護配線之區分應符合各類場所消防安全設備設置標準第二百三十六條之規定。

(2) 電源回路配線之耐燃保護使用 MI 電纜或耐燃電纜時，應無損傷之情形；裝於金屬導線管槽內，並埋設於防火構造物之混凝土內時，應無混凝土脫落、電線外露之情形。

(3) 控制回路及標示燈回路配線之耐熱保護使用 MI 電纜、耐燃電纜、耐熱電線電纜或裝置於金屬導線管槽內時，應無損傷之情形。

(4) 耐燃或耐熱保護配線之電線種類及施工方法，應符合右頁表 1 或表 2 之規定。

耐燃保護配線之電線種類及施工方法表（表1）

導體
耐火層
PE絕緣
填充物
紮帶
PVC被覆

區分	電線種類	施工方法
耐燃配線	·六○○Ｖ耐熱聚氯乙烯絕緣電線（HIV)(CNS8379) ·聚四氟乙烯（特夫綸）絕緣電線（CNS10612) ·聚乙烯（交連聚乙烯）絕緣聚氯乙烯（氯乙烯）被覆耐火電纜（CNS11359） ·六○○Ｖ聚乙烯絕緣電線（IE)(CNS10314) ·六○○Ｖ乙丙烯橡膠（EPR）絕緣電纜（CNS10599） ·鋼帶鎧裝電纜 ·鉛皮覆電纜（CNS2146） ·矽橡膠絕緣電線 ·匯流排槽	1. 電線應裝於金屬導線管槽內，並埋設於防火構造物之混凝土內，混凝土保護厚度應為二十公釐以上。但使用不燃材料建造，且符合建築技術規則防火區劃規定之管道間，得免埋設。 2. 其他經中央消防機關指定之耐燃保護裝置。
	耐燃電纜 MI 電纜	得按電纜裝設法，直接敷設。

耐熱保護配線之電線種類及施工方法表（表2）

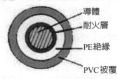

導體
耐火層
PE絕緣
PVC被覆

區分	電線種類	施工方法
耐熱配線	·六○○Ｖ耐熱聚氯乙烯絕緣電線（HIV)(CNS8379) ·聚四氟乙烯（特夫綸）絕緣電線（CNS10612) ·聚乙烯（交連聚乙烯）絕緣聚氯乙烯（氯乙烯）被覆耐火電纜（CNS11359） ·六○○Ｖ聚乙烯絕緣電線（IE)(CNS10314) ·六○○Ｖ乙丙烯橡膠（EPR）絕緣電纜（CNS10599） ·鋼帶鎧裝電纜 ·鉛皮覆電纜（CNS2146） ·矽橡膠絕緣電線 ·匯流排槽	1. 電線應裝於金屬導線管槽內裝置。 2. 其他經中央消防機關指定之耐燃保護裝置。
	耐熱電線電纜 耐燃電纜 MI 電纜	得按電纜裝設法，直接敷設。

備註：FR係耐燃電纜，耐燃試驗於 840℃之30分鐘。HR係耐熱電纜，耐熱試驗於380℃之15分鐘

4-28 配線性能檢查

(一)檢查方法

1. 切斷電壓電路之電源,以電壓(流)計等確認已無充電之情形後,使用絕緣電阻計依圖 1 所定之測量位置,針對電源回路、操作回路、表示燈回路、警報回路等之電壓電路測定配線間及配線與大地間之絕緣電阻值。但使用因絕緣阻抗試驗會有妨礙之虞的電子零件回路,及配線相互間難以測定之回路,得省略之。
2. 絕緣阻抗試驗測量時配線情形如圖 2 所示。
3. 低壓回路開關器或斷路器之每一分歧回路配線間及配線與大地間之絕緣電阻值測定,使用 500 伏特以下之絕緣電阻計測量。
4. 高壓回路電源回路間及電源回路與大地間之絕緣電阻值測定,使用 1,000 伏特、2,000 伏特或 5,000 伏特之絕緣電阻計測量。

(二)判定方法

測定值應符合表 3 所列之數值以上

✚ 小博士解說

絕緣電阻測試

絕緣電阻測試目的,主要防止在長期使用電氣設施中電氣設備和零組件,由於絕緣劣化而導致短路和漏電的風險。

圖 1 結構的電氣設備和設備的情況下,帶電部分和非帶電部分之間的絕緣可能惡化,導致接地故障或短路。

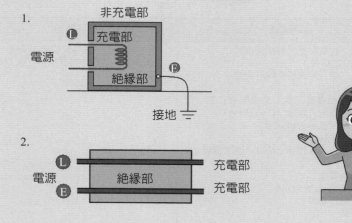

圖 2 所示兩個或多個帶電部件之間的絕緣劣化,可能導致短路。然絕緣電阻越高,絕緣效果越高。

絕緣阻抗試驗測量位置圖（圖1）

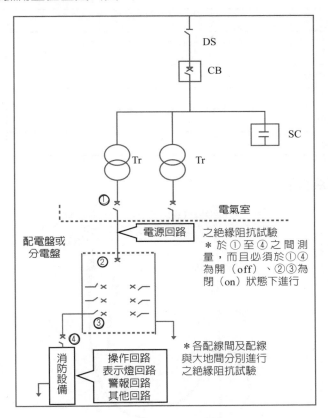

絕緣阻抗試驗測量時配線圖（圖2）

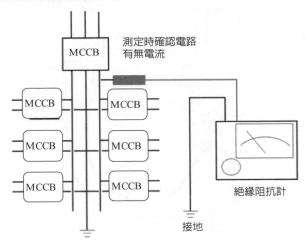

絕緣阻抗試驗合格判定表（表3）

區分		絕緣電阻值
300V 以下	對地電壓（在接地式電路，指電線和大地間之電壓；在非接地式電路，指電線間之電壓，以下均同）應為 150V 以下。	0.1MΩ
	其他情形	0.2MΩ
超過 300V 者		0.4MΩ
3000V 高壓電路		3MΩ
6000V 高壓電路		6MΩ

絕緣阻抗試驗測量

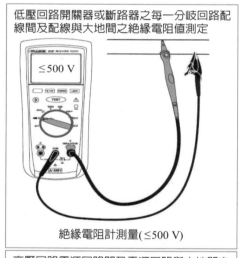

低壓回路開關器或斷路器之每一分岐回路配線間及配線與大地間之絕緣電阻值測定

≤500 V

絕緣電阻計測量(≤500 V)

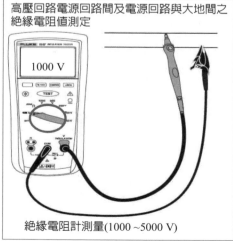

高壓回路電源回路間及電源回路與大地間之絕緣電阻值測定

1000 V

絕緣電阻計測量(1000~5000 V)

✚ 知識補充站

日本消防法規各項講習規定

項目	消防設備點檢資格者	防火對象物點檢資格者	防火管理人	防災管理人	自衛消防編組業務	防災管理點檢資格者
對應災害	火災對應		火災或地震等對應			
消防法	第 17 條 3-3 第 1 項	第 8 條 2-2 第 1 項	第 8 條第 1 項	第 36 條第 1 項	第 8 條 2-5 第 1 項	第 36 條第 1 項
實施	1975 年	2003 年	1961 年	2007 年		
時代背景	1972 年千日百貨火災 118 人死及 1973 年大洋百貨火災 103 人死	2001 年東京新宿歌技住商大樓火災 44 人死	防火責任者火災知識明顯不足	因應日本東海地震、東南海與南海地震海溝型及東京直下型大地震發生之迫切性		
主要業務	消防設備點檢及動作試驗	防護計畫製作及避難路徑點檢	防護計畫製作及避難滅火訓練	防災計畫製作及避難訓練	火災地震發生時滅火通報避難	防災計畫製作及桌櫃等固定
建築物	中規模以上		小規模以上	大規模以上		
講習機構	日本消防設備安全中心等		日本防火協會等		日本消防設備安全中心等	
講習人員	消防設備士及點檢資格者	大樓管理公司等有資格者	管理職人員		防災中心執勤者	大樓管理公司等有資格者
講習試驗	16 小時	18 小時	12 小時	5 小時	12 小時	8 小時
再講習	5 小時	5 小時	3 小時	3 小時	5 小時	3 小時
再講習	5 年內再講習					
講習試驗	33000 元	45000 元	6000 元	7000 元	40000 元	22000 元
再講習	8500 元	8500 元	5000 元	6000 元	25000 元	8500 元
備註：上述講習費用（日幣）會因都道府縣而有差異。						

4-29 配線檢查表

消防安全設備種類	□室內消防栓設備	□室外消防栓設備	□自動撒水設備
	□水霧滅火設備	□泡沫滅火設備	□冷卻撒水設備
	□射水設備	□二氧化碳滅火設備	□乾粉滅火設備
	□火警自動警報設備	□瓦斯漏氣火警自動警報設備	
	□緊急廣設備	□標示設備	□緊急照明設備
	□連結送水管	□消防專用蓄水池	□排煙設備
	□緊急電源插座	□無線電通信輔助設備	

檢修項目	檢修結果			處置措施
	種別、容量等內容	判定	不良狀況	
外觀檢查				
專用回路				
開關器、斷路器等				
保險絲等				
耐燃耐熱保護				
性能檢查				
絕緣電阻值 電源回路				
操作回路				
表示燈回路				
警報回路				

備註	

檢查器材	機器名稱	型式	校正年月日	製造廠商	機器名稱	型式	校正年月日	製造廠商

檢查日期	自民國年月日至民國年月日					
檢修人員	姓名		消防設備師（士）	證書字號		簽章	（簽章）
	姓名		消防設備師（士）	證書字號		簽章	（簽章）

1. 應於「種別‧容量等情形」欄內填入適當之項目。
2. 檢查合格者於判定欄內打「○」；有不良情形時於判定欄內打「×」，並將不良情形填載於「不良狀況」欄。
3. 對不良狀況所採取之處置情形應填載於「處置措施」欄。
4. 欄內有選擇項目時應以「○」圈選之。

Note

4-30 一一九火災通報裝置外觀檢查一

一、外觀檢查

(一)預備電源

1. 檢查方法
   - (1) 外形

     以目視確認有無變形、腐蝕等。
   - (2) 標示

     以目視確認蓄電池銘板。
   - (3) 充電裝置

     以目視確認有無變形、腐蝕、發熱等。
2. 判定方法
   - (1) 外形

     A. 應無變形、腐蝕、龜裂。

     B. 電解液無洩漏、導線接續部應無腐蝕。
   - (2) 標示

     應與裝置上標示之種別、額定容量及額定電壓相符。
   - (3) 充電裝置

     A. 應無變形、損傷、明顯腐蝕等。

     B. 應無異常發熱。

(二)一一九火災通報裝置（以下簡稱通報裝置）本體

1. 檢查方法
   - (1) 周圍狀況

     確認周圍有無檢查上或使用上之障礙。
   - (2) 外形

     以目視確認有無變形、腐蝕等。
   - (3) 標示

     確認各操作部分名稱、內容、操作方法概要及注意事項是否於本體上之明顯易見處以不易磨滅之方法標示。
   - (4) 預備零件等

     確認是否備有保險絲、燈泡等零件及迴路圖、操作說明書等。
2. 判定方法
   - (1) 周圍狀況

     應設在值日室等經常有人之場所，且應依下列保持檢查上及使用上必要之空間。

     A. 通報裝置應設在其門開關沒有障礙之位置。

     B. 通報裝置前應確保一公尺以上之空間。

     C. 通報裝置背面有門者，其背面應確保檢查必要之空間。
   - (2) 外形

     應無變形、損傷、明顯腐蝕等。

一一九火災通報裝置

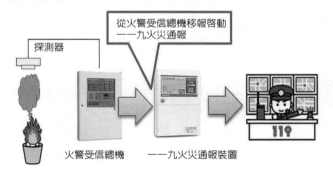

1. 一一九火災通報裝置之通報裝置本體啓動機能，依「消防安全設備及必要檢修項目檢修基準」進行性能檢查時，請說明其檢查方法與判定方法？

【解說】
    (1) 手動啓動裝置
        A.檢查方法
          操作手動啓動裝置，以通報裝置試驗機（以下稱試驗機）之消防機關側電話機確認啓動信號送出。
        B.判定方法
          通報裝置動作時，以中文字幕或國語音效顯示。
    (2) 連動啓動（限與火警自動警報設備連動者）
        A.檢查方法
          使與火警自動警報設備的探測器作動時連動啓動，以試驗機的消防機關側電話機確認啓動信號送出。
        B.判定方法
          通報裝置動作時，以中文字幕或國語音效顯示。

一一九火災通報裝置接續方法

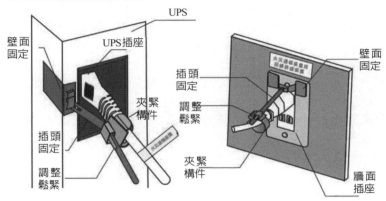

4-31 ——九火災通報裝置外觀檢查及性能檢查—

   (3) 標示

     A. 應貼有認可標示。

     B. 各開關之名稱應無汙損、不明顯部分。

     C. 標示應無脫落。

   (4) 預備零件等

     A. 應備有保險絲、燈泡等零件。

     B. 應備有回路圖、操作說明書等。

(三)遠端啟動裝置等（限有遠端啟動裝置者）

  1. 檢查方法

   (1) 周圍狀況：確認周圍有無檢查上或使用上之障礙。

   (2) 外形：以目視確認有無變形、腐蝕及按鈕保護板有無損傷等。

   (3) 標示：確認各操作部分名稱、內容、操作方法概要及注意事項是否於本體上之明顯易見處以不易磨滅之方法標示。

  2. 判定方法

   (1) 周圍狀況：周圍應無檢查上或使用上之障礙。

   (2) 外形：應無變形、腐蝕及按鈕保護板無損傷等。

   (3) 標示：標示應無脫落、汙損、不明顯部分。

二、性能檢查

(一)預備電源

  1. 檢查方法

   (1) 端子電壓：操作預備電源試驗開關，由電壓表確認。

   (2) 切換裝置：由裝置內部之電源開關動作確認。

   (3) 結線接續：以目視或螺絲起子確認有無斷線、端子鬆動等。

  2. 判定方法

   (1) 端子電壓：電壓表之指示應正常（電壓表指針指在紅色線以上）。

   (2) 切換裝置：自動切換預備電源，常用電源恢復時自動切換成常用電源。

   (3) 結線接續：應無斷線、端子鬆動、脫落、損傷等。

  3. 注意事項

   (1) 充電回路使用電阻器者，因為會變成高溫，故不能以發熱即判定為異常，應以是否變色等來判斷。

   (2) 電壓表之指示不正常時，應考量是否為充電不足、充電裝置故障、電壓表故障。

火災通報專用電話機

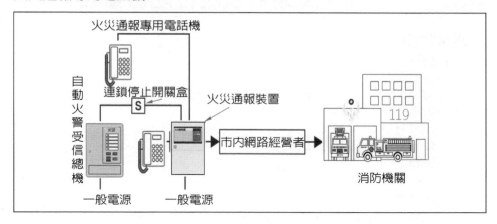

2. 一一九火災通報裝置之通報裝置本體優先通報機能與再撥號機能，依「消防安全設備及必要檢修項目檢修基準」進行性能檢查時，請說明其檢查方法與判定方法？

【解說】

1. 優先通報機能
   (1) 檢查方法
   　　將連接通報裝置的電話回路以試驗機等方式成為通話狀態，操作手動啟動裝置或連動啟動（限與火警自動警報設備連動者），確認啟動狀態。
   (2) 判定方法
   　　由接續通報裝置的電話回路應正常送出蓄積語音，該電話回路連接的電話機有使用中時，應能強制切斷，優先送出蓄積語音。
2. 再撥號機能
   (1) 檢查方法
   　　使試驗機之消防機關側電話機於通話狀態，操作手動啟動裝置或連動啟動（限與火警自動警報設備連動者），確認啟動狀況。
   (2) 判定方法
   　　應能自動再撥號。

4-32 一一九火災通報裝置性能檢查二

(二)通報裝置本體

1. 保險絲類
   (1) 檢查方法
       確認有無損傷、熔斷等，及是否為所定之種類、容量。
   (2) 判定方法
       A. 應無損傷、熔斷。
       B. 應使用回路圖所示之種類、容量。
2. 啓動機能
   (1) 手動啓動裝置
       A. 檢查方法
          操作手動啓動裝置，以通報裝置試驗機（以下稱試驗機）之消防機關側
          電話機確認啓動信號送出。
       B. 判定方法
          通報裝置動作時，以中文字幕或國語音效顯示。
   (2) 連動啓動（限與火警自動警報設備連動者）
       A. 檢查方法
          使與火警自動警報設備的探測器作動時連動啓動，以試驗機的消防機關
          側電話機確認啓動信號送出。
       B. 判定方法
          通報裝置動作時，以中文字幕或國語音效顯示。
3. 優先通報機能
   (1) 檢查方法
       將連接通報裝置的電話回路以試驗機等方式成為通話狀態，操作手動啓動
       裝置或連動啓動（限與火警自動警報設備連動者），確認啓動狀態。
   (2) 判定方法
       由接續通報裝置的電話回路應正常送出蓄積語音，該電話回路連接的電話
       機有使用中時，應能強制切斷，優先送出蓄積語音。
4. 通報自始播放機能
   (1) 檢查方法
       操作手動啓動裝置或連動啓動（限與火警自動警報設備連動者），以試驗
       機之消防機關側電話機應答，確認通報開始狀況。
   (2) 判定方法
       蓄積語音需為自始撥放或一區段的蓄積語音須完整、明瞭及清晰。
5. 手動啓動裝置優先機能（限與火警自動警報設備連動者）
   (1) 檢查方法
       連動啓動使蓄積語音送出時，操作手動啓動裝置後確認狀況。
   (2) 判定方法
       因連動啓動將一區段蓄積語音送出後，再操作手動啓動裝置，應能再送出
       蓄積語音。

4. 一一九火災通報裝置之通話機能，依「消防安全設備及必要檢修項目檢修基準」
進行性能檢查時，請說明其檢查方法與判定方法？

【解說】
(1) 蓄積語音送出後之回撥應答狀況
　A. 檢查方法
　　操作手動啟動裝置或連動啟動（限與火警自動警報設備連動者），俟一
　　區段之蓄積語音送出並完成通話後，自動開放 20 秒時間的電話回路，從
　　試驗機消防機關側送出回撥信號，確認應答狀態。
　B. 判定方法
　　可正確偵測回撥信號，確認信號時可以音效表示，通報裝置側的電話機
　　回撥時，其與試驗機之消防機關側電話機間應可相互通話。
(2) 不應答時的繼續通報狀態
　A. 檢查方法
　　操作手動啟動裝置或連動啟動（限與火警自動警報設備連動者），確認
　　消防機關側保持不應答時，確認一區段之蓄積語音的送出狀態。
　B. 判定方法
　　從通報裝置應繼續送出蓄積語音。
(3) 切換狀況
　A. 檢查方法
　　操作手動啟動裝置或連動啟動（限與火警自動警報設備連動者），於蓄
　　積語音通訊中時，藉由手動操作切換電話回路為送話機側狀況。
　B. 判定方法
　　以手動操作使蓄積語音通報停止，在試驗機的消防機關側電話機間應可
　　相互通話。

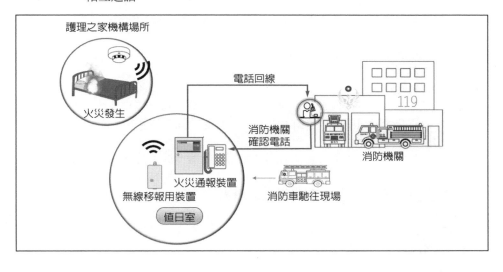

4-33 一一九火災通報裝置性能檢查三

6. 蓄積語音訊息
   (1) 檢查方法
      操作手動啓動裝置或連動啓動（限與火警自動警報設備連動者），以試驗機之消防機關側電話機，確認蓄積語音訊息。
   (2) 判定方法
      蓄積語音訊息內容應適切。
7. 再撥號機能
   (1) 檢查方法
      使試驗機之消防機關側電話機於通話狀態，操作手動啓動裝置或連動啓動（限與火警自動警報設備連動者），確認啓動狀況。
   (2) 判定方法
      應能自動再撥號。
8. 通話機能
   (1) 蓄積語音送出後之回撥應答狀況
      A. 檢查方法
         操作手動啓動裝置或連動啓動（限與火警自動警報設備連動者），俟一區段之蓄積語音送出並完成通話後，自動開放 20 秒時間的電話回路，從試驗機消防機關側送出回撥信號，確認應答狀態。
      B. 判定方法
         可正確偵測回撥信號，確認信號時可以音效表示，通報裝置側的電話機回撥時，其與試驗機之消防機關側電話機間應可相互通話。
   (2) 不應答時的繼續通報狀態
      A. 檢查方法
         操作手動啓動裝置或連動啓動（限與火警自動警報設備連動者），確認消防機關側保持不應答時，確認一區段之蓄積語音的送出狀態。
      B. 判定方法
         從通報裝置應繼續送出蓄積語音。
   (3) 切換狀況
      A. 檢查方法
         操作手動啓動裝置或連動啓動（限與火警自動警報設備連動者），於蓄積語音通訊中時，藉由手動操作切換電話回路爲送話機側狀況。
      B. 判定方法
         以手動操作使蓄積語音通報停止，在試驗機的消防機關側電話機間應可相互通話。

(三)遠端啓動裝置等（限有遠端啓動裝置者）

1. 檢查方法
   操作手動啓動按鈕，確認啓動信號是否正常。
2. 判定方法

附件 啓動信號應正常作動。有確認燈者，應正常亮燈。

——九火災通報裝置檢查表						
檢修設備名稱	——九火災通報裝置	製造廠：				
		型號：				
檢修項目		檢修結果				處置措施
		種別、容量等內容	判定	不良狀況		
外觀檢查						
一一九火災通報裝置	預備電源	外　　　型				
		標　　　示				
		充 電 裝 置				
	本體	周 圍 狀 況				
		外　　　形				
		標　　　示				
		預備零件等				
	遠端啓動裝置等	周 圍 狀 況				
		外　　　形				
		標　　　示				
性能檢查						
一一九火災通報裝置	預備電源	端 子 電 壓				
		切 換 裝 置				
		結 線 接 續				
	本體	保 險 絲 類				
		啓動機能 手動啓動裝置				
		啓動機能 連動啓動				
		優 先 通 報機　　　能				
		通 報 自 始播 放 機 能				
		手動啓動裝置優先機能				
		蓄 積 語 音訊　　　息				
		再 撥 號機　　　能				

一一九火災通報裝置	本體	通話機能	蓄積語音送出之撥出後回應答狀況			
			不應答時的繼續通報狀態			
			切換狀況			
	遠端啓動裝置等（限有遠端啓動裝置者）					

備 註								

檢查器材	機器名稱	型　式	校正年月日	製造廠商	機器名稱	型　式	校正年月日	製造廠商

檢查日期	自民國　　年　　月　　日　至民國　　年　　月　　日

檢修人員	姓名		消防設備師（士）	證書字號		簽章	（簽章）
	姓名		消防設備師（士）	證書字號		簽章	
	姓名		消防設備師（士）	證書字號		簽章	
	姓名		消防設備師（士）	證書字號		簽章	

1. 應於「種別‧容量等情形」欄內填入適當之項目。
2. 檢查合格者於判定欄內打「○」；有不良情形時於判定欄內打「×」，並將不良情形填載於「不良狀況」欄。
3. 對不良狀況所採取之處置情形應填載於「處置措施」欄。
4. 欄內有選擇項目時應以「○」圈選之。

第5章
認可基準

5-1 火警受信總機認可基準
（107年2月修正）

受信總機防災連動設備

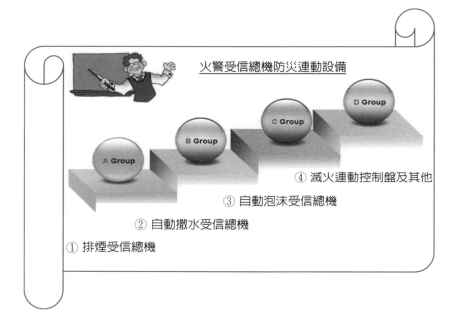

火警受信總機防災連動設備

④ 滅火連動控制盤及其他

③ 自動泡沫受信總機

② 自動撒水受信總機

① 排煙受信總機

受信總機種類

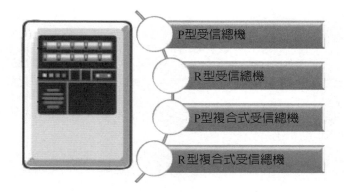

P型受信總機

R型受信總機

P型複合式受信總機

R型複合式受信總機

P 型受信總機性能

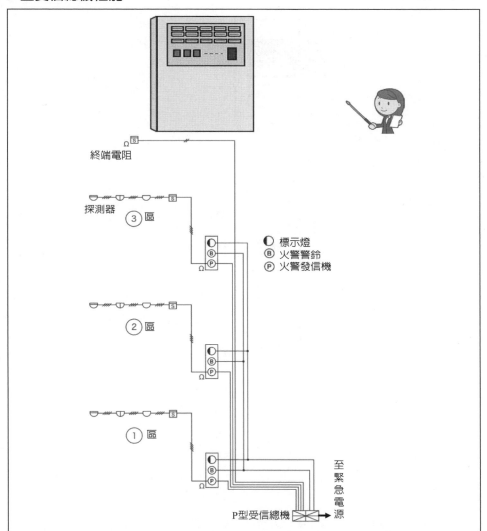

終端電阻

探測器 ③ 區

● 標示燈
Ⓑ 火警警鈴
Ⓟ 火警發信機

② 區

① 區

至緊急電源

P型受信總機

P 型受信總機係指接受由探測器或火警發信機所發出之信號於受信後，告知有關人員火警發生之設備，附有防災連動控制之設備者應同時啟動之。

除能個別試驗回路火災動作及斷線表示裝置外（單回路受信總機可免設），應具有能自動檢知，經由探測器回路端至終端器間外部配線通電狀況之功能；此功能包括斷線表示燈、斷線故障音響、斷線區域表示設備（但單回路受信總機除外），且此裝置在操作中於其他回路接收到火警信號時，應能同時作火警區域表示。若同一回路接收到火警信號表示時應以火警表示優先。但連接之回線數只有一條時，得不具斷線表示裝置之試驗功能。

R 型受信總機性能

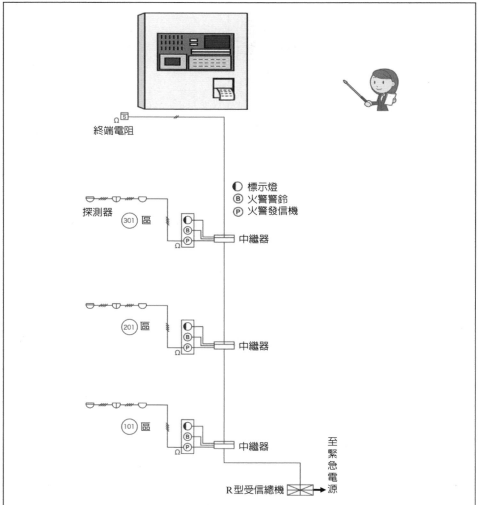

終端電阻

○ 標示燈
Ⓑ 火警警鈴
Ⓟ 火警發信機

探測器 ㉛ 區
中繼器

⑳ 區
中繼器

⑩ 區
中繼器

R 型受信總機

至緊急電源

R型受信總機係指接受由探測器或火警發信機所發出之信號，或經中繼器或介面器轉換成警報信號，告知有關人員火警發生之設備，附有防災連動控制之設備者應同時啓動之。

1. 應具有能個別試驗火警表示動作之裝置（具自動偵測功能者除外），同時應具能自動檢知中繼器回路端至終端器配線有無斷線，以及受信總機至中繼器間電線有無短路及斷線之裝置，且該裝置在操作中於其他回路有火警信號時，應能優先作火警表示（若同時其他有斷線信號亦能保有斷線表示），但火警信號以手動復原後，應能回復原斷線區域表示。

2. 當收到火警中繼器因主電源停電，保險絲斷路及火警偵測失效等信號時，能自動發出聲音信號及用表示燈表示有故障已經發生之裝置。

受信總機需具防止誤報功能

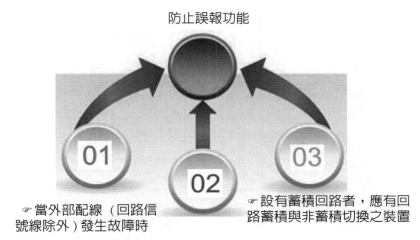

防止誤報功能

01
☞當外部配線（回路信號線除外）發生故障時

02
☞到振動、外力衝擊電力開關之開關動作或其他電器回路干擾時

03
☞設有蓄積回路者，應有回路蓄積與非蓄積切換之裝置

防災連動控制功能規定

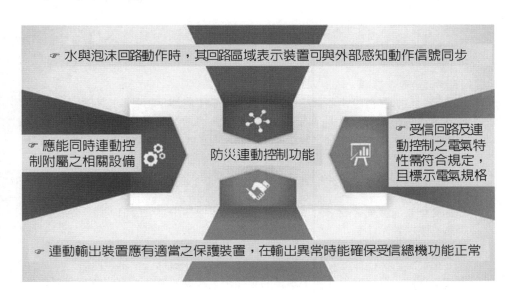

☞水與泡沫回路動作時，其回路區域表示裝置可與外部感知動作信號同步

☞應能同時連動控制附屬之相關設備

防災連動控制功能

☞受信回路及連動控制之電氣特性需符合規定，且標示電氣規格

☞連動輸出裝置應有適當之保護裝置，在輸出異常時能確保受信總機功能正常

警報音響裝置停止開關規定

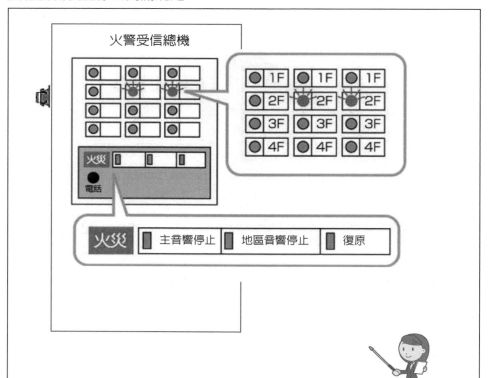

警報音響裝置停止開關，依下列規定：

1. 地區警報音響裝置停止開關使地區警報音響裝置處停止鳴動狀態期間，受信總機接受火災信號時，該開關應於一定時間內，將地區警報音響裝置自動切換為鳴動狀態（但地區警報音響裝置停止開關未設有預先關閉之功能，且每一火警分區能發出 2 個以上火災信號者，不在此限）。該「一定時間」係指 5 分鐘以內之任意時間。但「一定時間」可設定者，得為 10 分鐘以內，並應具有 5 分鐘以下之設定值。

2. 受信總機再次接受火災信號或接受由火警發信機發出之火災信號時，應立即切換為鳴動狀態。

3. 地區警報音響裝置停止開關設有停止轉移之裝置者，該裝置應設於受信總機內部（但該裝置需操作 2 個以上開關或密碼始能停止轉移者，不在此限），且該裝置動作時，受信總機面板上應具同步顯示之音響及燈號，並持續顯示至裝置復歸為止。

註：復原開關：應設專用之開關，且復原開關應為自動彈回型。

火警受信總機個別試驗紀錄表

申請者			型　式	
			型　號	
天氣溫溼度	℃/　　　%		試驗人員	
試驗日期	年　月　日～　年　月　日		會同人員	

試驗項目		試驗結果	判　定	
			合格	不合格
一般試驗	外箱尺寸（材質）			
	構造、配線			
	火災動作 斷線表示性能			
	回路斷線 火警優先確認			
	標示	□設備名稱及型號 □廠牌名稱或商標 □型式認可號碼 □製造年月 □電器特性 □保險絲之額定電流值及用途名稱 □端子之額定電壓、電流值（具有連動控制之設備裝置者） □蓄電池之額定電壓、容量及出廠年月或批號		
分項試驗	電源電壓變動試驗			
	絕緣電阻試驗	充電部、外箱		
		線路間		
		主迴路、外箱		
	絕緣耐壓試驗	充電部、外箱		
		交流部、外箱		
		交流部、直流部		
	電壓電流測定			
	蓄積時間			
	遲延時間			
	預備電源性能情形			
備註				

5-2 火警發信機、火警警鈴與標示燈認可基準（101年11月發布）

火警發信機

係利用手動對火警受信總機或中繼器等發出信號之設備。

1. 外殼露在外面部分應為紅色；但修飾部位（如外殼邊框或印刷說明等）及文字標示除外。
2. 啟動開關時即能送出火警信號。
3. 發信開關應設有下列保護裝置：
   A. 強壓型：需設置能以手指壓破或壓下即能容易操作之保護裝置。
   B. 扳動型：需設置防止任意扳動之保護裝置。
4. 應有明確動作確認裝置（含燈或機構者）。
5. 內部之開關接點需為耐腐蝕材質且具有銀鈀合金同等以上導電率。
6. 開關連動部位需有防腐蝕處理。
7. 與外線連接部位需有接線端子或導線設計。

火警警鈴

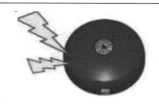

由火警受信總機或中繼器等操作，於火災發生時發出警報音響之設備。
1. 火警警鈴係使用鈴殼及打鈴振動臂者應有防腐蝕處理，且鈴殼需為紅色。
2. 使用電源需為 DC 24V 且應標明消耗電流。

音壓試驗

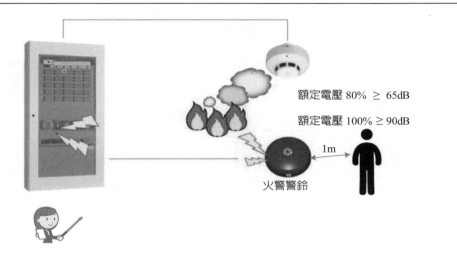

額定電壓 80% ≥ 65dB

額定電壓 100% ≥ 90dB

1m

火警警鈴

將火警警鈴裝置於無響室內時:
1. 施以額定電壓之 80% 電壓時,在距離火警警鈴正面 1m 處所測得之音壓需在 65dB 以上。
2. 施以額定電壓時,在距離火警警鈴正面 1m 處所測得之音壓需在 90dB 以上。
3. 施以額定電壓連續鳴響 8 小時後,其構造及功能不得有異狀。

標示燈

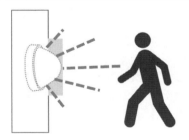

由火警受信總機或中繼器等操作,於火災發生時發出警報音響之設備。
1. 燈罩應爲紅色透明之玻璃材料或耐燃性材料。
2. 燈座及座台應爲不燃或耐燃材料。

照度試驗

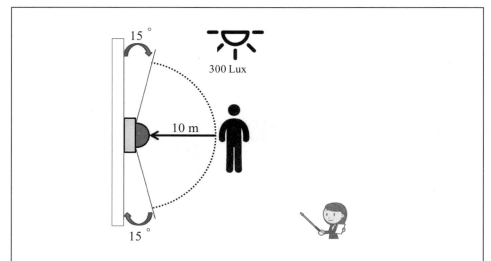

1. 在周圍照度 300Lux 以上之狀態下，沿著與裝設面成爲 15 度以上角度之方向距離 10 公尺處，可以目視確認其亮燈。
2. 施以額定電壓之 130% 電壓連續 20 小時後，不得有斷線、黑化或發生電流降低達到初期量測值之 20% 以上。

+ 知識補充站

日本防火對象物檢修申報期限

款目		防火對象物	檢修申報期限
1	(1)	戲院、電影院、娛樂場所、展覽中心	一年一次
	(2)	公民館、集會場	
2	(1)	歌舞表演、咖啡館、夜總會	
	(2)	遊藝場、舞廳、	
	(3)	海關業務銷售場所	
	(4)	卡拉 OK、為客戶提供服務房間	
3	(1)	會議室、餐廳類似場所	
	(2)	飲食店	
4		百貨商店、超級市場、商場或展覽廳	
5	(1)	旅館、汽車旅館、有客房招待所	
	(2)	集合住宅、寄宿舍	三年一次
6	(1)	醫院、診所或有／無床診所	一年一次
	(2)	老年短期住宿設施，老人養老院等（自力避難困難者）	
	(3)	老人日服務中心，幼兒保育類似場所	
	(4)	幼兒園或特殊學校	
7		小學、中學、高中、大學類似場所	三年一次
8		圖書館，博物館，美術館等類似場所	
9	(1)	公共浴池之外部蒸汽浴室、熱氣浴室類似特定場所	一年一次
	(2)	9(1) 以外等一般公共浴場	三年一次
10		候車場或船舶／飛機起飛／到達地點（僅乘客上下車或等候場所）	
11		神社、寺廟、教會	
12	(1)	工廠、作業場	
	(2)	電影攝影場、電視播送場	
13	(1)	車庫、停車場	
	(2)	飛機或旋翼飛機機庫	
14		倉庫	
15		不適用上述之商業場所	
16	(1)	複合用途建築物中供第 1 至 4、5、6 或 9 款特定用途者	一年一次
	(2)	16(1) 以外之複合用途非特定建築物	三年一次
16-2		地下街	一年一次
16-3		16-2 以外地下層接合連續性地下通路（準地下街）	
17		古蹟歷史建築、重要民俗資料、史蹟等建築物（文化財）	三年一次
18		≥ 50m 拱廊	

註：底色者為特定防火對象物（不特定多數人聚集場所），非底色者為一般防火特定物
　　國內係以場所為名稱，日本以防火對象物（分特定及一般防火對象物）。

5-3 火警探測器認可基準（101年11月發布）

火警探測器

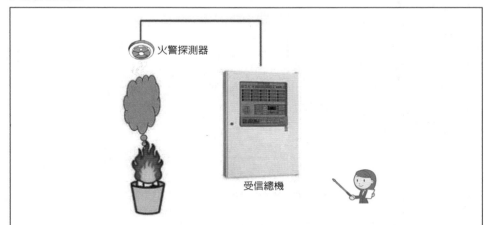

火警探測系統的一個元件，至少包含一個感應器，以規律性的週期或持續監控至少一種與燃燒有關的物理或化學現象，並將至少一種相關信號傳送至控制及操作顯示設備。

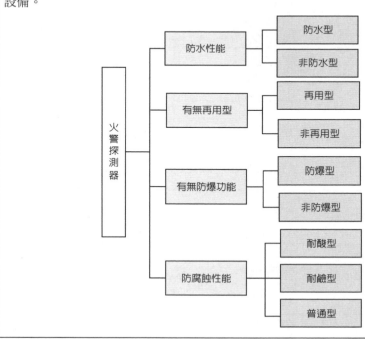

火警探測器構造

1. 不得因氣流方向改變而影響探測功能。
2. 應有排除水分侵入之功能。
3. 接點部之間隙及其調節部應牢固固定，不得因作調整後而有鬆動之現象。
4. 探測器之底座視為探測器的一部位，且可與本體連結試驗 1000 次後，內部接觸彈片不得發生異狀及功能失效。
5. 探測器之接點不得露出在外。

定溫式探測器

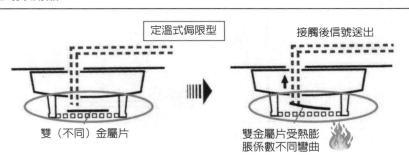

定溫式侷限型探測器：周圍溫度達到一定溫度以上時，即會產生動作，外觀為非電線狀。
定溫式線型探測器：周圍溫度達到一定溫度以上時，即會產生動作，外觀為電線狀。

差動式分布型探測器空氣管式

空氣管式

1. 容易測試其漏氣、阻力及接點水位高。
2. 容易測試空氣管之漏氣或阻塞，且應具有測試完畢後，可將試驗復原之措施。
3. 應使用整條空氣管全長應有 20 公尺以上，其內徑及管厚應均勻，不得有傷痕、裂痕、扭曲、腐蝕等有害瑕疵。
4. 空氣管之厚度應在 0.3mm 以上。
5. 空氣管之外徑應在 1.94mm 以上。

差動式分布型探測器熱電隅式

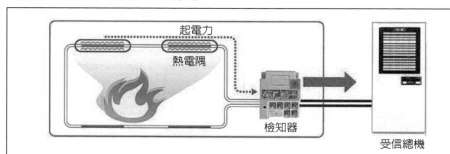

起電力

熱電隅

檢知器

受信總機

差動式分布型探測器中採用熱電偶或熱半導體者規定：
1. 易於測試出檢測體之動作電壓。
2. 具容易測試熱電偶有無斷線及導電體電阻之構造，且應具有測試完畢後，可將試驗復原之裝置。

火焰式探測器

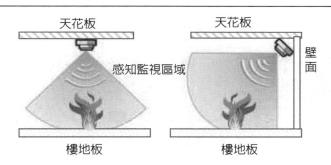

火焰式探測器指當火焰放射出來之紫外線或紅外線之變化在定量以上時會發出火災信號之型式中，利用某一局部處所之紫外線或紅外線引起光電元件受光量之變化而動作。可分為紫外線式、紅外線式、紫外線紅外線併用式、複合式。

火焰式探測器應符合下列規定：

1. 受光元件（受光體）不得有靈敏度劣化或疲勞現象，且能耐長時間之使用。
2. 能容易清潔檢知部位。
3. 應設置動作標示裝置。但該探測器如能與可以顯示信號發信狀態之受信總機連接者，不在此限。
4. 如係有髒汙監視功能，當檢知部位產生可能影響檢知部分功能時，能自動向受信總機發出該等信號。

差動式探測器

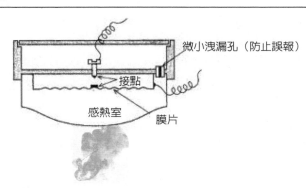

差動式侷限型探測器：周圍溫度上升率在超過一定限度時即會動作，僅針對某一侷限地點之熱效率有反應。

差動式分布型探測器：周圍溫度上升率在超過一定限度時即會動作，針對廣大地區熱效率之累積產生反應。

光電式探測器

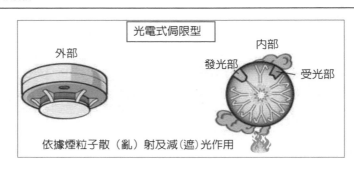

光電式探測器係指周圍空氣中含煙濃度達到某一限度時即會動作，原理係利用光電束子之受光量受到煙之影響而產生變化，並可分為散光型及減光型；在應用上有侷限型及分離型。

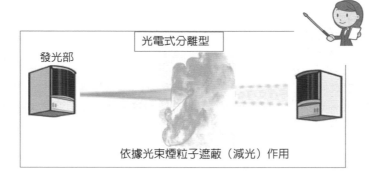

光電式探測器應符合下列規定：
1. 所使用光源之光束變化應少，且能耐長時間之使用。
2. 光電元件應不得有靈敏度劣化或疲勞現象，且能耐長時間之使用。
3. 能容易清潔檢知部位。

✛ 知識補充站

日本一般消防設備種類

滅火設備
1 滅火器及簡易滅火器具
  （水桶、水槽、乾燥砂等）
2 室內消防栓設備
3 自動撒水設備
4 水霧滅火設備
5 泡沫滅火設備
6 不活性氣體滅火設備
7 鹵化物滅火設備
8 乾粉滅火設備
9 室外消防栓設備
10 動力消防幫浦設備

警報設備
1 火警自動報知設備
  瓦斯漏氣火警自動警報設備
2 漏電火災警報器
3 通報消防機關火災報知設備
4 緊急警報設備
  （緊急警鈴、自動警笛、廣播設備）
  緊急警報器具
  （警鐘、攜帶用擴音機、手動式警笛）

避難設備
1 避難器具
  （緩降機、救助袋、避難梯、避難繩索
  、避難橋、滑杆、滑台及其他避難器具）
2 避難引導燈及避難指標

消防用水
1 防火用水槽
2 蓄水池

消防活動上必要設施
1 排煙設備
2 連結散水設備（地下層）
3 連結送水管
4 緊源插座
5 無線電通信補助設備

消防用設備等
供消防用設備

（註：不活性氣體滅火設備指二氧化碳 / 惰性氣體合併，鹵化物滅火設備指鹵化烴與海龍合併。）

5-4 住宅用火災警報器認可基準
（107年5月修正）

住宅用火災警報器

日本連動型住警器

屋室一　屋室二

屋室三　屋室四

住警器係指爲防範居室火災而能早期偵測及報知之警報器，由偵測部及警報部所構成之設備，得具有自動試驗功能或無線式功能。

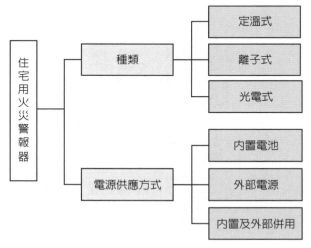

住宅用火災警報器

種類 ── 定溫式
── 離子式
── 光電式

電源供應方式 ── 內置電池
── 外部電源
── 內置及外部併用

住警器電源供應方式可分爲內置電池、外部電源及併用型。以內置電池以外之方式供電者，除由插座、分電盤或其他方式直接供給電力外，其中途不可經由開關裝置，且需有預防因外部電源中斷而導致住警器功能異常之措施。

無線式功能定義

無線式功能係指附加無線裝置（可發射或接收電波）之住警器所具備，能將火災訊號透過無線傳輸方式連動其他住警器或移報輸出至其他連線裝置之功能。

火災警報規定

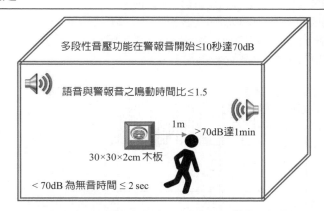

多段性音壓功能在警報音開始≤10秒達70dB

語音與警報音之鳴動時間比≤1.5

1m
>70dB達1min

30×30×2cm 木板

< 70dB 為無音時間 ≤ 2 sec

1. 藉由警報音（包含音聲者。以下相同）發出火災警報之住警器音壓，依下列方式，施加規定之電壓時，於無響室中距離警報器中心前方 1m 處，音壓應有 70 dB 以上，且此狀態應能持續 1 分鐘以上。
   (1) 使用電池之住警器，施加電壓應為使住警器有效動作之電壓下限值。
   (2) 由電池以外電力供給之住警器，施加電壓值應為額定電壓 ±10% 範圍間。
2. 具有多段性音壓增加功能者，應在發出警報音開始 10 秒以內到達 70dB。
3. 火災警報音如為斷續鳴動時，應依下列規定：
   (1) 休止時間（鳴動時間中之無音時間除外）在 2 秒以下，鳴動時間在休止時間以上。
   (2) 在鳴動時間中，警報音音壓未滿 70 dB 之部分稱為無音時間，警報音鳴動時間應在無音時間以上。

(3) 鳴動時間中之無音時間應在 2 秒以下。

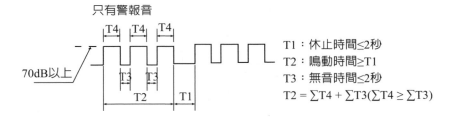

只有警報音

T1：休止時間≤2秒
T2：鳴動時間≥T1
T3：無音時間≤2秒
T2 = ∑T4 + ∑T3(∑T4 ≥ ∑T3)

70dB以上

4. 火災警報音以警報音和音聲組合鳴動者依下列規定：
   (1) 休止時間（警報音與語音組合鳴動時間中之無音時間除外，以下相同。）在 2 秒以下，鳴動時間在休止時間以上。
   (2) 在鳴動時間中，警報音音壓未滿 70 dB 之部分以無音時間做計算，且警報音和語音組合之時間應在無音時間以上。
   (3) 警報音和語音組合時，鳴動時間中之無音時間應在 2 秒以下。
   (4) 火災警報音之音壓，係指警報音部分的音壓。
   (5) 語音與警報音之鳴動時間比率為 1.5 以內。
   (6) 語音為國語。但若為國語與其他語言交互鳴動之情況，不在此限。
5. 發出火災警報音以外之警報音及包含具自動試驗功能之異常警報音時，火災警報音應為可明確識別之聲音。

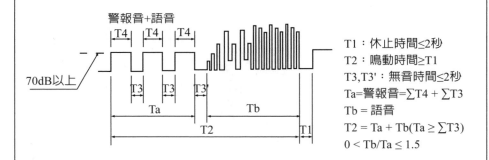

警報音+語音

T1：休止時間≤2秒
T2：鳴動時間≥T1
T3,T3'：無音時間≤2秒
Ta=警報音=∑T4 + ∑T3
Tb = 語音
T2 = Ta + Tb(Ta ≥ ∑T3)
$0 < Tb/Ta \le 1.5$

70dB以上

6. 音壓試驗方法如下：
   (1) 於無響室中，將住警器安裝在背板（300mm×300mm×20mm 之木板），保持懸空狀態。
   (2) 試驗裝置應符合噪音計或分析儀，具有量測 A 加權及有時間加權之音壓值特性。
   (3) 試驗採用 A 加權分析，以儀器最小範圍之時間常數，測定其最大音壓值。

連動型或移報輸出型住警器

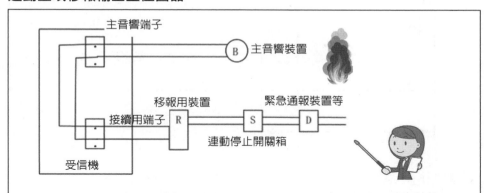

探測到火災發生之連動型或移報輸出型住警器，其火災警報不得受其他連動型住警器或其他連線裝置之開關操作而停止。

電池耗盡警報規定

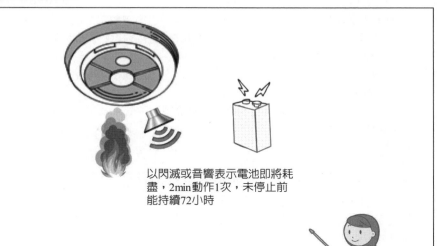

以閃滅或音響表示電池即將耗盡，2min動作1次，未停止前能持續72小時

1. 住警器電池電壓在有效動作之電壓下限值時，應能自動以閃滅或音響方式表示電池即將耗盡，且在尚未以手動方式停止前，能持續警示 72 小時以上。
2. 電池耗盡警報使用之建議警報音依下列規定：
   建議警報音應具有下列所示之間隔及音色（「嗶」音）且應能充分聽見之音壓。

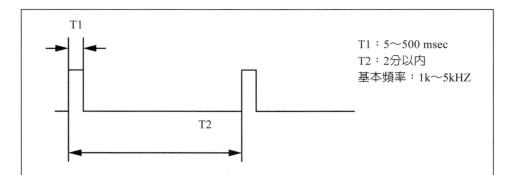

T1：5～500 msec
T2：2分以內
基本頻率：1k～5kHZ

3. 電池耗盡警報使用之警報方式為前項 2 之警報以外者，依下列規定：
   (1) 警報在每 2 分鐘內動作 1 次以上，可持續 72 小時。
   (2) 僅以標示燈發出警報者，除需具有表示電池耗盡之標示外，標示燈之閃滅應在每 2 分鐘內重複 10 次以上，該動作可持續 72 小時以上。
   (3) 電池耗盡警報與自動試驗功能相關異常警報應有明顯之區別。但如電池壽命超過住警器汰換期限者，不在此限。
4. 住警器電池使用期限（每月 1 次，每次 10 秒之檢測頻率）狀態下，應有 3 年以上之使用期限，在型式認可申請時應附有電池容量計算書，並考量下列需求：
   (1) 一般監視狀態之消耗電流。
   (2) 非火災警報之消耗電流。
   (3) 檢測時之消耗電流。
   (4) 具有供給附屬裝置電源者，連接該附屬裝置中監視及動作狀態消耗電流。
   (5) 電池之自然放電電流。
   (6) 其他設計中必要之消耗電流。
   (7) 設計安全餘裕度（安全係數）。
5. 電池之使用期限依電池製造者建議之消耗電流計算之。
6. 電池耗盡警報之動作電壓下限值，應在住警器有效動作電壓下限值以上，且於電池耗盡警報動作後，如發生火災警報應能維持正常警報音（70dB 以上）至少 4 分鐘以上。
7. 可更換電池之住警器，電池（含具有線頭式整體者）應可容易拆裝且具有防止電池誤接之措施。且如發生電池誤接，住警器不應造成損壞。
8. 電池容量僅能以手動方式確認者，對使用之電池以平均監視電流之 50 倍電流值，進行 526 小時加速放電試驗，再行火災警報音試驗，應能維持正常警報音（70dB 以上）至少 1 分鐘以上。
9. 製造商設計之使用期限超過 3 年，或產品本體自主標示使用（汰換）年限超過 3 年者，則依上揭 4 至 8 項採對應之電池容量計算或放電時間進行實測確認。

住警器具有無線式功能者規定

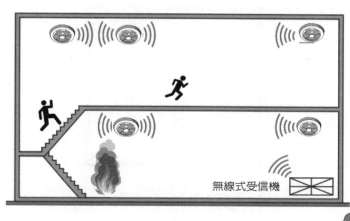

無線式受信機

1. 應取得國家通訊傳播委員會認可驗證機關（構）核發之低功率射頻電機型式認證證明，且不得干擾合法通信。
2. 所發射信號之電場強度值，在距離該住警器 3 m 位置處，應在設計值以上。
3. 有接收電波功能者，在距離該住警器 3 m 位置處，可接收發信信號之最低電場強度值，應在設計值以下。
4. 無線裝置之火災信號的受信及發信，應符合下列規定：
    (1) 探測發生火災之住警器，其無線裝置在接收到火災信號（發出警報音），至發信所需時間應在 5 秒以內。
    (2) 無線裝置在持續接受火災信號期間，應斷續性發出該當信號。但從其他住警器或連線裝置能確認接收火災主旨的功能或具定期通信確認功能（無線式住警器通信狀態於一定時間內以 1 次以上之比例確認，若通信狀態減退，能發出異常警報）者，則不在此限。
    (3) 前述 (1) 及 (2) 之試驗，應經國家通訊傳播委員會認可之國內外電信設備測試實驗室測試合格。
5. 設有可確認無線式功能之試驗按鈕或定期通信確認功能之裝置。

備註：住警器為具無線式功能者，應附有審驗合格標籤，其式樣載於國家通訊傳播委員會認可驗證機關（構）核發之低功率射頻電機型式認證證明。

自動試驗功能住警器

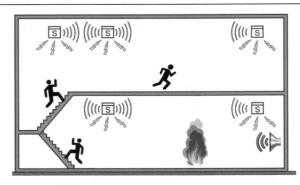

附有自動試驗功能之住警器,應能自動以閃滅或音響等方式表示功能異常,且在尚未以手動方式停止前,能持續警示 72 小時以上。

1. 確認住警器是否功能維持正常,係指以偵測部動作之方式、檢出偵測部之出力值等方式檢查,來確認住警器功能是否正常。

2. 自動試驗功能相關異常警報所使用建議警報音,依下列規定:

   (1) 建議警報音應有下列圖示之間隔及音色(基本頻率大概為「嗶、嗶、嗶」之聲音),且應具有能充分聽見之音壓。

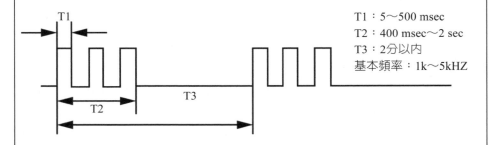

T1:5～500 msec
T2:400 msec～2 sec
T3:2分以內
基本頻率:1k～5kHZ

   (2) 合併擁有電池耗盡警報功能者,該電池耗盡警報具警報音。

3. 自動試驗功能之異常警報使用規定警報以外之警報者依下列規定。

   (1) 警報應在每 2 分鐘內發出 1 次以上,且該動作可以持續 72 小時以上。但警報音之警報不得發生警報有混雜之情況。

   (2) 僅以標示燈發出警報者,除能明確知道異常之標示外,其標示燈之閃滅在每 2 分鐘內應重複 10 次以上,且該動作可以持續 72 小時以上(包含持續亮燈動作)。

   (3) 自動試驗功能之異常警報應與電池耗盡警報區別分辨。

   (4) 應可識別出其他功能異常警報與自動試驗功能警報。但因其他功能異常而必須更換住警器之警報,不在此限。

住宅用火災警報器構造與功能

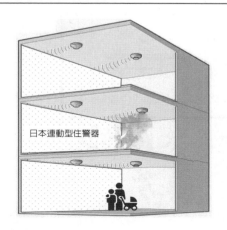

日本連動型住警器

1. 應能確實動作且易於操作、附屬零件易於更換。
2. 應具有易於安裝及更換之構造
3. 使用之零件、配線、印刷基板等需具耐久性，且不能超過其額定容許值。
4. 住警器不得因溫度變化導致外殼變形，外殼材質應符合耐燃材料。
5. 外部配線應具有充分之電流容量並應正確連接，且能承受任何方向之 20N 拉力達 1 分鐘，拉力不會傳遞到導線和電池端子連接器間之接頭上，也不會傳遞到導線和住警器電路板間之接頭上。
6. 零件應安裝正確且不易鬆脫，如採用可變電阻或調整部等功能之零件，不得因振動或衝擊等產生變動。
7. 帶電部應有充分保護且人員不易從外部碰觸。
8. 不得因偵測部所受之氣流方向不同，而使住警器相關功能發生顯著變動，且住警器以其平面位置為定點，使之傾斜 45 度情況下，不得功能異常。
9. 住警器音壓，施加規定之電壓時，於無響室中距離警報器中心前方 1m 處，音壓應有 70 dB 以上，且此狀態應能持續 1 分鐘以上。
10. 住警器電池電壓在有效動作之電壓下限值時，應能自動以閃滅或音響方式表示電池即將耗盡，且在尚未以手動方式停止前，能持續警示 72 小時以上。
11. 藉由開關操作可停止火災警報之住警器需在藉由操作該開關而停止火災警報時，於 15 分鐘內自動復歸至正常監視狀態。
12. 光電式住警器之光源應為半導體元件。
13. 偵測部應具有網目尺寸在 (1.3±0.05)mm 以下之網狀材料。
14. 使用放射性物質應進行輻射源防護，且火災時亦無法輕易破壞者。
15. 附有自動試驗功能應能自動以閃滅或音響等方式表示功能異常，且在尚未以手動方式停止前，能持續警示 72 小時以上。

具接收電波功能者電場強度試驗規定

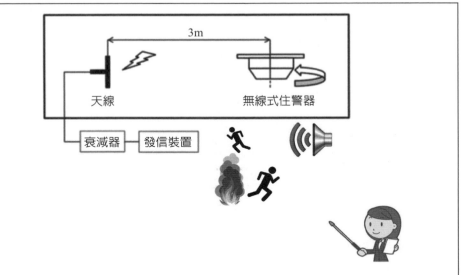

1. 操作發射信號裝置，發射訊號強度應為與無線式住警器接收靈敏度（設計值）相當之電場強度。
2. 旋轉無線式住警器，檢測 8 個以上方向（以全方向平均量測），確認該住警器可接收信號（住警器應在該信號發射後 5 秒內發出警報音）。
3. 檢測水平極化及垂直極化，其檢測用天線應分別與地面呈垂直、水平設置狀態。在該設置狀態下，具有可確認電波通信狀態之功能，且其操作說明書應記載有關設置時如何確認電波通信狀態之內容，並依申請者之設計極化值進行確認。
4. 依據前述第 2 點及第 3 點，確認天線端之發射強度皆在無線式住警器之有效接收範圍後，將無線式住警器置換為另一測試用天線，量測其電場強度，其值應在設計之最小值以下。

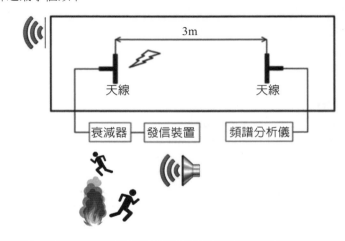

具發射電波功能者電場強度試驗規定

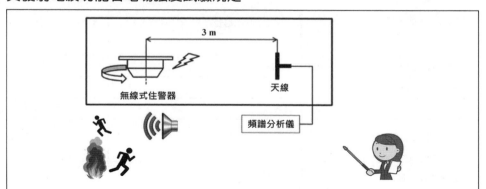

1. 測試時，使無線式住警器之火災信號保持持續發射狀態。如使用火災信號以外之信號進行測試，則此訊號需具火災信號相同之電場強度。
2. 旋轉無線式住警器，檢測 8 個以上方向之電場強度（能以全方向來檢測時以全方向為主。下同），確認測定值均在設計值以上。
3. 檢測水平極化及垂直極化，其檢測用天線應分別與地面呈垂直、水平設置狀態。在該設置狀態下，具有可確認電波通信狀態之功能，且其操作說明書應記載有關設置時如何確認電波通信狀態之內容，並以申請人所設計極化值為準，於電場強度最大及最小方向，應在設計值（最大值及最小值）以上。

煙霧量測儀器（光學濃度計）

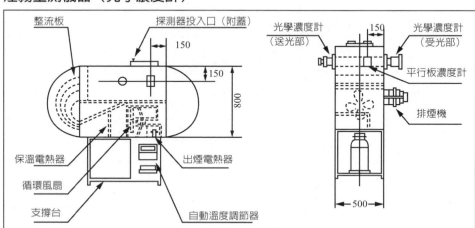

減光率長度單位為公尺，對送光部和受光部間距離以 Lambert 法則換算為每公尺減光率。

$$En = [1 - \{1 - (E1/100)\}n] \times 100$$

En：相當於 1m 之減光率對試驗裝置送光部和受光部之間之距離後換算之減光率(%)
E1：相當於 1m 之減光率（%）
n：使用之試驗裝置送光部和受光部之間之距離（m）

主要試驗設備

試驗設備名稱	規格內容	數量	備註
尺寸測定器	鋼尺、遊標卡尺	各1	
交流電源供應器	110V、220V、60Hz	1	定期校正
直流電源供應器	30V/3A		
環境溫溼度計	環境紀錄器（±5%）	1	定期校正
絕緣電阻計	測定電壓 DC500V、DC1000V 以上	1	定期校正
絕緣耐壓機	測定電壓 500~2000Vac 範圍可調	1	定期校正
耐電擊試驗設備	高頻雜訊模擬器可調整衝擊波為方波 可設定測試電壓 500V，脈波寬 1μs、0.1μs。	1	
風速計	0.1~20.0（m/s）測定範圍。（±5%）	1	定期校正
數位式三用電表	電流測定為≥ 0~1A，解析度為 0.1mA（±1%）電壓 測定為≥ 0~300V，解析度為 0.1V（±1%） 電阻測定為≥ 0~100MΩ，解析度為 1Ω（±1%）	1	定期校正
音壓位準試驗裝置	無響室：應符合 CNS14657（聲學－測定噪音源音響 功率之精密級方法 - 用於無響室和半無響室）或同等 國際規範之規定。 音壓位準量測之聲度表（噪音計）或分析儀：符合 CNS13583 或相當標準之規定。Type1 等級噪音計， 準確度 ±1dB。 噪音計或分析儀需能分析頻率範圍。	各1	噪音計需定期校正
氣流試驗設備	裝置需符合基準設置規定。 風速應可維持（5±0.5）m/s 範圍之穩定氣流。	1	
外光試驗設備	裝置需符合基準設置規定。 照度應可維持（5000±50）lux 範圍。	1	
溫度溼度試驗裝置	恆溫恆溼機 溫度調整 -10~100℃，解析度為 0.1℃。（±5%） 溼度調整 80~95%（20~45℃間）。（±5%）	1	定期校正
振動試驗機	振動頻率每分鐘 1000 次以上，全振幅 4mm。	1	
落下衝擊試驗機	最大加速度（50±5）g	1	
腐蝕試驗裝置	1.5 公升試驗用容器 2. 硫代硫酸鈉、硫酸、氯化氫、氨等 3. 恆溫設備（溫度（45±2）℃）	各1	
靈敏度試驗裝置	符合相關規定	1	
	符合相關規定	1	
	符合相關規定	1	

住宅用火災警報器型式試驗紀錄表

申請者				型式	
種類				型號	
試驗日期				試驗人員	
溫度、溼度				會同人員	

試驗項目				NO.1	NO.2	NO.3	試驗結果
初次靈敏度等試驗電源電壓變動	靈敏度	高壓 V	動作				□良□不良
			不動作				□良□不良
		低壓 V	動作				□良□不良
			不動作				□良□不良
	方向性		動作結果				□良□不良
	附屬裝置（移報等）		試驗結果				□良□不良
	警報音	高壓 V		dB	dB	dB	□良□不良
		消耗電流		mA	mA	mA	
		低壓 V		dB	dB	dB	□良□不良
		消耗電流		mA	mA	mA	
	警報停止開關		試驗結果				□良□不良
	電源耗盡警報		試驗結果				□良□不良
	自動試驗功能		試驗結果				□良□不良
	□氣流／□外光		試驗結果				□良□不良
周圍溫度	低溫 0℃		動作				□良□不良
			不動作				
	高溫 40℃		動作				□良□不良
			不動作				
耐電擊試驗			誤動作				□良□不良
			動作				
			不動作				
振動、落下衝擊			誤動作				□良□不良
			動作				
			不動作				
			構造				
溼度試驗			監視狀態				□良□不良
			動作				
腐蝕試驗（限耐蝕者）			動作				□良□不良
			不動作				
絕緣電阻試驗			端子間	MΩ	MΩ	MΩ	□良□不良
			充電部外殼間	MΩ	MΩ	MΩ	
絕緣耐壓試驗			端子間	V	V	V	□良□不良
			充電部外殼間	V	V	V	
零件			試驗結果				□良□不良
構造、標示			檢查結果				□良□不良
其他試驗			試驗結果				□良□不良
備註							

5-5 緊急廣播設備用揚聲器認可基準（101年11月發布）

揚聲器用語定義

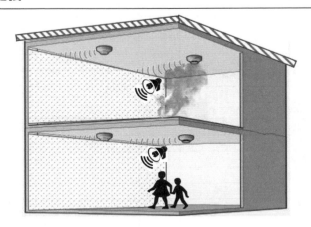

1. 揚聲器：指由增幅器以及操作之作動，發出必要音量播報警報音或其他聲音之裝置。
2. 圓錐型揚聲器：外形為圓形、四方型、變形四方形或橢圓形等之揚聲器。
3. 號角型揚聲器：外形為號角形之揚聲器。

指向係數

為該點方向之音壓強度與全方向平均值之音壓強度比值，公式如下：

$$Q = \frac{I_d}{I_o}$$

Q：揚聲器之指向係數。
I_d：距離揚聲器 1m 處，該方向之直接音壓強度。
I_o：距離揚聲器 1m 處，全方向之直接音壓強度之平均值。

指向特性

揚聲器於正面軸上所測得之最高音壓位準，隨遠離正面軸而逐漸衰減，
其極座標圖示（Polar diagram）之音壓位準曲線所顯示揚聲器之指向特徵。

音壓位準定義與試驗

音壓位準（Sound pressure level, Lp）：隨著音波存在所產生空氣中之音壓量之大小
表示，又稱聲壓位準，單位為分貝（dB），其公式如下：

$$L_p = 20 \log_{10} \frac{P}{P_0}$$

L_P：音壓位準（dB）
P：音壓之實效值（Pa）
P_0：基準音壓（$= 2 \times 10^{-5}$ Pa）

音壓位準試驗

以額定功率之第二信號音為音源，揚聲器置於無響室內，以聲度表距離揚聲器 1m
處，量測其最大音壓位準。
上述量測最大音壓值應在下表規定值以上。

等級	S 級	M 級	L 級
音壓位準	84dB~87dB	87dB~92dB	92dB 以上

5-6 119火災通報裝置認可基準（107年5月發布）

用語定義

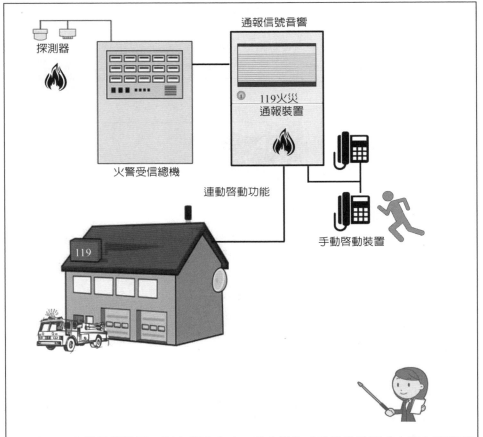

（一）119火災通報裝置：指火災發生時，藉由操作手動啓動裝置或火警自動警報設備之連動啓動功能，透過公眾交換電話網路與消防機關連通，以蓄積語音進行通報，並可進行通話之裝置。

（二）手動啓動裝置：指火災通報專用之按鈕、通話裝置、遠端啓動裝置等。

（三）蓄積語音：預先錄製語音訊息供火災通報時傳達訊息。

（四）通報信號音：顯示係由119火災通報裝置所發出通報之音響。

（五）連動啓動功能：指119火災通報裝置透過火警自動警報設備的探測器動作而啓動，並向消防機關發出通報。

119 火災通報裝置外觀構造試驗

（一）撥號信號（119）以複頻撥號方式發出信號。
（二）在發出撥號信號並偵測應答後，蓄積語音應能自動送出，且蓄積語音需爲自始播放之模式。
（三）蓄積語音應依下列規定：
　　1. 由通報信號音與自動語音所組成。
　　2. 自動語音應符合下列規定：
　　　　(1) 透過操作手動啓動裝置，其自動語音訊息應包括火災表示、建築物所在地址、建築物名稱及聯絡電話等相關內容。
　　　　(2) 透過連動啓動功能，其自動語音訊息應表示火警自動警報設備啓動、建築物所在地址、建築物名稱及聯絡電話等相關內容。
　　3. 蓄積語音訊息應儲存於適當之記憶體中。
（四）應有禁止通報時撥接電話之措施。
（五）119 火災通報裝置不得設有足以影響火災通報功能之附屬裝置。
（六）監視常用電源之裝置應設於明顯易見之位置。
（七）電源回路應設置適當之過電流保護裝置。
（八）預備電源應依下列規定：
　　1. 當常用電源停電，持續 60 分鐘待機狀態後，需保有 10 分鐘以上可進行火災通報之電源容量。
　　2. 預備電源應爲密閉型蓄電池。
（九）額定電壓超過 60V 以上之金屬製外箱，應設接地端子。
（十）119 火災通報裝置之通信介面、電磁相容及電氣安全應符合國家通訊傳播委員會所訂「公眾交換電話網路終端設備技術規範」，並經審驗合格。

119火災通報裝置性能試驗

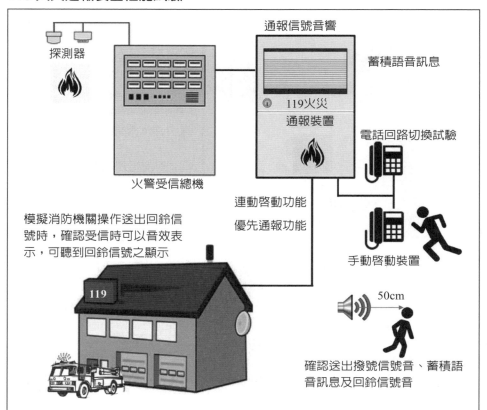

性能試驗應視需要以119火災通報裝置模擬試驗裝置及模擬電話回路確認。

（一）手動啟動裝置試驗：

依申請圖面註記之方法操作手動啟動裝置，反覆操作 10 次以上，確認可送出撥號信號。試驗時手動啟動裝置應可輕易確實操作。同時撥號信號應立即送出，且需有完成動作時之顯示。

（二）電話回路切換試驗：

連接 119 火災通報裝置之電話回路通話時，操作手動啟動裝置，應可捕捉到模擬電話回路並強制切換至發信狀態。

（三）優先通報試驗：

操作手動啟動裝置時確認模擬消防機關為第一順位之通報對象。

（四）蓄積語音訊息試驗：

1. 透過操作手動啟動裝置，其通報信號音之基本頻率約為 800 Hz±3 之單音，連續 3 音並重複 2 次。

2. 透過連動啓動功能，其通報信號音之基本頻率爲 440 Hz 以上之單音，連續 2 音並重複 2 次。（第二音的頻率約爲第一音頻率的六分之五）
3. 自動語音訊息的內容應清楚明瞭且爲電子回路所合成之女聲發音。
4. 每一區段之蓄積語音應在 30 秒以內，蓄積語音訊息應於模擬消防機關應答時即行開始。

（五）蓄積語音等訊息送出試驗：
在揚聲器前方 50 公分位置確認模擬電話回路送出時的撥號信號音、蓄積語音訊息及回鈴信號音。測試時聲音應明瞭且清晰。

（六）再撥號試驗：
於模擬消防機關通話時，確認可自動重新撥號。重新撥號時需持續且確實動作。

（七）通話功能及回鈴應答試驗：
1. 每一區段之蓄積語音訊息應持續重複送出，直到模擬消防機關操作送出回鈴信號。
2. 模擬消防機關操作送出回鈴信號時，需可正確偵測回鈴信號，確認受信時可以音效表示。測試時可聽到回鈴信號之顯示。
3. 確認對於前項之確認回鈴的應答，應可進行清晰通話。
4. 10 秒內未收到回鈴信號，應可重複進行撥號。
5. 在蓄積語音訊息送出時，以手動操作，確認可迅速切換到通話狀態，並可清晰通話。

（八）火災通報功能影響試驗：
如具火災通報以外之功能，應確認該功能動作時不會對火災通報功能造成有害之影響。測試時火災通報功能應正常動作。

（九）預備電源切換試驗：
重複操作 3 次，確認常用電源的回路切斷時自動切換爲預備電源及常用電源復歸時能自動切回常用電源。測試時預備電源應能確實切換。

（十）電壓變動試驗：
常用電源應在額定電壓的 90% 及 110% 之間，預備電源應在 85% 及 110% 之間，確認 119 火災通報裝置動作。測試時 119 火災通報裝置應確實動作。

（十一）撥號信號等送出試驗（單機功能）：
當無電話回路時，確認撥號信號的送出及蓄積語音訊息可清楚顯示。測試時無模擬電話回路，撥號信號的送出及蓄積語音訊息應可清楚顯示，且單機功能不影響其他功能。

119 火災通報裝置標示檢查

火災專用通報裝置

（一）應於本體上之明顯易見處，以不易磨滅之方法，標示下列事項（進口產品亦需以中文標示）：
1. 裝置名稱及型號
2. 製造廠商名稱或商標
3. 製造年月
4. 額定電壓 (V)
5. 預備電源的廠牌、種類、電壓、容量
6. 操作方法概要及注意事項
7. 國家通訊傳播委員會審驗合格標籤
8. 型式認可號碼
9. 119 火災通報裝置各操作部分名稱及操作內容
10.產地
前 1～10 項應於 119 火災通報裝置明顯易見處，以不易磨滅之印刷、刻印或不易取下之銘板標示，標示內容需與申請圖面符合。
（二）檢附操作說明書及符合下列事項：
1. 應附有簡明清晰之安裝、接線及操作說明，並提供圖解輔助說明。
2. 包括產品安裝、接線及操作之詳細注意事項及資料。同一容器裝有數個同型產品時，至少應有一份安裝及操作說明書。
3. 詳述其檢查及測試之程式及步驟。
其他特殊注意事項（特別是安全注意事項）。

型式認可基本設計資料

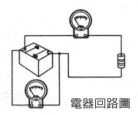

電器回路圖

當常用電源停電，持續60分鐘待機，保有≥10分鐘電源容量

（一）構造、零件裝置名稱、尺寸及材質等：
 1. 記載尺寸、名稱之完成圖說
 2. 尺寸、名稱（CNS 規定之材質、符號）
 3. 電器回路圖
 4. 構件組合圖
 5. 應標示事項的內容、標示位置
 6. 使用方法、操作注意事項等
 7. 保養、檢查要領說明書
（二）性能計算書：
 1. 蓄積語音儲存時間
  每一區段蓄積語音秒數。
 2. 預備電池容量
  當常用電源停電，持續 60 分鐘待機狀態後，需保有 10 分鐘以上可進行火災通報之電源容量。
 3. 蓄積語音訊息
  通報信號音與語音訊息內容。

主要試驗試驗設備

品　名		規格說明	數　量
抽 樣 表		依本基準之規定	1 式
亂 數 表		CNS 9042 或本基準有關之規定	1 部
計 算 器		8 位元數以上工程用電子計算器	1 個
溫溼度記錄器		一般市面上販售品	1 台
碼　錄		解析度 1/100 sec	1 個
尺寸測量器	遊標卡尺	測定範圍 0 至 150 mm，最小刻度 1/100 mm	1 個
	分釐卡	測定範圍 0 至 25 mm，最小刻度 1/100 mm	1 個
	直尺	測定範圍 1 至 30 cm，最小刻度 1 mm	1 個
	卷尺（布尺）	測定範圍 1-15m，最小刻度 1cm。	1 個
試 驗 裝 置		試驗裝置除了能以電話回路進行性能測試，也必須具備實際可進行測試之模擬裝置（如模擬消防機關回鈴功能）。	1 式
數位式電表		電流測定範圍：0 至 30mA 以上。電阻測定範圍：0 至 20MΩ 以上。 電壓測定範圍：0 至 1000V 以上 AC 或 DC。	1 台
試驗用電源裝置		可進行電壓變動試驗之裝置	1 台
頻譜分析儀		需能分析頻率範圍之裝置	1 台

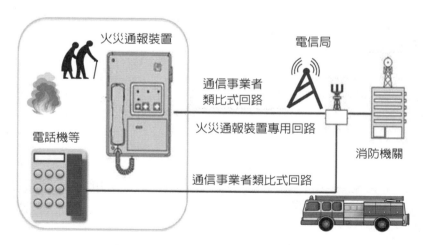

（福岡市消防用設備等技術基準，平成26年）

119 火災通報裝置產品明細表

項目	明 細		
型號			
功能	1. 回路容量：-　　　　　　　　　回路 2. 蓄積語音儲存記憶體種類： 3. 語音合成方式： 4. 音質：　　Kbit/s 5. 蓄積語音記憶時間：　　　　　　秒 　　通報訊息音：　　　　　　　　秒 　　通報內容（地區）：　　　　　秒 6. 119 專線應答判別方式 7. 119 專線回鈴時信號動作： 8. 119 專線通報完成程式： 9. 自火災通報接點移報自保持時的再啟動防止措施： 10. 手動啟動停止功能： 11. 消耗電力：　　　(W)　VA 12. 預備電源動作時間（額定動作時）：　　　　分 13. 單機功能： 14. 火災通報以外的功能：		
電源電壓、容量	AC　　　　　V；DC　　　V（　　電池）　V　　　　mAH		
尺寸	本體	mm　×mm　×mm	
	啟動裝置	mm　×mm　×mm	
	顯示裝置	mm　×mm　×mm	
	附屬裝置	mm　×mm　×mm	
總重量			kg
119 火災通報裝置之動作概要			

檢查項目及數量

檢查項目 ＼ 試驗別	型式認可	個別認可	備考
(1) 外觀、構造、形狀、材質及尺寸試驗	2	○	
(2) 整體動作試驗	2	◎	
(3) 性能試驗			
1. 手動啓動裝置試驗	2	◎	
2. 電話回路切換試驗	2	◎	
3. 優先通報試驗	2	◎	
4. 蓄積語音訊息試驗	2	◎	
5. 蓄積語音等訊息送出試驗	2	－	
6. 再撥號試驗	2	◎	
7. 通話功能及回鈴應答試驗	2	◎	
8. 火災通報功能影響試驗	2	◎	
9. 預備電源切換試驗	2	－	
10. 電壓變動試驗	2	－	
11. 撥號信號等送出試驗（單機功能）	2	－	
(4) 附屬裝置試驗	2	◎	
(5) 標示試驗	2	○	

備註：
◎表示樣品個別認可分項試驗檢查項目及數量
○表示樣品個別認可一般試驗檢查項目及數量

119 火災通報裝置型式試驗紀錄表

申請者		型號	
試驗日期		試驗人員	
溫溼度		查驗人員	

試驗項目內容				樣品			
				A		B	
外觀等試驗	構造、形狀、材質			□良	□否	□良	□否
	外觀狀況			□良	□否	□良	□否
	尺寸	本體	長	mm		mm	mm
			寬	mm		mm	mm
			高	mm		mm	mm
				mm		mm	mm
				mm		mm	mm
				mm		mm	mm
性能試驗	整體動作試驗			□良	□否	□良	□否
	手動啓動裝置試驗		操作容易、確實	□良	□否	□良	□否
			選擇信號開始送出	秒		秒	
			發報表示	□良	□否	□良	□否
	電話迴路切換試驗		發信時	□良	□否	□良	□否
			收信時	□良	□否	□良	□否
	優先通報試驗			□良	□否	□良	□否
	蓄積語音訊息試驗	手動啓動	通報信號音	□良	□否	□良	□否
			自動語音	□良	□否	□良	□否
			蓄積語音儲存時間	秒		秒	
	蓄積語音等訊息送出試驗			□良	□否	□良	□否
	再撥號試驗			□良	□否	□良	□否
	通話功能試驗	回鈴應答	10 秒未回鈴再通報	□良	□否	□良	□否
			回鈴時的聽覺顯示	□良	□否	□良	□否
			應答、通話	□良	□否	□良	□否
		手動操作切換、通話		□良	□否	□良	□否
	火災通報功能影響試驗			□良	□否	□良	□否

				□良	□否	□良	□否
	預備電源切換試驗			□良	□否	□良	□否
	電壓變動試驗	常用電源	90%~110%	□良	□否	□良	□否
		預備電源	85%~110%	□良	□否	□良	□否
	單機功能試驗			□良	□否	□良	□否
附屬裝置試驗	火警自動警報設備之連動啓動試驗	回鈴時的聽覺顯示		□良	□否	□良	□否
		應答、通話		□良	□否	□良	□否
		通報信號音		□良	□否	□良	□否
		自動語音		□良	□否	□良	□否
		蓄積語音儲存時間			秒		秒
標示檢查				□良	□否	□良	□否
備註				判定			
				□合格 □不合格 　原因： □給予補正 　補正日期：			

火警自動警報設備檢修完成標示附加位置圖例

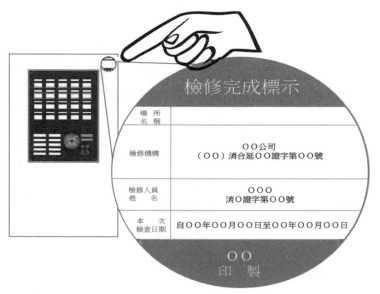

（火警受信總機於其附近，檢修機構專用，紅色為底，內政部消防署 2019）

第6章
測試方法及判定要領

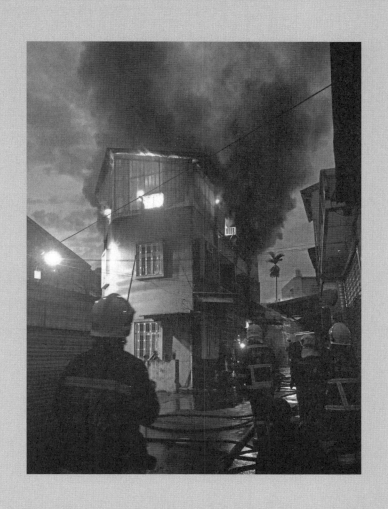

6-1 火警自動警報設備測試報告書外觀試驗 （一）

測試項目			測試方法	判定要領
外觀試驗	火警分區	火警分區設定	以目視確認火警分區之狀況。	a 每一火警分區不得超過一樓層。但一個火警分區之面積在 500m² 以下，且該火警分區跨越二個樓層時，不在此限。 b 一個火警分區之面積應在 600m² 以下。如由主要出入口或直通樓梯出入口能直接觀察該樓層任一角落時，得增為 1,000m² 以下。 c 每一分區之任一邊長不得超過 50m。但裝設光電式分離型探測器時，其邊長得在 100m 以下。
	受信總機	設置場所等 — 設置場所	以目視確認設置場所等之狀況。	a 應設置在防災中心等經常有人駐守之場所。 b 應設置在無因溫度、溼度、撞擊、振動等而影響機器性能之場所。 c 應設置在機器無受損傷之虞之場所。
		設置場所等 — 周圍狀況、操作性	以目視確認設置場所等之狀況。	a 應設在操作或檢修實施上不會造成妨礙之位置，且保有操作等所需空間。 b 應設置在不會因直射日光、外光、照明等而影響表示燈亮燈之位置。
		設置場所等 — 設置狀況	以目視確認設置場所等之狀況。	應牢固地設置，避免因地震等而傾倒。
		構造・性能	以目視確認機器之狀況。	a 應附有商品檢驗標識。 b 機器各部分應無變形、損傷等。 c 充電部如有被人從外部輕易觸摸之虞，應加以保護。 d 保險絲等之容量應適當正常，且其安裝不致輕易鬆脫。 e 如設有接地端子者，應予適當接地。
		操作部	以目視確認機器之狀況。	a 電源監視裝置應正常。 b 操作開關應在距樓地板高度 0.8m（如採坐式操作者，則為 0.6m）以上 1.5m 以下，可容易操作之處，無損傷、鬆脫等，停止點應明確。 c 各種表示燈之亮燈狀態應正常，且燈光應可從前面距離 3m 之位置明確識別。

受信總機外觀試驗

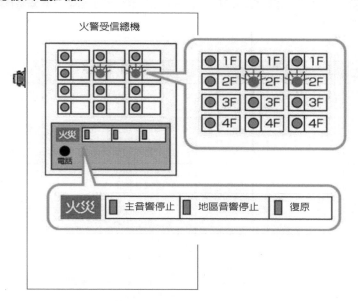

設置場所

1. 應設置在防災中心等經常有人駐守之場所。
2. 應設置在無因溫度、溼度、撞擊、振動等而影響機器性能之場所。
3. 應設置在機器無受損傷之虞的場所。

受信總機

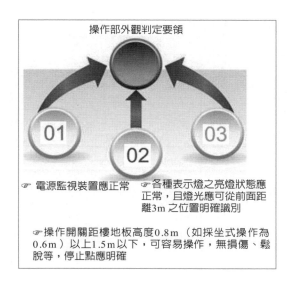

6-2 火警自動警報設備測試報告書外觀試驗（二）

測試項目			測試方法	判定要領
外觀試驗	受信總機	操作部	以目視確認機器之狀況。	d 表示裝置上應以不易磨滅方法標示，並適當表示火警分區之名稱。
		預備品	以目視確認備用品等之狀況。	a 應備有識別火警分區一覽圖、配線圖、備用品等。 b 如具自動試驗性能者，應備有系統控制圖。
	中繼器	設置場所	以目視確認設置場所等之狀況。	a 應設置在無因溫度、溼度、撞擊、振動等而影響機器性能之場所。 b 應在操作上或檢修實施上不會造成妨礙之位置，且確保操作等所需之空間。 c 應設置在機器無受損傷之虞的場所。
		構造・性能	以目視確認機器之狀況。	a 機器各部分應無變形、損傷等。 b 充電部如有被人從外部輕易觸摸之虞，應加以保護。 c 保險絲等之容量應適當正常，且其安裝不致輕易鬆脫。 d 如設有接地端子者，應予以適當接地。
		預備品	以目視確認備用品等之狀況。	a 應備有識別火警分區一覽圖、配線圖、備用品等。 b 如具自動試驗性能者，應備有系統控制圖。
	電源	常用電源	以目視確認電源之狀況。	a 應為專用回路。 b 電源容量應適當正常。
		緊急電源種類	確認緊急電源之種類。	應為蓄電池設備，其容量能使其有效動作十分鐘以上。
	探測器	警戒、設置狀況、構造、性能	差動式侷限型	a 探測器下端應在裝置面下方 30cm 範圍。 b 應設在距離牆上出風口 1.5m 以上之位置。 c 探測器之裝置不得傾斜成 45 度以上。 d 如具有定溫式之性能者，應裝設在平時之最高周圍溫度，比補償式侷限型探測器之標稱定溫點或其他具有定溫式性能探測器之標稱動作溫度低攝氏二十度以上處。但具二種以上標稱動作溫度者，應設在平時之最高周圍溫度比最低標稱動作溫度低攝氏二十度以上處。
			定溫式侷限型	
			補償式侷限型	
			熱複合式侷限型	以目視確認設置狀況。
			熱類比式侷限型	

中繼器外觀試驗

構造性能

①機器各部分應無變形、損傷等

②充電部如有被人從外部輕易觸摸之虞，應加以保護

③保險絲等之容量應適當正常，且其安裝不致輕易鬆脫施

④如設有接地端子者，應予以適當接地

蓄電池外觀試驗

測試項目		測試方法	判定要領
電源	常用電源	以目視確認電源之狀況。	a　應為專用回路。 b　電源容量應適當正常。
	緊急電源種類	確認緊急電源之種類。	應為蓄電池設備，其容量能使其有效動作十分鐘以上。

6-3 火警自動警報設備測試報告書外觀試驗（三）

測試項目			測試方法	判定要領
外觀試驗	探測器	警戒狀況、設置狀況、構造、性能	定溫式感知線型	以目視確認設置狀況。	a 感知線應設置在裝置面下方 0.3m 以內之位置。 b 應設置在周圍溫度低於標稱動作溫度 20 度以上場所。 c 感知線之安裝在直線部分以每 0.5m（如有下垂之虞時，則為 0.35m）以內之間隔固定；在彎曲部分以每 0.1m 以內之間隔固定。 d 感知線之彎曲半徑應在 0.05m 以上。 e 感知線之接續，應使用端子接線。
			差動式分布型（空氣管式）	以目視確認設置狀況。	a 空氣管應設在裝置面下方 0.3m 以內，距離裝置面之各邊 1.5m 以內之位置。 b 空氣管之相互間隔，如主要結構為防火構造者，應在 9m（如為其他結構者，則為 6m）以下。但感知區域之規模或形狀，可有效感知火災之發生時，不在此限。 c 任一感知區域之空氣管露出長度，應在 20m 以上。 d 任一接續於檢出部之空氣管長，應在 100m 以下。 e 檢出部不得前後傾斜 5 度以上。 f 不同檢出部空氣管平行時，其相互間隔應在 1.5m 以內。 g 空氣管在直線部分以 0.35m 以內之間隔固定；在接續或彎曲部分以 5cm 以內之間隔固定。 h 空氣管之彎曲半徑應在 5mm 以上，且無破損等。 i 安裝於纖維板、耐火板上時，應能充分獲得熱效果而設置在外。 j 空氣管應使用接續管（sleeve）接續，並予焊接，且接續部分應施以防蝕之塗裝等。 k 如傾斜達 3/10 以上之天花板，空氣管之間隔，在其頂部應以密集方式，在下方則應以疏鬆方式設置。 l 空氣管貫穿牆壁部分應設置保護管、軸套（bushing）等。
			差動式分布型式（熱電偶式）	以目視確認設置狀況。	a 熱電偶部應設置在裝置面下方 0.3m 以內。 b 任一感知區域之熱電偶部的接續個數，應為 4 個以上。 c 接續在任一檢出部之熱電偶部的個數，應為 20 個以下。 d 檢出部不得傾斜 5 度以上。 e 熱電偶部和電線之接續，係在壓著接續後，以塑膠套管等被覆壓著部確實地接續。 f 對熱電偶部之極性應無誤接。 g 固定配線之固定，不得固定在熱電偶部。

差動式分布型（空氣管式）外觀試驗

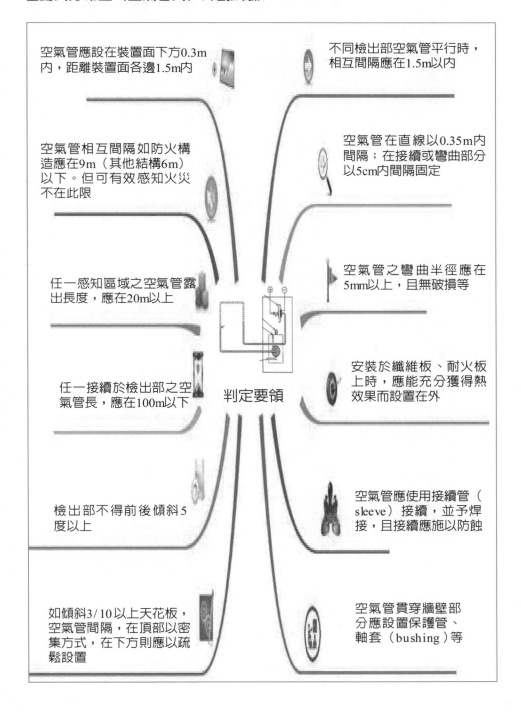

空氣管應設在裝置面下方0.3m內，距離裝置面各邊1.5m內

不同檢出部空氣管平行時，相互間隔應在1.5m以內

空氣管相互間隔如防火構造應在9m（其他結構6m）以下。但可有效感知火災不在此限

空氣管在直線以0.35m內間隔；在接續或彎曲部分以5cm內間隔固定

任一感知區域之空氣管露出長度，應在20m以上

空氣管之彎曲半徑應在5mm以上，且無破損等

判定要領

任一接續於檢出部之空氣管長，應在100m以下

安裝於纖維板、耐火板上時，應能充分獲得熱效果而設置在外

檢出部不得前後傾斜5度以上

空氣管應使用接續管（sleeve）接續，並予焊接，且接續應施以防蝕

如傾斜3/10以上天花板，空氣管間隔，在頂部以密集方式，在下方則應以疏鬆設置

空氣管貫穿牆壁部分應設置保護管、軸套（bushing）等

6-4 火警自動警報設備測試報告書外觀試驗（四）

測試項目			測試方法	判定要領
外觀試驗	探測器	警戒狀況、設置狀況、構造、性能	差動式分布型（熱半導體式）	以目視確認設置狀況。	a 感熱部下端應設置在裝置面下方 0.3m 以內。 b 任一感知區域之感熱部的接續個數，應為 2 個（裝置面高度未滿 8m 時，則為 1 個）以上。 c 接續在任一檢出部之感熱部的個數，應為 2 個以上 15 個以下。 d 檢出部不得傾斜 5 度以上。 e 感熱部和檢出部之接續應以直列接續。 f 對感熱部之極性應無誤接。
			偵煙式探測器（光電式分離型及類比式除外） 離子類比式侷限型 光電類比式侷限型	以目視確認設置狀況。	a 探測器下端應設置在裝置面下方 0.6m 以內。 b 應設置在距離牆壁或樑 0.6m 以上之位置。但走廊等寬度未滿 1.2m 時，應設置在中心部。 c 如為天花板高度未滿 2.3m 之居室或未滿 40m2 之居室，應設置在入口附近。 d 如為天花板附近有排氣口或回風口之居室，應設置在該排氣口或回風口周圍 1.0m 範圍；如為有換氣口等出風口之居室，應設置在距離該出風口 1.5m 以上之位置。 e 不得傾斜 45 度以上。 f 除走廊、通道、樓梯及坡道以外，應在每一感知區域設置探測器。 g 設於走廊及通道時，步行距離應在 30m（如為第三種探測器，則為 20m）以下。但下列情形，得免設： (a) 未和樓梯相接之 10m 以下的走廊或通道。 (b) 至樓梯之步行距離在 10m 以下的走廊或通道。 (c) 開放式的走廊或通道。 h 設於樓梯或坡道時，垂直距離每 15m（如為第三種探測器，則為 10m）應設置 1 個以上。但在開放式的樓梯上，得免設。 i 昇降機坑道及管道間（管道截面積在 1m² 以上者），其最上部應設置 1 個以上。但下列情形，得免設： (a) 在昇降路頂部設有昇降機機械室，且昇降路與機械室間有開口時，應設於機械室，昇降路頂部得免設。 (b) 通風管或其他類似場所，為二層樓以下，且有完整的水平區劃時。 (c) 和開放式走廊等相接之昇降機昇降路等。

偵煙探測器等外觀判定要領

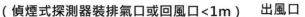

（偵煙式探測器裝排氣口或回風口<1m）　　出風口

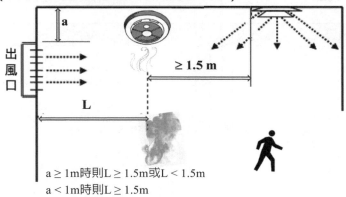

a ≥ 1m時則L ≥ 1.5m或L < 1.5m
a < 1m時則L ≥ 1.5m

（火焰式、差動式分布型、光電式分離型探測器除外）

判定要領

偵煙式探測器（光電式分離型及類比式除外）：

・離子類比式局限型
・光電類比式局限型

如為天花板附近有排氣口或回風口之居室，應設置在該排氣口或回風口周圍 1.0m
範圍；如為有換氣口等出風口之居室，應設置在距離該出風口 1.5m 以上之位置。

探測器設置位置

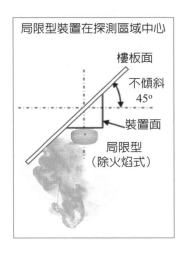

局限型裝置在探測區域中心

樓板面

不傾斜
45º

裝置面

局限型
（除火焰式）

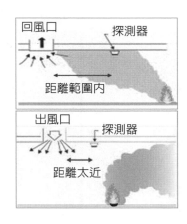

回風口　　　探測器

距離範圍內

出風口　　　探測器

距離太近

6-5 火警自動警報設備測試報告書外觀試驗（五）

測試項目			測試方法	判定要領
外觀試驗	探測器	警戒狀況、設置狀況、構造、性能		
			熱煙複合式侷限型 以目視確認設置狀況。	a 探測器下端應設置在裝置面下方 0.3m 以內。 b 應設置在距離牆壁或樑 0.6m 以上之位置。 c 如為天花板高度未滿 2.3m 之居室或未滿 40m² 之居室，應設置在入口附近。 d 如為天花板附近有排氣口或回風口之居室，應設置在該排氣口或回風口周圍 1.0m 範圍；如為有換氣口等出風口之居室，應設置在距離該出風口 1.5m 以上之位置。 e 不得傾斜 45 度以上。 f 除走廊、通道、樓梯及坡道以外，應在每一感知區域設置。此時應依安裝高度等之感知面積較大者之面積，核算探測器個數。 g 設於走廊及通道時，步行距離應在 30m（如為第三種探測器，則為 20m）以下。
			光電式分離型及光電類比式分離型 以目視確認設置狀況。	a 探測器之受光面應設在無日光照射之處。 b 應設在與探測器光軸平行牆壁距離六十公分以上之位置。 c 探測器之受光器及送光器，應設在距其背部牆壁一公尺範圍內。 d 應設在天花板等高度二十公尺以下之場所。 e 探測器之光軸高度，應在天花板等高度百分之八十以上之位置。 f 探測器之光軸長度，不得大於該探測器之標稱監視距離，且在 100m 以下。 g 探測器之光軸與警戒區任一點之水平距離，不得大於七公尺。
			火焰式探測器 以目視確認設置狀況。	a 探測器應設置在天花板等或牆壁上。 b 探測器應設置在依牆壁區劃之各區域，從距該區域之樓地板面高度在 1.2m 以下的空間各部分，至該探測器之距離在標稱監視距離的範圍內。 c 應防止因障礙物等而無法有效感知火災發生。 d 探測器應設置在不受日光照射之位置。但為防止發生感知障礙而設有遮光板等時，不在此限。

光電式分離型探測器裝設

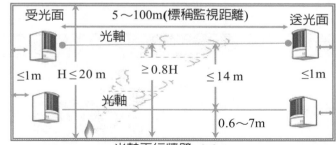

光軸平行牆壁 0.6m

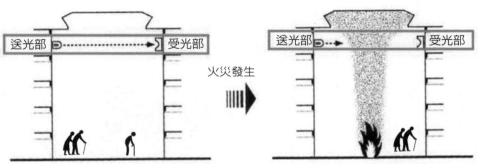

適用場所：挑高天花板、大規模空間　　　　　煙粒子遮蔽光量啓動探測器

火焰式探測器裝設

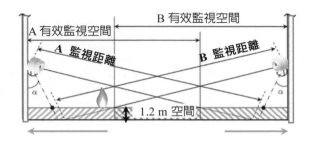

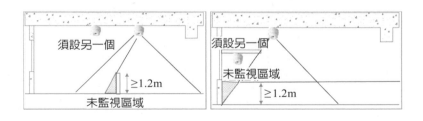

6-6 火警自動警報設備測試報告書外觀試驗 （六）

	測試項目		測試方法	判定要領
外觀試驗	手動報警機	設置場所	以目視確認設置狀況。	a 應設置於明顯易見且操作容易之場所。 b 按鈕開關之位置應設在距離地板面 1.2m 以上 1.5m 以下。 c 每一火警分區應設置一個。 d 應無妨礙操作之障礙物。 e 如設於有腐蝕性氣體滯留之虞的場所，應採取適當之防護措施。 f 裝置於屋外者，應具防水性能。
		構造、性能	以目視確認機器之狀況。	a 應無變形、損傷、腐蝕等。 b 伴隨消防栓箱等箱門開關，可動配線等應採取防止因開關而妨礙性能之措施。
	標示燈	設置場所	以目視確認設置場所等之狀況。	a 應設置在手動報警機之附近。 b 應設置在人明顯易見之位置。 c 如設於有腐蝕性氣體滯留之虞的場所，應採取適當之防護措施。 d 裝置於屋外者，應具防水性能。 e 標示燈與裝置面成 15 度角，在 10m 距離內需無遮視物且明顯易見。
		構造	以目視確認機器之狀況。	a 燈光應為紅色。 b 應無變形、損傷、腐蝕等。
	地區音響裝置	設置場所	以目視確認設置場所等之狀況。	a 應設置在無妨礙音響效果之位置。 b 從設置樓各部分至任一地區音響裝置之水平距離在 25m 以下的範圍內。 c 如設於有腐蝕性氣體滯留之虞的場所，應採取適當之防護措施。 d 如設於有可燃性氣體發生或滯留之虞的場所，應為防爆構造者。 e 如設於會受雨水等影響之場所，應採取適當之防護措施。
		構造	以目視確認機器之狀況。	應無變形、損傷、腐蝕等。

偵煙式探測器裝設（光電式分離型除外）

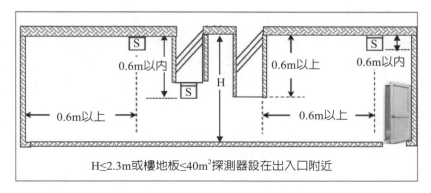

H≤2.3m或樓地板<40m²探測器設在出入口附近

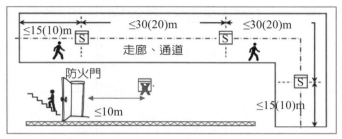

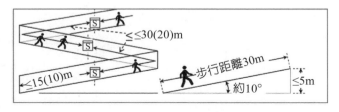

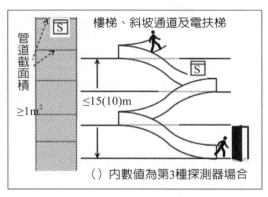

（）內數值為第3種探測器場合

6-7 火警自動警報設備測試報告書性能試驗（一）

測試項目			測試方法	判定要領
性能試驗	配線	公用線試驗	關於各個受信總機之公用線，拆下公用線，依受信總機回路斷線試驗，以試驗用測定器等確認斷線之火警分區數。	公用線供應之分區數不得超過七個。
		＊串接配線試驗	關於依下表所規定火警分區數之任意試驗回路數，在確認該試驗回路之探測器為輸送配線後，拆下探測器之一線，使該回路末端之發信機動作。 火警分區：10 以下／試驗回路數：1 11 以上 50 以下／2 51 以上／3	a 探測器之配線應為輸送配線。 b 受信總機之回路應無火災表示。
	受信總機	＊火災表示試驗 火災表示狀況	依所規定操作方法操作火警表示試驗開關，就各回路進行。（保持性能P型三級及GP型三級除外）	火災表示、保持性能應正常。
		＊火災表示試驗 二信號式機能	①依所規定操作方法操作火警表示試驗開關，就各回路進行。②在接收第一信號時使發信機動作。	a 第一信號時，地區表示裝置及主音響裝置或副音響裝置應鳴動；第二信號時，火警燈應亮燈，地區音響裝置應鳴動。 b 使發信機動作時，應立即進行火警表示。
		＊火災表示試驗 蓄積式機能	①依所規定操作方法操作火警標示試驗開關，就各回路進行。②在蓄積時間中使發信機動作。	a 應在設定時間內進行火警表示。 b 使發信機動作時，應自動解除蓄積性能，進行火警表示。
		＊注意表示試驗 注意表示狀況	依所規定操作方法操作注意標示試驗開關等，就各回路進行。	注意表示應正常。

註：具定期自動測試機能之受信總機，只要確認測試記錄紙有無異常記錄，得免除「＊」部分之試驗。

二信號式受信總機

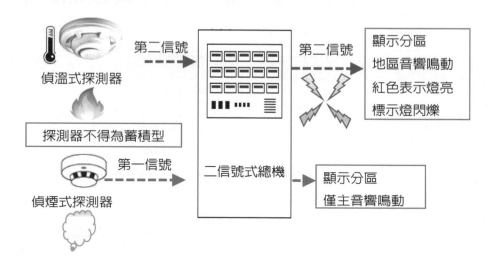

蓄積型受信總機

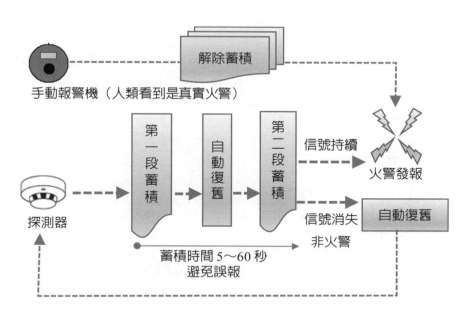

6-8 火警自動警報設備測試報告書性能試驗（二）

測試項目			測試方法	判定要領
性能試驗	受信總機	＊回路斷線試驗	操作斷線試驗開關、回路選擇開關等，就各回路逐一測試。但如為自動監視回路斷線狀況者，得拆下任一探測回路等，使其在斷線狀態。	a 試驗用測定器等之指示值應適當正常。 b 應發出斷線警報。
		＊同時動作試驗 使用常用電源時	將任意 5 回路（如為不足 5 回路之受信總機，則為全部回路）設定在火警動作狀態。	受信總機、主音響裝置、地區音響裝置、附屬裝置等性能應無異常，適當地繼續火警動作狀態。
		＊同時動作試驗 使用預備電源時	將任意 2 回路（如為只有 1 回路之受信總機，則為 1 回路）設定在火警動作狀態。	
		＊預備電源試驗 電源自動切換機能	進行主電源之切斷及回復。	電源之自動切換性能應正常。
		＊預備電源試驗 端子電壓、容量	操作備用電源試驗開關。	應有所規定之電壓值及容量。
		＊緊急電源試驗 電源自動切換機能	進行主電源之切斷及回復。	電源之自動切換性能應正常。
		附屬裝置試驗 火災表示狀況	使附屬裝置動作或在動作狀態下，依火警標示試驗及注意標示試驗之測試方法進行。	a 附屬裝置對受信總機之性能應不會造成有害之影響。 b 接續綜合操作盤者，受信總機信號應移報至綜合操作盤。
		附屬裝置試驗 二信號式		
		附屬裝置試驗 蓄積式		
		相互動作試驗（2以上受信總機）相互通話狀況	在設有受信總機之場所間，進行相互通話。	應可同時相互通話。
		相互動作試驗（2以上受信總機）地區音響裝置鳴動狀況	依所規定操作方法操作各受信總機之火警標示試驗開關。	不論從任何受信總機，地區音響裝置應正常地鳴動。
	中繼器	＊回路斷線試驗	操作斷線試驗開關、回路選擇開關等，就各回路進行。	試驗用測定器等之指示值應適當正常。
		＊預備電源試驗 電源自動切換機能	進行主電源之切斷及回復。	電源之自動切換性能應正常。
		＊預備電源試驗 端子電壓‧容量	操作備用電源試驗開關。	應有所規定之電壓值及容量。

受信總機性能試驗

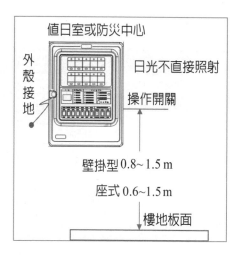

	測試項目	測試方法	判定要領
*同時動作試驗	使用常用電源時	將任意 5 回路（如為不足 5 回路之受信總機，則為全部回路）設定在火警動作狀態。	受信總機、主音響裝置、地區音響裝置、附屬裝置等性能應無異常，適當地繼續火警動作狀態。
	使用預備電源時	將任意 2 回路（如為只有 1 回路之受信總機，則為 1 回路）設定在火警動作狀態。	
*預備電源試驗	電源自動切換機能	進行主電源之切斷及回復。	電源之自動切換性能應正常。
	端子電壓、容量	操作備用電源試驗開關。	應有所規定之電壓值及容量。
*緊急電源試驗	電源自動切換機能	進行主電源之切斷及回復。	電源之自動切換性能應正常。

差動式分布型熱電偶式探測器

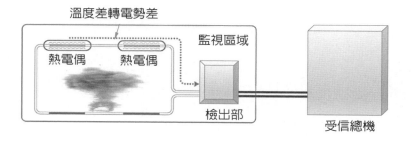

6-9 火警自動警報設備測試報告書性能試驗（三）

測試項目			測試方法	判定要領
性能試驗	差動式分布型（空氣管式）	*火災動作試驗	將空氣注入試驗器（以下簡稱「測試幫浦」）接在檢出部之試驗孔上，再將試驗旋塞對合動作試驗位置，以測試幫浦注入相當於探測器動作空氣壓（空氣膨脹壓力）之空氣量，測定自該時點至接點閉合為止之時間。	空氣注入後至接點閉合為止之時間，應在該檢出部所標示之範圍內。
		動作持續試驗	測定在動作試驗中，探測器開始動作之後至接點開放為止之時間。	接點閉合後至接點開放為止之時間，應在該檢出部所標示之範圍內。
		流通試驗	將流體壓力表接在檢出部之試驗孔或空氣管之一端，再將試驗旋塞對合流通試驗位置，以接續在另端之測試幫浦注入空氣，使流體壓力表的水位上升至約 100mm，然後停止水位。 接著以試驗旋塞等打開送氣口，測定上升水位降至 1/2 為止之時間。 另外如流體壓力表的水位不停止者，由於空氣管有外漏之虞，應中止試驗，進行檢修。	上升水位降至 1/2 為止之時間，應在依空氣管長度之下表數值的範圍內。
	差動式分布型（空氣管式）	接點水高試驗	將流體壓力表及測試幫浦接在檢出部之試驗孔或空氣管之一端，再將試驗旋塞對合接點水高試驗位置，緩緩注入空氣，測定接點閉合時之水位。	接點閉合時之水位應在各檢出部所標示之值的範圍內。
	差動式分布型（熱電偶式）	*動作試驗	將試驗器插頭插進檢出部，把電壓附加在檢出部，測定動作時之電壓。	動作時之電壓應在各檢出部所標示示之值的範圍內。
		回路合成阻抗試驗	將試驗器插頭插進檢出部，測定熱電偶回路之合成阻抗值。	合成阻抗值應為各檢出部所標示之值以下。

差動式分布型（空氣管式與熱電偶式）

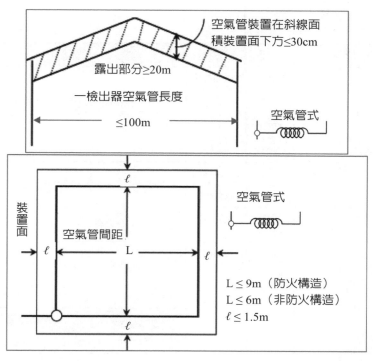

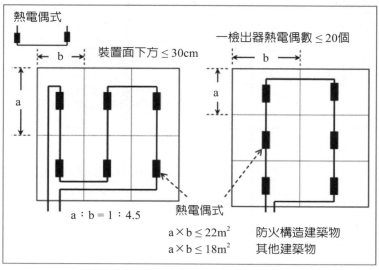

6-10 火警自動警報設備測試報告書性能試驗（四）

	測試項目		測試方法	判定要領
性能試驗	差動式分布型（熱半導體式）	*動作試驗	將試驗器插頭插進檢出部，把電壓附加在檢出部，測定動作時電壓。但如安裝位置高度未滿8m者，得依差動式侷限型動作試驗測試方法規定。	動作時之電壓應在各檢出部所標示之值的範圍內。但依差動式侷限型之試驗規定者，應依該判定基準之規定。
		回路合成阻抗試驗	將試驗器插頭插進檢出部，測定熱半導體回路之合成阻抗值。	合成阻抗值應在各檢出部所標示之值以下。
	定溫式感知線型	動作試驗	使回路末端之回路試驗器動作。	受信總機應為火警標示。
		回路合成阻抗試驗	測定探測器回路配線和感知線之合成阻抗值。	合成阻抗值應在探測器所標示之值以下。
	差動式侷限型、補償式侷限型、定溫式侷限型（再用型）、熱類比式侷限型	*動作試驗	以加熱試驗器加熱探測器，測定至探測器動作為止之時間。	探測器之動作時間應在下表所示之值以內。（詳下表）但關於定溫式侷限型探測器或熱類比式侷限型探測器，標稱動作溫度或有關火災標示之設定標示溫度和周圍溫度的差超過50度時，得將動作時間設定為2倍。

動作時間 探測器	探測器種類		
	特種	第一種	第二種
差動式侷限型、補償式侷限型	—	30 秒	30 秒
定溫式侷限型	40 秒	60 秒	120 秒
熱類比式侷限型	40 秒	—	—

差動式分布型（熱半導體式）

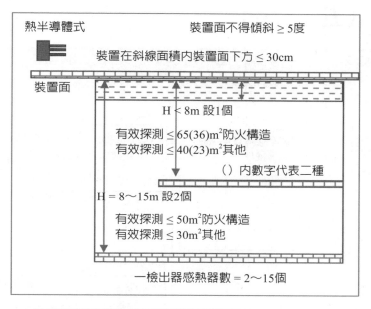

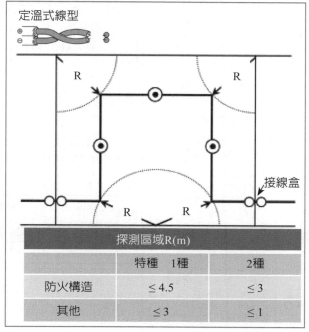

探測區域R(m)		
	特種　1種	2種
防火構造	≤ 4.5	≤ 3
其他	≤ 3	≤ 1

6-11 火警自動警報設備測試報告書性能試驗（五）

測試項目		測試方法	判定要領
性能試驗	定溫式偵限型（非再用型）	動作試驗	依所設置探測器個數，就下表抽取個數，以加熱試驗器加熱，測定至探測器動作為止時間。 **探測器設置個數 / 抽取個數** 1～10 / 1 11～50 / 2 51～100 / 4 101 以上 / 7	探測器之動作時間應在下表所示值以內。 **動作時間探測器 / 探器器種類（特種・第一種・第二種）** 定溫式偵限型 / 40秒 / 60秒 / 120秒 但標稱動作溫度和周圍溫度的差超過50度時，得將動作時間設定為2倍之值。
	離子式偵限型、光電式偵限型、離子化類比式偵限型、光電類比式偵限型	＊動作試驗	以加煙試驗器等對探測器加煙，測定至探測器動作為止之時間。	探測器之動作時間應在下表所示值以內。 **動作時間探測器 / 探測器種類（特種・第一種・第二種）** 離子式偵限型 光電式偵限型 / 離子化類比式偵限型 / 光電類比式偵限型 / 30秒 / 60秒 / 90秒 如為蓄積型探測器，動作時間應在表列時間加上標稱蓄積時間及5秒後時間以內。
	光電式分離型、光電類比式分離型	＊動作試驗	使用減光罩，測定至探測器動作為止之時間。	a 如為非蓄積型者，動作時間應在30秒以內。 b 如為蓄積型者，動作時間應在30秒加上標稱蓄積時間及5秒後之時間以內。
	火焰型探測器	＊動作試驗	以適合探測器之試驗器，照射紅外線或紫外線，測定至探測器動作為止之時間。	探測器之動作時間應在下表所示之值以內。 **動作時間探測器 / 探測器種類（室內型・室外型・道路型）** 火焰型探測器 / 30秒 / 30秒 / 30秒
	地區音響裝置	音響裝置試驗	使探測器或發信機動作。在距離音響裝置（已安裝之狀態）中心1m之位置，使用噪音計（A特性）測定音壓。	地區音響裝置應依鳴動方式正常地鳴動。音壓應在90dB以上。

註：具定期自動測試機能之受信總機，只要確認測試記錄紙有無異常記錄，得免除「＊」部分之試驗。

定溫式局限型（非再用型）

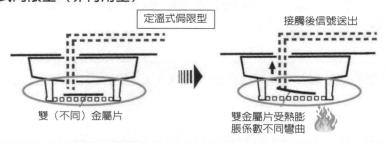

定溫式侷限型

接觸後信號送出

雙（不同）金屬片

雙金屬片受熱膨脹係數不同彎曲

測試方法	判定要領
依所設置探測器個數，就下表抽取個數，以加熱試驗器加熱，測定至探測器動作為止時間。	探測器之動作時間應在下表所示值以內。

探測器設置個數	抽取個數
1～10	1
11～50	2
51～100	4
101 以上	7

動作時間　探測器	探器器種類		
	特種	第一種	第二種
定溫式侷限型	40 秒	60 秒	120 秒

但標稱動作溫度和周圍溫度的差超過 50 度時，得將動作時間設定為 2 倍之值。

道路型火焰探測器

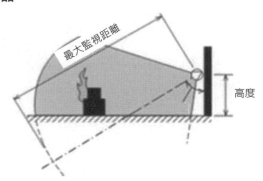

最大監視距離

高度

火焰式高度約 1m 最大檢知距離 60m、視野角 100˚

測試項目		測試方法	判定要領
火焰型探測器	＊動作試驗	以適合探測器之試驗器，照射紅外線或紫外線，測定至探測器動作為止之時間。	探測器之動作時間應在下表所示之值以內。

動作時間　探測器	探測器種類		
	室內型	室外型	道路型
火焰型探測器	30 秒	30 秒	30 秒

6-12 瓦斯漏氣火警自動警報設備測試報告書外觀試驗（一）

測試項目			測試方法	判定要領
外觀試驗	警報分區	警報分區設定	以目視確認火警分區之狀況。	a 火警分區不得跨及二個以上樓層。但一個火警分區之面積在 500m² 以下，且該火警分區跨及二個樓層時，不在此限。 b 一個火警分區之面積應在 600m² 以下。但如從該火警分區之通道中央可輕易看到標示燈時，得在 1,000m² 以下。
	受信總機	設置場所等 — 設置場所	以目視確認設置場所等之狀況。	a 應設置在防災中心等經常有人駐守之場所。 b 應設置在無因溫度、溼度、撞擊、振動等而影響機器性能之虞的場所。 c 應設置在機器無受損傷之虞的場所。
		設置場所等 — 周圍狀況、操作性		a 應在操作上或檢修實施上不會造成妨礙之位置，且保有操作等所需之空間。 b 應設置在不會因直射日光、外光、照明等而影響標示燈之亮燈的位置。
		設置場所等 — 設置狀況		應牢固地設置，避免因地震等而傾倒。
		構造、性能	以目視確認機器之狀況。	a 應附有商品檢驗標識。 b 在機器各部分應無變形、損傷等。 c 充電部有被人從外部輕易觸摸之虞，應加以保護。 d 保險絲等之容量應適當正常，且其安裝不致輕易鬆脫。 e 如設有接地端子者，應予以適當的接地。
		操作部	以目視確認機器之狀況。	a 電源監視裝置應正常。 b 操作開關應設置在距離樓地板面 0.8m（如採坐式操作者，則為 0.6m）以上 1.5 以下之高度，可容易操作之處，無損傷、鬆脫等，停止點應明確。 c 各種標示燈之亮燈狀態應正常，且燈光應從前面距離 3m 之位置即可明確識別。 d 在標示裝置上應以不易磨滅之方法且適當地標示火警分區的名稱。 e 應區別貫通部（係指供給瓦斯之導管貫通防護對象物外壁的部分）相關火警分區及其他火警分區並加以標示。

警報分區及受信總機外觀試驗

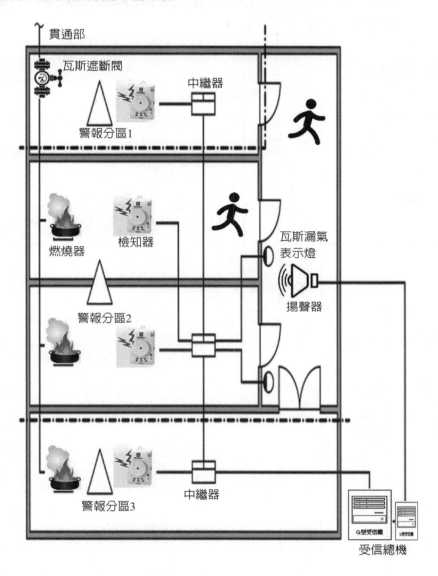

測試項目	測試方法	判定要領
警報分區設定	以目視確認火警分區之狀況。	a　火警分區不得跨及二個以上樓層。但一火警分區在 500m² 以下，且該分區跨及二個樓層時，不在此限。 b　一火警分區在 600m² 以下。但如從該分區通道中央可輕易看到標示燈時在 1,000m² 以下。

6-13 瓦斯漏氣火警自動警報設備測試報告書外觀試驗（二）

	測試項目		測試方法	判定要領
外觀試驗	操作部	預備品	以目視確認備用品	應備有備用品、配線圖等。
	中繼器	設置場所	以目視確認設置場所等之狀況。	a 應設置在無因溫度、溼度、撞擊、振動等而影響機器性能之虞的場所。 b 應在操作上或檢修實施上不會造成妨礙之位置，且保有操作等所需之空間。 c 應設置在機器無受損傷之虞的場所。
		構造、性能	以目視確認機器之狀況。	a 在機器各部分應無變形、損傷等。 b 充電部有被人從外部輕易觸摸之虞，應加以保護。 c 保險絲等容量應正常，且其安裝不致輕易鬆脫。 d 如設有接地端子者，應予以適當的接地。
		預備品	以目視確認備用品	應備有備用品、配線圖等。
	電源	常用電源	以目視確認電源之狀況。	a 應為專用回路。 b 電源容量應適當正常。
		緊急電源	確認緊急電源之種類。	應為蓄電池設備，其容量應能使二回路有效動作十分鐘以上，其他回路能監視十分鐘以上。
	檢知器	警戒狀況	以目視確認設置狀況。	a 火警分區之設定應適當正常，且無未警戒部分。 b 應設置在可進行檢修或其他維護管理之場所。 c 應設置在出入口附近外部氣流流通以外之場所，無妨礙瓦斯漏氣探測之障礙物，且能有效探測之位置。
		設置狀況 檢知之瓦斯對空氣比重未滿1者	以目視確認設置狀況。	a 檢知器下端應設置在天花板等下方 0.3m 以內之位置。 b 應設置在距離換氣口等出風口 1.5m 以上之位置。 c 應設置在距離燃燒器或貫通部之水平距離在 8m 以內的範圍。但天花板面等因突出 0.6m 以上之樑而被分隔時，由於該樑之故，應設於燃燒器側或貫通部側。 d 天花板面等設有吸氣口時，應設置在和燃燒器間之天花板面等未被突出 0.6m 以上之樑而被分隔的吸氣口中，距離該燃燒器最近者的附近。

瓦斯漏氣火警自動警報設備

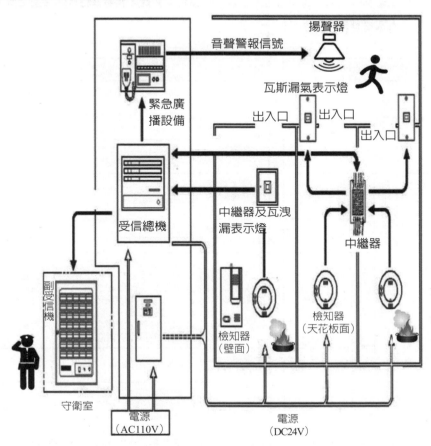

測試項目	測試方法	判定要領
檢知之瓦斯對空氣比重未滿1者	以目視確認設置狀況。	a　檢知器下端應設在天花板等下方 0.3m 以內位置。 b　應設在距離換氣口等出風口 1.5m 以上位置。 c　應設在距離燃燒器或貫通部之水平距離 8m 內。但天花板面等因突出 0.6m 以上樑而被分隔時，由於該樑之故，應設於燃燒器側或貫通部側。 d　天花板面等設有吸氣口時，應設置在和燃燒器間之天花板面等未被突出 0.6m 以上樑被分隔吸氣口中，距離該燃燒器最近者。

6-14 瓦斯漏氣火警自動警報設備測試報告書外觀試驗（三）

測試項目				測試方法	判定要領
外觀試驗	檢知器	檢知之瓦對空氣比重大於 1 者		以目視確認設置狀況。	a 檢知器上端應設置在地板上方 0.3m 以內之位置。 b 應設置在距離燃燒器或貫通部之水平距離在 4m 以內的範圍。
		構造、性能		以目視確認機器之狀況。	a 應附有商品檢驗標識。 b 應無變形、損傷等。
	警報裝置	音聲警報裝置	擴音機 設置場所	以目視確認設置場所等之狀況。	應設置在受信總機之設置場所附近，且無妨礙操作之障礙物。
			擴音機 構造	以目視確認機器之狀況。	應無變形、損傷等。
			揚聲器 設置場所	以目視確認設置場所等之狀況。	a 應設置在無障礙物妨礙音響效果之位置。 b 應設置在各樓，從該樓各部分至任一揚聲器之水平距離在 25m 以下的範圍內。 c 應設置在無因通行、貨物運送等而受損傷之虞的位置。 d 如設置在會受雨水、腐蝕氣體等影響之場所，應採取適當之防護措施。
			揚聲器 構造	以目視確認機器之狀況。	應無變形、損傷等。
		瓦斯漏氣表示燈	設置場所	以目視確認設置場所等之狀況。	a 距樓地板面之高度應在 4.5m 以下。 b 設有檢知器之居室面向通路時，應設於該面向通路部分之出入口附近。但在一警報分區僅一室時得免設。 c 應設置在無因通行、貨物運送等而受損傷之虞的位置。 d 如設置在會受雨水、腐蝕氣體等影響之場所，應採取適當之防護措施。 e 應為黃色燈。
			構造	以目視確認機器之狀況。	應無變形、損傷等。

瓦斯漏氣表示燈設置場所判定要領

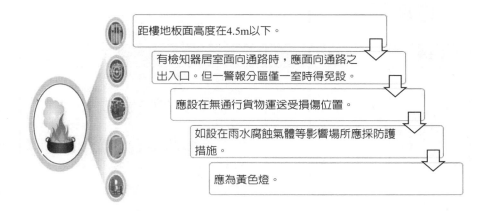

距樓地板面高度在4.5m以下。

有檢知器居室面向通路時，應面向通路之
出入口。但一警報分區僅一室時得免設。

應設在無通行貨物運送受損傷位置。

如設在雨水腐蝕氣體等影響場所應採防護
措施。

應為黃色燈。

揚聲器設置場所判定要領

應設在無障礙物妨礙音響效果位置。

應設置在各樓，從該樓各部分至任一揚聲器距離在
25m 以下範圍。

應設在無因通行、貨物運送等受損傷位置。

設在雨水腐蝕氣體等場所應採防護措施。

配線性能試驗

火警分區數	試驗回路數
≤ 10	1
11~50	2
≥ 51	3

6-15 瓦斯漏氣火警自動警報設備測試報告書性能試驗（一）

測試項目				測試方法	判定要領
外觀試驗	警報裝置	檢知區域警報裝置	設置場所	以目視確認設置場所等之狀況。	a 應設置在無妨礙音響效果之位置。 b 如設置在會受雨水、腐蝕氣體等影響之場所，應採取適當之防護措施。 c 檢知器所能檢知瓦斯漏氣之區域內，該檢知器動作時，該區域內之檢知區域警報裝置應能發出警報音響，其音壓在距一公尺處應有七十分貝以上。但檢知器具有發出警報功能，且設於機械室等常時無人場所及瓦斯導管貫穿牆壁處者，不在此限。 d 應設置在無因通行、貨物運送等而受損傷之虞的位置。
			構造	以目視確認機器狀況	應無變形、損傷等。

性能試驗

測試項目			測試方法	判定要領
性能試驗	配線	串接配線試驗（以平常回路式之檢知器【1回路之接續個數有2個以上者】回路為限）	依下表規定火警分區數之任意試驗回路數，在確認該試驗回路檢知器之任一檢知器為輸送配線後，拆下檢知器之一線，使該回路末端之發信機、檢知器等動作。 表格如下： 火警分區數 / 試驗回路數 ≤ 10 / 1 11~50 / 2 ≥ 51 / 3	a 檢知器之配線應為輸送配線。 b 受信總機之回路應無瓦斯漏氣表示。
	受信總機	瓦斯漏氣表示試驗 — 瓦斯漏氣燈	依所規定操作方法操作瓦斯漏氣表示試驗開關，就各回路逐一測試。	瓦斯漏氣表示應正常。另外，如有保持性能及標準遲延時間者，這些性能應正常。
		瓦斯漏氣表示試驗 — 地區表示裝置動作狀況		
		瓦斯漏氣表示試驗 — 主音響裝置鳴動狀況		
		瓦斯漏氣表示試驗 — 試驗中其他回路動作狀況	在瓦斯漏氣表示試驗中，使其他任意之回路動作。	試驗中回路及任意動作回路瓦斯漏氣表示正常。
		回路導通試驗 — 回路斷線狀況	操作斷線試驗開關、回路選擇開關等，就各回路進行。	試驗用測定器等之指示值應適當正常。
		回路導通試驗 — 試驗中其他回路動作狀況（以有試驗裝置者為限）	在回路斷線試驗中，使其他任意之回路動作。	任意動作回路之瓦斯漏氣表示應正常。

火警分區數／試驗回路數對照表

火警分區數	試驗回路數
≤ 10	1
11~50	2
≥ 51	3

受信總機性能試驗

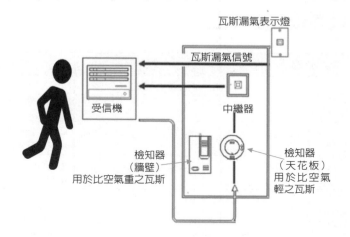

瓦斯漏氣表示燈

瓦斯漏氣信號

受信機

中繼器

檢知器
（牆壁）
用於比空氣重之瓦斯

檢知器
（天花板）
用於比空氣
輕之瓦斯

	測試項目	測試方法	判定要領
回路導通試驗	回路斷線狀況	操作斷線試驗開關、回路選擇開關等，就各回路進行。	試驗用測定器等之指示值應適當正常。
	試驗中其他回路動作狀況（以有試驗裝置者為限）	在回路斷線試驗中，使其他任意之回路動作。	任意動作回路之瓦斯漏氣表示應正常。

受信總機性能試驗

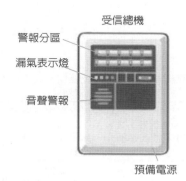

受信總機

警報分區

漏氣表示燈

音聲警報

預備電源

測試項目	測試方法	判定要領
附屬裝置試驗	使附屬裝置動作或在動作狀態下，依瓦斯漏氣表示試驗之測試方法進行。	a　附屬裝置對受信總機之性能應不會造成有害之影響。 b　對接續綜合操作盤者，受信總機之信號應移報至綜合操作盤。

6-16 瓦斯漏氣火警自動警報設備測試報告書性能試驗（二）

測試項目			測試方法	判定要領
性能試驗	受信總機	同時動作試驗	將任意 2 回路之檢知器同時設定在瓦斯漏氣動作狀態。	瓦斯漏氣表示狀態應繼續。
		預備電源試驗 電源自動切換機能	進行主電源之切斷及回復。	電源之自動切換性能、電壓值及容量應正常。
		預備電源試驗 端子電壓、容量	操作備用電源試驗開關。	應有所規定之電壓值及容量。
		緊急電源試驗 電源自動切換機能	進行主電源之切斷及回復。	電源之自動切換性能、電壓值及容量應正常。
		故障表示試驗 對中繼器之外部負荷電力供給回路之保險絲斷線狀況	拆下品或中斷斷路器（breaker）。	故障標示燈及音響裝置應自動地動作。
		故障表示試驗 由其他中繼器之主電源供給者，其電源中斷狀況	中斷主電源之斷路器等。	
		故障表示試驗 檢知器電源遮斷狀況（以具有電源中斷表示裝置者為限）	中斷檢知器之電源。	應能做檢知器電源中斷之標示等。
		附屬裝置試驗	使附屬裝置動作或在動作狀態下，依瓦斯漏氣表示試驗之測試方法進行。	a 附屬裝置對受信總機之性能應不會造成有害之影響。 b 對接續綜合操作盤者，受信總機之信號應移報至綜合操作盤。
		相互動作試驗（防護對象物上設有 2 個以上受信總機者） 相互通話狀況	在設有受信總機之場所間進行相互通話。	應可同時相互通話。
		相互動作試驗（防護對象物上設有 2 個以上受信總機者） 音響警報裝置鳴動狀況	將各受信總機之瓦斯漏氣表示試驗開關倒向試驗側，再操作回路選擇開關等而進行。	不論從任何受信總機，音響警報裝置應正常地鳴動。
	中繼器	回路斷線試驗	操作斷線試驗開關、回路選擇開關等，就各回路進行。	試驗用測定器等之指示值應適當正常。

受信總機性能試驗

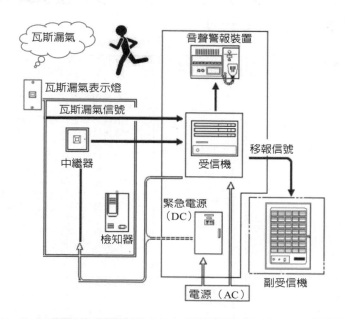

測試項目		測試方法	判定要領
相互動作試驗 （防護對象物 上設有 2 個以 上受信總機者）	相互通話狀況	在設有受信總機之場所間進行相互通話。	應可同時相互通話。
	音響警報裝置鳴動狀況	將各受信總機之瓦斯漏氣表示試驗開關倒向試驗側，再操作回路選擇開關等而進行。	不論從任何受信總機，音響警報裝置應正常地鳴動。

警報裝置性能試驗

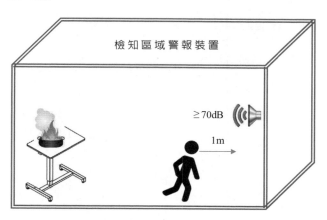

6-17 瓦斯漏氣火警自動警報設備測試報告書性能試驗（三）

測試項目		測試方法	判定要領
性能試驗	檢知器動作試驗	以加瓦斯試驗器將試驗瓦斯加進檢知器，測定至瓦斯漏氣表示為止之時間。	a 檢知器應正常地動作。 b 至瓦斯漏氣表示為止之時間應符合以下其中一項： 甲 依檢知器動作標示燈確認檢知器之瓦斯漏氣動作者，從動作確認燈亮燈至瓦斯漏氣燈亮燈之時間，應在 60 秒（如使用中繼器者，則為65秒）以內。 乙 依中繼器之確認燈或檢知區域警報裝置之動作，確認檢知器之瓦斯漏氣動作者，從檢知區域警報裝置之動作或中繼器之動作確認燈亮燈至瓦斯漏氣燈亮燈之時間，應在 60 秒（如使用中繼器者，則為 65 秒）以內。 丙 如為上述以外者，至瓦斯漏氣表示之時間，應在 80 秒（如使使中繼器者，則為 85 秒）以內。
	音聲警報裝置	依所規定之方法使其動作。	應可明確地和其他警報音或噪音區分，同時如設有二個以上受信總機時，不論從任何場所均能動作。
警報裝置	瓦斯漏氣表示燈	進行檢知器之動作試驗而確認。	應可確認檢知器動作之場所，其亮度應在表示燈前方 3m 處能明確識別，並於附近標明「瓦斯漏氣表示燈」字樣。
	檢知區域警報裝置（dB）	在距離警報裝置中心 1m 之位置，使用噪音計（A特性）測定音壓。	音壓應在 70dB 以上。

複合氣體檢知器
（甲烷、氧氣、一氧化碳、硫化氫）

氟氯碳氫氣體
檢知器

可燃性氣體檢知器

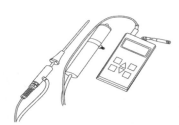

燃燒排氣檢知器

檢知器動作試驗

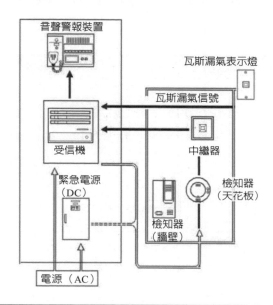

至瓦斯漏氣表示爲止之時間應符合以下其中一項：
1. 依檢知器動作標示燈確認檢知器之瓦斯漏氣動作者，從動作確認燈亮燈至瓦斯漏氣燈亮燈之時間，應在 60 秒（如使用中繼器者，則爲 65 秒）以內。
2. 依中繼器之確認燈或檢知區域警報裝置之動作，確認檢知器之瓦斯漏氣動作者，從檢知區域警報裝置之動作或中繼器之動作確認燈亮燈至瓦斯漏氣燈亮燈之時間，應在 60 秒（如使用中繼器者，則爲 65 秒）以內。
3. 如爲上述以外者，至瓦斯漏氣表示之時間，應在 80 秒（如使用中繼器者，則爲 85 秒）以內。

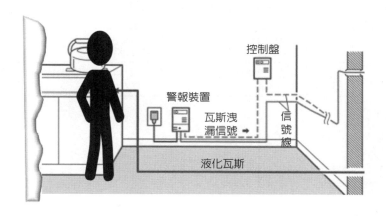

6-18 緊急廣播設備測試報告書外觀試驗（一）

	測試項目		測試方法	判定要領
外觀試驗	擴音機、操作裝置、遠隔操作器	設置場所	以目視確認設置場所等之狀況。	a 操作裝置或遠隔操作裝置其中之一，應設置在值日室（防災中心）等經常有人駐守之場所。但和啓動裝置形成一體之操作裝置，依啓動裝置之設置規定設置。 b 應設置在無因溫度、溼度、撞擊、振動等而影響機器性能之場所。 c 應設置在機器無受損傷之虞的場所。
		周圍狀況、操作性	以目視確認設置場所等之狀況。	a 應設在操作上或檢修實施上不會造成妨礙之位置，且確保操作等所需之空間。 b 應設置在不會因直射日光、外光、照明等而影響表示燈之位置。
		設置狀況	以目視確認設置狀況。	應牢固地設置，避免因地震等而傾倒。
		構造‧性能	以目視確認機器之狀況。	a 應為認可品。 b 應無變形、損傷等。 c 充電部有被人從外部輕易觸摸之虞，應加以保護。 d 保險絲等的容量應適當正常，且其安裝不致輕易鬆脫。
		操作部	以目視確認機器之設置狀況。	a 電源監視裝置應適當正常。 b 操作開關應設在距離樓地板面高度 0.8m（如採坐式操作者，則為 0.6m）與 1.5m 之間且可容易操作之處，無磨損、搖晃等，停止點應明確。 c 各種表示燈之亮燈狀態應正常，可從前面距離 3m 之位置，明確辨識其亮燈狀態。 d 在表示裝置上應以不易磨滅之方法適當標示警報區域之名稱。
		預備品	以目視確認備用品等之狀況。	應備有備用品、線路圖等。
	電源	常用電源	以目視確認電源之狀況。	a 應為專用回路。 b 電源容量應適當正常。
		緊急電源種類	目視確認緊急電源種類	應為蓄電池設備，其容量應使其有效動作十分鐘以上。

緊急廣播設備啟動及操作裝置

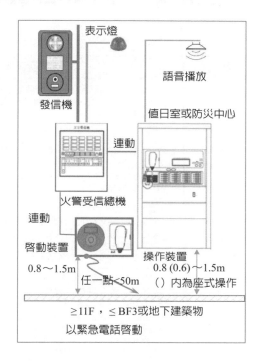

音量調整器三線式配線

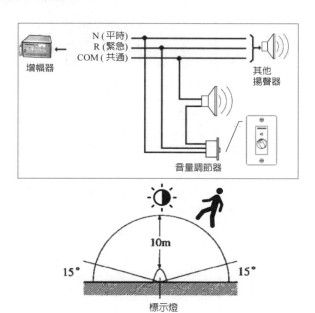

6-19 緊急廣播設備測試報告書外觀試驗（二）

測試項目			測試方法	判定要領
外觀試驗	啓動裝置、緊急電話	設置場所	以目視確認設置場所等之狀況。	a 應設置在明顯易見，且操作容易之場所。 b 應設置在各樓層，從各樓層任一點之啓動裝置之步行距離應在 50m 以下。 c 如設於有受雨水、腐蝕性氣體等影響之虞的場所，應採取適當之防護措施。 d 如設於有可燃性氣體、可燃性粉塵等滯留之虞的場所，應使用具防爆構造者。 e 應設在距離樓地板面 0.8m 以上 1.5m 以範圍內，且無妨礙操作之障礙物。
		構造、性能	以目視確認機器之設置狀況。	a 應為認可品。 b 設置在按鈕開關前面之保護板不得妨礙操作。 c 消防栓箱等附隨箱門開關之可動部分，應採取防止因其開關而對性能造成妨礙之措施。 d 應無變形、損傷、腐蝕等。
	揚聲器	設置場所	以目視確認設置場所等之狀況。	a 應設置在無障礙物妨礙音響效果之場所。 b 揚聲器設置在樓梯或斜坡通道以外之場所時，如設於超過 $100m^2$ 之廣播區域者，應為 L 級；如設於 $50m^2$ 以上 $100m^2$ 以下之廣播區域者，應為 L 級或 M 級；如設於 $50m^2$ 以下之廣播區域者，應為 L 級、M 級或 S 級。 c 揚聲器設置在樓梯或斜坡通道以外之場所時，應設置在各廣播區域，且從該廣播區域任一點至揚聲器之水平距離在 10m 以內範圍。 但居室樓樓地板面積在 $6m^2$ 或由居室通往樓地板面之主要走廊及通道樓地板面積在六平方公尺以下，其他非居室部分樓地板面積在 $30m^2$ 以下，且該區域與相鄰接區域揚聲器之水平距離相距 8m 以下時，得免設。 d 揚聲器設置在樓梯或斜坡通道時，至少每 15m 之垂直距離，應設一個以上 L 級者。 e 應設置在不會因通行、貨物搬運等而受損傷之位置。 f 如設置於有受雨水、腐蝕氣體等影響之場所，應採取適當之防護措施。
		構造	以目視確認機器狀況	a 應為認可品。 b 應無變形、損傷、腐蝕等。

揚聲器外觀判定要領

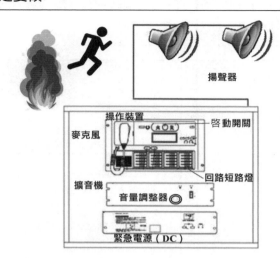

1. 應設置在無障礙物妨礙音響效果之場所。
2. 揚聲器設置在樓梯或斜坡通道以外之場所時，如設於超過 100m² 之廣播區域者，應為 L 級；如設於 50m² 以上 100m² 以下之廣播區域者，應為 L 級或 M 級；如設於 50m² 以下之廣播區域者，應為 L 級、M 級或 S 級。
3. 揚聲器設置在樓梯或斜坡通道以外之場所時，應設置在各廣播區域，且從該廣播區域任一點至揚聲器之水平距離在 10m 以內範圍。
4. 但居室樓樓地板面積在 6m² 或由居室通往樓地板面之主要走廊及通道樓地板面積在六平方公尺以下，其他非居室部分樓地板面積在 30m² 以下，且該區域與相鄰接區域揚聲器之水平距離相距 8m 以下時，得免設。
5. 揚聲器設置在樓梯或斜坡通道時，至少每 15m 之垂直距離，應設一個以上 L 級者。
6. 應設置在不會因通行、貨物搬運等而受損傷之位置。
7. 如設置於有受雨水、腐蝕氣體等影響之場所，應採取適當之防護措施。

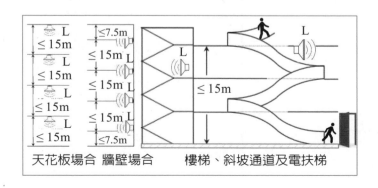

6-20 緊急廣播設備測試報告書性能試驗（一）

測試項目			測試方法	判定要領
性能試驗	擴音機、操作裝置、遠隔操作裝置及複合裝置	回路選擇試驗	操作選擇開關等，使啓動裝置動作。	a 應在選擇之樓層（系統），使警報音鳴動（包括音聲警報之廣播）。另操作一齊動作開關時，應全棟鳴動。 b 如為廣播設備，探測器發報廣播、火災廣播及非火災警報廣播等應可由簡單操作即能廣播。
		啓動裝置試驗	廣播設備：使各啓動裝置（包括火警自動警報設備）依各樓層（系統）動作。	廣播設備： a 操作後 10 秒以內自動地根據鳴動區分，進行探測器發報廣播，同時火警燈、發信處所之樓別動作表示燈、火警樓表示燈及監視擴音器等應正常地動作。 進行探測器發報廣播後，依以下操作進行火警廣播： 從發信機或緊急電話之啓動。 如為依各探測器可區分火警信號之火警自動警報設備，第一個發報探測器以外之探測器動作。 緊急啓動開關或火警廣播開關之啓動。 廣播設備設定時間之經過。 b 只要未以手動回復啓動裝置及廣播設備，動作狀態即應繼續。 c 同時使 2 個以上任意不同樓層之啓動裝置動作時，性能應無異常。 d 以麥克風進行廣播時，應能自動停止音聲警報音。
		啓動裝置試驗	緊急電話（以廣播設備為限）：藉由火警自動警報設備之發信機或緊急電話啓動，同時如為緊急電話，應確認和操作部之通話狀態。	緊急電話（以廣播設備為限）： a 操作後 10 秒以內自動根據鳴動區分，進行探測器發報廣播，同時火警燈、發信處所之樓別動作表示燈、火警樓層表示燈及監視揚聲器等應正常地動作。另外，進行探測器發報廣播後，應自動進行火警廣播。 b 只要未以手動回復啓動裝置及廣播設備，動作狀態即應繼續。 c 同時使 2 個以上任意不同樓層之啓動裝置動作時，性能應無異常。 d 緊急電話和操作部相互之間應能同時通話。另即使操作有二回路以上之緊急電話，在操作部應可做選擇，同時在回路中斷之緊急電話，應有語音播放。

遠隔操作啓動裝置性能試驗判定要領

廣播設備：
1. 操作後 10 秒以內自動地根據鳴動區分，進行探測器發報廣播，同時火警燈、發信處所之樓別動作表示燈、火警樓表示燈及監視擴音器等應正常地動作。
   進行探測器發報廣播後，依以下操作進行火警廣播：
   (1) 從發信機或緊急電話之啓動。
   (2) 如為依各探測器可區分火警信號之火警自動警報設備，第一個發報探測器以外之探測器動作。
   (3) 緊急啓動開關或火警廣播開關之啓動。
   (4) 廣播設備設定時間之經過。
2. 只要未以手動回復啓動裝置及廣播設備，動作狀態即應繼續。
3. 同時使 2 個以上任意不同樓層之啓動裝置動作時，性能應無異常。
4. 以麥克風進行廣播時，應能自動停止音聲警報音。

緊急廣播設備劃設廣播分區

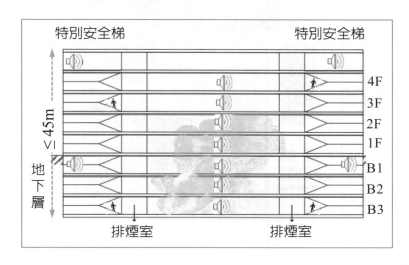

6-21 緊急廣播設備測試報告書性能試驗（二）

測試項目			測試方法	判定要領
性能試驗	擴音機、操作裝置、遠隔操作裝置及複合裝置	音響裝置試驗（dB） 揚聲器	在依額定輸出使音聲警報音之第二信號鳴動的狀態下，於距離音響裝置中心 1m 之位置，使用噪音計（A 特性）測定音壓。	揚聲器之音壓，L 級應為 92dB 以上，M 級應為 87dB 以上，S 級應為 84dB 以上。
		回路短路試驗	在依額定輸出使音聲警報音之第二信號鳴動的狀態下，使任意輸出回路短路時，確認不會對其他回路產生性能障礙。	短路輸出回路以外的輸出回路廣播應正常，同時確認係哪一個輸出回路發生短路。
		緊急電源試驗（以內藏者為限） 電源自動切換機能	進行主電源之切斷及回復。	電源自動切換性能應正常。
		端子電壓、容量	依電池試驗所規定之操作進行。	應具有所規定之電壓值及容量。
		一般廣播停止試驗（以廣播設備為限）	緊急廣播設備與其他廣播設備共用時，對於需要廣播之樓層或全部樓層，中斷其他一般廣播，並確認緊急廣播是否可有效播放。	進行緊急廣播時，除了於需要廣播之樓層或全部樓層以外所使用之廣播，應在進行緊急廣播之區域自動中斷。

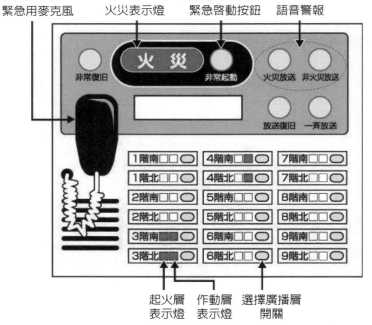

語音警報與自動火災報警系統相連之緊急廣播設備（神戶市消防局，平成31年）

緊急廣播設備裝置規定

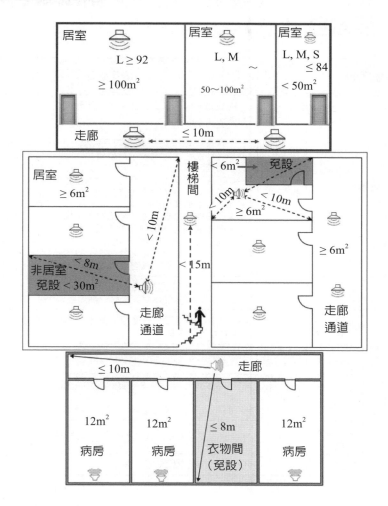

廣播分區設定（7區）

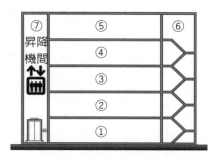

6-22 緊急電源（發電機設備）測試報告書外觀試驗（一）

測試項目			測試方法	判定要領
外觀試驗	設置場所等	設置場所	以目視確認設置場所之狀況。	a 應設置在檢修（查）便利，且無受火災等災害損害之虞的處所。 b 應依下列規定設置： ①應設在以不燃材料區劃之牆壁、柱子、地板及天花板（無天花板之場所，為屋頂），且窗戶及出入口設置甲種或乙種防火門之專用室（以下稱「不燃專用室」）。 ②經認可之整套式發電機設備應設置在以不燃材料區劃變電設備室、發電設備室、機械室、幫浦室或其他場所（以下稱「機械室等」）或室外、建築物屋頂。 ③如設置在室外或主要結構為防火構造之建築物屋頂時，應距離相鄰建築物或工作物（以下簡稱「建築物等」）3m 以上，或者距離該受電設備在 3m 以下之相鄰建築物等之部分應以不燃材料建造，且於該建築物等之開口部應設置防火門或其他防火設備。
		專用室、機械室等	換氣設備	以目視確認構造及機器之狀況。	a 應設置通往室外之有效換氣設備。 b 排氣風管與散熱器間應加裝防震設備以吸收機組震動。
			有效防火區劃		配線、空調用通風管等貫穿區劃處之孔隙，應以不燃材料做防火上有效的填塞。
			防水措施		應無水浸入或浸透之虞的構造。
			防止起火、延燒		a 不得放置有火災發生之虞的設備或有成為火災擴大要因之虞的可燃物等。 b 應無可燃性或腐蝕性蒸氣、氣體或粉塵等發生或滯留之虞。
			有無照明設備		應設置檢修（查）及操作上所需之照明設備。
			標示		應設置其為發電機設備之標示。
	構造、性能		以目視確認機器狀況。	應為認可品。

發電機設備設置場所判定要領

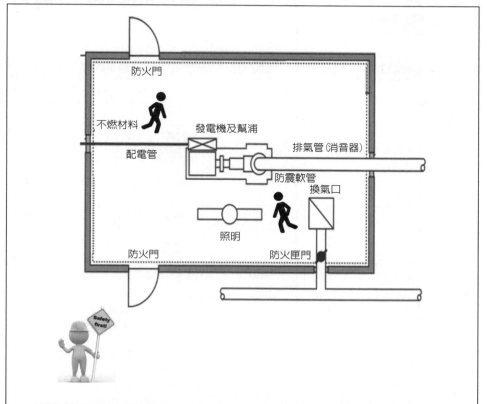

1. 應設置在檢修（查）便利，且無受火災等災害損害之虞的處所。
2. 應依下列規定設置：
   (1) 應設在以不燃材料區劃之牆壁、柱子、地板及天花板（無天花板之場所，為屋頂），且窗戶及出入口設置甲種或乙種防火門之專用室。
   (2) 經認可之整套式發電機設備應設置在以不燃材料區劃變電設備室、發電設備室、機械室、幫浦室或其他場所或室外、建築物屋頂。
   (3) 如設置在室外或主要結構為防火構造之建築物屋頂時，應距離相鄰建築物或工作物 3m 以上，或者距離該受電設備在 3m 以下之相鄰建築物等的部分應以不燃材料建造，且於該建築物等之開口部應設置防火門或其他防火設備。

6-23 緊急電源（發電機設備）測試報告書外觀試驗（二）

	測試項目		測試方法	判定要領
外觀試驗	保有距離		以目視確認設置狀況。	設置發電機設備之場所，應依下表所列數值以上確保必要之保有距離，如右表。
	設置方法	分岐方法	以目視確認分歧等之狀況。	依附圖所示供給電壓之方法接線，其施工應避免因其他電力回路之開關器或遮斷器而遭切斷。
		結線、接續	以目視確認接線、接續之狀況。	配線、附屬機器等應確實且無鬆脫地接續。
		標示	以目視確認標示之狀況。	a 電源切換裝置以後之緊急用配電盤部分上應有回路標示。 b 開關器上應有其為消防安全設備等用之標示。
		耐震措施	以目視確認耐震措施狀況。	應採取防止因地震而產生變形、損傷等之措施。
		發電裝置、控制裝置（高水溫、低油壓、超轉速保護裝置）	以目視確認機器等之狀況。	發電裝置、控制裝置應包括有高水溫、低油壓、超轉速保護等裝置。
		配線	以目視確認機器等之狀況。	應符合屋內線路裝置規則等相關法令之設置規定。
		引擎排氣管與固定設備連接處有無裝設防震軟管	以目視確認機器等之狀況。	a 引擎排氣管與固定設備連接處應應裝設防震軟管，並加裝消音器。 b 排氣管應施以隔熱裝置。
		引擎運轉部有無安全護網裝置	以目視確認機器之狀況。	引擎運轉部應設有安全護網裝置，四周不得有影響通風之遮蔽物。
		控制盤（電壓、電流、頻率表）	以目視確認機器之狀況。	a 控制盤上應有電壓、電流、頻率表、冷卻水溫度計、潤滑油壓力計及其他必要儀器等。 b 應有自動手動啓動裝置及自動停機之保護裝置。

發電機設備外觀試驗

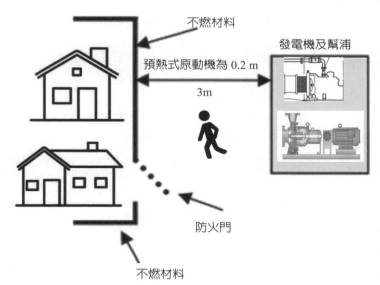

發電機設備之保有距離（單位：m）

機器名	應確保保有距離等部分	操作面前面	檢修面	換氣面	其他面	周圍	相互間	相對面 操作面	相對面 檢修面	相對面 換氣面	其他面	變電設備或發電設備 整套式	變電設備或發電設備 整套式以外	建築物等
整套式		1.0	0.6	0.2	0	/	/					0	1.0	1.0
整套式以外	發電裝置	/	/	/	/	0.6	1.0	1.2	1.0	0.2	0	1.0	/	(1) 3.0
整套式以外	控制裝置	1.0	0.6	0.2	0	/	/	1.2	1.0	0.2	0	1.0	/	(1) 3.0
整套式以外	燃料槽式原動機	/	/	/	/	/	0.6 (2)	/	/	/	/	/	/	/

註1：未滿3m範圍之建築物等以不燃材料，開口部為防火門時，保有距離得在3m以下。
註2：如為預熱方式之原動機，應為0.2m。但燃料槽和原動機之間設置以不燃材料製成之防火上有效遮蔽物時，不在此限。
備註：欄中之／表示不適用保有距離之規定者

6-24 緊急電源（發電機設備）測試報告書性能試驗（一）

測試項目			測試方法	判定要領
外觀試驗	設置方法	油箱	以目視確認機器之狀況。	a 容量應可供滿載運轉二小時之油量。 b 應使用不銹鋼材、標示油箱容量、附裝油面計、進油閥、回油閥

性能試驗

測試項目				測試方法	判定要領
性能試驗	啟動方式	蓄電池設備系統啟動		以蓄電池設備系統測試啟動性能。	應可連續供發電機組重複啟動六次以上，每次運轉 15 秒以上。
		空壓系統啟動		以空壓系統測試啟動性能。	應可連續供發電機組重複啟動六次以上，每次運轉 15 秒以上。
	通風換氣試驗			於發電機運轉時，即啟動通風換氣設備。	通風換氣設備之進風、排風管應為專用管道，並能供給發電機持續運轉等所需之空氣量。
	*絕緣阻抗試驗	電樞捲線、主回路	高壓	就發電機至變壓器一次側、至切換裝置一次側，或至配電盤主開閉器一次側之電路，以所規定之絕緣阻抗計測定大地間及配線相互間之絕緣阻抗值。	測定值應為下表所列之數值：
			低壓		
		激磁繞組			
		控制回路			
		控制回路（自動盤）			
		充電裝置	交流側端子		
			直流側端子		

測定處所		絕緣阻抗值	測定器種類
電樞捲線及主回路	低壓	3MΩ 以上	500V 絕緣阻抗計
	高壓	5MΩ 以上	1,000V 絕緣阻抗計
激磁繞組		3MΩ 以上	500V 絕緣阻抗計
控制回路		1MΩ 以上	500V 絕緣阻抗計
控制回路（自動盤）		2MΩ 以上	500V 絕緣阻抗計
充電裝置	交流側端子	3MΩ 以上	500V 絕緣阻抗計
	直流側端子		

發電機設備設置場所

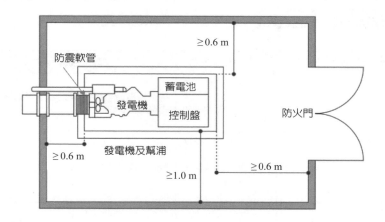

絕緣阻抗試驗

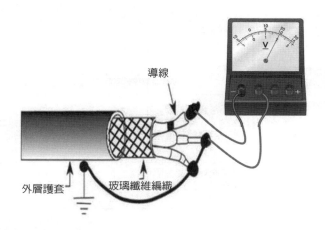

絕緣阻抗試驗判定要領

測定處所		絕緣阻抗值	測定器種類
電樞捲線及主回路	低壓	3MΩ 以上	500V 絕緣阻抗計
	高壓	5MΩ 以上	1,000V 絕緣阻抗計
激磁繞組		3MΩ 以上	500V 絕緣阻抗計
控制回路		1MΩ 以上	500V 絕緣阻抗計
控制回路（自動盤）		2MΩ 以上	500V 絕緣阻抗計
充電裝置	交流側端子	3MΩ 以上	500V 絕緣阻抗計

6-25 緊急電源（發電機設備）測試報告書性能試驗（二）

測試項目			測試方法	判定要領
性能試驗	接地阻抗試驗		關於接地極等之接地工事，以接地阻抗計測定接地阻抗值。	測定值應符合屋內線路裝置規則等相關規定之數值。
	＊絕緣耐力試驗		對高壓電路及接續於該電路之機器，施加最大使用電壓1.5倍之電壓10分鐘。	應可連續承受10分鐘。
	＊動作試驗	保護裝置動作試驗	過電流遮斷器	依模擬試驗裝置或回路確認性能。	應正常地動作，遮斷器開放標示、警報及機械自動停止（過電流除外）之動作應依設定值正常地執行。
			超速停止裝置		
			斷水或水溫上升停止裝置（水冷式）		
			氣體溫度上升停止裝置（氣渦輪機）		
			減液警報裝置（電氣啓動式）		應正常地動作，在設定值應發出警報。
			啓動空氣壓下降警報裝置（空氣啓動式）	降低啓動空氣槽之壓力，確認自動啓動、自動停止之情形。	應正常地動作，依設定值發出警報，空氣壓縮機自動啓動‧自動停止
			空氣壓自動充氣裝置（空氣啓動式）		
			手動停止裝置	以手動停止裝置使運轉中之引擎停止。	應確實地停止，不會再啓動。
		切換試驗	啓動試驗	在切換裝置之一次側切斷常用電源，或由做同等動作之回路試驗。	a 應正常動作在40秒以內電壓確立。 b 運轉中應無異常聲音或異常振動。
			自動切換試驗（ATS）		a 在40秒以內電源切換裝置應切換或送出切換信號。 b 運轉中應無異常聲音或異常振動。

註：消防用發電機設備如係經內政部審核認可通過之認可品者，得免除「＊」部分之試驗。

接地阻抗試驗

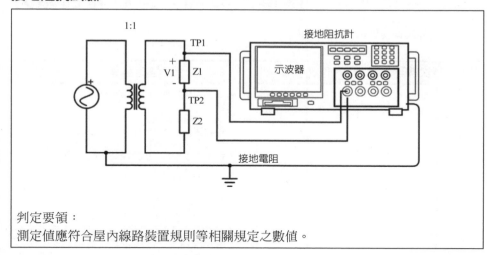

判定要領：
測定值應符合屋內線路裝置規則等相關規定之數值。

發電機設備動作試驗

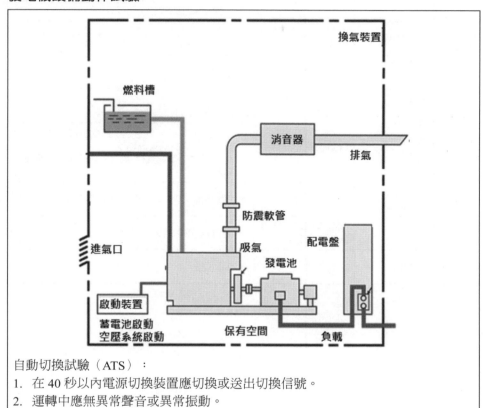

自動切換試驗（ATS）：
1. 在 40 秒以內電源切換裝置應切換或送出切換信號。
2. 運轉中應無異常聲音或異常振動。

6-26 緊急電源（蓄電池設備）測試報告書外觀試驗（一）

測試項目			測試方法	判定要領
外觀試驗	設置場所等	設置場所	以目視確認設置場所之狀況。	a 應設置在檢修便利，且無受火災災害損害之虞的處所。 b 應依下列規定設置： ①應設置在以不燃材料區劃之牆壁、柱子、地板及天花板（無天花板之場所，為屋頂），且窗戶及出入口設置甲種或乙種防火門之專用室（以下簡稱「不燃專用室」）。 ②經認可之整套式蓄電池設備應設置在以不燃材料區劃之變電設備室、發電設備室、機房、幫浦室或其他類似之場所（以下簡稱「機房等」）或室外、建築物的屋頂。 ③如設置在室外或主要結構部為防火構造之建築物屋頂時，應距離相鄰建築物或工作物（以下簡稱「建築物等」）3m 以上，或者距離該受電設備在 3m 以下之相鄰建築物等的部分應以不燃材料建造，且於該建築物等之開口部應設置防火門或其他防火設備。
		換氣設備	以目視確認構造及機器之狀況。	應設置通往室外之有效換氣設備。
	專用室、機械室等	有效之防火區劃	以目視確認構造及機器之狀況。	配線、空調用通風管等貫穿區劃處之孔隙，應以不燃材料做防火上有效的填塞。
		防水措施	以目視確認構造及機器之狀況。	應無水浸入或浸透之虞的構造。
		防止起火、防止擴大延燒	以目視確認構造及機器之狀況。	a 不得放置有火災發生之虞的設備或有成為火災擴大要因之虞的可燃物等。 b 應無可燃性或腐蝕性蒸氣、氣體或粉塵等發生或滯留之虞。
		有無照明設備	以目視確認構造及機器之狀況。	應設置檢修（查）及操作上所需之照明設備。
		標示	以目視確認構造及機器之狀況。	應設置其為蓄電池設備之標示。
	構造、性能		以目視確認機器之狀況。	應為認可品。

蓄電池設備測試報告書外觀試驗

不得有天花板

不燃材料

防火門

鐵絲網玻璃

設置場所判定要領

1. 應設置在以不燃材料區劃之牆壁、柱子、地板及天花板（無天花板之場所，為屋頂），且窗戶及出入口設置甲種或乙種防火門之專用室。

2. 經認可之整套式蓄電池設備應設置在以不燃材料區劃之變電設備室、發電設備室、機房、幫浦室或其他類似之場所或室外、建築物的屋頂。

3. 如設置在室外或主要結構部為防火構造之建築物屋頂時，應距離相鄰建築物或工作物 3m 以上，或者距離該受電設備在 3m 以下之相鄰建築物等的部分應以不燃材料建造，且於該建築物等之開口部應設置防火門或其他防火設備。

蓄電池設備專用室防止起火及擴大判定要領

不得放置有火災發生之虞的設備或有成為火災擴大要因之虞可燃物。

應無可燃性或腐蝕性蒸氣、氣體或粉塵等發生或滯留之虞。

6-27 緊急電源（蓄電池設備）測試報告書外觀試驗（二）

測試項目		測試方法	判定要領
外觀試驗	保有距離	以目視確認設置狀況。	設置蓄電池設備之場所，應依下表所列數值以上確保必要之保有距離。 如右表所示。 註：欄中之☆號表示如因設置架台等使高度超過1.6m 時，應相距 1.0m 以上。欄中之／表示不適用保有距離之規定者。
	設置方法 分岐方法	以目視確認分岐等之狀況。	依附圖所示之方法接線，其施工應避免因其他電力回路之開關器或遮斷器而遭切斷。
	結線、接續	以目視確認接線、接續之狀況。	配線、附屬機器等應確實且無鬆脫地接續。
	標示	以目視確認標示之狀況。	開關器上應有其為消防安全設備等用之標示。
	耐震措施	以目視確認耐震措施之狀況。	應採取防止因地震而產生變形、損傷等之措施。
	蓄電池設備、充電裝置	以目視確認機器等之狀況。	應符合屋內線路裝置規則等相關法令之設置規定。
	配線	以目視確認機器等之狀況。	應符合屋內線路裝置規則等相關法令之設置規定。

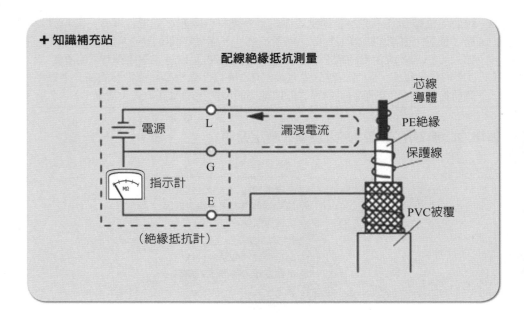

＋ 知識補充站

配線絕緣抵抗測量

電源　L　漏洩電流

指示計　G

MΩ

E

（絕緣抵抗計）

芯線導體

PE絕緣

保護線

PVC被覆

蓄電池設備外觀試驗判定要領

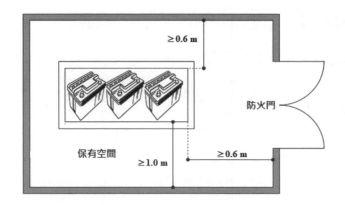

（單位：m）

機器名	應確保保有距離等部分	操作面前面	檢修面	換氣面	其他面	周圍	列相互間	相對面				變電設備或發電設備		建築物等
								操作面	檢修面	換氣面	其他面	整套式	整套式以外	
整套式		1.0	0.6	0.2	0	/	/	1.2	1.0	0.2	0	0	1.0	1.0
整套式以外	蓄電池設備	/	0.6	/	0.1	/	☆ 0.6	/	/	/	/	/	/	/
	充電裝置	1.0	0.6	0.2	0	/	/	/	/	/	/	/	/	/

註：
欄中之☆號表示如因設置架台等使高度超過 1.6m 時，應相距 1.0m 以上。
欄中之 / 表示不適用保有距離之規定者。

減液警報裝置測試方法

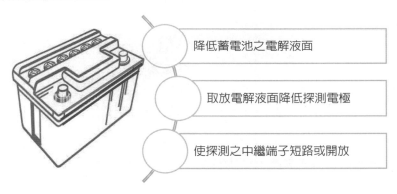

降低蓄電池之電解液面

取放電解液面降低探測電極

使探測之中繼端子短路或開放

6-28 緊急電源（蓄電池設備）測試報告書性能試驗

測試項目			測試方法	判定要領
性能試驗		接地阻抗試驗	關於接地極等之接地工事，以接地阻抗計測定接地阻抗值。	測定值應符合屋內線路裝置規則等相關規定之數值。
	*絕緣阻抗試驗	充電裝置之交流側端子與大地間	以 500V 絕緣阻抗計，測定充電裝置及逆變換裝置等之交流側端子和大地間（A 和 E），以及直流側端子和大地間（D 和 E）的絕緣阻抗值。 絕緣阻抗測定位置之範例： 輸入功率	測定值應為 3MΩ 以上。
		變流（逆）裝置之交流側端子與大地間		
		直流側端子與大地間		
性能試驗	動作試驗	減液警報裝置	依下列方法確認減液警報之性能： (1) 降低蓄電池之電解液面。 (2) 由液面取放電解液面降低探測電極。 (3) 使探測之中繼端子短路或開放。	應正常地動作，發出音響，紅色標示燈應亮燈。
		切換裝置	切斷常用電源，確認切換性能。	遮斷器、電磁接觸器、繼電器、標示燈、測定器等應正常地動作。

註：蓄電池設備如係經內政部審核認可通過之認可品者，得免除「*絕緣阻抗試驗」部分之試驗。

防災監控系統綜合操作裝置檢修完成標示附加位置圖例

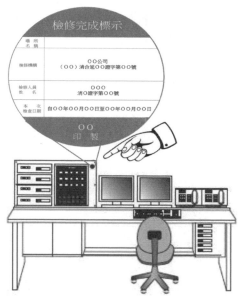

（設備本體明顯易見處，檢修機構專用，紅色為底，內政部消防署2019）

蓄電池設備絕緣阻抗試驗

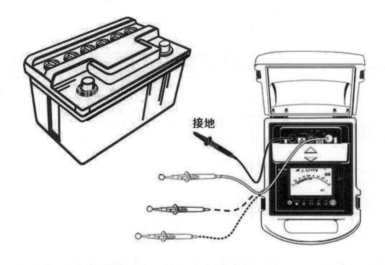

接地

測試項目	測試方法	判定要領
充電裝置交流側端子與大地間 變流裝置交流側端子與大地間 直流側端子與大地間	以 500V 絕緣阻抗計，測定充電裝置及逆變換裝置等之交流側端子和大地間（A 和 E），以及直流側端子和大地間（D 和 E）的絕緣阻抗值（下圖）。	測定值應為 3MΩ 以上。

絕緣阻抗測定位置之範例

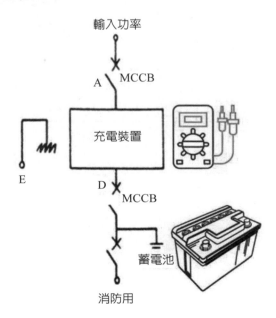

輸入功率

A MCCB

充電裝置

E

D MCCB

蓄電池

消防用

6-29 耐燃耐熱配線測試報告書外觀試驗（一）

	測試項目		測試方法	判定要領
外觀試驗	電源回路的開關器、遮斷器等	設置場所	以目視確認設置場所等之狀況。	a 應依屋內線路裝置規則規定收納在配電盤、分電盤或設置在不燃專用室。 b 電動機之手動開閉器（電磁開閉器、金屬箱開閉器、配線用遮斷器等）應設置在從該電動機之設置位置，容易看見之位置。
		開關器	以目視確認機器之狀況。	a 應為專用。 b 開關器上應附有其為消防安全設備等用（如為分歧開關器，則為各消防安全設備等用）之標示。
		遮斷器	以目視確認機器之狀況。	a 電源回路應未設置接地切斷裝置（漏電遮斷器）。 b 分歧用電流遮斷器應為專用。 c 超過電流遮斷器之額定電流值，應為接續於該超過電流遮斷器之二次側的電線容許電流值以下。
	耐燃耐熱保護配線	保護配線之線路	以目視確認設置狀況。	耐燃、耐熱保護配線之區分應符合各類場所消防安全設備設置標準第一百九十五條之規定。
		電線的種類、大小	以目視確認電線之種類，粗細。	a 使用於耐燃．耐熱保護配線之電線種類，應依右表施工方法所列之電線。 b 使用於消防安全設備等之回路的電線粗細，應能通過接續於該回路之機器額定電流合計值以上的容許電流。
		配線方法	以目視確認配線之狀況。	a 應依屋內線路裝置規則等相關法令規定確實施工。 b 瓦斯漏氣檢知器電源和電源回路之接續如使用電源插座者（以能使受信總機確認檢知器之電力供給停止者為限），應為不易脫落之構造。 c 廣播設備之擴音機設有音量調整器時，應為三線式配線。
		接續	以目視確認接續之狀況。	a 和端子之接續應無鬆脫且確實。 b 電線相互間之接續，應以焊接、螺栓、壓附端子等確實地接續。 c 應採取所需之保護措施。

遮斷器外觀試驗判定要領

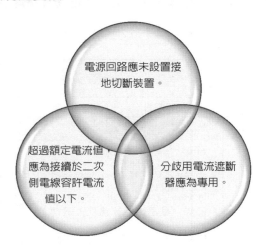

電源回路應未設置接地切斷裝置。

超過額定電流值，應為接續於二次側電線容許電流值以下。

分歧用電流遮斷器應為專用。

耐燃保護配線之施工方法

區分	電線種類	施工方法
耐燃配線	· 600V 耐熱聚氯乙烯絕緣電線（HIV）（CNS8379） · 聚四氟乙烯（特夫綸）絕緣電線（CNS10612） · 聚乙烯（交連聚乙烯）絕緣聚氯乙烯（氯乙烯）被覆耐火電纜（CNS11359） · 600V 聚乙烯絕緣電線（IE）（CNS10314） · 600V 乙丙烯橡膠（ＥＰＲ）絕緣電纜（CNS10599） · 鋼帶鎧裝電纜 · 鉛皮覆電纜（CNS2146） · 矽橡膠絕緣電線 · 匯流排槽	a 電線應裝於金屬導線管槽內，並埋設於防火構造物之混凝土內，混凝土保護厚度應為二十公釐以上。但使用不燃材料建造，且符合建築技術規則防火區劃規定之管道間，得免埋設。 b 其他經中央消防機關指定之耐燃保護裝置。
	耐燃電線 MI 電纜	得按電纜裝設法，直接敷設。

配線接續判定要領

和端子接續應無鬆脫且確實

電線間接續應以焊接、螺栓、壓附端子等

應採取保護措施

6-30 耐燃耐熱配線測試報告書外觀試驗（二）

測試項目	測試方法			判定要領		
外觀試驗	耐燃耐熱保護配線	工事方法	以目視確認設置狀況	耐燃保護配線之施工方法：		
				區分	**電線種類**	**施工方法**
				耐燃配線	・600V 耐熱聚氯乙烯絕緣電線（HIV）（CNS8379） ・聚四氟乙烯（特夫綸）絕緣電線（CNS10612） ・聚乙烯（交連聚乙烯）絕緣聚氯乙烯（氯乙烯）被覆耐火電纜（CNS11359） ・600V 聚乙烯絕緣電線（IE）（CNS10314） ・600V 乙丙烯橡膠（EPR）絕緣電纜（CNS10599） ・鋼帶鎧裝電纜 ・鉛皮覆電纜（CNS2146） ・矽橡膠絕緣電線 ・匯流排槽	a 電線應裝於金屬導線管槽內，並埋設於防火構造物之混凝土內，混凝土保護厚度應為二十公釐以上。但使用不燃材料建造，且符合建築技術規則防火區劃規定之管道間，得免埋設。 b 其他經中央消防機關指定之耐燃保護裝置。
					耐燃電線 MI 電纜	得按電纜裝設法，直接敷設。
				耐熱保護配線之施工方法：		
				區分	**電線種類**	**施工方法**
				耐熱配線	・600V 耐熱聚氯乙烯絕緣電線（HIV）（CNS8379） ・聚四氟乙烯（特夫綸）絕緣電線（CNS10612） ・聚乙烯（交連聚乙烯）絕緣聚氯乙烯（氯乙烯）被覆耐火電纜（CNS11359） ・600V 聚乙烯絕緣電線（IE）（CNS10314） ・600V 乙丙烯橡膠（EPR）絕緣電纜（CNS10599） ・鋼帶鎧裝電纜 ・鉛皮覆電纜（CNS2146） ・矽橡膠絕緣電線 ・匯流排槽	a 電線應裝於金屬導線管槽內裝置。 b 其他經中央消防機關指定之耐燃保護裝置。
					耐熱電線 耐燃電線 MI 電纜	得按電纜裝設法，直接敷設。

耐熱保護配線之施工方法

金屬管+PVC 105℃絕緣電線

耐熱保護配線

區分	電線種類	施工方法
耐熱配線	・６００Ｖ耐熱聚氯乙烯絕緣電線（ＨＩＶ）（CNS8379） ・聚四氟乙烯（特夫綸）絕緣電線（CNS10612） ・聚乙烯（交連聚乙烯）絕緣聚氯乙烯（氯乙烯）被覆耐火電纜（CNS11359） ・600V 聚乙烯絕緣電線（IE）（CNS10314） ・600V 乙丙烯橡膠（EPR）絕緣電纜（CNS10599） ・鋼帶鎧裝電纜 ・鉛皮覆電纜（CNS2146） ・矽橡膠絕緣電線 ・匯流排槽	a　電線應裝於金屬導線管槽內裝置。 b　其他經中央消防機關指定之耐燃保護裝置。
	耐熱電線 耐燃電線 MI 電纜	得按電纜裝設法，直接敷設。

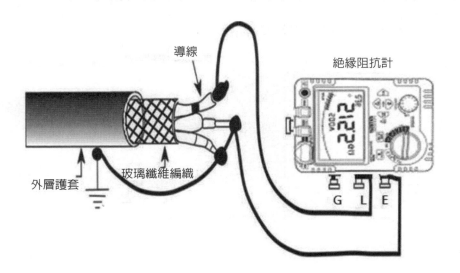

導線

絕緣阻抗計

外層護套

玻璃纖維編織

G　L　E

6-31 耐燃耐熱配線測試報告書外觀試驗（三）

測試項目			測試方法	判定要領
外觀試驗	配線（耐燃耐熱保護配線除外）（火警自動警報設備、瓦斯漏氣火警自動警報設備）	電線的種類、大小	確認電線之種類、粗細。	電線之種類及粗細應符合屋內線路裝置規則等相關法令規定。
		配線方法	以目視確認配線之狀況。	a 應依屋內線路裝置規則等相關法令規定確實施工。 b 除接續於未滿 60V 之弱電流回路的電線以外，使用於配線之電線和其他電線不得設於同一導管（以具絕緣效力之物區劃時，該區劃之部分視為個別的導管）或分線盒中。 c 如為經常開放方式之電路，為能容易明瞭是否斷線，應在回路末端設置終端器等，同時應為輸送配線。 d 應未使用下列之回路方式： 　(a) 在接地電極經常流動直流電流之回路方式 　(b) 如為火警自動警報設備，其探測器、發信機或中繼器之回路和其他設備之回路，共用同一配線之回路方式（不會影響火警信號傳達者除外）。 　(c) 如為瓦斯漏氣火警自動警報設備，共用檢知器所接續之外部配線和往其他設備（不會因接續該設備而影響瓦斯漏氣信號傳達者除外）之外部配線的回路方式。
		接續	以目視確認接續之狀況。	a 和端子之接續應無鬆脫且確實。 b 電線相互間之接續，應以焊接、螺栓、壓附端子等確實地接續。
	耐震措施		以目視確認耐震措施之狀況。	應採取防止因地震而產生變形、損傷等之措施。

耐燃配線管──加熱爐耐燃性能試驗

耐燃保護配線之施工方法

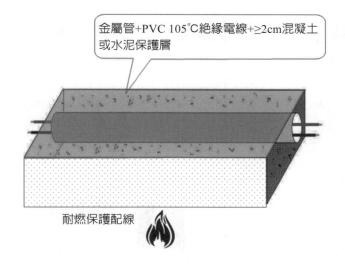

金屬管+PVC 105°C絕緣電線+≥2cm混凝土或水泥保護層

耐燃保護配線

施工方法

1. 電線應裝於金屬導線管槽內，並埋設於防火構造物之混凝土內，混凝土保護厚度應為 20mm 以上。但使用不燃材料建造，且符合建築技術規則防火區劃規定之管道間，得免埋設。
2. 其他經中央消防機關指定之耐燃保護裝置。

耐燃耐熱配線外觀試驗

配線方法之判定要領

D Group

C Group

B Group

A Group

④不能在接地電極直流回路方式

③為明瞭斷線應在回路末端設置終端器線

②電線和其他電線不得設於同一導管

①依屋內線路裝置規則施工

6-32 耐燃耐熱配線測試報告書性能試驗

測試項目		測試方法	判定要領
性能試驗	接地阻抗試驗 / 接地阻抗值	關於接續於電路之機械器具,以接地阻抗計測定接地阻抗值。但依屋內線路裝置規則等有關法令規定不需接地工事者,或機械器具之金屬體和大地之間為電力性及機械性確實的聯絡者,得不測定接地阻抗值。	測定值應符合屋內線路裝置規則等相關規定之數值。

		測定值應為下表所列之數值以上:

	電源回路		
絕緣抵抗試驗【低壓回路(如係交流,為600V以下;如係直流,為750V以下)】	操作回路	關於電源回路、操作回路、表示燈回路、警報回路等之電壓電路,使用絕緣阻抗計測定大地間及配線相互間之絕緣阻抗。但使用因試驗會有妨礙之虞的電子零件之回路,及配線相互間難以測定之回路,得省略之。	
	表示燈回路		
	警報回路		
	探測器回路		
	附屬裝置回路等		

區分		絕緣阻抗值
300V以下	對地電壓(在接地式電路,指電線和大地間之電壓;在非接地式電路,指電線間之電壓,以下均同)應為150V以下。	0.1MΩ
	其他情形	0.2MΩ
超過300V者		0.4MΩ

絕緣耐力試驗【高壓回路(超過低壓之電壓)】	依屋內線路裝置規則等有關法令規定之試驗電壓,連續10分鐘施加於電路和大地之間(複芯電纜為芯線相互間及芯線和大地間)。	高壓回路應可連續承受10分鐘。

耐燃配線貫穿防火區劃──日本建築基準法施行令

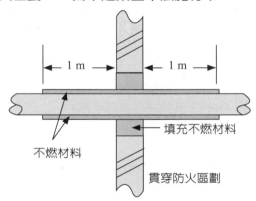

1 m

1 m

填充不燃材料

不燃材料

貫穿防火區劃

耐燃耐熱配線測試報告書性能試驗

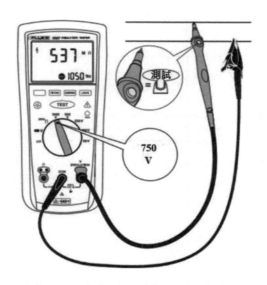

測試項目		測試方法	判定要領		
絕緣抵抗試驗【低壓回路（如係交流，為600V以下；直流為750V以下）】	電源回路	關於電源回路、操作回路、表示燈回路、警報回路等之電壓電路，使用絕緣阻抗計測定大地間及配線相互間之絕緣阻抗值。但會有妨礙及配線相互間難以測定回路得省略。	測定值應為下表所列之數值以上：		
			區分		絕緣阻抗值
			300V以下	對地電壓（在接地式電路，指電線和大地間之電壓；在非接地式電路，指電線間之電壓）應為150V以下。	0.1MΩ
				151～300 V	0.2MΩ
			超過300V者		0.4MΩ

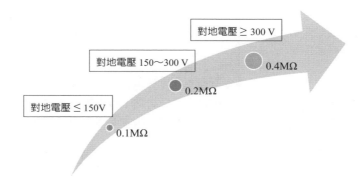

對地電壓 ≥ 300 V

對地電壓 150～300 V

0.4MΩ

0.2MΩ

對地電壓 ≤ 150V

0.1MΩ

定溫線式分布型探測器原理

定溫式線型探測器係利用火災之熱熔解被覆（低熔點可燃性）原理，目前有二種主要款式，皆為不可復歸型。

一、被覆絞線式

可燃絕緣皮

由二條被覆絕緣（低熔點）之絞線，當火災發生溫度成長至額定熔點時，可燃性絕緣皮熔解，正負極之二條絞線因而接觸產生高能量之短路現象，發出警報。

二、同軸電纜式

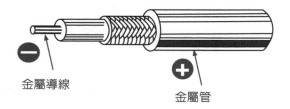

金屬導線

金屬管

此為同軸電纜式，內部中心由一條金屬導線貫穿導管中心，外套金屬管，二者跨接電源，形成正負極現象，其間填充可燃性之低熔點半導體被覆，當火災發生溫度成長至額定熔點時，可燃性被覆熔解，正負極之二個金屬導體因而接觸導通，產生大幅電流現象，發出警報。

第7章
消防設備師警報系統考題
（100～109年）

7-1 109年警報系統考題詳解

等　　別：高等考試
類　　科：消防設備師
科　　目：水系統消防安全設備
考試時間：2 小時

※ 注意：

1) 禁止使用電子計算器。

2) 不必抄題，作答時請將試題題號及答案依照順序寫在試卷上，於本試題上作答者，不予計分。

3) 請以黑色鋼筆或原子筆在申論試卷上作答。

4) 本科目除專門名詞或數理公式外，應使用本國文字作答。

一、在高科技廠無塵室中，常使用極早期偵煙系統，請說明其採用原因、作動原理及設置位置；並請說明其與偵溫式探測器之差異。

解：

一) 採用原因

潔淨室一般可能具多種易燃性化學物品，易導致火災，由於流體整體運動引起流體各部分之間發生相對位移，冷熱流體相互摻混所引起的熱量傳遞過程。不同的溫度差導致整體密度差是造成對流的原因。但潔淨室內置通風換氣系統易引導火災煙氣傳播，而初期火災對流受到干擾，使探測器無法偵知初期火災警報動作，所以可考慮使用極早型吸氣式偵煙器（VESDA）可提早偵知火災。

二) 作動原理

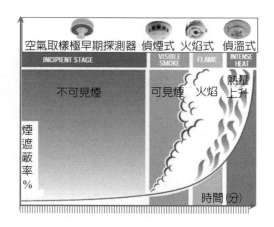

固體可燃物起火前會釋出裂解氣體，粒子大子通常為 < 0.3 Microns，這是一種人類不可見煙粒子，難以偵知到熱量之形成，須使用室內空氣取樣（Air Sampling）。意即，極早期吸氣式偵煙器係達到可燃物裂解溫度時，化學鍵斷裂即釋放出大量不可見粒子，從抽取空氣中取樣偵知。

三) 設置位置

1. 靈敏度小於零點六遮蔽率（%obs/m）。

2. 取樣管之裝置位置，應符合下列規定：

(1)上回風層天花板下方距離三十公分範圍內。

(2)潔淨室天花板、下回風層格子樓板樑下方距離八十公分範圍內，且取樣孔不得位於格子樓板樑下方。

(3)回風豎井內或冷卻乾盤管處，潔淨循環氣流與新鮮空氣混氣前之位置。

3. 取樣管之取樣孔防護面積，應符合下列規定：

(1)裝置於上回風層時，每一取樣孔有效探測範圍以偵煙式探測器之有效探測範圍計算。

(2)裝置於潔淨室時，每一取樣孔有效探測範圍不得超過三十六平方公尺。

(3)裝置於下回風層時，每一取樣孔有效探測範圍不得超過十平方公尺。

(4)裝置於回風豎井或冷卻乾盤管時，每一取樣孔有效探測範圍不得超過一平方公尺。

4. 每一探測器組防護面積應符合設置標準第一百十二條規定。

5. 探測粒子濃度變化達設定值時，應能發出警示；達火災發生設定值時，應能發出警報。

6. 每一取樣管之末端空氣取樣孔，空氣傳送時間不得超過一百二十秒。

7. 具取樣管路氣流異常之監測功能。

8. 取樣管路應以流體計算軟體進行計算與配置，並符合流體動力學原理。

9. 探測器組應裝置於易於維修之位置。

10. 取樣管路應施予適當之氣密及固定。

四) 與偵溫式探測器之差異

極早期偵煙系統係由一組偵測器與連接器延伸至保護區域的管路所組成，偵測器內之抽氣風扇經由空氣取樣孔，取樣管路抽取保護區域內的空氣至偵測器，進而分析是否有火災生成物。通常於潔淨室、上回風層、下回風層及管橋應依循環氣流、空間特性，設置吸氣式偵煙探測系統，其訊號應移報及整合於火警受信總機或其他控制設備或設施。

偵溫式探測器等一般傳統點式（局限型）煙霧偵測器的靈敏度偏低，不適合安裝在廠區及重要防護區域，因生火災生成一定濃度的煙霧，營業生財機器設備往往已經遭受到了巨大的損害。且傳統被動式探測器安置方式單一，無法滿足這些特殊環境的要求，更無法在第一時間發揮作用，因此這些區域更適合安裝靈敏度更高極早期主動吸氣式偵煙探測器，使第一時間通知相關人員，及早處理潛在火源。

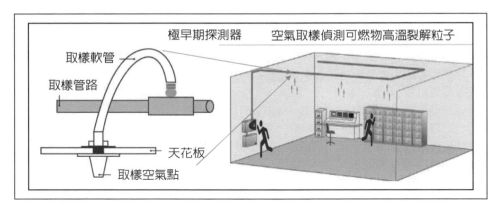

二、依 119 火災通報裝置認可基準，請論述 119 火災通報裝置，應如何進行性能試驗？

解：

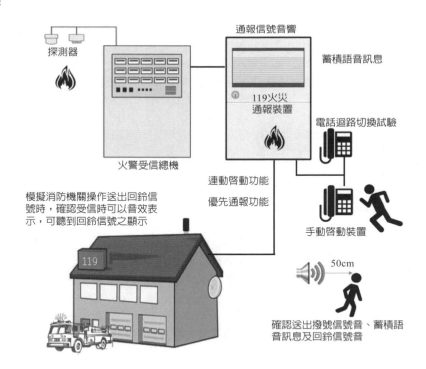

　　性能試驗應視需要以 119 火災通報裝置模擬試驗裝置及模擬電話迴路確認。

一) 手動啟動裝置試驗

　　依申請圖面註記之方法操作手動啟動裝置，反覆操作 10 次以上，確認可送出撥

號信號。試驗時手動啓動裝置應可輕易確實操作。同時撥號信號應立即送出，且需有完成動作時之顯示。

二) 電話迴路切換試驗

連接 119 火災通報裝置之電話迴路通話時，操作手動啓動裝置，應可捕捉到模擬電話迴路並強制切換至發信狀態。

三) 優先通報試驗

操作手動啓動裝置時確認模擬消防機關爲第一順位之通報對象。

四) 蓄積語音訊息試驗

1. 透過操作手動啓動裝置，其通報信號音之基本頻率約爲 800Hz±3 之單音，連續 3 音並重複 2 次。

2. 透過連動啓動功能，其通報信號音之基本頻率爲 440Hz 以上之單音，連續 2 音並重複 2 次。（第二音的頻率約爲第一音頻率的六分之五）

3. 自動語音訊息的內容應清楚明瞭且爲電子迴路所合成之女聲發音。

4. 每一區段之蓄積語音應在 30 秒以內，蓄積語音訊息應於模擬消防機關應答時即行開始。

五) 蓄積語音等訊息送出試驗

在揚聲器前方 50 公分位置確認模擬電話迴路送出時的撥號信號音、蓄積語音訊息及回鈴信號音。測試時聲音應明瞭且清晰。

六) 再撥號試驗

於模擬消防機關通話時，確認可自動重新撥號。重新撥號時需持續且確實動作。

七) 通話功能及回鈴應答試驗

1. 每一區段之蓄積語音訊息應持續重複送出，直到模擬消防機關操作送出回鈴信號。

2. 模擬消防機關操作送出回鈴信號時，需可正確偵測回鈴信號，確認受信時可以音效表示。測試時可聽到回鈴信號之顯示。

3. 確認對於前項之確認回鈴的應答，應可進行清晰通話。

4. 10 秒內未收到回鈴信號，應可重複進行撥號。

5. 在蓄積語音訊息送出時，以手動操作確認可迅速切換到通話狀態，並可清晰通話。

八) 火災通報功能影響試驗

如具火災通報以外之功能，應確認該功能動作時不會對火災通報功能造成有害之影響。測試時火災通報功能應正常動作。

九) 預備電源切換試驗

重複操作 3 次，確認常用電源的回路切斷時自動切換爲預備電源及常用電源復歸時能自動切回常用電源。測試時預備電源應能確實切換。

十) 電壓變動試驗

常用電源應在額定電壓的90%及110%之間，預備電源應在85%及110%之間，確認 119 火災通報裝置動作。測試時 119 火災通報裝置應確實動作。

十一) 撥號信號等送出試驗（單機功能）

當無電話迴路時，確認撥號信號的送出及蓄積語音訊息可清楚顯示。測試時無模擬電話迴路，撥號信號送出及蓄積語音訊息應清楚顯示，且單機功能不影響其他功能。

三、緊急廣播設備之配線，除依屋內線路裝置規則外，請說明其設置規定為何？並請繪製音量調整之三線式配線圖。（25 分）

解：

第 139 條緊急廣播設備之配線，除依屋內線路裝置規則外，依下列規定設置：

一、導線間及導線對大地間之絕緣電阻值，以直流二百五十伏特額定之絕緣電阻計測定，對地電壓在一百五十伏特以下者，在零點一 MΩ 以上，對地電壓超過一百五十伏特者，在零點二 MΩ 以上。

二、不得與其他電線共用管槽。但電線管槽內之電線用於六十伏特以下之弱電回路者，不在此限。

三、任一層之揚聲器或配線有短路或斷線時，不得影響其他樓層之廣播。

四、設有音量調整器時，應為三線式配線。

【註】一般於線路間電流狀態於正常狀態 I = 24V/10kΩ = 2.4mA；斷線狀態 I = 24V/ 無限大 Ω < 0A；火警狀態 I =24V/ 0Ω > 2.4mA

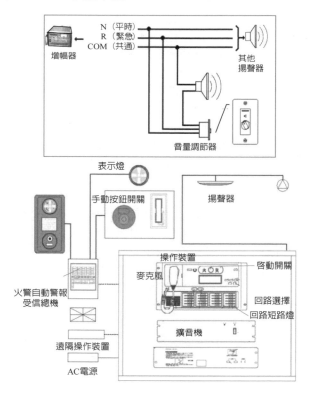

四、請分別論述 P 型與 R 型火警受信總機系統之功能特性差異。

解：

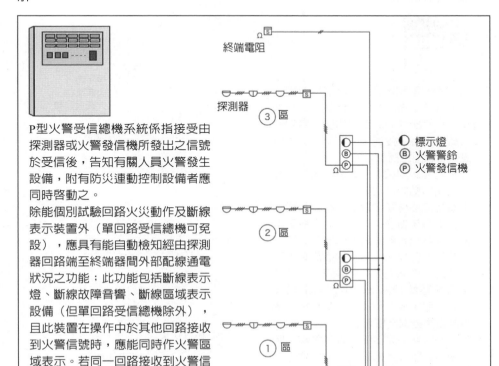

P型火警受信總機系統係指接受由探測器或火警發信機所發出之信號於受信後，告知有關人員火警發生設備，附有防災連動控制設備者應同時啟動之。

除能個別試驗回路火災動作及斷線表示裝置外（單回路受信總機可免設），應具有能自動檢知經由探測器回路端至終端器間外部配線通電狀況之功能；此功能包括斷線表示燈、斷線故障音響、斷線區域表示設備（但單回路受信總機除外），且此裝置在操作中於其他回路接收到火警信號時，應能同時作火警區域表示。若同一回路接收到火警信號表示時應以火警表示優先。但連接之回線數只有一條時，得不具斷線表示裝置之試驗功能。

終端電阻

探測器

③ 區

② 區

① 區

○ 標示燈
⑧ 火警警鈴
⑨ 火警發信機

P型受信總機　　至緊急電源

R 型受信總機性能

R型火警受信總機系統係指接受由探測器或火警發信機所發出之信號,或經中繼器或介面器轉換成警報信號,告知有關人員火警發生設備,附有防災連動控制設備者應同時啟動之。

1) 應具有能個別試驗火警表示動作之裝置(具自動偵測功能者除外),同時應具能自動檢知中繼器回路端至終端器配線有無斷線,以及受信總機至中繼器間電線有無短路及斷線之裝置,且該裝置在操作中於其他回路有火警信號時,應能優先作火警表示(若同時其他有斷線信號亦能保有斷線表示),但火警信號以手動復原後,應能回復原斷線區域表示。

2) 當收到火警中繼器因主電源停電,保險絲斷路及火警偵測失效等信號時,能自動發出聲音信號及用表示燈表示有故障已經發生之裝置。

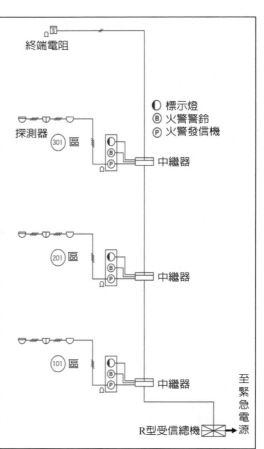

7-2　108 年警報系統考題詳解

等　　別：高等考試
類　　科：消防設備師
科　　目：警報系統消防安全設備
考試時間：2 小時座號：
※ 注意：
1) 禁止使用電子計算器。
2) 不必抄題，作答時請將試題題號及答案依照順序寫在試卷上，於本試題上作答者，不予計分。
3) 請以黑色鋼筆或原子筆在申論試卷上作答。
4) 本科目除專門名詞或數理公式外，應使用本國文字作答。

一、臺灣目前各縣市消防局多有編列預算或透過募款，幫轄內低收入戶或獨居老人安裝住宅用火災警報器（住警器）。試針對住警器之構造功能，申論如何設計安裝，才能符合獨居老人住宿場所之火災安全目標需求？（25 分）

解：
　一) 住宅用火災警報器安裝於下列位置：
　　1. 寢室、旅館客房或其他供就寢用之居室（以下簡稱寢室）。
　　2. 廚房。
　　3. 樓梯：
　　　1)有寢室之樓層。但該樓層為避難層者，不在此限。
　　　2)僅避難層有寢室者，通往上層樓梯之最頂層。
　二) 住宅用火災警報器安裝方式
　　1. 裝置於天花板或樓板者：
　　　1)警報器下端距離天花板或樓板六十公分以內。
　　　2)裝設於距離牆面或樑六十公分以上之位置。
　　2. 裝置於牆面者，距天花板或樓板下方十五公分以上五十公分以下。
　　3. 距離出風口一點五公尺以上。
　　4. 以裝置於居室中心為原則。
　三) 住宅用火災警報器安裝種類

位　　置	種　　類
寢室、樓梯及走廊	離子式、光電式
廚房	定溫式

四) 住宅用火災警報器使用電池以外之外部電源者，有確保電源正常供給之措施。
前項電源和分電盤間之配線，不得設置插座或開關，並符合屋內配線裝置規則
規定。

二、火警自動警報設備既要靈敏又要可靠，否則經常誤動作的結果，連動警鈴與廣播
的功能就會被相關人員關閉遮斷，一旦真的遭遇火災便會延遲應變而受到重大損
失。試問火警自動警報設備火警誤動作的原因有那些？並請申論有那些相因應的
防止對策？（25 分）

解：

一) 火警自動警報設備火警誤動作的原因

1. 人為因素：(1) 人員誤壓火警發信機；(2) 火警誤報後，人員因緊張誤壓火警
發信機；(3) 在室內噴灑消毒煙霧等；(4) 在室內拜拜燃燒金紙引火；(5) 在室
內吸菸；(6) 在外氣流通場所裝設偵煙探測器導致起霧下雨時誤報；(7) 探測
器受陽光照射或電焊干擾；(8) 未選用適合設置場所之探測器

2. 環境因素：(1) 建築物屋頂漏水造成誤報；(2) 氣溫變化干擾 (熱漲冷縮)；(3)
天氣變化干擾（起霧、下雨）非外氣流通場所；(4) 偵煙探測器靠進燈光吸引
昆蟲、蜘蛛結網、灰塵引起；(5) 探測器遭昆蟲、螞蟻、壁虎產卵、便泌等入
侵引起故障；(6) 偵煙探測器受灰塵積污引起（含開放通風場所因素）

3. 設備因素：(1) 探測器故障引起（出廠 5 年內之產品）；(2) 探測器老舊生銹
引起故障（含探測器電線生銅綠生銹）；(3) 受信總機故障（含遭雷擊等）；
(4) 其他（斷線等）

二) 因應的防止對策，分為硬體與軟體兩方面

1. 硬體方面：
    (1) 提升火警探測器的品質，增加耐久與耐用性能。
    (2) 加強火警受信總機受外來電壓入侵的防護能力，以及加強火警受信總機
    受昆蟲入侵的防護能力。
    (3) 增加火警受信總機具有讓火災信號即時傳送到負責人的手機通報功能，
    並且增設監視系統透過網路監看現場狀況。

2. 軟體方面：
    (1) 加強對使用人實施火警受信總機的基本操作教育訓練。必要時用 LINE 等
    通訊軟體與專業人員做連線即時操作故障排除。
    (2) 加強火警自動警報設備施工安裝人員及使用人的訓練。
        A. 人員誤壓火警發信機。
        B. 火警誤報後，人員因緊張誤壓火警發信機。
        C. 在室內噴灑消毒煙霧等。
        D. 在室內拜拜燃燒金紙引火。
        E. 在室內吸菸。

  F. 在外氣流通場所裝設偵煙探測器導致起霧下雨時誤報。

  G. 探測器受陽光照射或電焊干擾。

  H. 未選用適合設置場所之探測器。

 (3) 透過環境設施改善。

  A. 建築物屋頂漏水造成誤報。

  B. 氣溫變化干擾（熱漲冷縮）。

  C. 天氣變化干擾（起霧、下雨）非外氣流通場所。

  D. 偵煙探測器靠近燈光吸引昆蟲、蜘蛛結網、灰塵引起。

  E. 探測器遭昆蟲、螞蟻、壁虎產卵、便泌等入侵引起故障。

  F. 偵煙探測器受灰塵積污引起（含開放通風場所因素）。

  此外，使用複合式或蓄積型，也是防止誤報手段之一；而探測器適材適所更是重要。

  （楊忠哲，火警自動警報設備火災誤報分析與防範對策之研究－以台灣中部地區為例，東南科技大學碩士論文，2018 年）

三、臺灣近年來護理之家夜間火警造成重大死傷災例不少，關鍵原因之一就是通報延遲。請說明何種設計理念可以提升護理之家值班人員，對火警自動警報設備受信總機的親和與操作控制能力？（25 分）

解：

  設計 119 火災通報裝置，以現行護理之家大多聘用外籍照護人員，假使在人力配置較少的夜間時段，即可利用 119 火災通報裝置進行火警回報，對於語言不通之外籍看護，能透過 119 裝置之自動 / 手動報警功能通報消防機關，減少因語言不通所造成的通報困境。一一九火災通報裝置為火災發生時，藉由操作手動啟動裝置（指火災通報專用之按鈕、通話裝置及遠端啟動裝置等），透過公眾電話交換網路與消防機關連通，以蓄積語音（指以預先錄製之語音傳達訊息）進行通報，並可執行通話之裝置。適用場所與消防機關據點之距離在 0.5～10 公里。

1. 火災通報裝置應設於值日室等經常有人之處所。

2. 火災通報裝置之操作部（手動啟動裝置、監控部、發報顯示及緊急送收話器）與控制部分離者，應設在便於維護操作處所。

3. 設置遠端啟動裝置時，應設有可與設置火災通報裝置場所通話之設備。

4. 手動啟動裝置之操作開關距離樓地板面之高度，在 0.8 公尺以上 1.5 公尺以下。

5. 火災通報裝置附近，應設置送、收話器，並與其他內線電話明確區分。

6. 火災通報裝置應避免傾斜裝置，並採取有效防震措施。

7. 火災通報裝置之通信介面與電磁相容應符合交通部電信總局所訂「公眾交換電話網路終端設備技術規範」，並經審驗合格。

四、火警探測器之 RTI（Response Time Index）定義爲何？該數值在火警探測器設計上有何意義？試說明之。（25 分）

解：

（一）$RTI = \tau\sqrt{V} = (\frac{mc}{hA}\sqrt{v})$

其中 τ：時間常數（sec）；V：空氣流速（m/sec）；m：感熱元件質量（g）；c：感熱元件比熱（kJ/kgK）；h：熱對流傳導係數（kW/m²K）；A：感熱元件曝露在氣流中表面積（m²）

就反應時間指數 RTI 而言，當 RTI 值愈高，熱感元件的反應時間愈長，表示熱感元件的敏感度愈低，以一般探測器而言，因熱敏感度較低，啓動探測偵知速度較慢，當這類探測器動作時，火勢通常已成長至較大的規模，連帶使人員火災應變時間變得相當緊迫，導致人員可能受困。

（二）$\tau = \frac{mc}{hA}$，當感熱元件的質量（m）愈大，比熱（c）值愈高，τ 值愈大；當接觸熱流的表面積（A）愈大時，τ 值愈小。此外，τ 值愈大，熱敏感度愈差，反應時間愈長；反之，τ 值愈小，熱敏感度愈佳，反應時間愈短[註1]。

依照美國防火工程協會（SFPE 2002）出定溫式探測器或感知撒水頭啓動時間之方程式如次：

$$t_{activation} = \frac{RTI}{\sqrt{u_{jet}}} \ln\left(\frac{T_{jet} - T_a}{T_{jet} - T_{actiation}}\right)$$

RTI = 反應時間指數（m-sec）$^{1/2}$；T_{jet} = 天花板噴流溫度（℃）；u_{jet} = 天花板噴流速度（m/sec）；$T_{actiation}$ = 定溫探測器或感知撒水頭啓動溫度（℃）；T_a = 環境初始溫度

因此，於區畫空間天花板（樓板）位置，其氣體層溫度上升是具最明顯的。所以，火警警報、撒水頭及排煙設備，必須儘量靠近於天花板面位置，以實驗指出，天花板噴流最大溫度與速度是在天花板以下天花板高度之 1% 位置；假使距離天花板面過遠，就失去其防護人命安全之意義。

[註1] 內政部建築研究所 2005，滅火系統技術研發之規劃研究（I）水系統啓動機制對建築火災滅火性能之影響評估 鍾基強

7-3　107年警報系統考題詳解

等　　別：高等考試
類　　科：消防設備師
科　　目：警報系統消防安全設備
考試時間：2小時
※注意：
1) 禁止使用電子計算器。
2) 不必抄題，作答時請將試題題號及答案依照順序寫在試卷上，於本試題上作答者，不予計分。
3) 請以黑色鋼筆或原子筆在申論試卷上作答。
4) 本科目除專門名詞或數理公式外，應使用本國文字作答。

一、某飯店有高度18公尺的挑高中庭，採用光電式分離型探測器（1種）產生警報訊號，並連動排煙設備啓動，且總機設有蓄積功能，試問該類型探測器裝置規定？檢修時最長動作時間（秒）？檢修時的檢查方法、判定方法及注意事項爲何？（25分）

解：
一) 光電式分離型探測器裝置規定
　　第123條：光電式分離型探測器，依下列規定設置：
　　一、探測器之受光面設在無日光照射之處。
　　二、設在與探測器光軸平行牆壁距離六十公分以上之位置。
　　三、探測器之受光器及送光器，設在距其背部牆壁一公尺範圍內。
　　四、設在天花板等高度二十公尺以下之場所。
　　五、探測器之光軸高度，在天花板等高度百分之八十以上之位置。
　　六、探測器之光軸長度，在該探測器之標稱監視距離以下。
　　七、探測器之光軸與警戒區任一點之水平距離，在七公尺以下。
　　前項探測器之光軸，指探測器受光面中心點與送光面中心點之連結線。
二) 檢修時最長動作時間（秒）
　　光電式分離型探測器之動作時間於第1種應於30秒動作，但總機設有蓄積功能蓄積時間應在5秒以上，60秒以下。因此，檢修時最長動作時間應在60秒以下。
三) 分離型檢修時的檢查方法、判定方法及注意事項
　　A.檢查方法
　　　使用減光罩，確認探測器之動作及火警分區之表示是否正常。
　　B.判定方法
　　　(A) 插入減光罩後到動作之時間，應在30秒內。
　　　(B) 蓄積型探測器之動作時間，應在30秒加其標稱蓄積時間及五秒之時間內。
　　　(C) 火警分區之表示應正常。

C.注意事項

　(A) 應使用規定之減光罩。

　(B) 對於連接蓄積性能之回路，亦可先行解除其蓄積性能。

　【蓄積型總時間有三項，為動作時間 + 蓄積時間（≤ 60 秒）+ 5 秒（訊號傳輸遲滯時間）之合計，而非蓄積型則僅為動作時間一項。】

二、某一防火建築物某一樓層簡易平面示意圖（如下圖所示），天花板高度 3.5m，中間設有樑，樑深 50 cm，樓地板面積 Af = 70 m×30 m，試依下列各種用途狀況，分別依法規設計探測器種類（限設 1 種）與數量？

一) 熱水室。（7 分）

二) 停車場。（7 分）

三) 不燃性石材加工場。（4 分）

四) 飯店客房。（7 分）

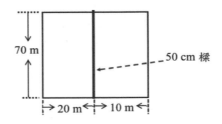

解：

場所			1 灰塵、粉末會大量滯留場所	2 水蒸氣會大量滯留之場所	3 會散發腐蝕性氣體之場所	4 平時煙會滯留之場所	5 顯著高溫之廠所	6 排放廢氣會大量滯留之場所	7 煙會大量流入之場所	8 會結露之場所
適用探測器	差動式侷限型	一種						○	○	
		二種						○	○	
	差動式分布型	一種	○		○			○	○	○
		二種	○	○	○			○	○	○
	補償式侷限型	一種	○		○			○	○	○
		二種	○	○	○			○	○	○
	定溫式	特種	○		○	○	○		○	○
		一種		○	○	○			○	○
	火焰式		○					○		

場所	1	2	3	4	5	6	7	8
	灰塵、粉末會大量滯留場所	水蒸氣會大量滯留之場所	會散發腐蝕性氣體之場所	平時煙會滯留之場所	顯著高溫之廠所	排放廢氣會大量滯留之場所	煙會大量流入之場所	會結露之場所

註：
1) ○表可選擇設置。
2) 場所 1、2、4、8 所使用之定溫式或補償式探測器，應具有防水性能。
3) 場所 3 所使用之定溫式或補償式探測器，應依腐蝕性氣體別，使用具耐酸或耐鹼性能者；使用差動式分布型時，其空氣管及檢出器應採有效措施，防範腐蝕性氣體侵蝕。

第 119 條

探測器之探測區域，指探測器裝置面之四周以淨高四十公分以上之樑或類似構造體區劃包圍者。但差動式分布型及偵煙式探測器，其裝置面之四周淨高應為六十公分以上。

一) 熱水室

熱水室為水蒸氣會大量滯留之場所，可設定溫式特種探測器，裝設數量依第 120 條：差動式侷限型、補償式侷限型及定溫式侷限型探測器，依下列規定設置：

一、探測器下端，裝設在裝置面下方三十公分範圍內。

二、各探測區域應設探測器數，依下表之探測器種類及裝置面高度，在每一有效探測範圍，至少設置一個。

裝置面高度			未滿四公尺		四公尺以上未滿八公尺	
建築物構造			防火構造建築物	其他建築物	防火構造建築物	其他建築物
探測器種類及有效探測範圍（平方公尺）	差動式侷限型	一種	90	50	45	30
		二種	70	40	35	25
	補償式侷限型	一種	90	50	45	30
		二種	70	40	35	25
	定溫式侷限型	特種	70	40	35	25
		一種	60	30	30	15
		二種	20	15	-	-

因此，樓地板面積 70m×20m = 1400m² 　　1400÷70 = 20（個）

$70m \times 10m = 700m^2$ $700 \div 70 = 10$（個）

$20 + 10 = 30$（個）

二) 停車場

停車場爲排放廢氣會大量滯留之場所，可設差動式侷限型一種，裝設數量依第120條規定。

因此，樓地板面積 $70m \times 20m = 1400m^2$ $1400 \div 90 = 15.5$(16個)

$70m \times 10m = 700m^2$ $700 \div 90 = 7.8$（8個）

$16 + 8 = 24$（個）

三) 不燃性石材加工場

依第116條：下列處所得免設探測器：

一、探測器除火焰式外，裝置面高度超過二十公尺者。

二、外氣流通無法有效探測火災之場所。

三、洗手間、廁所或浴室。

四、冷藏庫等設有能早期發現火災之溫度自動調整裝置者。

五、主要構造爲防火構造，且開口設有具一小時以上防火時效防火門之金庫。

六、室內游泳池之水面或溜冰場之冰面上方。

七、不燃性石材或金屬等加工場，未儲存或未處理可燃性物品處。

八、其他經中央主管機關指定之場所。

假使不燃性石材加工場，有儲存或處理可燃性物品處，則要裝設，此爲灰塵、粉末會大量滯留場所，設補償式侷限型一種，裝設數量依第120條規定。

因此，樓地板面積 $70m \times 20m = 1400m^2$ $1400 \div 90 = 15.5$(16個)

$70m \times 10m = 700m^2$ $700 \div 90 = 7.8$（8個）

$16 + 8 = 24$（個）

四) 飯店客房

依第114條：探測器應依裝置場所高度，就下表選擇探測器種類裝設。但同一室內之天花板或屋頂板高度不同時，以平均高度計。

裝置場所高度	未滿四公尺	四公尺以上未滿八公尺	八公尺以上未滿十五公尺	十五公尺以上未滿二十公尺
探測器種類	差動式侷限型、差動式分布型、補償式侷限型、離子式侷限型、光電式侷限型、光電式分離型、定溫式、火焰式	差動式侷限型、差動式分布型、補償式侷限型、定溫式特種或種、離子式侷限型一種或二種、光電式侷限型一種或二種、光電式分離型、火焰式。	差動式分布型、離子式侷限型一種或二種、光電式侷限型一種或二種、火焰式、光電式分離型。	離子式侷限型一種、光電式侷限型一種、光電式分離型一種、火焰式。

因此，可裝設光電式侷限型一種，依第122條：偵煙式探測器除光電式分離型外，依下列規定裝置：

一、居室天花板距樓地板面高度在二點三公尺以下或樓地板面積在四十平方公
　　尺以下時，應設在其出入口附近。

二、探測器下端，裝設在裝置面下方六十公分範圍內。

三、探測器裝設於距離牆壁或樑六十公分以上之位置。

四、探測器除走廊、通道、樓梯及傾斜路面外，各探測區域應設探測器數，依
　　下表之探測器種類及裝置面高度，在每一有效探測範圍，至少設置一個。

裝置面高度	探測器種類及有效探測範圍（平方公尺）	
	一種或二種	三種
未滿四公尺	150	50
四公尺以上未滿二十公尺	75	-

因此，樓地板面積 70m×30m＝2100m^2　　2100÷150＝14 個

三、某場所設有 P 型一級受信總機火警自動警報設備及緊急廣播系統，試問兩者配
　　線安裝規定有何不同？另緊急廣播系統揚聲器何種條件下可免設？（25 分）

解：

一) 兩者配線安裝規定有何不同

　　依第 127 條：火警自動警報設備之配線，除依屋內線路裝置規則外，依下列規
　　定設置：

一、常開式之探測器信號回路，其配線採用串接式，並加設終端電阻，以便藉
　　由火警受信總機作回路斷線自動檢出用。

二、P 型受信總機採用數個分區共用一公用線方式配線時，該公用線供應之分
　　區數，不得超過七個。

三、P 型受信總機之探測器回路電阻，在五十 Ω 以下。

四、電源回路導線間及導線與大地間之絕緣電阻值，以直流二百五十伏特額定
　　之絕緣電阻計測定，對地電壓在一百五十伏特以下者，在零點一 MΩ 以
　　上，對地電壓超過一百五十伏特者，在零點二 MΩ 以上。探測器回路導線
　　間及導線與大地間之絕緣電阻值，以直流二百五十伏特額定之絕緣電阻計
　　測定，每一火警分區在零點一 MΩ 以上。

五、埋設於屋外或有浸水之虞之配線，採用電纜並穿於金屬管或塑膠導線管，
　　與電力線保持三十公分以上之間距。

依第 139 條：緊急廣播設備之配線，除依屋內線路裝置規則外，依下列規定設
置：

一、導線間及導線對大地間之絕緣電阻值，以直流二百五十伏特額定之絕緣電
　　阻計測定，對地電壓在一百五十伏特以下者，在零點一 MΩ 以上，對地電

壓超過一百五十伏特者，在零點二 MΩ 以上。

二、不得與其他電線共用管槽。但電線管槽內之電線用於六十伏特以下之弱電回路者，不在此限。

三、任一層之揚聲器或配線有短路或斷線時，不得影響其他樓層之廣播。

四、設有音量調整器時，應爲三線式配線。

此外，二者在配線上如下圖所示。

火警自動警報設備

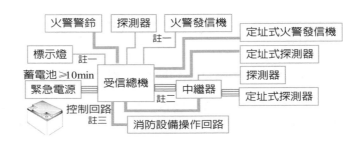

緊急廣播設備

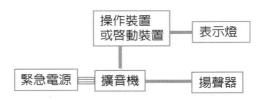

註一：火警發信機兼作其他消防安全設備之啓動裝置者：火警發信機及標示燈回路應採耐熱保護。

註二：中繼器（亦稱模組）之緊急電源迴路：中繼器內裝蓄電池者，得採一般配線。

註三：中繼器之控制回路：得採耐熱保護。

━━━━：耐燃保護，━━━━：耐熱保護，━━━━：同軸電纜：──────：一般配線

二) 緊急廣播系統揚聲器何種條件下可免設

依第 133 條：從各廣播區域內任一點至揚聲器之水平距離在十公尺以下。但居室樓地板面積在六平方公尺或由居室通往地面之主要走廊及通道樓地板面積在六平方公尺以下，其他非居室部分樓地板面積在三十平方公尺以下，且該區域與相鄰接區域揚聲器之水平距離相距八公尺以下時，得免設。

四、某地下層俱樂部設有廚房且使用桶裝瓦斯，試問該場所需設置瓦斯漏氣火警自動警報設備的條件？其檢知器裝置規定？檢知器檢修時的檢查方法、判定方法及注意事項？（25 分）

解：

一) 需設置瓦斯漏氣火警自動警報設備的條件

依第 21 條：下列使用瓦斯之場所應設置瓦斯漏氣火警自動警報設備：

一、地下層供第十二條第一款所列場所使用，樓地板面積合計一千平方公尺以上者。

二、供第十二條第五款第一目使用之地下層，樓地板面積合計一千平方公尺以上，且其中甲類場所樓地板面積合計五百平方公尺以上者。

三、總樓地板面積在一千平方公尺以上之地下建築物。

二) 檢知器裝置規定

依第 141 條：瓦斯漏氣檢知器，依瓦斯特性裝設於天花板或牆面等便於檢修處，並符合下列規定：

一、瓦斯對空氣之比重大於一時，依下列規定：

(一) 設於距瓦斯燃燒器具或瓦斯導管貫穿牆壁處水平距離四公尺以內。

(二) 檢知器上端，裝設在距樓地板面三十公分範圍內。

二、水平距離之起算，依下列規定：

(一) 瓦斯燃燒器具為燃燒器中心點。

(二) 瓦斯導管貫穿牆壁處為面向室內牆壁處之瓦斯配管中心處。

三) 檢知器檢修時的檢查方法、判定方法及注意事項

1. 檢查方法

使用「加瓦斯試驗器」進行加瓦斯測試（對空氣之比重未滿一者使用甲烷，對空氣之比重大於一者使用異丁烷），依下列 (1) 至 (3) 其中之一來測定檢知器是否動作及到受信機動作之時間，同時確認中斷器，瓦斯漏氣表示燈及檢知區域警報裝置之動作狀況。

(1)有動作確認燈之檢知器，測定由確認燈亮燈至受信總機之瓦斯漏氣燈亮燈之時間。

(2)由檢知區域警報裝置或中繼器之動作確認燈，能確認檢知器之動作時，測定由檢知區域警報裝置動作或中繼器之動作確認亮燈，至受信總機之瓦斯漏氣燈亮燈之時間。

(3)無法由前述 (1)、(2) 測定者，測定加壓試驗用瓦斯後，至受信總機之瓦斯漏氣燈亮燈之時間。

(4)檢知器應按下表選取檢查數量。

（檢知器選取檢查數量表）

一回路之檢知器數量	撰取檢查數量
1-5 個	1
6-10 個	2
11-15 個	3
16-20 個	4
21-25 個	5
26-30 個	6
30 個以上	20%

2. 判定方法

(1)中斷器、瓦斯漏氣表示燈及檢知區域警報裝置之動作應正常。受信總機之瓦斯漏氣燈、主音響裝置之動作及警報分區之表示應正常。

(2)由前述檢查方法之 (1)、(2)、(3) 測得之時間，扣除下列 A 及 B 所定之時間，應在 60 秒內。

　A. 介入中繼器時為 5 秒。

　B. 檢查方法採用 (3) 時為 20 秒。

3. 注意事項

(1)檢知器每次測試時應輪流選取，可於圖面或檢查表上註記每次選取之位置。

(2)在選取之檢知器中，發現有不良品時，該回路之全部檢知器均應實施檢查。

7-4 106年警報系統考題詳解

一、某會議室長度 16 公尺、寬度 16 公尺、天花板高度 5 公尺，依照「各類場所消防安全設備設置標準」之規定，請問：至少應如何配置該空間緊急廣播設備之揚聲器？（10 分）若考量室內設計之需求，揚聲器僅能垂直設置於會議室正中央天花板一處，且已知揚聲器音響功率為 95 分貝、指向係數為 1，廣播區域之平均吸音率為 0.28，請檢討目前配置方案是否符合規定？（15 分）
參考數據：$10^{-0.9874} = 0.10294$，$10^{-1.889} = 0.01292$，$10^{-2.321} = 0.004775$，$10^{-3.257} = 0.0005529$

解：

緊急廣播設備，依下列規定裝置：
一、距揚聲器一公尺處所測得之音壓應符合下表規定：

揚聲器種類	音壓
L 級	92 分貝以上
M 級	87 分貝以上 92 分貝未滿
S 級	84 分貝以上 87 分貝未滿

本案會議室為 $16m \times 16m = 256m^2$，設 L 級揚聲器
二、檢討目前配置方案是否符合規定
廣播區域內距樓地板面一公尺處，依下列公式求得之音壓在七十五分貝以上者。
依題意 p = 95、Q = 1、α = 0.28、S = (16×16 + 16×5 + 5×16)×2 = 832

$$r = \frac{3}{4}\sqrt{\frac{QS\alpha}{\pi(1-\alpha)}} = \frac{3}{4}\sqrt{\frac{1 \times 832 \times 0.28}{3.14(1-0.28)}} = 7.6$$

$$P = p + 10\log_{10}\left(\frac{Q}{4\pi r^2} + \frac{4(1-0.28)}{S\alpha}\right)$$

$$= 95 + 10\log_{10}\left(\frac{1}{4 \times 3.14 \times 7.6^2} + \frac{4(1-0.28)}{832 \times 0.28}\right)$$

$$= 95 + 10\log_{10}(0.0137)$$

$$= 95 + 10 \times (-18.6)$$

$$= 76.4$$

所以，廣播區域內距樓地板面 1m 處音壓在 75dB 以上者，係符合規定。

> 二、內政部於 105 年 11 月 22 日於「各類場所消防安全設備檢修及申報作業基準」
> 增訂第 26 章耐燃耐熱配線及其檢查表，請問：今如以 250 伏特的絕緣電阻計
> 測定前述配線之絕緣電阻值時，其性能檢查之檢查方法及判定合格標準為何？
> （15 分）106 年 7 月 1 日起，耐燃耐熱配線檢查結果表將納入各類場所消防安
> 全設備檢修申報作業中，請問未來相關人員在執行此項業務時，可能會面對的
> 爭議與挑戰為何？（10 分）

解：

一) 檢查方法及判定合格標準

(一) 檢查方法

1. 切斷電壓電路之電源，以電壓（流）計等確認已無充電之情形後，使用
   絕緣電阻計依所定之測量位置，針對電源回路、操作回路、表示燈回
   路、警報回路等之電壓電路測定配線間及配線與大地間之絕緣電阻值。
   但使用因絕緣阻抗試驗會有妨礙之虞的電子零件回路，及配線相互間難
   以測定之回路，得省略之。

2. 絕緣阻抗試驗測量時配線情形。

3. 低壓回路開關器或斷路器之每一分岐回路配線間及配線與大地間之絕緣
   電阻值測定，使用 500 伏特以下之絕緣電阻計測量。

4. 高壓回路電源回路間及電源回路與大地間之絕緣電阻值測定，使用 1,000
   伏特、2,000 伏特或 5,000 伏特之絕緣電阻計測量。

(二) 判定方法

測定值應符合表 1 所列之數值以上。

表 1　耐燃耐熱配線絕緣阻抗試驗合格判定表

區分		絕緣電阻值
300V 以下	對地電壓（在接地式電路，指電線和大地間之電壓；在非接地式電路，指電線間之電壓，以下均同）應為 150V 以下	0.1MΩ
	其他情形	0.2 MΩ
超過 300V 者		0.4 MΩ
3000V 高壓電路		3 MW
6000V 高壓電路		6 MΩ

二) 可能會面對的爭議與挑戰為何

耐燃耐熱配線旨在確保消防安全設備之配線是否有破損、絕緣劣化、接地不良
或不明原因致有短路之虞，而施予絕緣阻抗性之性能檢查。

新實施之各場所檢修申報應附耐燃耐熱配線檢查表規範，可提供地方消防機關

及消防專技人員該配線之檢查基準，確保消防安全設備之緊急電源供應不因火災而中斷，以完備耐燃耐熱配線檢修相關規範。

因此，內政部105年11月22日修正發布各類場所消防安全設備檢修及申報作業基準增訂第2篇第26章耐燃耐熱配線，自106年7月1日起各場所檢修申報時，皆應檢附耐燃耐熱配線檢查表。該檢查項目

1. 接地阻抗試驗。
2. 電源回路絕緣阻抗試驗。
3. 操作回路絕緣阻抗試驗。
4. 表示燈回路絕緣阻抗試驗。
5. 警報回路絕緣阻抗試驗。
6. 探測器回路絕緣阻抗試驗。
7. 附屬裝置回路絕緣阻抗試驗。
8. 絕緣耐力試驗。
9. 回路標示。
10. 各項設備（電源回路、操作回路、表示燈回路、警報回路、探測器回路、附屬裝置回路）耐燃保護及耐熱保護配線檢視情形。

因新頒布之政策不明確或不甚完整，上揭有些試驗值，可能會產生實務上爭議。現今，各縣市消防局作法，為免爭議，於場所倘適用85年7月1日「各類場所消防安全設備設置標準」前之既設場所，考量當時未針對耐燃耐熱配線保護有所明確規範，專技人員檢修申報時免附此項檢查表。現場消防安全設備之緊急電源如未有「專用迴路」或不確定是否為「專用迴路」時，其「性能檢查－電源迴路」免檢測「線對線」及「線對地」之絕緣阻抗試驗，惟其「外觀檢查－專用迴路」需「×」註記，並備註說明何種消防安全設備緊急電源未有或不確定是否為「專用迴路」。但管內配線，無法察覺其有否破損或完整；絕緣電阻值會因配線老化衰減。有些迴路係屬水電工程承攬，不屬消防設備，恐有爭議。

於各項消防安全設備「操作迴路」、「標示燈迴路」及「警報迴路」等，因多數現況可斷電測試，原則仍需要求檢測性能檢查之「操作迴路」、「標示燈迴路」及「警報迴路」之「線對地」之絕緣阻抗試驗，惟倘經消防專技人員專業判斷實施上開試驗，認為有妨礙或損壞線路或電子零件之虞者，於檢查表內簽認後得免檢測之。另倘現場消防安全設備控制盤（或總機）未接地，經消防專技人員專業判斷後於檢查表內簽認，上述相關「線對地」之絕緣阻抗試驗亦免檢測，惟需備註說明何種設備（或總機）未接地。

三、某展覽廳探測器裝置面高度為 17 公尺，有效探測範圍為 500 平方公尺，裝置偵煙式侷限蓄積型探測器其標稱蓄積時間合計為 25 秒，請問：該區域至少應裝置探測器的數目？及進行性能檢查時其合格動作時間最長為多少？（10 分）依照「各類場所消防安全設備檢修及申報作業基準」，說明該展覽廳火警自動警報設備的綜合檢查之相關規定為何？（15 分）

解：

一) 應裝置探測器的數目

裝置面高度	探測器種類及有效探測範圍 (m²)	
	一種或二種	三種
<4m	150	50
4~20m	75	-

$$應裝置探測器數 = \frac{500}{75} = 6.67（7 個）$$

二) 合格動作時間

探測器　　　動作時間	探測器種類		
	1 種	2 種	3 種
離子式侷限型 光電式侷限型	30 秒	60 秒	90 秒

上表所示之時間加蓄積型之標稱蓄積時間與蓄積式中繼器或受信機設定之蓄積時間之合計時間（最大 60 秒）再加上 5 秒。

1 種	2 種	3 種
30 秒 + 25 + 5 = 60 秒	60 秒 + 25 + 5 = 90 秒	90 秒 + 25 + 5 = 120 秒

三) 綜合檢查之相關規定

(一) 同時動作

1. 檢查方法

操作火災試驗開關及回路選擇開關，不要復舊使任意五回路（不滿五回路者，全部回路），進行火災動作表示試驗。

2. 判定方法

受信機（含副機）應正常動作，主音響及地區音響裝置之全部或接續該五回路之地區音響裝置應鳴動。

(二) 偵煙式探測器、煙複合式探測器或熱煙複合式探測器之感度。

1. 檢查方法

進行外觀清潔後，依下列步驟確定探測器之感度。

(1) 取下偵煙式探測器，進行外觀清潔。

(2) 使用偵煙式探測器用感度試驗器，進行感度（濃度）試驗，確認其感度是否在探測器所定之範圍內。

(3) 按前述 A 之步驟確認其感度正常者，即再裝回原位，裝置後使用加煙試驗器，進行動作之確認。

2. 判定方法

感度應在所定之範圍內。

3. 注意事項

取下偵煙式探測器之場所，應即裝上替代之探測器，不可使其形成未警戒區域，應將此紀錄在檢查表上。

(1) 分離型探測器

清潔探測器之送光器及受光器時，應依正確之方法回復到初期時狀態。

(2) 偵煙式探測器用感度試驗器及減光罩，應使用規定之器材。

(三)地區音響裝置之音壓

1. 檢查方法

距音響裝置設置位置中心一公尺處，使用噪音計，確認其音壓。

2. 判定方法

音壓應在九十分貝以上。（85 年 6 月 30 日前取得建造執照者為八十五分貝）

3. 注意事項

(1) 警鈴於收藏箱內者，應維持原狀測定其音壓。

(2) 音壓使用簡易或普通噪音計測定。

(四)綜合檢查

1. 檢查方法

切換成緊急電源或預備電源供電狀態，使用加熱試驗器等使任一探測器動作，依下列步驟確認其性能是否正常。

(1) 應遮斷受信總機之常用電源主開關或分電盤之專用開關。

(2) 進行任一探測器加熱或加煙試驗時，在受信總機處應確認其火警分區之火災表示裝置是否正常亮燈、主音響及地區音響裝置是否正常鳴動。

2. 判定方法

火災表示裝置應正常亮燈、音響裝置應正常鳴動。

【註】蓄積型總時間有三項，爲動作時間＋蓄積時間（≦60秒）＋5秒（訊號傳輸遲滯時間）之合計，而非蓄積型則僅爲動作時間一項。

四、請依「潔淨區消防安全設備設置要點」之規定，說明何謂潔淨區的潔淨室（Cleanroom）、上回風層與下回風層（Air Plenum/Return Air Plenum）、回風豎井（Return Air Shaft）、風機過濾機組（Fan Filter Unit）、自動物料搬運系統（Automated Material Handling System）？另請問前述潔淨區的警報設備之相關設置規定爲何？（25分）

解：

一) 說明以下名詞

1. 潔淨室（Cleanroom）：潔淨區內設置主要生產機臺與其附屬設備之區域。

2. 上回風層（Air Plenum）：潔淨室上方層。

3. 下回風層（Return Air Plenum）：潔淨室下方層。

4. 回風豎井（Return Air Shaft）：維持潔淨空氣所需循環氣流之垂直通道。

5. 風機過濾機組（Fan Filter Unit）：高效空氣過濾器或超高效空氣過濾器與風機組合，提供空氣淨化的末端裝置。

6. 自動物料搬運系統（Automated Material Handling System）：潔淨區內生產製程機臺間之運輸系統，利用系統之軌道（Railway）、升降設備（Clean Lifter）將物料儲放於儲料設備（Stocker)或塔式儲料設備（Tower Stocker)內。

二) 潔淨區的警報設備之相關設置規定

1. 潔淨室、下回風層及管橋應設置手動報警設備。

2. 潔淨室、上回風層、下回風層及管橋應依循環氣流、空間特性，設置火警自動警報設備或吸氣式（Aspirating Type）偵煙探測系統，其訊號應移報及整合於火警受信總機或其他控制設備或設施（站）。另回風豎井應設吸氣式偵煙探測系統。

3. 設置火警自動警報設備時，應符合下列規定：

A. 設置偵煙式探測器。

B. 探測器之裝置位置，應符合各類場所消防安全設備設置標準第一百十五條之規定。但潔淨室風機過濾機組及下回風層格子樓板之孔洞，不受同條第一款及第三款之限制。

4. 設置吸氣式偵煙探測系統時，應符合下列規定：

A. 靈敏度小於零點六遮蔽率（%obs/m）。

B. 取樣管之裝置位置，應符合下列規定：

a. 上回風層天花板下方距離三十公分範圍內。

　　　b. 潔淨室天花板、下回風層格子樓板樑下方距離八十公分範圍內，且取樣
　　　　孔不得位於格子樓板樑下方。
　　　c. 回風豎井內或冷卻乾盤管處，潔淨循環氣流與新鮮空氣混氣前之位置。
　　　　但潔淨循環氣流與新鮮空氣非在回風豎井內混氣者，不在此限。
C. 取樣管之取樣孔防護面積，應符合下列規定：
　　　a. 裝置於上回風層時，每一取樣孔有效探測範圍以偵煙式探測器之有效探
　　　　測範圍計算。
　　　b. 裝置於潔淨室時，每一取樣孔有效探測範圍不得超過三十六平方公尺。
　　　c. 裝置於下回風層時，每一取樣孔有效探測範圍不得超過十平方公尺。
　　　d. 裝置於回風豎井或冷卻乾盤管時，每一取樣孔有效探測範圍不得超過一
　　　　平方公尺。
D. 每一探測器組防護面積應符合各類場所消防安全設備設置標準第
　　一百十二條規定。但裝置於下回風層、回風豎井或冷卻乾盤管時，每一
　　探測器組防護面積應符合中央消防主管機關之認可值。
E. 探測粒子濃度變化達設定值時，應能發出警示；達火災發生設定值時，應
　　能發出警報。
F. 每一取樣管之末端空氣取樣孔，空氣傳送時間不得超過一百二十秒。
G. 具取樣管路氣流異常之監測功能。
H. 取樣管路應以流體計算軟體進行計算與配置，並符合流體動力學原理。
I. 探測器組應裝置於易於維修之位置。

＋ 知識補充站

日本消防設備工事及整備資格者

分類	項目	消防設備或特殊消防設備等種類	消防設備士	
			甲種	乙種
特類	特類	特殊消防設備	設計，監造，裝置，檢修	-
滅火設備	第 1 類	室內消防栓，室外消防栓，自動撒水設備，水霧滅火設備，套裝型滅火設備，套裝型自動滅火設備，集合住宅用自動撒水設備	設計，監造，裝置，檢修	裝置，檢修
	第 2 類	泡沫滅火設備，套裝型滅火設備，套裝型自動滅火設備，特定停車場用泡沫滅火設備		
	第 3 類	不活性氣體滅火設備，海龍替代滅火設備，乾粉滅火設備，套裝型滅火設備，套裝型自動滅火設備		
警報設備	第 4 類	火警自動警報設備，瓦斯漏氣火警自動警報設備，一一九火災通報裝置，集合住宅用火警自動警報設備，住戶用火警自動警報設備，特定小規模設施用火警自動警報設備，複合型住居設施用火警自動警報設備		
避難設備／滅火器	第 5 類	金屬製避難梯（限固定式者），救助袋，緩降機		
	第 6 類	滅火器	-	
警報設備	第 7 類	漏電火災警報器	-	

註：上述劃有底線者，為性能式規定之消防設備或特殊消防用設備（B 或 C 路徑）。其餘為規格式規定之一般消防設備（A 路徑）。

（工事相當於臺灣消防法規之設計監造，整備相當於裝置檢修等。）

臺灣方面，依消防法第 7 條，各類場所消防安全設備設置標準設置之消防安全設備，其設計、監造應由消防設備師爲之；其裝置、檢修應由消防設備師或消防設備士爲之。

前項消防安全設備之設計、監造、裝置及檢修，於消防設備師或消防設備士未達定量人數前，得由現有相關專門職業及技術人員或技術士暫行爲之；其期限由中央主管機關定之。

7-5 105年警報系統考題詳解

一、你是消防設備師，受託為一公共危險物品室內儲存場所設計消防安全設備。請問，在未檢視明確的法令規定前，初步判斷該室內儲存場所應否設置火警自動警報設備的主要因素為何？依規定，室內儲存場所符合那些條件時，應設置火警自動警報設備？（25分）

解：

一) 初步判斷該室內儲存場所應設置火警自動警報設備的主要因素

考量儲存種類及其管制量、開口情形、室內空間區劃、樓地板面積、探測場所選用、裝設位置（進出風口）、斜屋頂（頂板）、人為操作、粉塵、溼氣、裝設高度或區畫面積及火災生成物問題等等

基本上火警自動警報設備的功能在於火災發生初期的警報，使得內部人員能在有限的時間內進行因應；火警自動警報設備要如何有效的探測火災，假使常造成誤報，會使內部人員產生不信任感，而延誤動作造成傷亡；但探測器為免誤報，將其靈敏度降低或蓄積時間調多或多信號動作，始發出警報，這將是火災發生了一段時間時，火勢變大或難以逃生，此時就失去火警自動警報設備之設置目的。

二) 室內儲存場所應設置火警自動警報設備條件

室內儲存場所符合下列規定之一者：

1. 儲存或處理公共危險物品數量達管制量一百倍以上者。但儲存或處理高閃火點物品，不在此限。

2. 總樓地板面積在一百五十平方公尺以上者。但每一百五十平方公尺內以無開口且具一小時以上防火時效之牆壁、樓地板區劃分隔，或儲存、處理易燃性固體以外之第二類公共危險物品或閃火點在攝氏七十度以上之第四類公共危險物品之場所，其總樓地板面積在五百平方公尺以下者，不在此限。

3. 建築物之一部分供作室內儲存場所使用者。但以無開口且具一小時以上防火時效之牆壁、樓地板區劃分隔者，或儲存、處理易燃性固體以外之第二類公共危險物品或閃火點在攝氏七十度以上之第四類公共危險物品，不在此限。

4. 高度在六公尺以上之一層建築物。

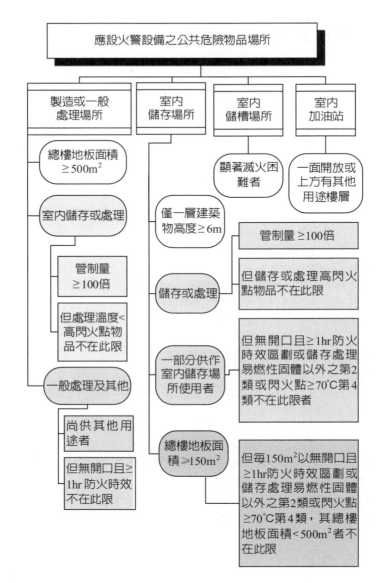

二、建築物內的風與氣流流動狀況是影響火警探測器能否有效探知火災的重要因素之
　一。請問，在設置火警探測器時，對於風與氣流的影響，消防設備師應有的認知
　與考量為何？在決定火警探測器之設置與裝置位置時，對於風與氣流的影響，各
　類場所消防安全設備設置標準有那些具體規定？（25 分）

解：

　一) 設置火警探測器時，對於風與氣流的影響考量

火警探測器除火焰式較不受氣流、風壓影響外，其靠熱對流氣熱能傳遞給探測器，由探測器表面熱能產生轉移之內部感熱裝置，觸動微動開關，送出啓動信號。所以，偵溫、偵煙等會顯著受到風與氣流影響，使其難以偵知火災生成物。

二) 各類場所消防安全設備設置標準具體規定

第 115 條　探測器之裝置位置，依下列規定：

1. 天花板上設有出風口時，除火焰式、差動式分布型及光電式分離型探測器外，應距離該出風口一點五公尺以上。

2. 牆上設有出風口時，應距離該出風口一點五公尺以上。但該出風口距天花板在一公尺以上時，不在此限。

3. 天花板設排氣口或回風口時，偵煙式探測器應裝置於排氣口或回風口周圍一公尺範圍內。

第 116 條　下列處所得免設探測器：外氣流通無法有效偵測火災之場所。

第 122 條　偵煙式探測器除光電式分離型外，依下列規定裝置：

1. 居室天花板距樓地板面高度在二點三公尺以下或樓地板面積在四十平方公尺以下時，應設在其出入口附近。

2. 探測器在走廊及通道，步行距離每三十公尺至少設置一個；使用第三種探測器時，每二十公尺至少設置一個；且距盡頭之牆壁在十五公尺以下，使用第三種探測器應在十公尺以下。但走廊或通道至樓梯之步行距離在十公尺以下，且樓梯設有平時開放式防火門或居室有面向該處之出入口時，得免設。

三、火災發生時，火警自動警報設備鳴動方式對於火場避難人員的疏散逃生安全有重要的影響。請問，在建築物內，火警自動警報設備的鳴動方式一般分為幾種，且其優缺點為何？各類場所消防安全設備設置標準對於火警自動警報設備的鳴動方式有何規定？緊急廣播設備與火警自動警報設備連動時，其火警音響應如何鳴動？（25 分）

解：

一) 火警自動警報設備的鳴動方式

A. 一齊鳴動

全棟之地區音響自動地一齊鳴動。

B. 分區鳴動

建築物在五層以上，且總樓地板面積超過三千平方公尺者，其地區音響裝置應依下列所示分區鳴動，必要時可以手動操作一齊鳴動。

(A) 起火層為地上二層以上時，限該樓層與其直上兩層及其直下層鳴動。

(B) 起火層為地面層時，限該樓層與其直上層及地下層各層鳴動。

(C) 起火層為地下層時，限地面層及地下層各層鳴動。

(D)前三款之鳴動於十分鐘內或受信總機再接受火災信號時，應立即全區鳴動。

二) 火警自動警報設備不同鳴動方式優缺點

A. 一齊鳴動

全棟大樓之地區音響自動地一齊鳴動，優點是火警發生時全棟人員能第一時間採取火災因應動作。缺點是假使火警為誤報，影響層面將是整棟全面，將會造成大樓人員因逃生形成恐慌，造成非火災之人員推擠傷亡情形發生。所以法規規定建築物在五樓以上（樓層過高）且總樓地板面積在三千平方公尺以上者（面積過大），內部收容人員較多時，避免火警鳴動或誤報，使整棟全體人員一致向上向下逃生，造成樓梯間過度擁擠或推擠情況。

B. 分區鳴動

大樓發生火災，會受到火災威脅是起火層與其直上層。分區鳴動能疏散人群時，因火災受威脅之空間相當有程度差異性，即刻受到威脅先疏散。但分區鳴動有一嚴重缺點；就是真的發生火災時，只要有探測器動作的樓層會採取分區鳴動，但當其他樓層的探測器動作時，欲經過火災已受威脅樓層的逃生路線或出入口已是深陷火海了。在日本規定當火警鈴動作在幾分鐘內，沒有人員去「復歸」，代表是真的發生火警了，超過一定的時間內，規定所有的警鈴都要鳴動，以確保場所內的所有人員的安全。（參考資料來源：火警自動警報設備之火警警鈴之探討，2009，http：//topoftheview.pixnet.net/blog/post/1777005）

三) 火警自動警報設備鳴動方式規定

第 113 條　火警自動警報設備之鳴動方式，建築物在五樓以上，且總樓地板面積在三千平方公尺以上者，依下列規定：

1. 起火層為地上二層以上時，限該樓層與其直上二層及其直下層鳴動。

2. 起火層為地面層時，限該樓層與其直上層及地下層各層鳴動。

3. 起火層為地下層時，限地面層及地下層各層鳴動。

4. 前三款之鳴動於十分鐘內或受信總機再接受火災信號時，應立即全區鳴動。

第 135 條　緊急廣播設備與火警自動警報設備連動時，其火警音響之鳴動準用第一百十三條之規定。

1. 緊急廣播設備之音響警報應以語音方式播放。

2. 緊急廣播設備之緊急電源，準用第一百二十八條之規定。

第 128 條　火警自動警報設備之緊急電源，應使用蓄電池設備，其容量能使其有效動作十分鐘以上。

四、瓦斯漏氣火警自動警報設備對於檢知瓦斯是否漏洩，避免氣爆事故發生，具有重要作用。為確保其功能正常，定期的檢查及維護十分重要。一般進行瓦斯漏氣火

警自動警報設備的檢查，有外觀、性能與綜合檢查三項。請問，進行此設備的綜合檢查時，其檢查項目、檢查方法與判定方法為何？（25分）

解：

綜合檢查

(一)同時動作

　　1. 檢查方法

　　　使用加瓦斯試驗器，使兩個回路之任一檢知器（各回路一個）同時動作，確認其性能是否異常。

　　2. 判定方法

　　　中繼器、瓦斯漏氣表示燈及檢知區域警報裝置之動作應正常，且受信總機之瓦斯漏氣燈、主音響裝置之動作及警報分區之表示應正常。

(二)檢知區域警報裝置

　　1. 檢查方法

　　　使任一檢知器動作，於檢知區域警報鳴動時，於距該裝置之裝設位置中心一公尺處，使用噪音計確認其音壓是否在規定值以上。

　　2. 判定方法

　　　音壓應在七十分貝以上。

　　3. 注意事項

　　　設在箱內者，應保持原狀測定其音壓。

(三)綜合動作

　　1. 檢查方法

　　　切換成緊急電源之狀態，使任一檢知器動作，確認其性能是否正常。

　　2. 判定方法

　　　中繼器、瓦斯漏氣表示燈及檢知區域警報裝置之動作應正常，且受信總機之瓦斯漏氣燈、主音響裝置之動作及警報分區之表示應正常。

　　3. 注意事項

　　　得以預備電源取代緊急電源實施綜合動作測試。

7-6 104年警報系統考題詳解

一、火焰式探測器是應用近代科技研發出來的新式探測器之一，其探測火災方法與維護要領有別於現有的探測器，因此有必要特別留意。此類探測器的火災探測動作原理與分類爲何？進行認可火焰式探測器靈敏度試驗時，其試驗規定爲何？進行檢修申報作業時，其性能檢查基準規定事項爲何？（25分）

解：

一) 火焰式探測器動作原理與分類

依火警探測器認可基準，火焰式探測器：指當火焰放射出來之紫外線或紅外線之變化在定量以上時會發出火災信號之型式中，利用某一局部處所之紫外線或紅外線引起光電元件受光量之變化而動作。可分爲紫外線式、紅外線式、紫外線紅外線併用式、複合式。

二) 火焰式探測器靈敏度試驗規定

1. 標稱監視距離，係按照每5度視角加以規定，未滿20公尺時以每1公尺爲刻度，20公尺以上時，以每5公尺爲刻度。

2. 靈敏度應符合下列規定：

(1) 動作試驗：相對於探測器之分類及每一視角之標稱監視距離，將L及d之值作如表之規定時，在距離探測器之水平距離L公尺處，以一邊長度爲d公分之正方形燃燒盤燃燒正庚烷，應在30秒以內發出火災信號。

表　火焰式探測器動作試驗數值表

分類	L（公尺）	d（公分）
室內型	標稱監視距離之 1.2 倍之值	33
室外型	標稱監視距離之 1.4 倍之值	70

(2) 不動作試驗：紫外線及紅外線之受光量，在前款動作試驗中受光量之四分之一時，在1分鐘內不會動作。

三) 火焰式探測器性能檢查基準規定事項

(1) 檢查方法

使用火焰探測器用動作試驗器，確認探測器之動作及火警分區之表示是否正常。

(2) 判定方法

A. 探測器之動作時間，應在30秒內。

B. 火警分區之表示應正常。

以火焰式探測器用動作試驗器之紅外線或紫外線照射時，30秒加上蓄積式中繼器或受信機設定之蓄積時間之合計時間（最大20秒）。

二、火警受信總機是整個火警自動警報設備中最重要的控制設備之一，為確保該設備
　　功能正常，法規對其設置位置有何要求？為防止火災誤報發生，受信總機需具有
　　那些防止誤報發生之功能？當受信總機附有防災連動控制功能者，又應符合那些
　　要求？（25分）

解：

　　一) 火警自動警報設備設置位置
　　　　第126條　火警受信總機之位置，依下列規定裝置：
　　　　　　　　1. 裝置於值日室等經常有人之處所。但設有防災中心時，設於該中
　　　　　　　　　心。
　　　　　　　　2. 裝置於日光不直接照射之位置。
　　　　　　　　3. 避免傾斜裝置，其外殼應接地。
　　　　　　　　4. 壁掛型總機操作開關距離樓地板面之高度，在零點八公尺（座式
　　　　　　　　　操作者，為零點六公尺）以上一點五公尺以下。
　　二) 為防止火災誤報發生，受信總機需具有那些防止誤報發生之功能
　　　　依受信總機認可基準指出，受信總機需有下列各項防止誤報之功能：
　　　　(1) 當外部配線（回路信號線除外）發生故障時。
　　　　(2) 受到振動、外力衝擊電力開關之開關動作或其他電器回路幹擾時。
　　　　(3) 設有蓄積回路者，應有回路蓄積與非蓄積切換之裝置。
　　三) 附有防災連動控制功能者應符合下列規定：
　　　　(1) 應能同時連動控制附屬之相關設備。
　　　　(2) 連動輸出裝置應有適當之保護裝置，在輸出異常時能確保受信總機功能正
　　　　　　常，並設有端子記號及接線圖之明確標示。
　　　　(3) 撒水與泡沫回路動作時，其回路區域表示裝置可與外部感知動作信號同步。
　　　　(4) 受信回路及連動控制之電氣特性均需符合本基準之規定，且廠商並必須在
　　　　　　火警受信總機內標示連動控制用之電氣規格。

三、某消防設備師受託為一地下層場所設計消防安全設備，若消防設備師發現該場所
　　有使用氣體燃料（瓦斯）燃氣設備，可能要設置瓦斯漏氣火警自動警報設備時，
　　為妥善進行此設備之設計，有那些可能影響設計的要素是應先行掌握及了解？另
　　設計時主要的設計步驟與需引用的消防設備設置規定為何？（25分）

解：

　　一) 設置瓦斯漏氣火警自動警報設備時影響設計的要素
　　　　1. 用途分類
　　　　2. 樓地板面積
　　　　3. 樓層位置
　　　　4. 瓦斯種類比重

5. 瓦斯燃燒位置

6. 瓦斯管貫穿位置

7. 室內空間天花板及樑等

8. 防災中心或值日室

9. 出入口位置

二) 設計時主要的設計步驟需引用的消防設備設置規定

1. 應設置場所

第 21 條　下列使用瓦斯之場所應設置瓦斯漏氣火警自動警報設備：

一、地下層供第十二條第一款所列場所使用，樓地板面積合計一千平方公尺以上者。

二、供第十二條第五款第一目使用之地下層，樓地板面積合計一千平方公尺以上，且其中甲類場所樓地板面積合計五百平方公尺以上者。

三、總樓地板面積在一千平方公尺以上之地下建築物。

2. 應劃定火警分區

第 140 條　瓦斯漏氣火警自動警報設備依第一百十二條之規定劃定警報分區。

前項瓦斯，指下列氣體燃料：

一、天然氣。

二、液化石油氣。

三、其他經中央主管機關指定者。

第 112 條　裝設火警自動警報設備之建築物，依下列規定劃定火警分區：

一、每一火警分區不得超過一樓層，並在樓地板面積六百平方公尺以下。但上下二層樓地板面積之和在五百平方公尺以下者，得二層共用一分區。

二、每一分區之任一邊長在五十公尺以下。但裝設光電式分離型探測器時，其邊長得在一百公尺以下。

三、如由主要出入口或直通樓梯出入口能直接觀察該樓層任一角落時，第一款規定之六百平方公尺得增爲一千平方公尺。

四、樓梯、斜坡通道、昇降機之昇降路及管道間等場所，在水平距離五十公尺範圍內，且其頂層相差在二層以下時，得爲一火警分區。但應與建築物各層之走廊、通道及居室等場所分別設置火警分區。

五、樓梯或斜坡通道，垂直距離每四十五公尺以下爲一火警分區。但其地下層部分應爲另一火警分區。

3. 設置瓦斯漏氣警報裝置及配線

第 143 條　瓦斯漏氣之警報裝置，依下列規定：

一、瓦斯漏氣表示燈，依下列規定。但在一警報分區僅一室時，得免設之。

（一）設有檢知器之居室面向通路時，設於該面向通路部分之出入口附近。

（二）距樓地板面之高度，在四點五公尺以下。

（三）其亮度在表示燈前方三公尺處能明確識別，並於附近標明瓦斯漏氣表示燈字樣。

二、檢知器所能檢知瓦斯漏氣之區域內，該檢知器動作時，該區域內之檢知區域警報裝置能發出警報音響，其音壓在距一公尺處應有七十分貝以上。但檢知器具有發出警報功能者，或設於機械室等常時無人場所及瓦斯導管貫穿牆壁處者，不在此限。

第 144 條　瓦斯漏氣火警自動警報設備之配線，除依屋內線路裝置規則外，依下列規定：

一、電源回路導線間及導線對大地間之絕緣電阻值，以直流五百伏特額定之絕緣電阻計測定，對地電壓在一百五十伏特以下者，應在零點一 MΩ 以上，對地電壓超過一百五十伏特者，在零點二 MΩ 以上。檢知器回路導線間及導線與大地間之絕緣電阻值，以直流五百伏特額定之絕緣電阻計測定，每一警報分區在零點一 MΩ 以上。

二、常開式檢知器信號回路之配線採用串接式，並加設終端電阻，以便藉由瓦斯漏氣受信總機作斷線自動檢出用。

三、檢知器回路不得與瓦斯漏氣火警自動警報設備以外之設備回路共用。

4. 設置瓦斯漏氣檢知器

第 141 條　瓦斯漏氣檢知器，依瓦斯特性裝設於天花板或牆面等便於檢修處，並符合下列規定：

一、瓦斯對空氣之比重未滿一時，依下列規定：

（一）設於距瓦斯燃燒器具或瓦斯導管貫穿牆壁處水平距離八公尺以內。
但樓板有淨高六十公分以上之樑或類似構造體時，設於近瓦斯燃燒器具或瓦斯導管貫穿牆壁處。

（二）瓦斯燃燒器具室內之天花板附近設有吸氣口時，設在距瓦斯燃燒器具或瓦斯導管貫穿牆壁處與天花板間，無淨高六十公分以上之樑或類似構造體區隔之吸氣口一點五公尺範圍內。

（三）檢知器下端，裝設在天花板下方三十公分範圍內。

二、瓦斯對空氣之比重大於一時，依下列規定：

（一）設於距瓦斯燃燒器具或瓦斯導管貫穿牆壁處水平距離四公尺以內。

（二）檢知器上端，裝設在距樓地板面三十公分範圍內。

三、水平距離之起算，依下列規定：

(一)瓦斯燃燒器具為燃燒器中心點。

(二)瓦斯導管貫穿牆壁處為面向室內牆壁處之瓦斯配管中心處。

5. 設置瓦斯漏氣受信總機

第 142 條　瓦斯漏氣受信總機，依下列規定：

一、裝置於值日室等平時有人之處所。但設有防災中心時，設於該中心。

二、具有標示瓦斯漏氣發生之警報分區。

三、設於瓦斯導管貫穿牆壁處之檢知器，其警報分區應個別標示。

四、操作開關距樓地板面之高度，需在零點八公尺以上（座式操作者為零點六公尺）一點五公尺以下。

五、主音響裝置之音色及音壓應有別於其他警報音響。

六、一棟建築物內有二臺以上瓦斯漏氣受信總機時，該受信總機處，設有能相互同時通話聯絡之設備。

6. 緊急電源

第 145 條　瓦斯漏氣火警自動警報設備之緊急電源應使用蓄電池設備，其容量應能使二回路有效動作十分鐘以上，其他回路能監視十分鐘以上。

四、緊急廣播設備是火災時傳遞火災訊息的重要設備，其廣播音壓大小將決定火災訊息能否被清楚察覺，因此有關音壓的規定就十分重要。緊急廣播設備裝置對於距離揚聲器 1 公尺處所測得之音壓有何規定？計算揚聲器之音壓值時需使用到指向係數（Q 值），其意義與計算公式又為何？假設某廣播區域為 120 平方公尺，此時應使用何種等級揚聲器，其音壓規定值為何？（25 分）

解：

一) 緊急廣播設備裝置對於距離揚聲器 1 公尺處所測得之音壓規定

第 133 條　緊急廣播設備，依下列規定裝置：

一、距揚聲器一公尺處所測得之音壓應符合下表規定：

揚聲器種類	音壓
L 級	92 分貝以上
M 級	87 分貝以上 92 分貝未滿
S 級	84 分貝以上 87 分貝未滿

二) 指向係數（Q 值）與計算公式

指向係數：為該點方向之音壓強度與全方向平均值之音壓強度比值，公式如下：

$$Q = I_d/I_o$$

公式中

Q：揚聲器之指向係數。

I_d：距離揚聲器 1m 處，該方向之直接音壓強度。

I_o：距離揚聲器 1m 處，全方向之直接音壓強度之平均值。

三) 使用揚聲器等級及其音壓規定值

揚聲器，依下列規定裝設：

(一)廣播區域超過一百平方公尺時，設 L 級揚聲器。

(二)廣播區域超過五十平方公尺一百平方公尺以下時，設 L 級或 M 級揚聲器。

(三)廣播區域在五十平方公尺以下時，設 L 級、M 級或 S 級揚聲器。

　　廣播區域 120 平方公尺時應設 L 級揚聲器，音壓在 92 分貝以上。

樓梯或斜坡通道以外之場所，揚聲器之音壓及裝設符合下列規定者，不受前款
第四目之限制：

(一)廣播區域內距樓地板面一公尺處，依下列公式求得之音壓在七十五分貝以
　　上者。

$$P = P + 10 \log_{10}(Q/4\pi r^2 + 4(1 - \alpha)/s\alpha)$$

P 值：音壓（單位：dB）

P 值：揚聲器音響功率（單位：dB）

Q 值：揚聲器指向係數

r 值：受音點至揚聲器之距離（單位：公尺）

α 值：廣播區域之平均吸音率

S 值：廣播區域內牆壁、樓地板及天花板面積之合計（單位：平方公尺）

7-7 103年警報系統考題詳解

一、火警自動警報設備是否發生火災誤報，與火警探測器設置的適當與否關係密切。
為了避免火災誤報發生，在設置之前必須審慎考量火警探測器裝置的場所及位
置。請從火警探測器的動作原理與其設置處所環境之間的關係，分析容易造成火
警探測器火災誤報的因素為何？並請申論應如何適當選擇探測器，以避免火災誤
報發生。（25分）

解：

一) 造成火警探測器火災誤報的因素

依動作原理區分：

1. 動作原理為火災生成物之熱：

(1) 差動式侷限型探測器：周圍溫度上升率在超過一定限度時即會動作，僅
針對某一侷限地點之熱效率有反應。

(2) 差動式分布型探測器：周圍溫度上升率在超過一定限度時即會動作，針
對廣大地區熱效率之累積產生反應。

(3) 定溫式侷限型探測器：周圍溫度達到一定溫度以上時，即會產生動作，
外觀為非電線狀。

(4) 定溫式線型探測器：周圍溫度達到一定溫度以上時，即會產生動作，外
觀為電線狀。

(5) 補償式侷限型探測器：兼具差動式侷限型及定溫式侷限型二種性能。

2. 動作原理為火災生成物之煙：

(1) 離子式探測器：周圍空氣中含煙濃度達到某一限度時即會動作，原理係
利用離子化電流受煙影響而產生變化。

(2) 光電式探測器：周圍空氣中含煙濃度達到某一限度時即會動作，原理係
利用光電束子之受光量受到煙之影響而產生變化，並可分為散亂光型及
減光型。

3. 動作原理為火災生成物之光譜：

火焰式探測器：指當火焰放射出來之紫外線或紅外線之變化在定量以上時會
發出火災信號之型式中，利用某一局部處所之紫外線或紅外線引起光電元件
受光量之變化而動作。可分為紫外線式、紅外線式、紫外線紅外線併用式、
複合式。

4. 動作原理為火災生成物二種以上：

複合式探測器：具有上述兩種以上偵測功能。

A. 煙熱複合式探測器：探測器具有定溫功能及偵煙功能的探測器，其定溫
功能及偵煙功能都動作後，才將火災信號傳到受信總機，由受信總機發
出火警警報。

B. 多信號探測器：具有二種以上動作點的探測器（如差動式或偵煙式），當某一動作點動作後即發出火警訊號給受信總機，由受信總機發出副警鈴，但第二動作點動作（或所有的動作點都動作）後，傳火警訊號給火警信總機，此時受信總機即發出火警警鈴；所以多信號探測器必須接特殊的多信號受信總機，因此接多信號探測器在該回路不得有蓄積功能。

設 置 場 所		適用之感熱式探測器			適用之偵煙式探測器						火焰探測器	備考
					離子式型		光電式型		光電式分離型			
場　所	具體例示	差動式	補償式	定溫式	非蓄積型	蓄積型	非蓄積型	蓄積型	非蓄積型	蓄積型		
因吸煙而有煙滯留之換氣不良場所	會議室、接待室、休息室、控制室、康樂室、後台（演員休息室）、咖啡廳、餐廳、等侯室、酒吧等之客房、集會堂、宴會廳等	○	○					○	○	○		
作為就寢設施使用之場所	飯店（旅館、旅社）之客房、休息（小睡）房間等					○		○	○	○		
有煙以外微粒子浮游之場所	地下街通道（通路）等					○	○	○	○	○	○	
容易受風影響之場所	大廳（門廳）、禮拜堂、觀覽場、在大樓頂上之機械室等。							○	○	○	○	設差動式探測器時，應使用分布型
煙需經長時間移動方能到達探測器之場所	走廊、樓梯、通道、傾斜路、昇降機機道等						○		○	○		

設置場所		適用之感熱式探測器			適用之偵煙式探測器						火焰探測器	備考
					離子式型		光電式型		光電式分離型			
場所	具體例示	差動式	補償式	定溫式	非蓄積型	蓄積型	非蓄積型	蓄積型	非蓄積型	蓄積型		
有成為燻燒火災之虞之場所	電話機械室、通信機器室、電腦室、機械控制室等						○	○	○	○		
大空間且天花板高等熱、煙易擴散之場所	體育館、飛機停機庫、高天花板倉庫、工場、觀眾席上方等探測器裝置高度在8公尺以上之場所	○							○	○	○	差動式探測器應使用分布型

因此，將偵煙式裝置在有煙之位置、偵溫式裝設在高溫位置、火焰式裝設在有用火位置如爐火煮食等，即皆會造成誤報。也如偵煙式或熱煙複合式侷限型探測器不得設於下列處所：

1. 塵埃、粉末或水蒸氣會大量滯留之場所。
2. 會散發腐蝕性氣體之場所。
3. 廚房及其他平時煙會滯留之場所。
4. 顯著高溫之場所。
5. 排放廢氣會大量滯留之場所。
6. 煙會大量流入之場所。
7. 會結露之場所。
8. 其他對探測器機能會造成障礙之場所。

火焰式探測器不得設於下列處所：

1. 前項第二款至第四款、第六款、第七款所列之處所。
2. 水蒸氣會大量滯留之處所。
3. 用火設備火焰外露之處所。
4. 其他對探測器機能會造成障礙之處所。

二) 適當選擇探測器，以避免火災誤報

從上述動作原理可知，

一些特殊場所依下表狀況，選擇適當探測器設置：

感知原理	場所		1 灰塵、粉末會大量滯留場所	2 水蒸氣會大量滯留之場所	3 會散發腐蝕性氣體之場所	4 平時煙會滯留之場所	5 顯著高溫之場所	6 排放廢氣會大量滯留之場所	7 煙會大量流入之場所	8 會結露之場所	9 用火設備火焰外露之場所
空氣膨脹	差動式局限型	一種	○					○	○		
		二種	○					○	○		
	差動式分布型	一種	○		○			○	○	○	
		二種	○	○				○	○	○	
金屬片＋空氣膨脹	補償式局限型	一種	○					○	○		
		二種	○					○	○		
金屬片彎曲	定溫式	特種	○	○	○	○	○			○	○
		一種		○	○	○	○			○	○
光電壓	火焰式		○					○			

註：
一）○表可選擇設置。
二）場所 1 所使用之差動式局限型或補償式局限型探測器或差動式分布型之檢出器，應具灰塵、粉末不易入侵之構造。
三）場所 1、2、4、8 所使用之定溫式或補償式探測器，應具有防水性能。
四）場所 3 所使用之定溫式或補償式探測器，應依腐蝕性氣體別，使用具耐酸或耐鹼性能者；使用差動式分布型時，其空氣管及檢出器應採有效措施，防範腐蝕性氣體侵蝕。

二、現有火警自動警報設備所使用的火警探測器有許多種類，且運用的原理各不相同，其中光電式探測器是經常被考慮使用的探測器之一。請問，所謂光電式探測器是運用何種動作原理來察覺火災發生？爲有效感知火災發生，國內對於光電式探測器的構造要求爲何？採用光電式分離型的探測器時，國內又有何設置規定？（25 分）

解：

一) 光電式探測器動作原理

光電式探測器：周圍空氣中含煙濃度達到某一限度時即會動作，原理係利用光電束子之受光量受到煙之影響而產生變化，並可分爲散亂光型及減光型。

二) 光電式探測器構造要求

光電式探測器應符合下列規定：

1) 所使用光源之光束變化應少，且能耐長時間之使用。

2) 光電元件應不得有靈敏度劣化或疲勞現象，且能耐長時間之使用。

3) 能容易清潔檢知部位。

三) 光電式分離型探測器設置規定
　　第 123 條 光電式分離型探測器，依下列規定設置：
　　　　　　一、探測器之受光面設在無日光照射之處。
　　　　　　二、設在與探測器光軸平行牆壁距離六十公分以上之位置。
　　　　　　三、探測器之受光器及送光器，設在距其背部牆壁一公尺範圍內。
　　　　　　四、設在天花板等高度二十公尺以下之場所。
　　　　　　五、探測器之光軸高度，在天花板等高度百分之八十以上之位置。
　　　　　　六、探測器之光軸長度，在該探測器之標稱監視距離以下。
　　　　　　七、探測器之光軸與警戒區任一點之水平距離，在七公尺以下。
　　前項探測器之光軸，指探測器受光面中心點與送光面中心點之連結線。

三、設置火災報警設備時，除了自動報警設備外，常需另設手動報警設備。請問手動
　　報警設備之火警發信機的功能與分類為何？為使其有效發揮作用，國內目前對於
　　火警發信機的構造、形狀及材質有何規範及要求？（25 分）

解：
　一) 火警發信機的功能與分類
　　　火警發信機功能係利用手動對火警受信總機或中繼器等發出信號之設備。
　　　分類如下：
　　　1. 依系統種類區分：一般係與 P 型受信總機配合使用，至與 R 型受信總機配合
　　　　使用者稱為「定址型火警發信機」。
　　　2. 依操作方式區分：「強壓型」及「扳動型」。
　　　3. 依設置場所區分：「屋內型」及「屋外型」。
　二)火警發信機的構造、形狀及材質
　　　(一)共同部分
　　　　1. 作動要確實，操作維護檢查及更換零件應簡便且具耐用性。
　　　　2. 不受塵埃、溼氣之影響而導致功能異常、失效之現象。
　　　　3. 應使用不燃或耐燃材料構成。
　　　　4. 機器內部所使用之配線，應對承受負載具有充分之電氣容量，且接線部
　　　　　施工應確實。
　　　　5. 除屬於無極性者外，應設有防止接線錯誤之措施或標示。
　　　　6. 裝配零件時，應有防止其鬆動之裝置。
　　　　7. 電線以外通有電流且具滑動或轉動軸等之零件，可能有接觸不夠充分部
　　　　　分，應施予適當措施，以防止接觸不良之情形發生。
　　　　8. 額定電壓超過 60V 以上，其電源部分應有防觸電裝置，且外殼應為良導
　　　　　體並裝設地線端子。
　　　(二)個別部分
　　　　1. 火警發信機

(1) 外殼露在外面部分應為紅色：但修飾部位（如外殼邊框或印刷說明等）及文字標示除外。

(2) 啟動開關時即能送出火警信號。

(3) 發信開關應設有下列保護裝置：

①強壓型：需設置能以手指壓破或壓下即能容易操作之保護裝置。

②扳動型：需設置防止任意扳動之保護裝置。

(4) 應有明確動作確認裝置（含燈或機構者）。

(5) 內部之開關接點需為耐腐蝕材質且具有銀鈀合金同等以上導電率。

(6) 開關連動部位需有防腐蝕處理。

(7) 與外線連接部位需有接線端子或導線設計。

四、在火災發生時，緊急廣播設備是否能提供緊急廣播功能，與其擴音機及操作裝置的設置及平時的維護有很大的關係。請問，擴音機及操作裝置的設置規定為何？在進行檢修申報時，外觀檢查的檢查與判定方法為何？進行性能檢查時，其檢查方法與判定方法又為何？（25分）

解：

一) 擴音機及操作裝置的設置規定

第 138 條　擴音機及操作裝置，應符合 CNS 一〇五二二之規定，並依下列規定設置：

一、操作裝置與啟動裝置或火警自動警報設備動作連動，並標示該啟動裝置或火警自動警報設備所動作之樓層或區域。

二、具有選擇必要樓層或區域廣播之性能。

三、各廣播分區配線有短路時，應有短路信號之標示。

四、操作裝置之操作開關距樓地板面之高度，在零點八公尺以上（座式操作者，為零點六公尺）一點五公尺以下。

五、操作裝置設於值日室等經常有人之處所。但設有防災中心時，設於該中心。

二) 外觀檢查的檢查與判定方法

擴音機、操作裝置及遠隔操作裝置

1. 檢查方法

(1) 周圍狀況

確認周圍有無檢查以及使用上之障礙。

(2) 外形

確認有無變形、腐蝕等。

(3) 電壓表

A. 以目視確認有無變形、損傷等。

B. 確認電源電壓是否正常。

　　　(4) 開關類
　　　　　以目視確認開關位置是否正常。
　　　(5) 保護板
　　　　　以目視確認有無變形、脫落等。
　　　(6) 標示
　　　　　確認開關之名稱標示是否正確。
　　　(7) 預備零件
　　　　　確認是否備有保險絲、燈泡等零件及回路圖。
　　2. 判定方法
　　　(1) 周圍狀況
　　　　　A. 操作部及遠隔操作裝置應設在經常有人之處所。
　　　　　B. 應有檢查上及使用上之必要空間。
　　　(2) 外形
　　　　　應無變形、損傷、脫落、明顯腐蝕等。
　　　(3) 電壓計
　　　　　A. 應無變形、損傷等。
　　　　　B. 電壓計指示值應在規定範圍內。
　　　　　C. 無電壓計者，電源表示燈應亮燈。
　　　(4) 開關類
　　　　　開關位置應正常。
　　　(5) 保護板
　　　　　應無變形、損傷、脫落等。
　　　(6) 標示
　　　　　A. 開關名稱應無汙損、不鮮明部分。
　　　　　B. 銘板應無龜裂。
　　　(7) 預備零件
　　　　　A. 應備有保險絲、燈泡等預備零件。
　　　　　B. 應備有回路圖及操作說明書。
　三) 性能檢查時，其檢查方法與判定方法
　　擴音機、操作裝置及遠隔操作裝置
　　1. 開關類
　　　(1) 檢查方法
　　　　　以目視及開、關操作確認端子有無鬆動及開、關性能是否正常。
　　　(2) 判定方法
　　　　　A. 應無端子鬆動及發熱等。
　　　　　B. 開、關功能應正常。
　　2. 保險絲類
　　　(1) 檢查方法

確認有無損傷、熔斷等，及是否爲所定之種類及容量。

(2) 判定方法

A. 應無損傷、熔斷等。

B. 應使用回路圖所示之種類及容量等。

3. 繼電器

(1) 檢查方法

確認有無脫落、端子鬆動、接點燒損、灰塵附著，及由開關操作使繼電器動作確認其性能。

(2) 判定方法

A. 應無脫落、端子鬆動、接點燒損、灰塵附著。

B. 動作應正常。

4. 計器類

(1) 檢查方法

由開關之操作及廣播，確認電壓表及出力計是否正常動作。

(2) 判定方法

指針之動作應正常。

5. 表示燈

(1) 檢查方法

由開關之操作確認是否亮燈。

(2) 判定方法

應無明顯劣化，且應正常亮燈。

6. 結線接續

(1) 檢查方法

以目視及螺絲起子確認有無斷線、端子鬆動、脫落、損傷等。

(2) 判定方法

應無斷線、端子鬆動、脫落、損傷等。

7. 接地

(1) 檢查方法

以目視或三用電表確認有無腐蝕、斷線等。

(2) 判定方法

應無明顯腐蝕、斷線等之損傷。

8. 回路選擇

(1) 檢查方法

操作樓層別選擇開關或一齊廣播開關，確認回路選擇是否確實進行。

(2) 判定方法

被選定之回路，其樓層別動作表示及火災燈應正常亮燈。

9. 二台以上之操作裝置或遠隔操作裝置。

(1) 檢查方法

  A. 設有二台以上之操作裝置或遠隔操作裝置時，使其相互動作，確認其廣播分區是否正確，及相互之操作裝置或遠隔操作裝置之表示是否正確。

  B. 對同時通話設備，確認是否能相互通話。

 (2) 判定方法

  A. 使其中一台操作裝置或遠隔操作裝置動作時，其相互之性能應正常，且廣播分區及操作裝置或遠隔操作裝置之表示正常。

  B. 應能相互呼應及清楚通話。

10. 遠隔操作裝置

 (1) 檢查方法

  操作操作部及遠隔操作裝置任一操作開關時，確認是否正常動作。

 (2) 判定方法

  A. 操作部或遠隔操作裝置動作之繼電器、監聽揚聲器、出力計等，應動作。

  B. 由遠隔操作裝置之啟動裝置，應能進行一齊廣播。

  C. 操作遠隔操作裝置之回路選擇開關，應能對任一樓層廣播。

  D. 由遠隔操作裝置之監聽揚聲器，應能確認廣播內容。

11. 緊急廣播切換

 (1) 檢查方法

  與一般廣播兼用時，於一般廣播狀態，進行緊急廣播時，確認是否切換成緊急廣播。

 (2) 判定方法

  應確實切換成緊急廣播，且在未以手動復舊前，應正常持續緊急廣播之動作狀態。

12. 回路短路

 (1) 檢查方法

  於警報音響播送狀態，進行回路短路時，確認其他回路是否發生性能障礙。

 (2) 判定方法

  於短路之回路，遮斷短路保護回路，或於表示已短路之同時，對其他回路之廣播應無異常。

13. 麥克風（限發出音聲警報者）

 (1) 檢查方法

  於操作裝置使用音聲警報鳴動，再由麥克風進行廣播，確認音聲警報是否自動地停止。

 (2) 判定方法

  由麥克風之廣播啟動同時，音聲警報音響應即停止。且於麥克風之廣播終了時，音聲警報即開始鳴動。

7-8　102年警報系統考題詳解

一、裝設火警自動警報設備之建築物，依「各類場所消防安全設備設置標準」規定應
　　劃定火警分區，請依該規定說明劃定火警分區時應考量的因素為何？此外，現有
　　規定中，對於樓梯或斜坡通道的火警分區劃分，又如何處理？（25分）

解：

　　一) 劃定火警分區時應考量的因素
　　　　第112條　裝設火警自動警報設備之建築物，依下列規定劃定火警分區：
　　　　　　　　　1. 每一火警分區不得超過一樓層，並在樓地板面積六百平方公尺以
　　　　　　　　　　下。但上下二層樓地板面積之和在五百平方公尺以下者，得二層
　　　　　　　　　　共用一分區。
　　　　　　　　　2. 每一分區之任一邊長在五十公尺以下。但裝設光電式分離型探測
　　　　　　　　　　器時，其邊長得在一百公尺以下。
　　　　　　　　　3. 如由主要出入口或直通樓梯出入口能直接觀察該樓層任一角落
　　　　　　　　　　時，第一款規定之六百平方公尺得增為一千平方公尺。

　　二)樓梯或斜坡通道的火警分區劃分
　　　　1. 樓梯、斜坡通道、昇降機之昇降路及管道間等場所，在水平距離五十公尺範
　　　　　圍內，且其頂層相差在二層以下時，得為一火警分區。但應與建築物各層之
　　　　　走廊、通道及居室等場所分別設置火警分區。
　　　　2. 樓梯或斜坡通道，垂直距離每四十五公尺以下為一火警分區。但其地下層部
　　　　　分應為另一火警分區。

二、對於火警探測器的設置而言，如何正確的選擇設置場所十分重要，請以熱煙複合
　　式偵限型探測器為例，依「各類場所消防安全設備設置標準」規定，說明該型探
　　測器不得設置以及可選擇設置之場所為何，並請說明其理由。（25分）

解：

　　一) 熱煙複合式偵限型探測器不得設置之場所
　　　　第117條　偵煙式或熱煙複合式偵限型探測器不得設於下列處所：
　　　　　　　　　一、塵埃、粉末或水蒸氣會大量滯留之場所。
　　　　　　　　　二、會散發腐蝕性氣體之場所。
　　　　　　　　　三、廚房及其他平時煙會滯留之場所。
　　　　　　　　　四、顯著高溫之場所。
　　　　　　　　　五、排放廢氣會大量滯留之場所。
　　　　　　　　　六、煙會大量流入之場所。
　　　　　　　　　七、會結露之場所。
　　　　　　　　　八、設有用火設備其火焰外露之場所。
　　　　　　　　　九、其他對探測器機能會造成障礙之場所。

熱煙複合式探測器係具有定溫功能及偵煙功能的探測器，其定溫功能及偵煙功能都動作後，才將火災信號傳到受信總機，後發出警報。而第117條第一項場所第1、3、6款，會造成偵煙式誤報，或熱煙複合式探測器之偵煙功能誤動作久而損壞；而第4款會造成熱煙複合式探測器之偵溫功能誤動作，且第2、5、7款也會造成整個探測器故障失去作用。

二) 熱煙複合式侷限型探測器得設置之場所

第118條　下表所列場所應就偵煙式、熱煙複合式或火焰式探測器選擇設置：

設置場所	樓梯或斜坡通道	走廊或通道（限供第十二條第一款、）第二款第二目、第六目至第十目、第四款及第五款使用者）	昇降機之升降坑道或配管配線管道間	天花板高度在十五以上，未滿二十公尺之場所	天花板等高度超過二十公尺之場所	地下層、無開口樓層及十一層以上之各層（前揭所列樓層限供第十二條第一款、第二款第二目、第六目、第八目至第十目及第五款使用者）
偵煙式	○	○	○	○		○
熱煙複合式		○				○
火焰式				○	○	○
註：○表可選擇設置。						

於樓梯或斜坡通道，基本上於樓梯一般少有火載量，火勢延燒少，僅為煙流之路徑，於熱煙複合式探測器之偵溫功能，難以達到觸動門檻；而斜坡通道一般位於出入口附近，大氣流通且斜坡上少置有可燃物。於昇降機管道間於成長期火災只有煙流現象，而天花板高度大於15m場所，會使上升煙流難以到達高度。故熱煙複合式探測器僅能適合於人文使用居室連接走廊通道及地下層（偵煙及偵溫複合減少誤報）、無開口樓層（偵煙及偵溫複合減少誤報）及11樓以上樓層來使用（人命考量偵煙式比複合式為宜）。

三、瓦斯漏氣表示燈是重要的瓦斯漏氣警報裝置，可提醒人們警覺瓦斯漏氣的發生。請問，依規定瓦斯漏氣表示燈應如何裝置，且裝置時的要求重點為何？又進行瓦斯漏氣表示燈的外觀與性能檢查時，其檢查與判定方法又為何？（25分）

解：

一) 瓦斯漏氣表示燈裝置

一、瓦斯漏氣表示燈，依下列規定。但在一警報分區僅一室時，得免設之。

　　(一)　設有檢知器之居室面向通路時，設於該面向通路部分之出入口附近。

　　(二)　距樓地板面之高度，在四點五公尺以下。

　（三）其亮度在表示燈前方三公尺處能明確識別，並於附近標明瓦斯漏氣表示燈字樣。

二) 瓦斯漏氣表示燈的外觀與性能檢查

　1. 瓦斯漏氣表示燈外觀檢查

　　(1) 檢查方法

　　　以目視確認有無變形、損傷、脫落及妨礙視認之因素。

　　(2) 判定方法

　　　應無變形、損傷、脫落及妨礙視認之因素。

　2. 表示燈性能檢查

　　(1) 檢查方法

　　　由開關之操作確認有無亮燈。

　　(2) 判定方法

　　　應無明顯劣化，且應正常亮燈。

四、緊急廣播設備啓動裝置的設置攸關緊急時是否能有效啓動緊急廣播設備，因此其裝設必須符合一定之規範，請說明「各類場所消防安全設備設置標準」對於緊急廣播設備啓動裝置的設置規定爲何？此一規定的用意何在？進行檢修申報時，對於此一啓動裝置的性能檢查之檢查與判定方法爲何？（25 分）

解：

　一) 緊急廣播設備啓動裝置的設置規定

　　第 136 條　緊急廣播設備之啓動裝置應符合 CNS 一〇五二二之規定，並依下列規定設置：

　　　1. 各樓層任一點至啓動裝置之步行距離在五十公尺以下。

　　　2. 設在距樓地板高度零點八公尺以上一點五公尺以下範圍內。

　　　3. 各類場所第十一層以上之各樓層、地下第三層以下之各樓層或地下建築物，應使用緊急電話方式啓動。

　二) 啓動裝置規定用意何在

　　緊急廣播係火災發生時，最優先動作即是對內通報，使建築物受火災威脅區域人員，進行通知有緊急事件發生。

　　因此，有關第 1 點任一點至啓動裝置之步行距離在五十公尺以下，避免距離過遠，每隔一段距離就能就近啓動通報，避免通報延遲影響火災因應時效。

　　第 2 點是啓動位置，必須由人員靠近進行啓動，位置明顯且方便，符合人因工程易以視察及使用高度。第 3 點是 11 樓以上及地下 3 樓或地下建築物，人員避難至安全空間，必須消耗較長逃生時間，因人員發現火警，爲爭取時效性及可靠度，使用緊急啓動方式，不需蓄積時間，立即直接啓動。

　三) 性能檢查之檢查與判定方法

　　(三)啓動裝置

1. 檢查方法
   (1) 手動按鈕開關
      操作手動按鈕開關，確認是否動作。
   (2) 火警自動警報設備之手動報警機。
      A. 操作火警自動警報設備之手動報警機，確認廣播設備是否確實啓動，自動進行火災廣播。
      B. 操作緊急電話（分機），於操作部（主機）呼出鳴動之同時，確認能否相互通話。
      C. 操作二具以上之緊急電話（分機），確認於操作部是否可任意選擇通話，且此時被遮斷之緊急電話是否能聽到講話音。
   (3) 與火警自動警報設備之連動
      使火警自動警報設備動作，確認是否能確實連動。
2. 判定方法
   (1) 手動按鈕開關
      在操作部應發出音響警報及火災音響信號。
   (2) 火警自動警報設備之手動報警機
      A. 應能自動地進行火災廣播。
      B. 操作部（主機）呼出鳴動，且應能明確相互通話。
      C. 應能任意選擇通話，且此時被遮斷之緊急電話亦應能聽到講話音。
   (3) 與火警自動警報設備之連動
      A. 於受信火災信號後，自動地啓動廣播設備，其火災音響信號或音響裝置應鳴動。
      B. 起火層表示燈應亮燈。
      C. 起火層表示燈至火災信號復舊前，應保持亮燈。

7-9 101年警報系統考題詳解

一、火警探測器的種類繁多，其中差動式侷限型探測器是較爲常用的探測器，請說明此類型探測器的法定用語定義、構造要求與設置規定。（25分）

解：

一) 差動式侷限型探測器法定用語定義

差動式侷限型探測器：周圍溫度上升率在超過一定限度時即會動作，僅針對某一侷限地點之熱效率有反應。

二) 差動式侷限型探測器構造要求

1. 不得因氣流方向改變而影響探測功能。
2. 應有排除水分侵入之功能。
3. 接點部之間隙及其調節部應牢固固定，不得因作調整後而有鬆動之現象。
4. 探測器之底座視爲探測器的一部位，且可與本體連結試驗1000次後，內部接觸彈片不得發生異狀及功能失效。
5. 探測器之接點不得露出在外。
6. 差動式侷限型有排氣裝置者，其排氣裝置不可使用會氧化之物質而影響其正常排氣功能。

三) 差動式侷限型探測器設置規定

第120條差動式侷限型、補償式侷限型及定溫式侷限型探測器，依下列規定設置：

一、探測器下端，裝設在裝置面下方三十公分範圍內。

二、各探測區域應設探測器數，依下表之探測器種類及裝置面高度，在每一有效探測範圍，至少設置一個。

裝置面高度			未滿四公尺		四公尺以上未滿八公尺	
建築物構造			防火構造建築物	其他建築物	防火構造建築物	其他建築物
探測器種類及有效探測範圍（平方公尺）	差動式侷限型	一種	90	50	45	30
		二種	70	40	35	25

三、具有定溫式性能之探測器，應裝設在平時之最高周圍溫度，比補償式侷限型探測器之標稱定溫點或其他具有定溫式性能探測器之標稱動作溫度低攝氏二十度以上處。但具二種以上標稱動作溫度者，應設在平時之最高周圍溫度比最低標稱動作溫度低攝氏二十度以上處。

二、火警受信總機依其功能不同，可分爲許多種類，其中又有「蓄積式」及「二信號

式」受信總機的區別，請問何謂「蓄積式」及「二信號式」受信總機？使用此二類受信總機的用意何在？對於此二類受信總機的火災表示之性能檢查的檢查方法與判定方法為何？（25分）

解：

一) 蓄積式受信總機

總機設計蓄積時間是為了避免短時間的誤動作，而頻繁啟動警報；至於蓄積時間在受信總機、中繼器及偵煙式探測器，有設定蓄積時間時，其蓄積時間之合計，每一火警分區在六十秒以下，使用其他探測器時，在二十秒以下。

a 應在設定時間內進行火警表示。

b 使發信機動作時，應自動解除蓄積性能，進行火警表示。

二) 二信號式受信總機

所謂二信號式回路或探測器是指同回路不同型式的探測器（差動或偵煙）必須都測到火災信號，才會啟動滅火設備。

a 第一信號時，地區表示裝置及主音響裝置或副音響裝置應鳴動；第二信號時，火警燈應亮燈，地區音響裝置應鳴動。

b 使發信機動作時，應立即進行火警表示。

三) 使用此二類受信總機的用意

主要避免誤報及確認火災發生。

四) 性能檢查的檢查方法與判定方法

火災表示

(1) 檢查方法

依下列步驟進行火災表示試驗確認。此時，試驗每一回路確認其保持性能後操作復舊開關，再進行下一回路之測試。

A.蓄積式

將火災試驗開關開到試驗側，再操作回路選擇開關，進行每一回路之測試，確認下列事項。

(A) 主音響裝置及地區音響裝置是否鳴動，且火災燈及地區表示裝置之亮燈是否正常。

(B) 蓄積時間是否正常。

B.二信號式

將火災試驗開關開到試驗側，再操作回路選擇開關，依正確之方法進行，確認於第一信號時主音響裝置或副音響裝置是否鳴動及地區表示裝置之亮燈是否正常，於第二信號時主音響裝置、地區音響裝置之鳴動及火災燈、地區表示裝置之亮燈是否正常。

C.其他

將火災試驗開關開到試驗側，再操作回路選擇開關，依正確之方法進行，確認主音響裝置、地區音響裝置之鳴動及火災燈、地區表示裝置之

　　　　亮燈是否正常。
　　(2) 判定方法
　　　　A.各回路之表示窗與編號應對照符合，火災燈、地區表示裝置之亮燈及音
　　　　　響裝置之鳴動、應保持性能正常。
　　　　B.對於蓄積式受信機除前項 A 外，其蓄積之測定時間，應在受信機設定之
　　　　　時間加五秒以內。
　　　　C.於二信號式受信機除前項 A 外，應確認下列事項。
　　　　　(A) 於第一信號時主音響裝置或副音響裝置之鳴動及地區標示裝置之亮燈
　　　　　　　應正常。
　　　　　(B) 於第二信號時主音響裝置、地區音響裝置之鳴動及火災燈、地區表示
　　　　　　　裝置之亮燈應正常。

三、緊急廣播設備是火災發生時傳遞火災緊急訊息的重要設備，而揚聲器又是緊急廣
　　播設備的重要構成元件，請說明揚聲器的法定用語定義與裝設規定。（25 分）

解：
　　一) 揚聲器的法定用語定義
　　　　揚聲器：指由增幅器以及操作之作動，發出必要音量播報警報音或其他聲音之
　　　　裝置。
　　二) 揚聲器裝設規定
　　　　揚聲器，依下列規定裝設：
　　　　1. 廣播區域超過一百平方公尺時，設 L 級揚聲器。
　　　　2. 廣播區域超過五十平方公尺一百平方公尺以下時，設 L 級或 M 級揚聲器。
　　　　3. 廣播區域在五十平方公尺以下時，設 L 級、M 級或 S 級揚聲器。
　　　　4. 從各廣播區域內任一點至揚聲器之水平距離在十公尺以下。但居室樓地板面
　　　　　積在六平方公尺或由居室通往地面之主要走廊及通道樓地板面積在六平方公
　　　　　尺以下，其他非居室部分樓地板面積在三十平方公尺以下，且該區域與相鄰
　　　　　接區域揚聲器之水平距離相距八公尺以下時，得免設。
　　　　5. 設於樓梯或斜坡通道時，至少垂直距離每十五公尺設一個 L 級揚聲器。

四、瓦斯漏氣警報裝置可分為幾種？其裝置規定為何？當檢知瓦斯漏氣後，瓦斯漏氣
　　警報裝置的警報方式又可區分為幾種？（25 分）

解：
　　一) 瓦斯漏氣警報裝置
　　　　1. 音響警報裝置
　　　　2. 瓦斯漏氣表示燈
　　　　3. 檢知區域警報裝置

瓦斯漏氣火警自動警報設備，其瓦斯濃度檢知器警報原理有 3 種

1. 即時警報型
2. 延遲警報型
3. 反時限警報型

二) 瓦斯漏氣之警報裝置規定

第 143 條　瓦斯漏氣之警報裝置，依下列規定：

一、瓦斯漏氣表示燈，依下列規定。但在一警報分區僅一室時，得免設之。

(一) 設有檢知器之居室面向通路時，設於該面向通路部分之出入口附近。

(二) 距樓地板面之高度，在四點五公尺以下。

(三) 其亮度在表示燈前方三公尺處能明確識別，並於附近標明瓦斯漏氣表示燈字樣。

二、檢知器所能檢知瓦斯漏氣之區域內，該檢知器動作時，該區域內之檢知區域警報裝置能發出警報音響，其音壓在距一公尺處應有七十分貝以上。但檢知器具有發出警報功能者，或設於機械室等常時無人場所及瓦斯導管貫穿牆壁處者，不在此限。

警報裝置	音聲警報裝置	依所規定之方法使其動作。	應可明確地和其他警報音或噪音區分，同時如設有二個以上受信總機時，不論從任何場所均能動作。
	瓦斯漏氣表示燈	進行檢知器之動作試驗而確認。	應可確認檢知器動作之場所，其亮度應在表示燈前方 3m 處能明確識別，並於附近標明「瓦斯漏氣表示燈」字樣。
	檢知區域警報裝置（dB）	在距離警報裝置中心 1m 之位置，使用噪音計（A特性）測定音壓。	音壓應在 70dB 以上。

7-10 100年警報系統考題詳解

一、住宅用火災警報器應安裝在那些位置（10分）？請說明住宅用火災警報器安裝方
式？（10分）住宅用火災警報器安裝種類為何？（5分）

解：

一) 住宅用火災警報器安裝位置

第三條　　住宅用火災警報器安裝於下列位置：

一、寢室、旅館客房或其他供就寢用之居室（以下簡稱寢室）。

二、廚房。

三、樓梯：

(一) 有寢室之樓層。但該樓層為避難層者，不在此限。

(二) 僅避難層有寢室者，通往上層樓梯之最頂層。

四、非屬前三款規定且任一樓層有超過七平方公尺之居室達五間以
上者，設於走廊；無走廊者，設於樓梯。

二) 住宅用火災警報器安裝方式

第四條　　住宅用火災警報器依下列方式安裝：

一、裝置於天花板或樓板者：

(一) 警報器下端距離天花板或樓板六十公分以內。

(二) 裝設於距離牆面或樑六十公分以上之位置。

二、裝置於牆面者，距天花板或樓板下方十五公分以上五十公分以
下。

三、距離出風口一點五公尺以上。

四、以裝置於居室中心為原則。

三) 住宅用火災警報器安裝種類

第五條　　住宅用火災警報器依下表所列種類設置之：

位置	種類
寢室、樓梯及走廊	離子式、光電式
廚房	定溫式

二、依檢修基準規定，瓦斯漏氣檢知器其性能檢查之檢查方法為何？（15分）其判定
方法為何？（10分）

解：

一) 瓦斯漏氣檢知器性能檢查之檢查方法

1. 檢查方法

使用「加瓦斯試驗器」進行加瓦斯測試（對空氣之比重未滿一者使用甲烷，對空氣之比重大於一者使用異丁烷），依下列 (1) 至 (3) 其中之一來測定檢知器是否動作及到受信機動作之時間，同時確認中斷器，瓦斯漏氣表示燈及檢知區域警報裝置之動作狀況。

(1) 有動作確認燈之檢知器，測定由確認燈亮燈至受信總機之瓦斯漏氣燈亮燈之時間。

(2) 由檢知區域警報裝置或中繼器之動作確認燈，能確認檢知器之動作時，測定由檢知區域警報裝置動作或中繼器之動作確認亮燈，至受信總機之瓦斯漏氣燈亮燈之時間。

(3) 無法由前述 (1)、(2) 測定者，測定加壓試驗用瓦斯後，至受信總機之瓦斯漏氣燈亮燈之時間。

(4) 檢知器應按下表選取檢查數量。

（檢知器選取檢查數量表）

一回路之檢知器數量	撰取檢查數量
1-5 個	1
6-10 個	2
11-15 個	3
16-20 個	4
21-25 個	5
26-30 個	6
30 個以上	20%

二) 瓦斯漏氣檢知器性能檢查之判定方法

(1) 中斷器、瓦斯漏氣表示燈及檢知區域警報裝置之動作應正常。受信總機之瓦斯漏氣燈、主音響裝置之動作及警報分區之表示應正常。

(2) 由前述檢查方法之 (1)、(2)、(3) 測得之時間，扣除下列 A 及 B 所定之時間，應在 60 秒內。

　A. 介入中繼器時為 5 秒。

　B. 檢查方法採用 (3) 時為 20 秒。

3. 注意事項

(1) 檢知器每次測試時應輪流選取，可於圖面或檢查表上註記每次選取之位置。

(2) 在選取之檢知器中，發現有不良品時，該回路之全部檢知器均應實施檢查。

三、請依據「各類場所消防安全設備設置標準」，分別說明偵煙式侷限型探測器不得
　　裝設於那些場所？（10分）這些場所該選擇何種適當的探測器？（15分）

解：

　　一) 偵煙式侷限型探測器不得裝設場所

　　　　第117條　偵煙式或熱煙複合式侷限型探測器不得設於下列處所：

　　　　　　　　一、塵埃、粉末或水蒸氣會大量滯留之場所。
　　　　　　　　二、會散發腐蝕性氣體之場所。
　　　　　　　　三、廚房及其他平時煙會滯留之場所。
　　　　　　　　四、顯著高溫之場所。
　　　　　　　　五、排放廢氣會大量滯留之場所。
　　　　　　　　六、煙會大量流入之場所。
　　　　　　　　七、會結露之場所。
　　　　　　　　八、設有用火設備其火焰外露之場所。
　　　　　　　　九、其他對探測器機能會造成障礙之場所。

　　　　　　　　火焰式探測器不得設於下列處所：

　　　　　　　　一、前項第二款至第四款、第六款、第七款所列之處所。
　　　　　　　　二、水蒸氣會大量滯留之處所。
　　　　　　　　三、其他對探測器機能會造成障礙之處所。

　　　　　　　　前二項所列場所，依下表狀況，選擇適當探測器設置：

感知原理	場所		1 灰塵、粉末會大量滯留場所	2 水蒸氣會大量滯留之場所	3 會散發腐蝕性氣體之場所	4 平時煙會滯留之場所	5 顯著高溫之場所	6 排放廢氣會大量滯留之場所	7 煙會大量流入之場所	8 會結露之場所	9 用火設備火焰外露之場所
空氣膨脹	差動式局限型	一種	○					○	○		
		二種	○					○	○		
	差動式分布型	一種	○		○			○	○	○	
		二種	○	○	○			○	○	○	
金屬片＋空氣膨脹	補償式局限型	一種	○		○			○	○	○	
		二種	○	○	○			○	○	○	
金屬片彎曲	定溫式	特種	○		○	○	○	○		○	○
		一種		○	○	○	○	○		○	○
光電壓	火焰式		○					○			

感知原理	場所	1 灰塵、粉末會大量滯留場所	2 水蒸氣會大量滯留之場所	3 會散發腐蝕性氣體之場所	4 平時煙會滯留之場所	5 顯著高溫之場所	6 排放廢氣會大量滯留之場所	7 煙會大量流入之場所	8 會結露之場所	9 用火設備火焰外露之場所

註：
一)○表可選擇設置。
二)場所 1 所使用之差動式局限型或補償式局限型探測器或差動式分布型之檢出器，應具灰塵、粉末不易入侵之構造。
三)場所 1、2、4、8 所使用之定溫式或補償式探測器，應具有防水性能。
四)場所 3 所使用之定溫式或補償式探測器，應依腐蝕性氣體別，使用具耐酸或耐鹼性能者；使用差動式分布型時，其空氣管及檢出器應採有效措施，防範腐蝕性氣體侵蝕。

四、針對差動式侷限型探測器之靈敏度試驗，請說明其動作試驗及不動作試驗如何進行？（25 分）

解：

一) 差動式侷限型探測器靈敏度試驗之動作試驗

應按照種別施予下列各項試驗，其數值符合表 1 所列 K、V、N、T、M、k、v、n、t、m 各值。

表 1　差動式侷限型探測器靈敏度試驗數值表

種別	動作試驗					不動作試驗				
	階段上升			直線上升		階段上升			直線上升	
	K	V	N	T	M	k	v	n	t	m
1 種	20	70	30	10	4.5	10	50	1	2	15
2 種	30	85		15		15	60		3	

1. 動作試驗
   (1) 較室溫高 K ℃之溫度，以風速 V cm/sec 之高溫氣流垂直方向吹向時，應在 N 秒內動作。
   (2) 自室溫狀態下以平均每分鐘 T℃直線升溫速度之水平氣流吹向時，應在 M 分鐘以內動作。

二) 差動式侷限型探測器靈敏度試驗之不動作試驗
   1) 較室溫高 k℃之溫度，以風速 v cm/sec 之高溫氣流垂直方向吹向時，應在 n 分鐘內不動作。
   2) 自室溫開始以平均每分鐘 t℃直線升溫速度之水平氣流吹向時，應在 m 分鐘以內不動作。

✛ 知識補充站

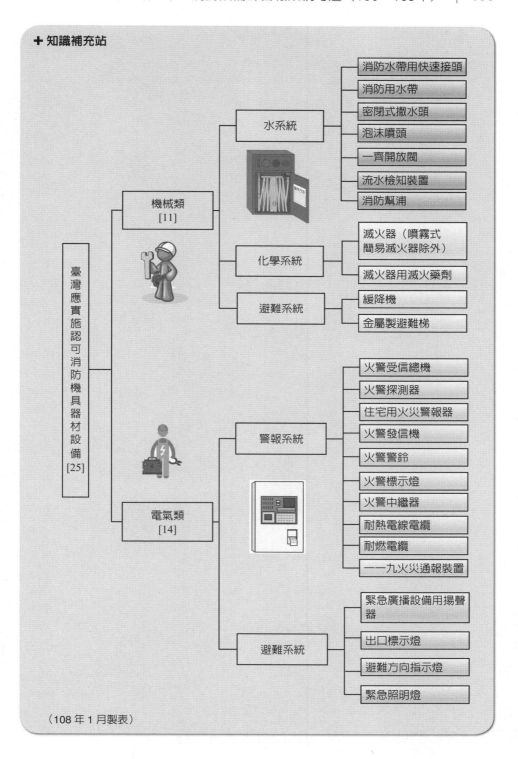

臺灣應實施認可消防機具器材設備 [25]

機械類 [11]

電氣類 [14]

水系統
- 消防水帶用快速接頭
- 消防用水帶
- 密閉式撒水頭
- 泡沫噴頭
- 一齊開放閥
- 流水檢知裝置
- 消防幫浦

化學系統
- 滅火器（噴霧式簡易滅火器除外）
- 滅火器用滅火藥劑

避難系統
- 緩降機
- 金屬製避難梯

警報系統
- 火警受信總機
- 火警探測器
- 住宅用火災警報器
- 火警發信機
- 火警警鈴
- 火警標示燈
- 火警中繼器
- 耐熱電線電纜
- 耐燃電纜
- 一一九火災通報裝置

避難系統
- 緊急廣播設備用揚聲器
- 出口標示燈
- 避難方向指示燈
- 緊急照明燈

（108 年 1 月製表）

Note

第8章
消防設備士警報系統考題
（100～109年）

8-1 109年警報系統考題詳解

（警報與避難系統擷取警報系統部分，以下同）
等　別：普通考試
類　科：消防設備士
科　目：水與化學系統消防安全設備概要
考試時間：1 小時 30 分
※ 注意：
1) 禁止使用電子計算器。
2) 不必抄題，作答時請將試題題號及答案依照順序寫在試卷上，於本試題上作答者，不予計分。
3) 請以黑色鋼筆或原子筆在申論試卷上作答。
4) 本科目除專門名詞或數理公式外，應使用本國文字作答。

一、緊急廣播設備是火災發生時傳遞火災訊息的重要設備，請試述下列相關問題：
　　1)其配線若因大樓營業中，某層樓施工而造成該層揚聲器配線斷線時，請依據「各類場所消防安全設備設置標準」說明對緊急廣播設備的影響。（10 分）
　　2)依據「緊急廣播設備檢修及申報作業基準」，對緊急廣播設備啓動裝置性能檢查之檢查方法與判定方法爲何？（15 分）

解：
　　一) 依第 139 條：緊急廣播設備之配線，除依屋內線路裝置規則外，依下列規定設置：
　　　　一、導線間及導線對大地間之絕緣電阻值，以直流二百五十伏特額定之絕緣電阻計測定，對地電壓在一百五十伏特以下者，在零點一 MΩ 以上，對地電壓超過一百五十伏特者，在零點二 MΩ 以上。
　　　　二、不得與其他電線共用管槽。但電線管槽內之電線用於六十伏特以下之弱電回路者，不在此限。
　　　　三、任一層之揚聲器或配線有短路或斷線時，不得影響其他樓層之廣播。
　　　　四、設有音量調整器時，應爲三線式配線。
　　二) 緊急廣播設備啓動裝置性能檢查之檢查方法與判定方法
　　　　1. 檢查方法
　　　　　(1)手動按鈕開關：操作手動按鈕開關，確認是否動作。
　　　　　(2)火警自動警報設備之手動報警機。
　　　　　　A. 操作火警自動警報設備之手動報警機，確認廣播設備是否確實啓動，自動進行火災廣播。
　　　　　　B. 操作緊急電話（分機），於操作部（主機）呼出鳴動之同時，確認能

否相互通話。

C. 操作二具以上之緊急電話（分機），確認於操作部是否可任意選擇通話，且此時被遮斷之緊急電話是否能聽到講話音。

(3)與火警自動警報設備之連動：使火警自動警報設備動作，確認是否能確實連動。

2. 判定方法

(1)手動按鈕開關：在操作部應發出音響警報及火災音響信號。

(2)火警自動警報設備之手動報警機

A. 應能自動地進行火災廣播。

B. 操作部（主機）呼出鳴動，且應能明確相互通話。

C. 應能任意選擇通話，且此時被遮斷之緊急電話亦應能聽到講話音。

(3)與火警自動警報設備之連動

A. 於受信火災信號後，自動地啓動廣播設備，其火災音響信號或音響裝置應鳴動。

B. 起火層表示燈應亮燈。

C. 起火層表示燈至火災信號復舊前，應保持亮燈。

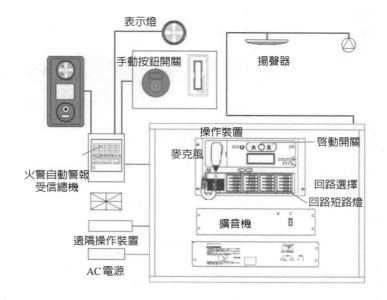

解：

一般於線路間電流狀態於正常狀態 I = 24V/10kΩ = 2.4mA；斷線狀態 I = 2.4V/ 無限大 Ω < 0A；火警狀態 I = 24V/0Ω > 2.4mA

乙、測驗題部分：（50分）

（ B ） 1. 常開式之火警探測器信號回路，加設終端電阻之目的爲何？
(A) 短路測試　　　(B) 斷線測試　　　(C) 電量測試　　　(D) 電壓測試

（ A ） 2. 使用「加瓦斯試驗器」進行瓦斯漏氣檢知器性能檢查時，若檢測對象的瓦斯對空氣之比重小於 1 者，應使用何種氣體來檢測？
(A) 甲烷　　　　　(B) 乙烷　　　　　(C) 丙烷　　　　　(D) 異丁烷
解析：使用「加瓦斯試驗器」進行加瓦斯測試（對空氣之比重未滿一者使用甲烷，對空氣之比重大於一者使用異丁烷），來測定檢知器是否動作及到受信機動作之時間。空氣主要爲氮氣（N_2）與氧氣（O_2）組成，以一莫耳空氣分子量有 28.84g（28×79% + 32×21% = 28.84），甲烷 CH_4 = 16、乙烷 C_2H_6 = 30、丙烷 C_3H_8 = 44、異丁烷 C_4H_{10} = 58，只有甲烷比空氣輕

（ B ） 3. 瓦斯對於空氣之比重大於 1 時，其瓦斯漏氣檢知器應設於距瓦斯燃燒器具水平距離多少公尺以內？
(A) 1　　　　　　(B) 4　　　　　　(C) 6　　　　　　(D) 7

（ B ） 4. 某火警受信總機設有 15 回路，進行回路能否同時動作測試時，應不要復舊使任意幾回路進行測試？
(A) 3 回路　　　　(B) 5 回路　　　　(C) 7 回路　　　　(D) 10 回路
解析：

測試項目	測試方法	判定要領
＊同時動作試驗	使用常用電源時	將任意 5 回路（如爲不足 5 回路之受信總機，則爲全部回路）設定在火警動作狀態。	受信總機、主音響裝置、地區音響裝置、附屬裝置等性能應無異常，適當地繼續火警動作狀態。

（ A ） 5. 差動式局限型探測器係利用下列何構件，來防止設置場所因正常溫度變化而造成火災誤報？
(A) 排氣孔　　　　(B) 空氣室　　　　(C) 隔膜片　　　　(D) 金屬接點
解析：

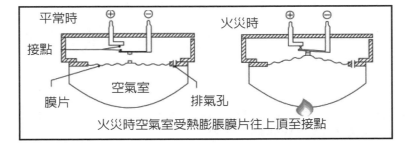

（ D ）　6. 差動式局限型探測器進行性能檢查時，使用加熱式試驗器加熱確認動作時間，加熱後到探測器動作應在多少時間以內？
(A) 120 秒　　　　(B) 90 秒　　　　(C) 60 秒　　　　(D) 30 秒
解析：

探測器	動作時間	探測器之種別（單位：秒）			
		特種	1種	2種	3種
差動式局限型		―	30	30	―
定溫式局限型		40	60	120	―
離子式局限型 光電式局限型		―	30	60	90
光電式分離型		―	30	30	―
備　　註		定溫式局限型當其標稱動作溫度與周圍溫度之差超過五十度時，其動作時間得加倍計算			

（ B ）　7. 除火焰式探測器外，一般局限型探測器裝設時，依各類場所消防安全設備設置標準之規定，不得傾斜幾度以上？
(A) 60　　　　(B) 45　　　　(C) 30　　　　(D) 15
解析：

局限型裝置在探測區域中心

樓板面

不傾斜
≥45°

裝置面

局限型
（除火焰式）

（ D ）　8. 一一九火災通報裝置之設置規定，下列敘述何者錯誤？
(A) 設置遠端啓動裝置時，應設有可與設置一一九火災通報裝置場所通話之設備
(B) 應設於值日室等經常有人之處所
(C) 手動啓動裝置之操作開關距離樓地板面之高度，在 0.8 公尺以上 1.5 公尺以下

(D)裝置附近,應設置送、收話器,可與內線電話共用

解析:第 145 條之 1　一一九火災通報裝置,應依下列規定設置:

一、應設於值日室等經常有人之處所。但設有防災中心時,應設於該中心。

二、應具手動及自動啟動功能。

三、操作部(手動啟動裝置、監控部、發報顯示及緊急送收話器)與控制部分離者,應設在便於維護操作處所。

四、設置遠端啟動裝置時,應設有可與設置一一九火災通報裝置場所通話之設備。

五、手動啟動裝置之操作開關距離樓地板面之高度,在零點八公尺以上一點五公尺以下。

六、裝置附近,應設置送、收話器,並與其他內線電話明確區分。

七、應避免傾斜裝置,並採取有效防震措施。

(B)　9. 依住宅用火災警報器認可基準之規定,住宅用火災警報器以警報音發出火災警報,於無響室中距離警報器中心前方 1 公尺處,音壓應有多少分貝以上?

(A) 60　　　　　(B) 70　　　　　(C) 80　　　　　(D) 90

解析:

≥70db

住宅用火災警報器

(B)　10. 有關應設置火警自動警報設備之場所,下列何者與各類場所消防安全設備設置標準之規定不同?

(A) 5 層以下之建築物,供第 12 條第 1 款及第 2 款第 12 目所列場所使用,任何一層之樓地板面積在 300 平方公尺以上者

(B) 供第 12 條第 1 款及第 5 款第 3 目所列場所使用,任何一層之樓地板面積在 300 平方公尺以上者

(C) 6 層以上 10 層以下之建築物任何一層樓地板面積在 300 平方公尺以上者

(D) 5 層以下之建築物,供第 12 條第 2 款(第 12 目除外)至第 4 款所列場所使用,任何一層樓地板面積在 500 平方公尺以上者

(A)　11. 有關使用瓦斯之場所供各類場所消防安全設備設置標準第 12 條第 5 款第 1 目使用之地下層,其樓地板面積合計 X 平方公尺以上,且其中甲類場所樓地板面積合計 Y 平方公尺以上者,應設置瓦斯漏氣火警自動警報設備,下

列何者與該設置標準之規定相同？

(A) X = 1,000，Y = 500　　　　　　(B) X = 1,000，Y = 300

(C) X = 500，Y = 300　　　　　　　(D) X = 300，Y = 100

(D) 12. 有關火焰式探測器之設置，下列何者與各類場所消防安全設備設置標準之規定不同？

(A) 裝設於天花板、樓板或牆壁

(B) 距樓地板面 1.2 公尺範圍內之空間，應在探測器標稱監視距離範圍內

(C) 探測器不得設在有障礙物妨礙探測火災發生處

(D) 探測器設在日光照射之處

解析：

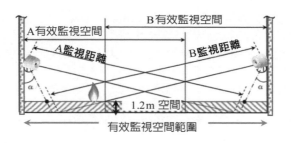

火焰式探測器裝設

(B) 13. 有關緊急廣播設備配線之設置，除依屋內線路裝置規則外，下列何者與各類場所消防安全設備設置標準之規定不同？

(A) 設有音量調整器時，應為三線式配線

(B) 導線間及導線對大地間之絕緣電阻值，對地電壓超過 150 伏特者，在 0.1MΩ 以上

(C) 任一層之揚聲器或配線有短路或斷線時，不得影響其他樓層之廣播

(D) 不得與其他電線共用管槽。但電線管槽內之電線用於 60 伏特以下之弱電回路者，不在此限

解析：

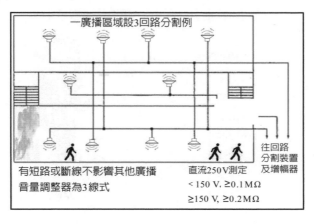

（ B ）14. 有關緊急廣播設備啓動裝置與緊急電話設置場所之外觀試驗判定要領，下列何者與消防安全設備測試報告書測試方法及判定要領之規定不同？
(A) 應設置在明顯易見，且操作容易之場所。如設於有可燃性氣體、可燃性粉塵等滯留之虞的場所，應使用具防爆構造者
(B) 應設置在各樓層，從各樓層任一點之啓動裝置之步行距離應在 60 公尺以下
(C) 如設於有受雨水、腐蝕性氣體等影響之虞的場所，應採取適當之防護措施
(D) 應設在距離樓地板面 0.8 公尺以上 1.5 公尺以下範圍內，且無妨礙操作之障礙物
解析：應設置在各樓層，從各樓層任一點之啓動裝置之步行距離應在 50 公尺以下。

（ B ）15. 有關緊急廣播設備啓動裝置與緊急電話設置場所之外觀試驗判定要領，下列何者與消防安全設備測試報告書測試方法及判定要領之規定不同？
(A) 應設置在明顯易見，且操作容易之場所。如設於有可燃性氣體、可燃性粉塵等滯留之虞的場所，應使用具防爆構造者
(B) 應設置在各樓層，從各樓層任一點之啓動裝置之步行距離應在 60 公尺以下
(C) 如設於有受雨水、腐蝕性氣體等影響之虞的場所，應採取適當之防護措施
(D) 應設在距離樓地板面 0.8 公尺以上 1.5 公尺以下範圍內，且無妨礙操作之障礙物
解析：應設置在各樓層，從各樓層任一點之啓動裝置之步行距離應在 50 公尺以下。

（ D ）16. 有關瓦斯漏氣火警自動警報設備檢知器外觀檢查選取之檢查數量，下列何者與各類場所消防安全設備檢修及申報作業基準之規定不同？
(A) 一回路之檢知器數量 6～10 個，撰取檢查數量 2 個
(B) 一回路之檢知器數量 16～20 個，撰取檢查數量 4 個
(C) 一回路之檢知器數量 26～30 個，撰取檢查數量 6 個
(D) 一回路之檢知器數量 30 個以上，撰取檢查數量 15%
解析：

一回路檢知器數	檢查數
1-5個	1
6-10個	2
11-15個	3
16-20個	4
21-25個	5
26-30個	6
30個以上	20%

（C）17. 有關緊急廣播設備標示燈外觀檢查之判定方法，下列何者與各類場所消防
安全設備檢修及申報作業基準規定相同？
(A) 標示燈與裝置面成 10 度角，在 15 公尺距離內應均能明顯易見
(B) 標示燈與裝置面成 15 度角，在 15 公尺距離內應均能明顯易見
(C) 標示燈與裝置面成 15 度角，在 10 公尺距離內應均能明顯易見
(D) 標示燈與裝置面成 10 度角，在 10 公尺距離內應均能明顯易見
解析：

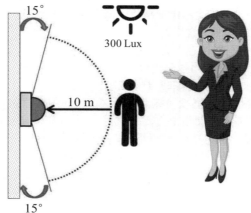

（A）18. 有關定溫式感知線型探測器之外觀試驗判定要領，下列何者與消防安全設
備測試報告書測試方法及判定要領之規定不同？
(A) 感知線應設置在裝置面下方 0.6 公尺以內之位置
(B) 應設置在周圍溫度低於標稱動作攝氏溫度 20 度以上之場所
(C) 感知線之安裝在直線部分以每 0.5 公尺（如有下垂之虞時，則為 0.35 公
尺）以內之間隔固定；在彎曲部分以每 0.1 公尺以內之間隔固定
(D) 感知線之彎曲半徑應在 0.05 公尺以上
解析：

定溫式 感知線型	以目視確認 設置狀況。	a	感知線應設置在裝置面下方 0.3m 以內之位置。
		b	應設置在周圍溫度低於標稱動作溫度 20 度以上場所。
		c	感知線之安裝在直線部分以每 0.5m（如有下垂之虞時，則為 0.35m）以內之間隔固定；在彎曲部分以每 0.1m 以內之間隔固定。
		d	感知線之彎曲半徑應在 0.05m 以上。
		e	感知線之接續，應使用端子接線。

（C）19. 有關警報系統消防安全設備設置，下列何者與各類場所消防安全設備設置
標準之規定不同？
(A) 11 層以上建築物應設置火警自動警報設備

(B) 第 12 條第 1 款第 3 目之場所應設置手動報警設備

(C) 總樓地板面積在 500 平方公尺以上之地下建築物應設置瓦斯漏氣火自動警報設備

(D) 經中央主管機關公告之供公眾使用之場所應設置一一九火災通報裝置

解析：總樓地板面積在 1000 平方公尺以上之地下建築物應設瓦斯漏氣火警自動警報設備

(C) 20. 有關火警自動警報設備受信總機周圍狀況外觀檢查之判定方法，下列何者與各類場所消防安全設備檢修及申報作業基準之規定不同？

(A) 應設在經常有人之場所

(B) 確認周圍有無檢查上或使用上之障礙

(C) 受信機前應確保 1.5 公尺以上之空間

(D) 受信機應設在其門開關沒有障礙之位置

解析：周圍狀況：應設在經常有人之場所（中繼器除外），且應依下列保持檢查上及使用上必要之空間。

A. 受信機應設在其門開關沒有障礙之位置。

B. 受信機前應確保一公尺以上之空間。

C. 受信機背面有門者，其背面應確保檢查必要之空間。

8-2　108 年警報系統考題詳解

等　　別：普通考試
類　　科：消防設備士
科　　目：警報與避難系統消防安全設備概要（僅擷取警報系統部分）
考試時間：1 小時 30 分
※ 注意：
　1) 禁止使用電子計算器。
　2) 不必抄題，作答時請將試題題號及答案依照順序寫在試卷上，於本試題上作答者，不予計分。
　3) 請以黑色鋼筆或原子筆在申論試卷上作答。
　4) 本科目除專門名詞或數理公式外，應使用本國文字作答。

一、近來某工業區生產芳香烴的工廠發生爆炸意外，幾公里以外都能看到大量濃煙及大火，致石化廠安全管理議題再度被社會大眾重視，依據「各類場所消防安全設備設置標準」規定，請詳述該類公共危險物品製造場所符合那些條件時，應設置火警自動警報設備及緊急通報裝置？石化工業等製造場所使用傳統探測器容易誤報，而使得昂貴的自動滅火系統產生不必要的釋放或因疏忽、故障、遲報等導致火災的蔓延擴大，何種類探測警報系統可增加系統可靠的偵測效果及準確度，期能將災害損失減到最低，並請說明其動作原理爲何？（25 分）

解：
　一) 第 205 條　下列場所應設置火警自動警報設備：於公共危險物品製造場所及一般處理場所符合下列規定之一者：
　　1) 總樓地板面積在五百平方公尺以上者。
　　2) 室內儲存或處理公共危險物品數量達管制量一百倍以上者。但處理操作溫度未滿攝氏一百度之高閃火點物品者，不在此限。
　　3) 建築物除供一般處理場所使用外，尚供其他用途者。但以無開口且具一小時以上防火時效之牆壁、樓地板區劃分隔者，不在此限。
　　前項以外之公共危險物品製造、儲存或處理場所儲存、處理公共危險物品數量達管制量十倍以上者，應設置手動報警設備或具同等功能之緊急通報裝置。但平日無作業人員者，不在此限。
　二) 視覺型火災偵測系統（Video Fire Detection System, VFDS）藉由攝影機或其他相容視訊裝置擷取現場影像，利用電腦即時分析視訊影像，若確認屬火焰或煙霧影像，將發出警報通知監控人員，該警報並可連動自動消防滅火系統以便及時啓動抑制火災。在石化工廠製程區開放空間中，爲稀釋外洩之 VOC 防止蒸氣雲形成、避免火災向外擴散延燒、保護結構體、彌補防火區劃不足等，通常設置開放式撒水設備或水霧滅火（或冷卻）設備，而 VFDS 之警報輸出可連動

開啓上述消防設備之一齊開放閥（或其警報經監控人員確認後在控制室以遠端遙控方式啓動），使火災事故能立即獲得抑制，使火警偵測及火災抑制功能皆可由監控人員在控制室內辨識與操作。

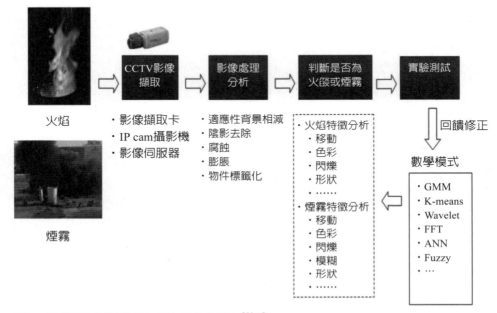

圖　視覺型火災偵測系統動作原理[註1]

乙、測驗題部分：（50分）

一)本測驗試題為單一選擇題，請選出一個正確或最適當的答案，複選作答者，該題不予計分。

二)共 40 題，每題 1.25 分，需用 2B 鉛筆在試卡上依題號清楚劃記，於本試題或申論試卷上作答者，不予計分。

(C) 1. 某一新建建築物地面六層、地下二層，用途為辦公室，每層樓地板面積為 400 平方公尺，設置火警自動警報系統，假設 1 樓發生火警時，依各類場所消防安全設備設置標準規定，其鳴動方式為何？
(A)一齊鳴動 　　　　　　　　　(B) 地下層各層及 1 樓鳴動

[註1]　總管理處安衛環中心消防管理處，視覺型火災偵測系統之功能簡介與應用實例，http://www2.fpg.com.tw/html/mgz/Mgz_epaper/143/45-3p94-103.pdf

（C) 地下層各層、1 樓及 2 樓鳴動　　　　　　　　(D) 地下層 1 層、1 樓及 2 樓鳴動

（ D ）　4. 某一防火構造建築物，地上 5 層且為無開口樓層，1 至 2 層供辦公室用途使用，3 至 5 層供餐廳用途使用，各樓層樓地板面積皆為 200 平方公尺，依照各類場所消防安全設備設置標準之規定，請問本場所火警自動警報設備之設置情形，下列何者正確？

(A) 僅餐廳用途場所設置　　　　　(B) 僅辦公室用途場所設置

(C) 全棟均不需設置　　　　　　　(D) 全棟均必須設置

（ B ）　5. 瓦斯漏氣火警自動警報設備進行性能檢查，下列敘述何者正確？

(A) 同一回路檢知器數量有 11 個，選取檢查數量 2 個

(B) 同一回路檢知器數量有 33 個，選取檢查數量 20% 以上

(C) 檢知器之「加瓦斯試驗器」其瓦斯濃度測試值一般是取該瓦斯燃燒下限之 1/8 值

(D) 使用「加瓦斯試驗器」進行瓦斯測試，對空氣比重未滿一者，使用異丁烷進行試驗

（ C ）　6. 探測器應依裝置場所高度選擇探測器種類裝設，下列何者錯誤？

(A) 高度 9 公尺，選用光電式局限型 2 種探測器

(B) 高度 9 公尺，選用離子式局限型 2 種探測器

(C) 高度 18 公尺，選用離子式局限型 2 種探測器

(D) 高度 18 公尺，選用火焰式探測器

（ A ）　8. 感熱式局限型探測器使用加熱試驗器對探測器加熱，依動作時間方法判斷，下列何者符合動作時間之規定？（標稱動作溫度與周圍溫度之差低於 50 度）

(A) 定溫式局限型 2 種，動作時間 100 秒

(B) 定溫式局限型特種，動作時間 50 秒

(C) 差動式局限型 2 種，動作時間 40 秒

(D) 差動式局限型 1 種，動作時間 40 秒

（ A ）　10. 某一廣播區域面積為 150 平方公尺，設有揚聲器，請問距所設揚聲器 1 m 處所測得之音壓需達多少以上才符合規定？

(A) 92 dB　　　　　(B) 87 dB　　　　　(C) 84 dB　　　　　(D) 80 dB

（ B ）　11. 為提升火災發生時之通報效率，並避免延誤報案致生重大火災事故，各類場所消防安全設備設置標準於 107 年 10 月 17 日增列下列那一種設備種類？

(A) 一一九火警通報裝置設備　　　(B) 一一九火災通報裝置設備

(C) 一一九火警報知裝置設備　　　(D) 一一九火災報知裝置設備

（ D ）　13. 有關避難器具之外觀試驗，下列何者不屬於外觀試驗？

(A) 裝置器具檢查　　　　　　　　(B) 固定部材料檢查

(C) 構造、性能檢查　　　　　　　(D) 拉拔強度試驗

（ A ）　14. 緊急照明設備性能試驗之水平面照度測試，切換為緊急電源狀態亮燈，經

過 A 分鐘後，使用 B 測試，確認緊急照明燈之照度有無達到法規所規定之值。請問前述 A、B 為何？

(A) A：30、B：低照度測定用光電管照度計

(B) A：30、B：減光罩

(C) A：20、B：低照度測定用光電管照度計

(D) A：20、B：減光罩

(C) 16. 依照各類場所消防安全設備檢修及申報作業基準之規定，某燃燒器具的瓦斯，對空氣比重大於 1 時，其檢知器應設於距瓦斯燃燒器具或瓦斯導管貫穿牆壁處水平距離 A 公尺以內；檢知器上端，應裝設在距樓地板面 B 公分範圍內。請問前述 A、B 為何？

(A) A：8、B：30　　　　　　(B) A：8、B：60

(C) A：4、B：30　　　　　　(D) A：4、B：60

(C) 18. 利用加瓦斯試驗器對瓦斯漏氣檢知器進行檢測，其性能判定方法下列何者錯誤？

(A) 中繼器、瓦斯漏氣表示燈及檢知區域警報裝置之動作應正常

(B) 依檢知器動作確認燈確認檢知器之瓦斯漏氣動作者，從動作確認燈亮燈至瓦斯漏氣燈亮燈之時間，應在 60 sec 以內（如使用中繼器者，則為 65 sec 以內）

(C) 依中繼器之動作確認燈或檢知區域警報裝置之動作，確認檢知器之瓦斯漏氣動作者，從檢知區域警報裝置之動作或中繼器之動作確認燈亮燈至瓦斯漏氣燈亮燈之時間，應在 80 sec 以內（如使用中繼器者，則為 85 sec 以內）

(D) 受信總機之瓦斯漏氣燈、主音響裝置之動作及警報分區之表示應正常

(D) 20. 依消防法令規定，觀光旅館、飯店、旅館、招待所（限有寢室客房者）等場所，採膠囊式經營時，需設置火警自動警報設備者，下列何者錯誤？

(A) 旅館內走道每步行距離 15 公尺至少設置 1 個偵煙式探測器

(B) 地區音響裝置之音壓於膠囊型之休眠空間內需達 60 分貝（dB）以上

(C) 每一個膠囊型之休眠空間內均需設置探測器（進出部分為常時開放者不在此限）

(D) 旅館內走道設置偵煙式探測器，且距離盡頭牆壁或出口在 10 公尺以下

(C) 21. 依各類場所消防安全設備設置標準規定，下列危險物品場所何者不需設置火警自動警報設備？

(A) 室內儲存場所管制量 100 倍以上者

(B) 製造場所總樓地板面積 500 m2 以上者

(C) 一般處理場所管制量 50 倍以上者

(D) 室內儲槽場所達顯著滅火困難者

(B) 22. 依照各類場所消防安全設備檢修及申報作業基準之規定，會結露之場所適用的探測器為下列何者？

(A) 差動式局限型探測器　　　　　(B) 定溫式局限型探測器
(C) 火焰式局限型探測器　　　　　(D) 偵煙式局限型探測器

(B) 23. 偵煙式局限型探測器裝設於防火構造建築物天花板高度 8 公尺之裝置面時，若樓地板面積為 500 平方公尺，且其天花板中間有一下垂 40 公分的樑隔開，試問至少需設置幾個偵煙式局限型 1 種探測器？
(A) 8　　　　　　　(B) 7　　　　　　　(C) 5　　　　　　　(D) 4

(B) 24. 某防火構造建築物，供三溫暖洗澡區使用，面積為 130 m²，天花板高度為 3.6 m，請問下列何者為適當的探測器？
(A) 差動式局限型探測器 1 種　　　(B) 定溫式局限型探測器 1 種
(C) 火焰式局限型探測器 1 種　　　(D) 偵煙式局限型探測器 1 種

(A) 25. 依各類場所消防安全設備設置標準規定，火警自動警報設備之火警發信機（非定址式）與 P 型受信總機，其配線為何種配線？
(A) 一般配線　　(B) 耐熱保護　　(C) 耐燃保護　　(D) 同軸電纜

(D) 26. 依各類場所消防安全設備設置標準規定，裝置面高度 10 公尺者，不可選擇下列何種探測器設置？
(A) 火焰式探測器　　　　　　　　(B) 偵煙式局限型 2 種
(C) 差動式分布型　　　　　　　　(D) 定溫式局限型特種

(D) 27. 依各類場所消防安全設備設置標準第 112 條，有關火警自動警報設備之火警分區劃定規定，下列何者錯誤？
(A) 樓梯或斜坡通道，垂直距離每 45 公尺以下為一火警分區。但其地下層部分應為另一火警分區
(B) 每一火警分區不得超過一樓層，並在樓地板面積 600 平方公尺以下。但上下二層樓地板面積之和在 500 平方公尺以下者，得二層共用一分區
(C) 如由主要出入口或直通樓梯出入口能直接觀察該樓層任一角落時，第一款規定之 600 平方公尺得增為 1,000 平方公尺
(D) 樓梯、斜坡通道、昇降機之昇降路及管道間等場所，在水平距離 55 公尺範圍內，且其頂層相差在二層以下時，得為一火警分區

(D) 28. 有關緊急廣播設備之敘述，下列何者錯誤？
(A) 廣播區域在 50 平方公尺以下時，設 L 級、M 級或 S 級揚聲器
(B) 若設有緊急廣播設備時，得免設火警發信機之火警警鈴
(C) 室內安全梯或特別安全梯應垂直距離每 45 公尺單獨設定一廣播分區
(D) 揚聲器裝設於樓梯或斜坡通道時，至少垂直距離每 15 公尺設一個 L 級或 M 級揚聲器

(B) 29. 消防安全設備測試報告書測試方法及判定要領中規定，火警自動警報設備外觀試驗，其定溫式感知線型探測器之判定要領中，下列何者正確？
(A) 感知線應設置在裝置面下方 0.4 m 以內
(B) 感知線之彎曲半徑應在 0.05 m 以上
(C) 感知線之安裝在直線部分以每 1 m（如有下垂之虞時，則為 0.5 m）以內

之間隔固定

(D) 感知線之安裝在彎曲部分以每 0.5 m 以內之間隔固定

(D) 30. 利用各種減光罩對光電式分離型探測器進行測試，以確認其火災動作試驗、不作動試驗、故障警報試驗並判定是否符合規定，下列方式何者錯誤？

(A) 火災動作試驗：將適當感度的減光罩放置於探測器受光部前方 10 cm 範圍內約 15 sec，如果受信總機有火災訊號產生即表示正常

(B) 不作動試驗：將適當感度的減光罩放置於探測器受光部前方 10 cm 範圍內約 30 sec，如果受信總機沒有火災訊號產生即表示正常

(C) 故障警報試驗：在監視狀態下以 100% 減光罩的感光鏡或感光板的前面放置遮光軸，如在 60 sec 內錯誤警報顯示即表示正常

(D) 判定方法：插入減光罩後到動作之時間，應在 60 sec 內，蓄積型者應在 60 sec 加其標稱蓄積時間及 5 sec 之時間內

8-3　107年警報系統考題詳解

（警報與避難系統擷取警報系統部分，以下同）
等　　別：普通考試
類　　科：消防設備士
科　　目：水與化學系統消防安全設備概要
考試時間：1 小時 30 分
※ 注意：
　1) 禁止使用電子計算器。
　2) 不必抄題，作答時請將試題題號及答案依照順序寫在試卷上，於本試題上作答者，不予計分。
　3) 請以黑色鋼筆或原子筆在申論試卷上作答。
　4) 本科目除專門名詞或數理公式外，應使用本國文字作答。

一、桃園市某工廠發生大火，造成多名消防員殉職，公共危險物品安全管理議題再度被社會大眾重視，請依據「各類場所消防安全設備設置標準」，分別試述公共危險物品製造場所、一般處理場所、室內儲存場所及室內儲槽場所應設置火警自動警報設備之規定？（25 分）

解：
依第 205 條：下列場所應設置火警自動警報設備：
一、公共危險物品製造場所及一般處理場所符合下列規定之一者：
　(一) 總樓地板面積在 500m² 以上者。
　(二) 室內儲存或處理公共危險物品數量達管制量 100 倍以上者。但處理操作溫度未滿 100°C 之高閃火點物品者，不在此限。
　(三) 建築物除供一般處理場所使用外，尚供其他用途者。但以無開口且具 1 小時以上防火時效之牆壁、樓地板區劃分隔者，不在此限。
二、室內儲存場所符合下列規定之一者：
　(一) 儲存或處理公共危險物品數量達管制量 100 倍以上者。但儲存或處理高閃火點物品，不在此限。
　(二) 總樓地板面積在 150m² 以上者。但每 150m² 內以無開口且具 1 小時以上防火時效之牆壁、樓地板區劃分隔，或儲存、處理易燃性固體以外之第 2 類公共危險物品或閃火點在 70°C 以上之第 4 類公共危險物品之場所，其總樓地板面積在 500m² 以下者，不在此限。
　(三) 建築物之一部分供作室內儲存場所使用者。但以無開口且具 1 小時以上防火時效之牆壁、樓地板區劃分隔者，或儲存、處理易燃性固體以外之第 2 類公共危險物品或閃火點在 70°C 以上之第 4 類公共危險物品，不在此限。
　(四) 高度在 6 m 以上之一層建築物。

三、室內儲槽場所達顯著滅火困難者。

　　前項以外之公共危險物品製造、儲存或處理場所儲存、處理公共危險物品數量達管制量 10 倍以上者，應設置手動報警設備或具同等功能之緊急通報裝置。但平日無作業人員者，不在此限。

乙、測驗題部分：（50 分）

一)本測驗試題為單一選擇題，請選出一個正確或最適當的答案，複選作答者，該題不予計分。

二)共 40 題，每題 1.25 分，需用 2B 鉛筆在試卡上依題號清楚劃記，於本試題或申論試卷上作答者，不予計分。

(B)　1. 依各類場所消防安全設備設置標準規定，除供甲類場所、地下建築物、高層建築物或應設置偵煙式探測器之場所外，若要以自動撒水設備免設火警自動警報設備，有關密閉型撒水頭之規定，下列那一項正確？
(A)限使用標示攝氏溫度 75 度以下，動作時間 60 秒以上之密閉型撒水頭
(B)限使用標示攝氏溫度 75 度以下，動作時間 60 秒以內之密閉型撒水頭
(C)限使用標示攝氏溫度 75 度以下，動作時間 90 秒以內之密閉型撒水頭
(D)限使用標示攝氏溫度 95 度以下，動作時間 60 秒以內之密閉型撒水頭

(B)　2. 差動式分布型探測器為熱半導體式時，裝接於一個檢出器之感熱器數量，下列何者正確？
(A) 1　　　　　(B) 10　　　　　(C) 20　　　　　(D) 30

(C)　3. 下列何者非屬定溫式探測器可裝設場所？
(A) 平時煙會滯留之場所　　　(B) 顯著高溫之場所
(C) 排放廢氣會大量滯留之場所　(D) 會結露之場所

(A)　4. 下列那一種探測器，不可以裝設於室內天花板或屋頂板高度 15 公尺以上未滿 20 公尺之空間？
(A) 差動式侷限型　　　　　　(B) 光電式分離型一種
(C) 光電式侷限型一種　　　　(D) 離子式侷限型一種

(D)　5. 有一地下三層地上十層之建築物，總樓地板面積 5000 平方公尺，若起火樓層位於三樓時，下列那一樓層火警自動警報設備需鳴動？
(A) 每一樓層　　　(B) 地下一樓　　　(C) 一樓　　　(D) 二樓

(A)　6. 下列何種使用瓦斯之場所，應設置瓦斯漏氣火警自動警報設備？
(A) 設置於地下層的 MTV，樓地板面積合計 1200 平方公尺
(B) 設置於地下層的 KTV，樓地板面積合計 300 平方公尺
(C) 設置於地下層的夜總會，樓地板面積合計 300 平方公尺
(D) 設置於地下層的酒吧，樓地板面積合計 400 平方公尺

(B)　7. 有一防火構造建築物，其探測區域樓地板面積為 100 平方公尺，欲設置差動式分布型熱電偶式探測器，至少應該設置多少探測器數量？

(A) 4 個　　　　　　(B) 5 個　　　　　　(C) 6 個　　　　　　(D) 7 個

（ C ）　8. 當差動式分布型探測器為空氣管式時，下列那一項的敘述不符合設置標準？

(A) 裝接於一個檢出器之空氣管長度，在 100 公尺以下

(B) 空氣管裝置在自裝置面任一邊起 1.5 公尺以內之位置，其間距，在防火構造建築物，在 9 公尺以下，其他建築物在 6 公尺以下。但依探測區域規模及形狀能有效探測火災發生者，不在此限

(C) 每一探測區域內之空氣管長度，露出部分在 10 公尺以上

(D) 空氣管裝置在裝置面下方 30 公分範圍內

（ D ）　9. 以下有關各類場所消防安全設備設置標準對火警分區的規定，何者錯誤？

(A) 每一火警分區不得超過一樓層，並在樓地板面積 600 平方公尺以下

(B) 樓梯、斜坡通道、昇降機之昇降路及管道間等場所，在水平距離 50 公尺範圍內，且其頂層相差在二層以下時，得為一火警分區。但應與建築物各層之走廊、通道及居室等場所分別設置火警分區

(C) 樓梯或斜坡通道，垂直距離每 45 公尺以下為一火警分區。但其地下層部分應為另一火警分區

(D) 每一分區之任一邊長在 50 公尺以下。但裝設光電式分離型探測器時，其邊長得在 200 公尺以下

（ B ）　11. 依各類場所消防安全設備設置標準規定，火警受信總機、中繼器及偵煙式探測器，有設定蓄積時間時，其蓄積時間之合計，每一火警分區在多少秒以下？

(A) 50 秒　　　　　　(B) 60 秒　　　　　　(C) 70 秒　　　　　　(D) 80 秒

（ A ）　12. 有關光電式分離型探測器光軸，下列設置規定何者正確？

(A) 探測器之光軸，指探測器受光面中心點與送光面中心點之連結線

(B) 設在與探測器光軸平行牆壁距離 30 公分以上之位置

(C) 探測器之光軸高度，在天花板等高度 60% 以上之位置

(D) 探測器之光軸與警戒區任一點之水平距離，在 9 公尺以下

（ A ）　13. 依各類場所消防安全設備設置標準規定，火警自動警報設備之配線，除依屋內線路裝置規則外，其電源回路導線間及導線與大地間之絕緣電阻值，以直流 250 伏特額定之絕緣電阻計測定，對地電壓在 150 伏特以下者，應該在多少 MΩ 以上？

(A) 0.1 MΩ　　　　　(B) 0.2 MΩ　　　　　(C) 0.3 MΩ　　　　　(D) 0.4 MΩ

（ C ）　14. 依各類場所消防安全設備設置標準規定，火警受信總機若為壁掛型，總機操作開關距離樓地板面之高度，應該為多少公尺範圍？

(A) 在 0.5 公尺以上 1.5 公尺以下　(B) 在 0.8 公尺以上 1.8 公尺以下

(C) 在 0.8 公尺以上 1.5 公尺以下　(D) 在 0.5 公尺以上 1.8 公尺以下

（ C ）　15. 有關緊急供電系統之電源，下列何者錯誤？

(A) 蓄電池設備充電電源之配線設專用回路，其開關上應有明顯之標示

 (B) 裝設發電機及蓄電池之處所爲防火構造。但設於屋外時，設有不受積水及雨水侵襲之防水措施者，不在此限

 (C) 緊急電源裝置切換開關，於常用電源切斷時自動切換供應電源至緊急用電器具，並於常用電源恢復時，手動恢復由常用電源供應

 (D) 發電機裝設適當開關或連鎖機件，以防止向正常供電線路逆向電力

(C) 18. 依各類場所消防安全設備設置標準規定，每一火警分區，依規定設置火警發信機，其標示燈應平時保持明亮，其透明罩爲圓弧形，裝置後突出牆面，標示燈與裝置面應成幾度角？

 (A) 五度角 (B) 十度角 (C) 十五度角 (D) 二十度角

(B) 20. 依各類場所消防安全設備設置標準規定，瓦斯漏氣警報裝置之檢知器所能檢知瓦斯漏氣之區域內，該檢知器動作時，該區域內之檢知區域警報裝置能發出警報音響，其音壓在距 1 公尺處應有多少分貝以上？

 (A) 60 分貝 (B) 70 分貝 (C) 80 分貝 (D) 90 分貝

(D) 21. 依各類場所消防安全設備設置標準規定，緊急照明設備除內置蓄電池外，應連接緊急電源，其蓄電池容量應能使其持續動作 a 分鐘以上。但採蓄電池設備與緊急發電機併設方式時，其容量應能使其持續動作分別爲 b 分鐘及 c 分鐘以上，請問下列何者正確？

 (A) a = 10 (B) b = 30 (C) c = 10 (D) a + b + c = 70

(A) 22. 依各類場所消防安全設備設置標準規定，火警自動警報設備之緊急電源，應使用蓄電池設備，其容量能使其有效動作多少分鐘以上？

 (A) 10 分鐘 (B) 20 分鐘 (C) 30 分鐘 (D) 60 分鐘

(D) 24. P 型受信總機採用數個分區共用一公用線方式配線時，該公用線供應之分區數，依各類場所消防安全設備設置標準規定，不得超過多少個？

 (A) 1 個 (B) 3 個 (C) 5 個 (D) 7 個

(B) 26. 依各類場所消防安全設備設置標準規定，緊急供電系統之配線除依屋內線路裝置規則外，有關電源回路之配線耐燃保護，若電線裝於金屬導線管槽內，並埋設於防火構造物之混凝土內，混凝土保護厚度應爲多少毫米以上？

 (A) 10 毫米 (B) 20 毫米 (C) 30 毫米 (D) 40 毫米

(D) 27. 依各類場所消防安全設備設置標準規定，緊急供電系統之配線除依屋內線路裝置規則外，緊急用電源回路及操作回路，應使用多少伏特耐熱絕緣電線，或同等耐熱效果以上之電線？

 (A) 300 伏特 (B) 400 伏特 (C) 500 伏特 (D) 600 伏特

(B) 28. 依各類場所消防安全設備檢修及申報作業基準規定，對火警自動警報設備進行二信號性能檢查時，有關判定方法，下列敘述何者錯誤？

 (A) 第一信號時，主音響或副音響裝置應鳴動

 (B) 第一信號時，火災燈應亮燈

 (C) 第二信號時，主音響及地區音響裝置應鳴動

(D) 第二信號時，地區表示燈應亮燈

(A) 30. 偵煙式探測器除光電式分離型外，下列裝置規定何者錯誤？

(A) 居室天花板距樓地板面高度在 2.3 公尺以下或樓地板面積在 40 平方公尺以下時，應設在居室中央爲原則

(B) 探測器下端，裝設在裝置面下方 60 公分範圍內

(C) 探測器裝設於距離牆壁 60 公分以上之位置

(D) 探測器裝設於距離樑 60 公分以上之位置

(C) 31. 依各類場所消防安全設備設置標準規定，公共危險物品製造場所及一般處理場所總樓地板面積在多少平方公尺以上者，應設置火警自動警報設備？

(A) 300 平方公尺 　　　　　　　(B) 400 平方公尺

(C) 500 平方公尺 　　　　　　　(D) 600 平方公尺

(A) 33. 依各類場所消防安全設備檢修及申報作業基準規定，檢查檢知器時，使用「加瓦斯試驗器」進行加瓦斯測試，對空氣之比重未滿一者應使用何種物質？

(A) 甲烷 　　　　(B) 乙烷 　　　　(C) 丙烷 　　　　(D) 丁烷

(C) 35. 依各類場所消防安全設備檢修及申報作業基準規定，緊急電源插座爲單相交流 110 V 者，應用額定 150 V，X 安培之接地型插座。三相交流 220 V 者則適用額定 250 V，Y 安培接地型插座，並確認應無變形、損傷、顯著腐蝕或異物阻塞等，下列何者正確？

(A) X = 10；Y = 20 　　　　　　(B) X = 10；Y = 30

(C) X = 15；Y = 30 　　　　　　(D) X = 15；Y = 40

(C) 38. 依各類場所消防安全設備設置標準規定，差動式分布型及偵煙式探測器之探測區域，指探測器裝置面之四周以淨高多少公分以上之樑或類似構造體區劃包圍者？

(A) 30 　　　　　(B) 40 　　　　　(C) 60 　　　　　(D) 80

＋ 知識補充站

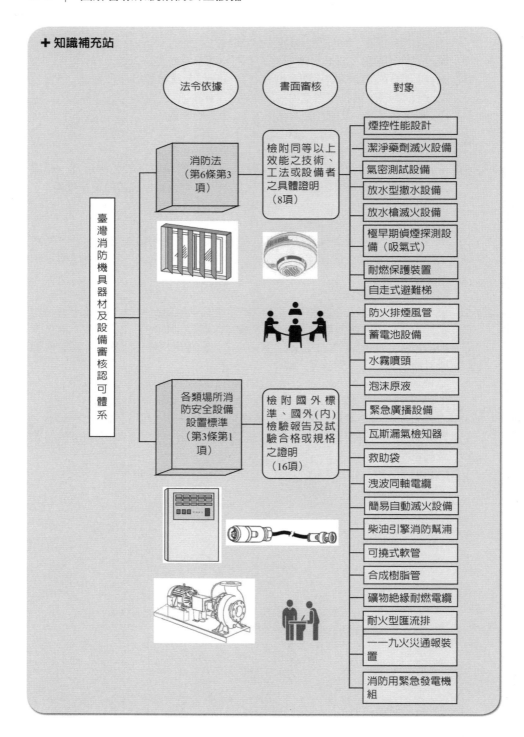

8-4 106年警報系統考題詳解

一、火警探測線路之配線，依現行規定須要何種等級的防護措施？如果採用穿套金屬管或外覆足夠厚度的混凝土保護，有何影響？試申論之。（25分）

解：

火警探測線路之配線，依現行規定需要何種等級的防護措施

緊急供電系統之配線除依屋內線路裝置規則外，並依下列規定：

一、電氣配線應設專用回路，不得與一般電路相接，且開關有消防安全設備別之明顯標示。

二、緊急用電源回路及操作回路，使用六百伏特耐熱絕緣電線，或同等耐熱效果以上之電線。

三、電源回路之配線，依下列規定，施予耐燃保護：

（一）電線裝於金屬導線管槽內，並埋設於防火構造物之混凝土內，混凝土保護厚度為二十毫米以上。但在使用不燃材料建造，且符合建築技術規則防火區劃規定之管道間，得免埋設。

（二）使用 MI 電纜或耐燃電纜時，得按電纜裝設法，直接敷設。

（三）其他經中央主管機關指定之耐燃保護裝置。

四、標示燈回路及控制回路之配線，依下列規定，施予耐熱保護：

（一）電線於金屬導線管槽內裝置。

（二）使用 MI 電纜、耐燃電纜或耐熱電線電纜時，得按電纜裝設法，直接敷設。

（三）其他經中央主管機關指定之耐熱保護裝置。

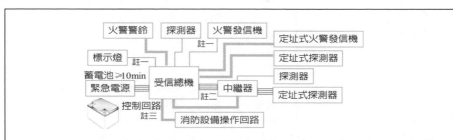

註一：火警發信機兼作其他消防安全設備之啟動裝置者：火警發信機及標示燈回路應採耐熱保護。

註二：中繼器（亦稱模組）之緊急電源迴路：中繼器內裝蓄電池者，得採一般配線。

註三：中繼器之控制回路：得採耐熱保護。

說明：一、經受信總機或控制盤供應緊急電源之裝置：應採耐熱保護；其控制回路：得採耐熱保護。

二、▭▭▭：耐燃保護，▬▬▬：耐熱保護，▬▬▬：同軸電纜；

──────：一般配線

採用穿套金屬管或外覆足夠厚度的混凝土保護，有何影響：

1. 火災自動報警系統的傳輸線路均採用穿金屬管、可撓（金屬）電氣導管、B1 級以上的剛性塑膠管或封閉式線槽保護方式布線。

2. 消防控制、通信和警報線路採用暗敷設時，用金屬管、可撓（金屬）電氣導管、B1 級以上的剛性塑膠管保護，並敷設在不燃燒體的結構層內，保護層厚度不小於 30mm。當採用明敷設時，應採用金屬管、可撓（金屬）電氣導管或金屬封閉線槽保護，礦物絕緣類不燃性電纜可直接明敷。

3. 從接線盒處引到探測器底座盒、控制設備盒、揚聲器箱的線路均加金屬軟管保護。消防火警及廣播系統之配管屬於電氣配管，配管之管徑應配合導線數設計，常用之消防火警及廣播配管材質有 PVC 塑膠管、EMT 電氣金屬管（薄）、RSG 金屬導線管（厚），而管路架設方式有明管、暗管（天花板內或埋設）架設。不同系統之配線（如火警配線與廣播配線或緊急電源）不宜因分區迴路較少而設於同一配管內。

4. 聚氯乙烯管，即 PVC（Polyvinylchloride）管，適用於建築物內明管或暗管之施作，以其質輕、易彎曲、價格方便之特性，尤以適合混凝土預埋管路之施作。消防電氣配管於火警綜合盤 PBL 連接至探測器間之配管，無需耐燃或耐熱保護，以一般等級 PVC 絕緣電線施作，通常加以 PVC 管保護即可。

5. 薄鍍鋅金屬管，又稱電氣金屬管，即 EMT（Electrical Metallic Tubing）管，常用於建築物內明管或暗管之施作，因此常用於大樓地下室之明管施作。此外，消防電氣配線在耐燃及耐熱保護之規定下，EMT 管以其質輕且強度優於 PVC 管之特型而被大量使用，事實上以金屬管路用以保護信號線，管路適當的接地，尚有阻隔鄰近電力線或磁場干擾的優點。

6. 但導線穿設於 EMT 管，仍比穿設於 PVC 管導線破皮之機率爲大，PVC 管配線縱使有導線破皮之情形，若未形成接地或與其他導線破皮處直接接觸形成短路的話，對整體功能幾無影響，但使用 EMT 管，導線任一破皮點與管壁接觸即造成接地，而任兩處破皮點亦會藉由管內壁形成短路。大部分之施工者均了解管路截斷後其管端內緣應予以切削圓滑，但實際上卻常因循苟且敷衍了事，故使用金屬管應特別注意防止管路造成導線之破皮。

7. 鍍鋅厚鋼管，RSG 管（Rigid Steel Galvanized），常用於廠房內明管或暗管之施作，管路厚度較足以承受廠房重機械碰撞，具有比 EMT 管更佳之機械強度，搭配特殊接頭及特殊接線盒，可用來做爲危險場所之防爆電氣配管，於管口緣及彎頭接頭爲螺牙接續，管路及內壁更爲粗糙，配線時需更爲注意勿損及絕緣皮。

8. 配管可以用來保護導線，避免受機械外力損害，尤其是金屬管除了可隔絕磁場的干擾以外，對於導線尚有相當程度的隔熱效果。以金屬管架設，管內穿 PVC 105℃絕緣配線，得視爲耐熱保護，若再埋設於混凝土內保護層 2 cm以上，可視爲耐燃保護。

在暗管架設方面：

1. 混凝土樓板配管

　　火警探測器、緊急廣播管路等埋設於混凝土樓板與柱牆內時，應注意下列事項：

　　(1) 樓板為雙層鋼筋配置時，配管應設於兩層之間；單層鋼筋配置時配管應設於鋼筋層上方，管路應與模板保持間距，以免混凝土澆置後保護層不足。

　　(2) 配置於柱內之管路應於箍筋內，避免管路緊貼模板，混凝土澆置後保護層不足，使牆面龜裂。

　　(3) 配管不應過度並排集中或交錯重疊，以免混凝土澆置時無法滲入，造成局部龜裂、空洞或蜂窩現象。

　　(4) 管路設於磚牆，應於砌磚完成堅固後，並於水泥砂漿打底前，於磚牆打鑿管路所需預埋之路徑並埋設管路，管路埋設後不得凸出磚面影響磚牆保護層。

2. 管道內或天花板內配管

　　(1) 管道內架設

　　　　火警系統之立管應避免與給排水管共用管道間，以免被管路滲水影響，架設於管道間之立管常用 C 型鋼＋管夾或角鐵＋U 型束環架設。若於防火管道間內以金屬管架設，管內穿 PVC 105 ℃絕緣配線，得視為「耐燃保護」。

　　(2) 天花板內配管

　　　　天花板內配管除依明管架設施工外，明管之出線盒或樓板內預埋之出線盒，不得直接以明線延伸至器具，需以金屬軟管延伸至裝修之天花板或器具。

乙、測驗題部分：（50 分）

一)本測驗試題為單一選擇題，請選出一個正確或最適當的答案，複選作答者，該題不予計分。

二)共 40 題，每題 1.25 分，需用 2B 鉛筆在試卡上依題號清楚劃記，於本試題或申論試卷上作答者，不予計分。

(C) 1. 某一 KTV 視聽歌唱場所設於大樓地下層，依規定樓地板面積如合計超過多少，應設置瓦斯漏氣火警自動警報設備？
(A) 300 平方公尺　　　　　　　　(B) 500 平方公尺
(C) 1000 平方公尺　　　　　　　 (D) 1500 平方公尺

(B) 2. 對於消防安全設備緊急供電系統之配線之規定，下列何者正確？
(A)電氣配線應設專用回路，必要時得與一般電路相接
(B)緊急用電源回路及操作回路，使用 600 伏特耐熱絕緣電線，或同等耐熱效果以上之電線
(C)電源回路之配線裝於金屬導線管槽內，並埋設於厚度為 25 毫米以上之混凝土內
(D)電源回路採耐熱電纜，並按電纜裝設法敷設

(D) 3. 裝設緊急廣播設備之建築物之規定，下列何者錯誤？
(A) 每一廣播分區不得超過一樓層
(B) 各樓層任一點至緊急廣播設備啟動裝置之步行距離應在 50 公尺以下
(C) 安全梯或特別安全梯之地下層部分，另設定一廣播分區
(D) 廣播區域超過 200 平方公尺時，應設 L 級揚聲器
解析：廣播區域超過 100 平方公尺時，應設 L 級揚聲器。

(A) 4. 依各類場所消防安全設備檢修及申報作業基準規定，1 種光電式侷限型偵煙探測器於使用加煙試驗器確認動作之時間，加煙後至動作應在多少時間內方為合格？
(A) 30 秒　　　(B) 45 秒　　　(C) 60 秒　　　(D) 90 秒

(D) 5. 依各類場所消防安全設備設置標準規定，下列何種場所如設置高感度密閉式撒水頭自動撒水設備，得免設火警自動警報設備？
(A) 高層建築物　(B) 地下建築物　(C) 戲院　　　(D) 乙類場所

(C) 6. 樓梯、斜坡通道、昇降機之昇降路及管道間等場所，其頂層相差在二層以下、水平距離多少範圍內，視為一火警分區？
(A) 25 公尺　　　(B) 40 公尺　　　(C) 50 公尺　　　(D) 60 公尺

(B) 8. 天花板設排氣口或回風口時，偵煙式探測器應裝置於排氣口或回風口周圍多少距離範圍內？
(A) 0.5 公尺　　　(B) 1 公尺　　　(C) 1.5 公尺　　　(D) 2 公尺

(A) 9. 差動式分布型探測器為熱電偶式時，熱電偶應裝置在裝置面下方多少公分範圍內？
(A) 30 公分　　　(B) 40 公分　　　(C) 45 公分　　　(D) 50 公分

(A) 11. P 型受信總機採用數個分區共用一公用線方式配線時，該公用線供應之分區數，不得超過 X 個。受信總機之探測器回路電阻，應在 Y 以下。下列何者正確？
(A) X：7，Y：50Ω　　　　(B) X：10，Y：75Ω
(C) X：12，Y：65Ω　　　　(D) X：15，Y：75Ω

(B) 14. 依各類場所消防安全設備檢修及申報作業基準規定，火警自動警報設備之受信總機前應確保多少公尺以上空間以進行檢查及操作使用？
(A) 0.5 公尺　　　(B) 1 公尺　　　(C) 1.5 公尺　　　(D) 2 公尺

(D) 15. 依緩降機認可基準規定，緩降機之最大使用載重，應在最大使用人數乘以 W 所得數值以上。下述 W 值何者正確？
(A) 500 NT　　　(B) 750 NT　　　(C) 800 NT　　　(D) 1000 NT

(D) 16. 瓦斯漏氣火警自動警報設備裝置於瓦斯對空氣之比重未滿一之建築物室內時，檢知器設置位置應距瓦斯燃燒器具或瓦斯導管貫穿牆壁處水平距離多少以內？
(A) 1 公尺　　　(B) 1.5 公尺　　　(C) 5 公尺　　　(D) 8 公尺

(A) 18. 依各類場所消防安全設備檢修及申報作業基準規定，火焰探測器以動作試

驗器確認探測器之動作應在多少時間內方為合格？

(A) 30 秒　　　　(B) 45 秒　　　　(C) 60 秒　　　　(D) 90 秒

(D) 20. 差動式探測器之動作原理為感應火場中何種參數？

(A) 煙濃度　　　(B) 光強度　　　(C) 固定溫度　　　(D) 溫升率

(D) 21. 下列消防安全設備緊急供電系統之配線，何者需施予耐燃保護？

(A) 室內消防栓之控制盤至啟動裝置

(B) 火警自動警報設備之受信總機至火警警鈴

(C) 緊急廣播設備之擴音機至揚聲器

(D) 二氧化碳滅火設備排放裝置至緊急電源

(D) 26. 樓梯或斜坡通道以外之場所，廣播區域之殘響時間在 3 秒以上時，揚聲器之裝設需符合 $r = 3/4 QS\alpha/\pi(1-\alpha)$ 之計算公式，S 的定義為何？

(A) 受音點至揚聲器之距離

(B) 揚聲器指向係數

(C) 揚聲器音響功率

(D) 廣播區域內牆壁、樓地板及天花板面積之合計

解析：廣播區域之殘響時間在三秒以上時，距樓地板面一公尺處至揚聲器之距離，在下列公式求得值以下者。

$$r = \frac{3}{4}\sqrt{QS\alpha \Big/ \pi(1-\alpha)}$$

r 值：受音點至揚聲器之距離（單位：公尺）

Q 值：揚聲器指向係數

S 值：廣播區域內牆壁、樓地板及天花板面積之合計（單位：平方公尺）

α 值：廣播區域之平均吸音率

(A) 27. 避難方向指示燈設於樓梯或坡道者，在樓梯級面或坡道表面之照度，應在多少勒克司（lx）以上？

(A) 1.0 勒克司（lx）　　　(B) 2.0 勒克司（lx）

(C) 3.0 勒克司（lx）　　　(D) 5.0 勒克司（lx）

(B) 28. 大型建築物警報設備使用許多中繼器來連結探測器與受信總機，但下列何者不是警報設備中繼器主要功能？

(A) 信號轉換　　　　(B) 信號監控

(C) 信號傳遞　　　　(D) 發出控制信號

(D) 29. 瓦斯濃度達到警報濃度值後，其濃度仍繼續存在，即發出警報，但瓦斯洩漏濃度越高，則警報延遲動作時間越短，此種檢知瓦斯之警報發出方式稱作何種型式？

(A) 反誤報警報型　　　(B) 警報延時型

(C) 即時警報型　　　　(D) 反限時警報型

(B) 30. 在某飯店檢查瓦斯漏氣火警自動警報設備時，何項試驗必須切換成緊急電

源之狀態？

(A) 瓦斯漏氣表示試驗　　　　　(B) 綜合動作試驗
(C) 同時動作試驗　　　　　　　(D) 回路導通試驗

(C) 31. 在某飯店檢查瓦斯漏氣火警自動警報設備，進行檢知器之性能檢查時，發現同一個檢知回路上裝設有 18 個瓦斯漏氣檢知器，至少應選取多少個進行試驗？

(A) 2 個　　　　(B) 3 個　　　　(C) 4 個　　　　(D) 5 個

解析：檢知器應按下表選取檢查數量。

（檢知器選取檢查數量表）

一回路之檢知器數量	撰取檢查數量
1-5 個	1
6-10 個	2
11-15 個	3
16-20 個	4
21-25 個	5
26-30 個	6
30 個以上	20%

(C) 32. 針對瓦斯漏氣火警自動警報設備進行性能檢查，使用噪音計進行瓦斯漏氣檢知區域警報裝置之音量檢測時，距離警報裝置 1 公尺處，其音壓量應在多少分貝以上方為合格？

(A) 50　　　　(B) 60　　　　(C) 70　　　　(D) 85

(B) 33. 針對某百貨公司美食店進行檢修，下列何項試驗必須使用加瓦斯試驗器，使兩個回路之任一檢知器（各回路一個）同時動作，以確認其性能是否異常？

(A) 瓦斯漏氣表示試驗　　　　　(B) 同時動作試驗
(C) 綜合動作試驗　　　　　　　(D) 檢知器性能檢查

(A) 34. 在裝設定溫式感知線型探測器場所，進行回路合成阻抗試驗時，會使用下列何種檢查儀器？

(A) 三用電表　　　　　　　　　(B) 絕緣電阻計
(C) 接地電阻試驗器　　　　　　(D) 儀表繼電器試驗器

(B) 35. 執行檢修時，在室溫 15℃狀態下，使用加熱試驗器進行差動式侷限型第二種探測器之性能檢查時，其動作時間應在多少秒內方為正常？

(A) 20　　　　(B) 30　　　　(C) 40　　　　(D) 50

(D) 36. 很多工程裝設侷限型探測器時多緊鄰天花板上出風口，造成失效或延遲警

報，因此，施工時依規定裝設位置應距該出風口多少公尺以上？

(A) 0.3　　　　　(B) 0.6　　　　　(C) 1.0　　　　　(D) 1.5

（C）37. 為避免探測死角，在安裝光電式分離型探測器時，其受光器及送光器應設在距其背部牆壁多少公分範圍內？

(A) 50　　　　　(B) 80　　　　　(C) 100　　　　　(D) 120

8-5 105年警報系統考題詳解

一、請依據「各類場所消防安全設備設置標準」，試述擴音機及操作裝置設置的規定？並依據「緊急廣播設備檢修及申報作業基準」，試述綜合檢查之檢查方法與判定方法？（25分）

解：

一) 擴音機及操作裝置設置

第 138 條

擴音機及操作裝置，應符合 CNS 一〇五二二之規定，並依下列規定設置：

一、操作裝置與啓動裝置或火警自動警報設備動作連動，並標示該啓動裝置或火警自動警報設備所動作之樓層或區域。

二、具有選擇必要樓層或區域廣播之性能。

三、各廣播分區配線有短路時，應有短路信號之標示。

四、操作裝置之操作開關距樓地板面之高度，在零點八公尺以上（座式操作者，爲零點六公尺）一點五公尺以下。

五、操作裝置設於值日室等經常有人之處所。但設有防災中心時，設於該中心。

二) 綜合檢查

1. 檢查方法

切換成緊急電源供電狀態，操作任一啓動裝置或操作裝置之緊急廣播開關，或受信由火警自動警報設備啓動之信號，確認是否進行火災表示及正常廣播。

2. 判定方法

火災表示及揚聲器之鳴動應正常。

乙、測驗題部分：（50分）

共 40 題，每題 1.25 分，需用 2B 鉛筆在試卡上依題號清楚劃記，於本試題或申論試卷上作答者，不予計分。

(B) 1. 依據各類場所消防安全設備設置標準，有關免設探測器處所的規定，下列敘述何者錯誤？

(A) 室內游泳池之水面或溜冰場之冰面上方

(B) 主要構造爲防火構造，且開口設有具半小時以上防火時效防火門之金庫

(C) 冷藏庫等設有能早期發現火災之溫度自動調整裝置者

(D) 不燃性石材或金屬等加工場，未儲存或未處理可燃性物品處

(C) 2. 依據各類場所消防安全設備設置標準，有關空氣管式差動式分布型探測器設置時的規定，下列敘述何者錯誤？

(A) 每一探測區域內之空氣管長度，露出部分在 20 公尺以上

(B) 裝接於一個檢出器之空氣管長度，在 100 公尺以下

(C) 空氣管裝置在裝置面下方 40 公分範圍內

(D) 空氣管裝置在自裝置面任一邊起 1.5 公尺以內之位置，其間距，在防火構造建築物，在 9 公尺以下，其他建築物在 6 公尺以下

(D) 3. 依據各類場所消防安全設備設置標準，有關光電式分離型探測器設置時的規定，下列敘述何者錯誤？

(A) 設在與探測器光軸平行牆壁距離 60 公分以上之位置

(B) 探測器之受光器及送光器，設在距其背部牆壁 1 公尺範圍內

(C) 設在天花板等高度 20 公尺以下之場所

(D) 探測器之光軸與警戒區任一點之水平距離，在 10 公尺以下

(B) 4. 依據各類場所消防安全設備設置標準，有關火警受信總機之位置設置時的規定，下列敘述何者錯誤？

(A) 裝置於值日室等經常有人之處所。但設有防災中心時，設於該中心

(B) 壁掛型總機操作開關距離樓地板面之高度，在 0.6 公尺以上 1.5 公尺以下

(C) 裝置於日光不直接照射之位置

(D) 避免傾斜裝置，其外殼應接地

(C) 5. 依據各類場所消防安全設備設置標準，有關火警發信機設置的規定，下列敘述何者錯誤？

(A) 附設緊急電話插座

(B) 裝置於屋外之火警發信機，具防水之性能

(C) 樓梯或管道間之火警分區，應分別設置

(D) 二樓層共用一火警分區者，應分別設置

(D) 6. 依據各類場所消防安全設備設置標準，有關緊急廣播設備的規定，下列敘述何者錯誤？

(A) 緊急廣播設備之音響警報應以語音方式播放

(B) 緊急廣播設備與其他設備共用者，在火災時應能遮斷緊急廣播設備以外之廣播

(C) 廣播區域超過 50 平方公尺 100 平方公尺以下時，設 L 級或 M 級揚聲器

(D) 導線間及導線對大地間之絕緣電阻值，以直流 250 伏特額定之絕緣電阻計測定，對地電壓超過 150 伏特者，在 0.1 MΩ 以上

(A) 13. 依據各類場所消防安全設備設置標準，有關緊急供電系統之配線除依屋內線路裝置規則外，下列規定及敘述何者錯誤？

(A) 電源回路之配線，施予耐熱保護

(B) 標示燈回路及控制回路之配線，施予耐熱保護

(C) 電氣配線應設專用回路，不得與一般電路相接，且開關有消防安全設備別之明顯標示

(D) 緊急用電源回路及操作回路，使用 600 伏特耐熱絕緣電線，或同等耐熱效果以上之電線

(B) 14. 依據火警探測器認可基準規定，有關火警自動警報設備所使用火警探測器之構造，下列敘述何者錯誤？
(A) 不得因氣流方向改變而影響探測功能
(B) 探測器之底座視為探測器的一部位，且與本體連結試驗 100 次後，內部接觸彈片不得發生異狀及功能失效
(C) 應有排除水分侵入之功能
(D) 探測器之接點不得露出在外

(D) 15. 依據住宅用火災警報器認可基準，有關住宅用火災警報器構造與功能的規定，下列敘述何者錯誤？
(A) 應能確實動作且易於操作、附屬零件易於更換
(B) 應具有易於安裝及更換之構造
(C) 正常使用狀態下，不得因溫度變化導致外殼變形
(D) 外部配線應能承受任何方向之 100 N 拉力達 1 分鐘，且拉力不會傳遞到導線和電池端子連接器之接頭上

(A) 16. 依據火警自動警報設備測試報告書測試方法及判定要領，有關定溫式感知線型探測器之外觀試驗的規定，下列敘述何者錯誤？
(A) 感知線應設置在裝置面下方 0.1 m 以內之位置
(B) 感知線之安裝在直線部分以每 0.5 m 以內之間隔固定
(C) 感知線之彎曲半徑應在 0.05 m 以上
(D) 感知線之接續，應使用端子接線

(C) 17. 依據火警自動警報設備檢修及申報作業基準，探測器外觀檢查警戒狀況之判定方法的規定，有關性能障礙下列敘述何者錯誤？
(A) 應無被塗漆
(B) 火焰探測器應無日光直射等影響性能之顧慮
(C) 光電式型探測器之受光部，應無日光直射等影響性能之顧慮
(D) 應無因裝修造成妨礙熱氣流、煙流動之障礙

(C) 18. 依據緊急廣播設備檢修及申報作業基準，有關標示燈外觀檢查規定，標示燈與裝置面成 P 度角，在 Q 公尺距離內應均能明顯易見。試問 P 與 Q 分別為何？
(A) P = 10，Q = 15　　　　　　　(B) P = 10，Q = 7.5
(C) P = 15，Q = 10　　　　　　　(D) P = 15，Q = 7.5

(C) 22. 緊急廣播設備之規定，下列何者錯誤？
(A) 啟動裝置於各樓層任一點至啟動裝置之步行距離應在 50 公尺以下
(B) 特別安全梯應垂直距離每 45 公尺單獨設定一廣播分區
(C) 樓梯至少垂直距離每 20 公尺應設 1 個 L 級揚聲器
(D) 擴音機及操作裝置應具有選擇必要樓層或區域廣播之性能

（ D ）25. 有一高度為 3.9 公尺，樓地板面積為 490 平方公尺之探測區域，探測器如為偵煙式三種，其設置數量至少為多少個？
(A) 4 　　　　(B) 7 　　　　(C) 8 　　　　(D) 10

（ B ）26. 某需設火警自動警報設備之場所，其中一層之長為 100 公尺，寬為 14 公尺，且任一點無法見到全部區域，則該樓層之火警分區數至少需多少區？
(A) 2 　　　　(C) 3 　　　　(C) 4 　　　　(D) 5

（ A ）27. 一地下二層地上六層之建築物，總樓地板面積超過 3,000 平方公尺，若起火樓層位於三樓時，下列那一樓層不需鳴動？
(A)一樓 　　　(B) 二樓 　　　(C) 三樓 　　　(D) 五樓

（ C ）28. 瓦斯對空氣之比重大於 1 時，則下列瓦斯漏氣檢知器裝設之規定何者正確？
(A)應設於距瓦斯燃燒器具或瓦斯導管貫穿牆壁處水平距離 8 公尺以內
(B)應設於距瓦斯燃燒器具或瓦斯導管貫穿牆壁處水平距離 4 公尺以外
(C)檢知器上端應裝設在距樓地板面 30 公分範圍內
(D)檢知器下端應裝設在天花板下方 30 公分範圍內

（ A ）29. 差動式侷限型、差動式分布型（空氣管式）及補償式侷限型等探測器的構造中，非共通構件為下列那一個？
(A)感熱室 　　(B) 洩漏孔 　　(C) 模片 　　　(D) 接點

（ D ）30. 有關瓦斯漏氣火警自動警報設備之警報裝置，下列何者錯誤？
(A)瓦斯漏氣表示燈在一警報分區僅一室時，免設之
(B)瓦斯漏氣表示燈距離樓地板面之高度為 4.5 m 以下
(C)瓦斯漏氣表示燈其亮度應在表示燈前方 3 m 能明確識別
(D)警報音響，其音壓在距 1 m 處，應有 90 分貝以上

（ A ）31. 下列何者探測器，未利用空氣膨脹原理而作動？
(A)定溫式侷限型探測器　　　　(B) 差動式侷限型探測器
(C)差動式分布型探測器　　　　(D) 補償式侷限型探測器

（ B ）32. 下列新建一棟四層的建築物的第三層樓層當中，何者應設置火警自動警報設備？
(A)樓地板面積在 250 m² 之旅館　(B) 樓地板面積在 350 m² 之餐廳
(C)樓地板面積在 200 m² 之舞廳　(D) 樓地板面積在 450 m² 之辦公室

8-6 104年警報系統考題詳解

一、火警自動警報設備之受信總機可分為 P 型及 R 型,請回答下列問題:
 1)請敘述 P 型及 R 型受信總機原理之差異。(12 分)
 2)請比較 P 型及 R 型受信總機於建築物回路規模、定址、配線量、維修成本之優缺點。(13 分)

解:

 一)P 型及 R 型受信總機原理之差異
  傳統式一般為受信總機送出電流,提供偵測回路及探測器所需工作電源,當探測器偵測到煙霧或熱源而動作將接點閉合產生動作警報,因以 1 個回路為 1 偵測單元,當受信總機只知道該探測回路警報,無法確認哪個探測器動作。
  P 型與 R 型差異較大處,R 型是採二線式通信傳輸技術,除了具有 DC24V 工作電壓外,另外載有各廠商自訂之數位信號,因此 R 型透過此兩線傳輸之通信機制與回路線上之所有定址型探測器下達指令,並減少許多傳統回路配線。R 型之探測器作動時,能知哪一回路之哪一感測器動作(探測器編號),再告知發報原因。

 二)P 型及 R 型受信總機於建築物回路規模、定址、配線量、維修成本之優缺點
  P 型火警受信總機與探測器回路在配線上,每一探測器回路需配接 2C 電線(L、C),並在回路的末端接上終端電阻(一般為 10KΩ),在回路配線上可採共線方式配線,最多可七個回路共用一條共線方式配置。
  但 P 型的優點是配線容易,設備材料成本也較便宜。以 5～100 回路居多,擴充性以每 5 回路為一個單位,受限於箱體大小。但多線式施作,需要投資更大的管路施工、線材及配線接線成本;且線材回路及配線多,失誤率提高,偵錯成本亦較高。因技術性不高,一般消防維護廠商均有能力對外線進行查修與維護。
  而 R 型每一探測器上都有一組獨立編碼,有些廠家是以軟體設定,系統規模可隨時增減,並可就鄰近管路接新設備,因採二線式多重傳輸架構,可節省大量管路施工、佈線及接線工程費用。但配線及設備成本較高,維修技術性會較高。在維護上需熟悉每套系統之配線與架構設備更換與程式修改,需有原廠專人到場服務

乙、測驗題部分:(50分)

本測驗試題為單一選擇題,請選出一個正確或最適當的答案,複選作答者,該題不予計分。共 40 題,每題 1.25 分,需用 2B 鉛筆在試卡上依題號清楚劃記,於本試題或申論試卷上作答者,不予計分。

(B) 1. 會散發腐蝕性氣體之場所,設置下列何種探測器為佳?

　　　　(A) 差動式侷限型　　　　　　　　(B) 差動式分布型
　　　　(C) 熱煙複合式侷限型　　　　　　(D) 火焰式

（ A ）　2. 針對瓦斯漏氣火警自動警報設備，進行天然氣檢知器加瓦斯測試性能檢查，應使用何種加瓦斯試驗器？
　　　　(A) 甲烷　　　　(B) 乙烷　　　　(C) 異丙烷　　　　(D) 異丁烷

（ B ）　3. 火警自動警報設備與瓦斯漏氣火警自動警報設備，所使用緊急電源採蓄電池設備，其容量應能使所規定回路有效動作，分別要求爲 M 及 N 分鐘以上。則 M、N 值，下列何者正確？
　　　　(A) M = 10、N = 20　　　　　　(B) M = 10、N = 10
　　　　(C) M = 20、N = 20　　　　　　(D) M = 20、N = 10

（ C ）　4. 依各類場所消防安全設備檢修及申報作業基準之規定，消防專技人員發現某既有場所設有侷限型定溫式感熱型探測器 80 個，由於屬於非再用型，依規定應選取多少做爲檢查數量？
　　　　(A)1 個　　　　(B)2 個　　　　(C)4 個　　　　(D)8 個

（ B ）　5. 住宅火災往往因延遲偵知、通報及避難造成住戶傷亡，設置住宅用火災警報器可及早偵知火災發生，以利住戶採取滅火、避難及通報等應變作爲，依住宅用火災警報器設置辦法之規定，住宅用火災警報器之安裝方式，下列何者錯誤？
　　　　(A) 裝置於天花板者，警報器距離天花板 60 公分以內
　　　　(B) 不得裝置於牆面
　　　　(C) 距離出風口 1.5 公尺以上
　　　　(D) 以裝置於居室中心爲原則

（ D ）　6. 某貨運公司貨物處理所有經常性車輛進出，因所排放廢氣會大量滯留，不適合設置下列何種探測器？
　　　　(A) 差動式　　(B) 火焰式　　(C) 補償式侷限型　　　　(D) 熱煙複合式

（ A ）　7. 偵煙式侷限型探測器裝設於高度 6 公尺之裝置面時，爲確保有效探測，其每一探測器之有效探測範圍應以多少計算？
　　　　(A)75 平方公尺　　　　　　　　(B)50 平方公尺
　　　　(C)150 平方公尺　　　　　　　(D)65 平方公尺

（ B ）　8. 使用性能設計之揚聲器音壓，在廣播區域內距樓地板面 1 公尺處，依各類場所消防安全設備設置標準之公式，求得之音壓至少應在 75 分貝以上，其計算公式不會用到下列何項參數？
　　　　(A) 揚聲器音響功率　　　　　　(B) 廣播區域空間大小（單位：立方公尺）
　　　　(C) 廣播區域之平均吸音率　　　(D) 揚聲器指向係數

（ C ）　9. 某室內立體停車場檢測火警分布型空氣管式探測器，發現與前次檢查之測定值相差幅度大時，除應即確認空氣管與旋塞台之連接部位是否栓緊，亦應進行何種測試？
　　　　(A) 流通試驗及回路斷線試驗　　(B) 加熱試驗及接點水高試驗

(C) 流通試驗及接點水高試驗　　　(D) 回路合成阻抗試驗及接點水高試驗

(D) 10. 某場所使用非蓄積型偵煙探測器，若其所使用之中繼器有 10 秒之蓄積時間，則其受信總機之蓄積時間，最多可爲多少？

(A) 20 秒　　　　　(B)30 秒　　　　　(C)40 秒　　　　　(D)50 秒

(D) 11. 室內裝修常常會影響步行距離，爲期在火災發生時，能迅速傳遞警示，室內裝修完後，各樓層任一點至緊急廣播設備啓動裝置之步距，依相關規定仍應確保在多少公尺以下？

(A)20 公尺　　　(B)30 公尺　　　(C)40 公尺　　　(D)50 公尺

(A) 12. 火警分區目的在於火災時能顯示火警發生的範圍，快速地找到起火點，進行撲滅，因此，有關火警自動警報設備之火警分區劃定規定，下列何者正確？

(A) 每一火警分區不得超過一樓層，並不得超過樓地板面積 600 平方公尺。但上下兩層樓地板面積之和不超過 500 平方公尺者，得二層共用一分區

(B) 每一分區之任一邊長不得超過 50 公尺。但裝設光電式分離型探測器時，其邊長得在 150 公尺以下

(C) 由主要出入口或直通樓梯出入口能直接觀察該樓層任一角落時，火警分區得增爲 1,500 平方公尺

(D) 樓梯、斜坡通道、昇降機之昇降路及管道間等場所，在水平距離 50 公尺範圍內，且其頂層相差在二層以下時，得與建築物各層之走廊、通道及居室等場所共同設置火警分區

(B) 18. 瓦斯漏氣火警自動警報設備性能檢查，由受信機內部遮斷常用電源開關確認其動作，係檢查其何種項目？

(A) 端子電壓　　(B) 切換裝置　　(C) 充電裝置　　(D) 結線接續

(B) 19. 緊急廣播設備用揚聲器音源訊號產生之警報測試聲訊號頻寬 A，與音聲引導功能之引導燈具所使用之揚聲器頻寬 B，下列何者正確？

(A)A 含括 B　　　　　(B)B 含括 A

(C)A、B 完全重疊　　(D)A、B 部分重疊

(A) 20. 使用桶裝（液化石油氣）瓦斯餐廳需要裝設瓦斯漏氣檢知器時，依規定應設於距瓦斯燃燒器具或瓦斯導管貫穿牆壁處之水平距離爲多少公尺以內？

(A)4　　　　　(B)5　　　　　(C)6　　　　　(D)7

(B) 21. 瓦斯漏氣火警自動警報設備測試方法及判定要領之性能檢查，其串接式配線試驗，若警報分區數爲 11 以上 50 以下，試驗回路數應爲多少？

(A)1　　　　　(B)2　　　　　(C)3　　　　　(D)4

(A) 22. 火警自動警報設備有關預備電源與緊急電源之檢查方法，下列何者錯誤？

(A) 端子電壓：操作一般電源試驗開關，由電壓表確認

(B) 切換裝置：由受信總機內部之電源開關動作確認

(C) 充電裝置：以目視確認有無變形、腐蝕、發熱等

(D) 結線接續：以目視或螺絲起子確認有無斷線、端子鬆動等

（ C ）23. 依規定火焰式探測器設置在距樓地板面 X 公尺範圍內之空間，應在探測器標稱監視距離範圍內。而使用火焰式探測器用動作試驗器，確認探測器之動作，探測器之動作時間應在 Y 秒內。則 X、Y 值，下列何者正確？
　　　　(A) X = 2、Y = 10　　　　(B) X = 1.5、Y = 20
　　　　(C) X = 1.2、Y = 30　　　(D) X = 1、Y = 40

（ B ）24. 各類場所消防安全設備設置標準，有關手動報警設備中火警警鈴之規定，下列何者錯誤？
　　　　(A) 電壓到達規定電壓之 80% 時，能即刻發出音響
　　　　(B) 設有緊急廣播設備時，仍應設火警警鈴
　　　　(C) 電鈴絕緣電阻以直流 250 伏特額定之絕緣電阻計測定，在 20 MΩ 以上
　　　　(D) 警鈴音響應有別於建築物其他音響，並除報警外不得兼作他用

（ A ）25. 手動報警設備中有關標示燈設置之規定，下列何者錯誤？
　　　　(A) 距離地板面之高度，在 1.2 公尺以上 1.5 公尺以下
　　　　(B) 標示燈與裝置面成 15 度角
　　　　(C) 在 10 公尺距離內需無遮視物且明顯易見
　　　　(D) 平時應保持明亮

（ B ）26. 建築物裝設緊急廣播設備，有關廣播分區劃定，下列何者錯誤？
　　　　(A) 每一廣播分區不得超過一樓層
　　　　(B) 室內安全梯或特別安全梯應垂直距離每 15 公尺單獨設定一廣播分區
　　　　(C) 安全梯或特別安全梯之地下層部分，另設定一廣播分區
　　　　(D) 挑空構造部分，所設揚聲器音壓符合規定時，得為一廣播分區

（ C ）27. 緊急廣播設備之配線設置，下列何者錯誤？
　　　　(A) 依屋內線路裝置規則
　　　　(B) 不得與其他電線共用管槽
　　　　(C) 設有音量調整器時，應為二線式配線
　　　　(D) 導線間及導線對大地間之絕緣電阻值，以直流 250 伏特額定之絕緣電阻計測定

（ A ）28. 有關緊急廣播設備之啟動裝置及操作裝置的設置規定，下列何者錯誤？
　　　　(A) 各樓層任一點至啟動裝置之步行距離在 30 公尺以下
　　　　(B) 操作裝置之操作開關距樓地板面之高度，在 0.8 公尺以上（座式操作者，為 0.6 公尺）1.5 公尺以下
　　　　(C) 操作裝置設於值日室等經常有人之處所
　　　　(D) 啟動裝置設在距樓地板高度 0.8 公尺以上 1.5 公尺以下

8-7 103年警報系統考題詳解

一、某一公眾使用建築物之地下一層供餐廳、商場、超級市場用途使用時,其使用瓦斯之場所的樓地板面積達多少平方公尺以上者,應設置瓦斯漏氣火警自動警報設備?若其美食街的瓦斯燃燒器具使用的是天然氣,其瓦斯漏氣檢知器依規定應如何裝置?依「各類場所消防安全設備檢修及申報作業基準」規定,請詳述瓦斯漏氣火警自動警報設備之受信機及中繼器性能檢查之檢查及判定方法?(25分)

解:

一) 使用瓦斯之場所的樓地板面積及應設置瓦斯漏氣火警自動警報設備

第 21 條

下列使用瓦斯之場所應設置瓦斯漏氣火警自動警報設備:

一、地下層供第十二條第一款所列場所使用,樓地板面積合計一千平方公尺以上者。

二、供第十二條第五款第一目使用之地下層,樓地板面積合計一千平方公尺以上,且其中甲類場所樓地板面積合計五百平方公尺以上者。

三、總樓地板面積在一千平方公尺以上之地下建築物。

二) 天然氣瓦斯漏氣檢知器裝置

第 141 條

瓦斯漏氣檢知器,依瓦斯特性裝設於天花板或牆面等便於檢修處,並符合下列規定:

一、瓦斯對空氣之比重未滿一時,依下列規定:

(一) 設於距瓦斯燃燒器具或瓦斯導管貫穿牆壁處水平距離八公尺以內。但樓板有淨高六十公分以上之樑或類似構造體時,設於近瓦斯燃燒器具或瓦斯導管貫穿牆壁處。

(二) 瓦斯燃燒器具室內之天花板附近設有吸氣口時,設在距瓦斯燃燒器具或瓦斯導管貫穿牆壁處與天花板間,無淨高六十公分以上之樑或類似構造體區隔之吸氣口一點五公尺範圍內。

(三) 檢知器下端,裝設在天花板下方三十公分範圍內。

三) 受信機及中繼器性能檢查之檢查及判定方法

1. 開關類

(1) 檢查方法

以螺絲起子及開、關操作確認端子有無鬆動、開關性能是否正常。

(2) 判定方法

A. 應無端子鬆動、發熱。

B. 開關操作正常。

2. 保險絲類

(1) 檢查方法

確認有無損傷、熔斷等，及是否爲規定之種類、容量。

(2) 判定方法

A. 應無損傷、熔斷等。

B. 應使用回路圖所示之種類及容量。

3. 繼電器

(1) 檢查方法

確認有無脫落、端子鬆動、接點燒損、灰塵附著，及由試驗裝置使繼電器動作確認其性能。

(2) 判定方法

A. 應無脫落、端子鬆動、接點燒損、灰塵附著。

B. 動作應正常。

4. 表示燈

(1) 檢查方法

由開關之操作確認有無亮燈。

(2) 判定方法

應無明顯劣化，且應正常亮燈。

5. 通話裝置

(1) 檢查方法

設二台以上受信總機時，由操作相互間之送受話器，確認能否同時通話。

(2) 判定方法

應能同時通話。

(3) 注意事項

A. 設受信總機處相互間，設有對講機時，得以對講機取代電話機。

B. 同一居室設二台以上受信總機時，得免設通話裝置。

6. 結線接續

(1) 檢查方法

以目視或螺絲起子確認有無斷線、端子鬆動、脫落、損傷等。

(2) 判定方法

應無斷線、端子鬆動、脫落、損傷等。

7. 接地

(1) 檢查方法

以目視或回路計確認有無明顯腐蝕、斷線等。

(2) 判定方法

應無明顯腐蝕、斷線等之損傷等。

8. 附屬裝置

(1) 檢查方法

在受信機作瓦斯漏氣表示試驗，確認瓦斯漏氣信號是否能自動地移報到

　　　　表示機（副受信機），及有無性能障礙。
　　(2) 判定方法
　　　　表示機之移報應正常進行。
　　(3) 注意事項
　　　　有連動瓦斯遮斷機構者，檢查時應特別注意。
9. 瓦斯漏氣表示
　　(1) 檢查方法
　　　　按下列步驟，進行瓦斯漏氣表示試驗確認之。
　　　　A. 設有回路選擇開關者
　　　　　(A) 將瓦斯漏氣表示試驗開關開到試驗側。
　　　　　(B) 按下列步驟操作回路選擇開關：
　　　　　　a. 有延遲時間者，應每一回路依次確認其瓦斯漏氣表示。
　　　　　　b. 有保持機能者，應每一回路邊確認其保持機能邊操作復舊開關，
　　　　　　　如此確認完後再依次進行下一回路之確認。
　　(2) 判定方法
　　　　A. 各回路之表示窗與動作回路編號相符合。
　　　　B. 瓦斯漏氣表示燈及警報分區之表示裝置亮燈與音響裝置之鳴動（以下
　　　　　簡稱「瓦斯漏氣表示」）應正常。
　　　　C. 受信總機之延遲時間，應在 60 秒以內。
　　　　D. 保持機能應正常。
10. 回路導通（斷線試驗）
　　(1) 檢查方法
　　　　依下列步驟進行回路導通試驗，確認之。
　　　　A. 將斷線試驗開關開到斷線試驗側。
　　　　B. 依序旋轉回路撰擇開關。
　　　　C. 確認各回路之試驗用計器測定值是否在規定範圍，或由斷線表示燈確
　　　　　認之。
　　(2) 判定方法
　　　　試驗用計器之指示值應在所定範圍，或斷線表示燈應亮燈。
　　(3) 注意事項
　　　　有斷線表示燈者，斷線時亮燈，應特別留意。
11. 故障表示
　　(1) 檢查方法
　　　　依下列步驟進行模擬故障試驗，並確認之。
　　　　A. 對於由受信機、中繼器，或檢知器供給電力方式之中繼器，拆下對外
　　　　　部負載供給電力回路之保險絲，或遮斷其斷路器。
　　　　B. 對於不由受信機、中繼器，或檢知器供給電力方式之中繼器，遮斷其
　　　　　主電源，或者拆下由該中斷器對外部負載供給電力回路之保險絲或遮

　　　　斷其斷路器。
　　　C. 有檢知器之電源停止表示機能者，由開關器遮斷該檢知器之主電源。
　(2) 判定方法
　　　A. 對於中繼器、受信總機之音響裝置及故障表示燈應能自動地動作。
　　　B. 對於檢知器，在受信總機側應能確認電源之停止。

二、火焰式探測器具有獨特的性能，其設置規範亦有特殊考量，請依「各類場所消防
　　安全設備設置標準」規定，申論有關火焰式探測器之高度限制及裝置位置應考慮
　　因素為何？均請詳述之。（25分）

解：

　　火焰式探測器係指當火焰放射出來之紫外線或紅外線之變化在定量以上時會發出火
災信號之型式中，利用某一局部處所之紫外線或紅外線引起光電元件受光量之變化而
動作。可分為紫外線式、紅外線式、紫外線紅外線併用式、複合式。
　　火焰探測器優點為反應速度快、探測距離遠、環境適應性好，但其價格高。
1. 火焰式能安裝在該保護區域內最高的目標高度兩倍處，不能受到阻礙物的阻
　　擋，其中包括玻璃等透明的材料和其他的隔離物，同時能夠涵蓋所有目標和需
　　要保護的地區，而且方便定期維護。
2. 安裝時一般向下傾斜 30-45° 角，即能向下看又能向前看，同時又減低鏡面受到
　　的汙染的可能。應該對保護區內各可能發生的火災均保持直線入射，避免間接
　　入射和反射。
3. 為避免錐形探測範圍內探測盲區，一般在對面的角落安裝另一火焰探測器，同
　　時也能在其中一火焰探測器發生故障時提供備用。
　　第 124 條 火焰式探測器，依下列規定設置：
　　一、裝設於天花板、樓板或牆壁。
　　二、距樓地板面一點二公尺範圍內之空間，應在探測器標稱監視距離範圍內。
　　三、探測器不得設在有障礙物妨礙探測火災發生處。
　　四、探測器設在無日光照射之處。但設有遮光功能可避免探測障礙者，不在此限。
　　火焰式探測器不得設於下列處所：
　　1. 會散發腐蝕性氣體之場所。
　　2. 廚房及其他平時煙會滯留之場所。
　　3. 顯著高溫之場所。
　　4. 煙會大量流入之場所。
　　5. 會結露之場所。
　　6. 前項第二款至第四款、第六款、第七款所列之處所。
　　7. 水蒸氣會大量滯留之處所。
　　8. 用火設備火焰外露之處所。
　　9. 其他對探測器機能會造成障礙之處所。

乙、測驗題部分：（50分）

本測驗試題為單一選擇題，請選出一個正確或最適當的答案，複選作答者，該題不予計分。共 40 題，每題 1.25 分，需用 2B 鉛筆在試卡上依題號清楚劃記，於本試題或申論試卷上作答者，不予計分。

(D)　1. 火警自動警報設備預備電源及緊急電源（內藏型）性能檢查及判定方法，下列何者錯誤？
　　　　(A) 預備電源之容量超過緊急電源時，得取代緊急電源
　　　　(B) 電壓表指示不正常時，充電不足可能為原因之一
　　　　(C) 切換裝置，自動切換成緊急電源；常用電源恢復時，可自動切換成常用電源
　　　　(D) 充電回路使用抵抗器者，如有發熱現象，即可判定為異常

(A)　2. 火焰式探測器設置之處所，下列何者正確？
　　　　(A) 塵埃、粉末會大量滯留之場所　　　(B) 會散發腐蝕性氣體之場所
　　　　(C) 煙會大量流入之場所　　　　　　　(D) 會結露之場所

(D)　3. 探測器性能障礙之判定方法下列何者錯誤？
　　　　(A) 光電式分離型探測器之受光面應設在無日光照射之處
　　　　(B) 應無因裝修造成妨礙熱氣流、煙流動之障礙
　　　　(C) 火焰式探測器應設在無日光照射之處
　　　　(D) 光電式分離型探測器之光軸與警戒區任一點之水平距離，應在 10 公尺以下

(C)　5. 塵埃、粉末及水蒸氣會大量滯留之場所應設置下列何種探測器較適當？
　　　　(A) 差動式偏限型 1 種　　　　　(B) 差動式偏限型 2 種
　　　　(C) 定溫式特種　　　　　　　　(D) 定溫式 1 種

(C)　6. 竣工測試及確認場所火警發信機的設置狀況，下列何者正確？
　　　　(A) 每一火警分區應設置 1 個，但上下 2 層，樓地板面積之和在 500 平方公尺以下者，得 2 層共用 1 個
　　　　(B) 在規定電壓下，離開火警警鈴 1m 處所測得之音壓應在 70 分貝以上
　　　　(C) 按鈕開關之位置應設在距離地板面 1.2m 以上 1.5m 以下
　　　　(D) 從設置樓層各部分至裝置位置步行距離應在 30m 以下之範圍內

(C)　7. 探測器之動作時間敘述下列何者錯誤？
　　　　(A) 差動式偏限型 30 秒
　　　　(B) 光電式分離型 30 秒
　　　　(C) 定溫式偏限型 2 種 90 秒
　　　　(D) 定溫式偏限型當其標稱動作溫度與周圍溫度之差超過攝氏 50 度時，其動作時間加倍計算

(D)　8. 揚聲器之音壓檢查及判定方法，下列何者錯誤？

(A) L 級揚聲器音壓應在 92 分貝以上

(B) 廣播區域在 50 平方公尺以下時，設 L 級、M 級或 S 級揚聲器

(C) 揚聲器音壓 S 級應在 84 分貝以上 87 分貝未滿

(D) 設於樓梯或斜坡通道時，至少垂直距離每 15 公尺設一個 S 級揚聲器

(C) 11. 瓦斯漏氣火警自動警報設備一回路之檢知器數量在 21-25 個時，選取之檢查數量，下列敘述何者正確？

(A) 3 個　　　　(B) 4 個　　　　(C) 5 個　　　　(D) 6 個

(A) 12. 偵煙式探測器之檢修判定方法，下列何者錯誤？

(A) 探測器裝設於距離牆壁或樑 50 公分以上之位置，光電式分離型除外

(B) 分離型插入減光罩後到動作之時間，應在 30 秒內

(C) 蓄積型之動作時間，應在 30 秒加其標稱蓄積時間及 5 秒之時間內動作

(D) 檢查時，對於連接蓄積性能之回路，可先行解除其蓄積性能

(A) 13. 體育館等大空間且天花板高，熱、煙易擴散之場所，下列探測器何者不適用？

(A) 離子式偵煙探測器　　　　(B) 火焰式探測器

(C) 光電式分離型偵煙探測器　　　　(D) 差動式分布型感熱探測器

(C) 14. 地區音響裝置之音壓檢修判定方法，下列敘述何者錯誤？

(A) 在距音響裝置設置位置中心 1 公尺處測量音壓

(B) 音壓使用普通或簡易噪音計測定

(C) 音壓應在 70 分貝以上

(D) 警鈴於收藏箱內者，應維持原狀測定其音壓

(A) 15. 有關瓦斯漏氣檢知器之檢修作業，下列敘述何者錯誤？

(A) 瓦斯對空氣之比重未滿 1 時，檢知器上端，裝設在天花板下方 30 公分範圍內

(B) 瓦斯對空氣之比重未滿 1 時，設於距瓦斯燃燒器具或瓦斯導管貫穿牆壁處水平距離 8 公尺以內

(C) 瓦斯對空氣之比重大於 1 時，設於距瓦斯燃燒器具或瓦斯導管貫穿牆壁處水平距離 4 公尺以內

(D) 水平距離之起算，以瓦斯燃燒器具為燃燒器中心點

(A) 18. 緊急廣播設備 M 級揚聲器，距揚聲器 1 公尺處，以噪音計量測所測得之音壓，下列敘述何者正確？

(A) 87 分貝以上 92 分貝未滿　　　　(B) 84 分貝以上 87 分貝未滿

(C) 80 分貝以上 84 分貝未滿　　　　(D) 76 分貝以上 79 分貝未滿

(D) 21. 第一種或第二種偵煙式探測器在走廊及通道，步行距離每幾公尺至少設置 1 個？

(A) 10　　　　(B) 15　　　　(C) 20　　　　(D) 30

(C) 23. 某地上 7 樓層、地下 2 樓層之建築物，其總樓地板面積為 5000 平方公尺，當地下一層發生火災時，火警自動警報設備應鳴動樓層為何？

（A）限地面層與地下一層　　　（B）限地面層、地上二層與地下一、二層
（C）限地面層與地下一、二層　　（D）各樓層一齊鳴動

（ C ）24. 某供公眾使用場所應設緊急廣播設備揚聲器，其廣播區域超過 200 平方公尺時，對揚聲器設置之敘述，下列何者正確？
（A）設 S 級　　　　　　　　（B）設 M 級
（C）設 L 級　　　　　　　　（D）設 L 級、M 級或 S 級均可

（ A ）26. 樓梯間應裝設何種探測器？
（A）偵煙式　　（B）差動式　　（C）定溫式　　（D）補償式

（ B ）27. 從各廣播區域內任一點至揚聲器之水平距離最遠在幾公尺以下？
（A）5　　　　（B）10　　　　（C）15　　　　（D）20

（ D ）28. 火警自動警報設備之配線，除依屋內線路裝置規則外，P 型受信總機採用數個分區共用一公用線方式配線時，該公用線供應之分區數，不得超過幾個？
（A）1　　　　（B）3　　　　（C）5　　　　（D）7

（ A ）29. 緊急廣播設備之配線，除依屋內線路裝置規則外，導線間及導線對大地間之絕緣電阻值，以直流 250 伏特額定之絕緣電阻計測定，對地電壓在 150 伏特以下者，應在多少 MΩ 以上？
（A）0.1　　　（B）0.2　　　（C）0.3　　　（D）0.4

（ B ）32. 火警警鈴與受信總機間之配線應採用何種保護？
（A）耐燃保護　　（B）耐熱保護　　（C）同軸電纜　　（D）一般配線

（ A ）37. 瓦斯漏氣火警自動警報設備檢知區域警報裝置，在距離警報裝置中心 1m 之位置，使用噪音計（A 特性）測定音壓，應在多少分貝以上？
（A）70　　　　（B）84　　　　（C）87　　　　（D）92

（ C ）39. 非再用型定溫式偵限型探測器之設置數量為 51-100，選取檢查數量應為多少個？
（A）1　　　　（B）2　　　　（C）4　　　　（D）7

（ C ）40. P 型受信總機之探測器回路電阻應在多少歐姆以下？
（A）0.1　　　（B）0.2　　　（C）50　　　　（D）100

➕ 知識補充站

臺灣消防機具器材及設備個別認可申請作業流程

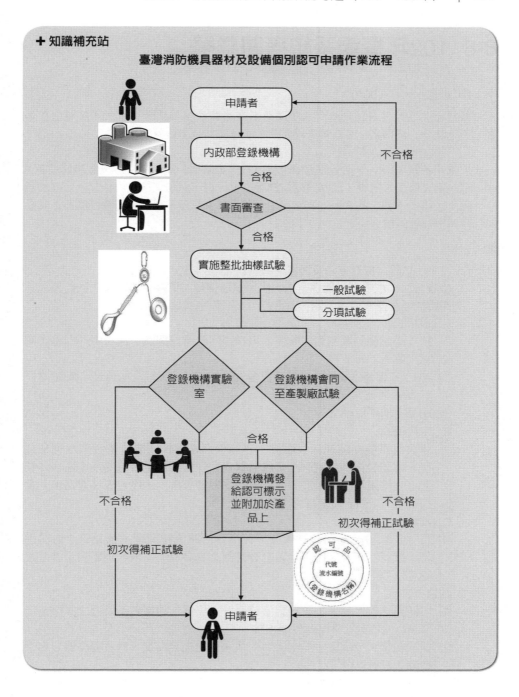

8-8 102年警報系統考題詳解

甲、申論題部分：（50分）

不必抄題，作答時請將試題題號及答案依照順序寫在申論試卷上，於本試題上作答者，不予計分。請以藍、黑色鋼筆或原子筆在申論試卷上作答。

一、依據「各類場所消防安全設備檢修及申報作業基準」規定，某觀光飯店裝設有 P 型一級火警受信總機，試問該受信總機之火災表示試驗之檢查方法及判定方法為何？（10 分）飯店的一般商務客房，高度約 3.5 公尺，應裝設何種探測器？其動作時間及性能檢查規定為何？（15 分）

解：

一) 火災表示試驗之檢查方法及判定方法

1. 檢查方法：依下列步驟進行火災表示試驗確認。此時，試驗每一回路確認其保持性能後操作復舊開關，再進行下一回路之測試。

A. 蓄積式
   將火災試驗開關開到試驗側，再操作回路選擇開關，進行每一回路之測試，確認下列事項。
   A) 主音響裝置及地區音響裝置是否鳴動，且火災燈及地區表示裝置 之亮燈是否正常。
   B) 蓄積時間是否正常。

B. 二信號式
   將火災試驗開關開到試驗側，再操作回路選擇開關，依正確之方法進行，確認於第一信號時主音響裝置或副音響裝置是否鳴動及地區表示裝置之亮燈是否正常，於第二信號時主音響裝置、地區音響裝置之鳴動及火災燈、地區表示裝置之亮燈是否正常。

C. 其他
   將火災試驗開關開到試驗側，再操作回路選擇開關，依正確之方法進行，確認主音響裝置、地區音響裝置之鳴動及火災燈、地區表示裝置之亮燈是否正常。

2. 判定方法

A. 各回路之表示窗與編號應對照符合，火災燈、地區表示裝置之亮燈及音響裝置之鳴動、應保持性能正常。

B. 對於蓄積式受信機除前項 A 外，其蓄積之測定時間，應在受信機設定之時間加五秒以內。

二) 高度約 3.5 公尺應裝設何種探測器及其動作時間及性能檢查客房使用，因夜間人員就寢時段，宜選用偵煙探測器。對偵煙式探測器加煙測試時，應於下列時

間內動作：

A.非蓄積型：

下表所示之時間加蓄積式中繼器或受信總機設定之蓄積時間之合計時間（最大60秒）。

動作時間	探測器之種別		
探測器	1 種	2 種	3 種
離子式侷限型 光電式侷限型	30 秒	60 秒	90 秒

B.蓄積型

上表所示之時間加蓄積型之標稱蓄積時間與蓄積式中繼器或受信機設定之蓄積時間之合計時間（最大60秒）再加上5秒。

乙、測驗題部分：（50分）

本測驗試題為單一選擇題，請選出一個正確或最適當的答案，複選作答者，該題不予計分。共40題，每題1.25分，需用2B鉛筆在試卡上依題號清楚劃記，於本試題或申論試卷上作答者，不予計分。

(A) 1. 下列何場所依規定應設置火警自動警報設備？
   (A) 養護型長期照顧機構
   (B) 地下層供課後托育中心使用，樓地板面積在一百平方公尺以上者
   (C) 複合用途建築物中，有供俱樂部使用之建築物，總樓地板面積在三百平方公尺以上，且其中甲類場所樓地板面積合計在一百平方公尺以上者
   (D) 六層以上十層以下之建築物，任何一層樓地板面積在二百平方公尺以上者

(A) 2. 下列探測器何者不適合裝置於高度在 15 m 以上 20 m 以下之場所？
   (A) 離子式侷限型二種　　　　(B) 光電式分離型一種
   (C) 光電式侷限型一種　　　　(D) 火焰式

(B) 3. 天花板設有出風口時，除火焰式、差動式分布型及光電式分離型探測器外，設置之探測器應距離出風口至少幾公尺以上？
   (A)1.0 公尺　　(B) 1.5 公尺　　(C) 2.0 公尺　　(D) 2.5 公尺

(D) 4. 某地下停車場常有排放廢氣大量滯留，下列那一種探測器不適合裝設？
   (A) 補償式侷限型二種　　　　(B) 差動式侷限型一種
   (C) 火焰式探測器　　　　　　(D) 定溫式侷限型二種

(C) 5. 依照各類場所消防安全設備設置標準之規定，探測器之探測區域，指探測器裝置面之四周以淨高 X 公分以上之樑或類似構造體區劃包圍者；但若為

差動式分布型及偵煙式探測器時，其探測區域，係指裝置面之四周淨高應為 Y 公分以上，請問前述 X，Y 為何？

(A) X＝20，Y＝40 　　(B) X＝30，Y＝50

(C) X＝40，Y＝60 　　(D) X＝50，Y＝70

(C) 7. 偵煙式探測器除光電式分離型外，設置在樓梯、斜坡通道及電扶梯時，垂直距離為每 X 公尺至少設置一個；使用第三種探測器時，垂直距離為每 Y 公尺至少設置一個，試問 X、Y 分別為何？

(A) X＝5、Y＝25 　　(B) X＝10、Y＝20

(C) X＝15、Y＝10 　　(D) X＝25、Y＝8

(A) 8. 火警受信總機、中繼器及偵煙式探測器，如有設定蓄積時間時，其蓄積時間之合計，每一火警分區在 X 秒以下，使用其他探測器時，在 Y 秒以下，試問 X、Y 分別為何？

(A) X＝60、Y＝20 　　(B) X＝100、Y＝30

(C) X＝120、Y＝60 　　(D) X＝240、Y＝120

(D) 9. 某 5 層樓的複合用途甲類場所之建築物，無地下層且沒有無開口樓層，其中 1 至 3 層供觀光旅館用途使用，4 至 5 層供辦公室用途使用，各樓層樓地板面積皆為 180 平方公尺，請依照各類場所消防安全設備設置標準之規定，判斷本案火警自動警報設備之設置情形，下列何者為正確？

(A) 全棟均不需設置 　　(B) 觀光旅館用途場所設置

(C) 辦公室用途場所設置 　　(D) 全棟均必須設置

(B) 10. 依各類場所消防安全設備設置標準，有關火警自動警報設備之配線規定，下列敘述何者有誤？

(A) P 型受信總機採用數個分區共用一公用線方式配線時，該公用線供應之分區數，不得超過七個

(B) 電源回路導線間及導線與大地間之絕緣電阻值，以直流二百五十伏特額定之絕緣電阻計測定，對地電壓在一百五十伏特以下者，在零點五 MΩ 以上，對地電壓超過一百五十伏特者，在零點一 MΩ 以上

(C) 探測器回路導線間及導線與大地間之絕緣電阻值，以直流二百五十伏特額定之絕緣電阻計測定，每一火警分區在零點一 MΩ 以上

(D) P 型受信總機之探測器回路電阻，在五十 Ω 以下

(D) 11. 火警發信機的設置場所之竣工測試，標示燈在 X 公尺距離內需無遮視物且明顯易見；在規定電壓下，離開火警警鈴 100 公分處，所測得之音壓，應在 Y 分貝以上，請問前述 X，Y 為何？

(A) X＝5，Y＝70 　　(B) X＝10，Y＝80

(C) X＝5，Y＝85 　　(D) X＝10，Y＝90

(A) 12 某廣播區域面積為 125 平方公尺的餐廳，進行竣工測試時，該場所在距離揚聲器 1 公尺處所測得之音壓，至少應為多少分貝以上，方能符合規定？

(A) 92 分貝 　　(B) 87 分貝 　　(C) 84 分貝 　　(D) 75 分貝

（ C ）13. 設於供公共使用場所樓梯或斜坡通道之緊急廣播設備，每十五公尺垂直距
離至少應設一個何種級別之揚聲器？

(A) S 級　　　(B) M 級　　　(C) L 級　　　(D) XL 級

（ A ）14. 室內安全梯或特別安全梯之垂直距離每多少公尺應單獨設定一廣播分區？

(A) 四十五　　(B) 五十　　　(C) 五十五　　(D) 六十

（ B ）15. 某餐廳廚房之瓦斯燃燒器具使用液化石油氣為燃料時，依法應於距瓦斯燃
燒器具或瓦斯導管貫穿牆壁處水平距離 X 公尺以內、便於檢修處設有瓦斯
漏氣檢知器，檢知器上端，裝設在距樓地板面 Y 公分範圍內，試問 X、Y
分別為何？

(A) X = 3、Y = 60　　　　　　(B) X = 4、Y = 30

(C) X = 5、Y = 20　　　　　　(D) X = 8、Y = 10

（ B ）17. 依照各類場所消防安全設備設置標準之規定，瓦斯漏氣表示燈距樓地板面
之高度，應在 X 公尺以下，其亮度在表示燈前方 Y 公尺處能明確識別，請
問前述 X，Y 為何？

(A) X = 3，Y = 2　　　　　　(B) X = 4.5，Y = 3

(C) X = 6，Y = 4　　　　　　(D) X = 7.5，Y = 5

（ D ）31. 某場所的瓦斯漏氣火警自動警報設備一回路的檢知器數量有 18 個，依照各
類場所消防安全設備檢修及申報作業基準之規定，請問進行性能檢查時，
應至少選取檢知器的檢查數量為何？

(A) 1 個　　　(B) 2 個　　　(C) 3 個　　　(D) 4 個

（ B ）32. 依照各類場所消防安全設備檢修及申報作業基準之規定，走廊、樓梯、通
道等煙需經長時間移動方能到達探測器之場所，其適用的探測器，下列何
者為正確？

(A) 差動式侷限型　　(B) 光電式非蓄積型

(C) 光電式蓄積型　　(D) 火焰式探測器

（ D ）33. 某一層樓高度 3.6 公尺供辦公室使用為非防火構造建築物，其探測區域為
200 平方公尺，若裝設補償式侷限型二種探測器，設置探測器最少數量應為
多少個？

(A) 2　　　　(B) 3　　　　(C) 4　　　　(D) 5

（ C ）34. 依照各類場所消防安全設備檢修及申報作業基準之規定，電鍍工廠適用的
探測器，下列何者為正確？

(A) 差動式侷限型一種　　　　(B) 差動式侷限型二種

(C) 定溫式探測器特種　　　　(D) 火焰式探測器

（ A ）35. 依照各類場所消防安全設備檢修及申報作業基準之規定，某光電式侷限型
三種蓄積型探測器，其標稱蓄積時間合計為 25 秒，進行性能檢查時，其動
作時間最長在多久範圍以內，方能符合規定？

(A) 120 秒　　(B) 90 秒　　　(C) 85 秒　　　(D) 60 秒

（ D ）36. 火災自動警報及防災連動控制設備用火警受信總機，其構造、材質、性能

等技術上之規範及試驗方法，下列敘述何者正確？

(A)受信總機之外箱（殼）應為 導體，使用不燃性或耐燃性材料，其厚度應在 0.8 mm 以上，並設置接地端子，端子必須能固定線徑 1.2 mm 以上之電線，且需有接地標示及不得有不必要之開口

(B)供電源變壓器初級輸入側使用時，非束線之配線導體斷面積最低為 0.2 mm² 以上，且不可與其他配線結成束線

(C)束線之配線時電流密度，絞線應在 5 A/mm² 以下，單線應在 6.2 A/mm² 以下

(D)焊錫以紮接配線為原則，使用繞線時應在 6 圈以上

(A) 37. 住宅用火災警報器裝置於天花板或樓板者，應距離出風口多少公尺以上？
(A)一點五 　　　　(B)一 　　　　(C)零點六 　　　　(D)零點五

(A) 40. 某探測器其裝置場所高度為 9 公尺，依照各類場所消防安全設備設置標準之規定，可以選擇探測器的種類，下列何者為正確？
(A) 光電式侷限型二種 　　　　(B) 光電式侷限型三種
(C) 補償式侷限型一種 　　　　(D) 定溫式特種

+ 知識補充站

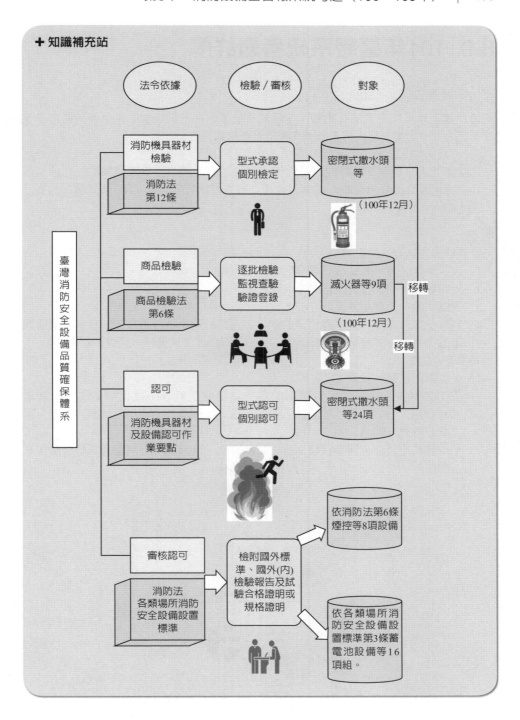

8-9 101年警報系統考題詳解

甲、申論題部分：（50分）

不必抄題，作答時請將試題題號及答案依照順序寫在申論試卷上，於本試題上作答者，不予計分。請以藍、黑色鋼筆或原子筆在申論試卷上作答。

一、空氣管式分布型探測器因隱蔽性佳，常使用於古蹟或歷史性建築物，在進行該型探測器之性能檢查時，試問空氣管之檢查方法有何試驗？請　明試驗之內容。（25分）

解：

性能檢查空氣管之檢查方法：

1. 火災動作試驗：測試探測器的功能是否正當。
2. 持續動作時間：測試探測器的排氣功能是否正常。
3. 流通試驗：測試空氣管是否正常，有無阻塞或破洞情形。
4. 接點水高：測試探測器動作時的膜片與接點的距離是否正常，如果太靈敏就表示動作的膜片與接點的距離過近，但如果不動作或太慢時，就表示距離過多。

其檢查方法如次：

1. 火災動作試驗（空氣注入試驗）

   依下列方式，將相當於探測器動作空氣壓之空氣量，使用空氣注入試驗器（5CC用）（以下稱「空氣注入器」）送入，確認其至動作之時間及火警分區之表示是否正常。

   A.依圖將空氣注入器接在檢知器之試驗孔上，再將試驗旋塞配合調整至動作試驗位置。

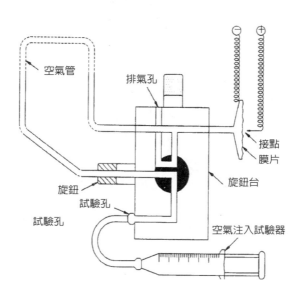

B.注入檢出器所標示之空氣量。

C.測定注入空氣後至動作之時間。

2. 動作持續試驗

作火災動作試驗，測定探測器動作之後，至復舊之時間，確認探測器之動作持續是否正常。

A.判定方法

a.動作時間及動作持續時間，應在檢出器貼附之範圍表所示值內。

b.火警分區之表示應正常。

B.注意事項

a.火災動作試驗注入之空氣量，因探測器感度種別或空氣管長度不一，如注入規定量以上之空氣，恐有損壞膜片之虞，應特別注意。

b.具有注入之空氣不通過逃氣孔之構造者，注入規定量之空氣後，應立即將試驗旋塞歸定位。

c.於空氣管式之火災動作或動作持續試驗，不動作或測定之時間超過範圍時，或與前次檢查之測定值相差幅度大時，應即確認空氣管與旋塞台之連接部位是否栓緊，且應進行流通試驗及接點水高試驗。

3. 流通試驗

A.檢查方法

將空氣注入空氣管，並依下列事項確認空氣管有無洩漏、堵塞、凹陷及空氣管長度。

a.在檢出器之試驗孔或空氣管之一端連接流體壓力計，將試驗旋塞配合調整

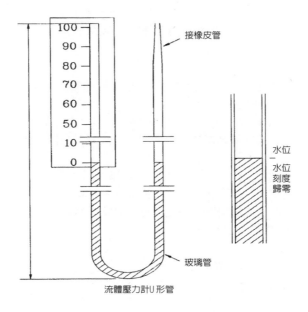

至動作試驗位置，並在另一端連接空氣注入器。
b. 以空氣注入器注入空氣，使流體壓力計之水位由零上升至約 100MM 即停止水位。如水位不停止時，有可能由連接處洩漏，應即中止試驗予以檢查。
c. 由試驗旋塞，測定開啓送氣口使上升水位下降至 1／2 之時間。（流通時間）
d. 有關流體壓力計之處置如下：
①測定流通時間使用之流體壓力計（U 型玻璃管），內徑約 3mm 如圖之形狀，通常是由底部加水至 100mm 左右，對準○之刻度。刻度約達 130mm 左右，標示於玻璃管上。
②使用流體壓力計時，玻璃管內之水因表面張力成圓形，但可於底部觀察調整至歸零。又水位上升與下降時，會有 0.1 至 0.3mm 之差，故以上升時作爲標準。
B. 判定方法
對空氣管長之流通時間，應在流通曲線標示之範圍內。
4. 接點水高試驗
A. 檢查方法
將空氣管由旋塞台取下，連接流體壓力計及空氣注入器，並將試驗旋塞調整至接點水高試驗位置，再緩緩注入空氣，確認接點閉合時之水位（接點水位高）。
B. 判定方法
接點水高值，應在檢出器標示值之範圍內。

乙、測驗題部分：（50分）

本測驗試題為單一選擇題，請選出一個正確或最適當的答案，複選作答者，該題不予計分。共 40 題，每題 1.25 分，需用 2B 鉛筆在試卡上依題號清楚劃記，於本試題或申論試卷上作答者，不予計分。

(D) 1. 火警自動警報設備之定溫式侷限型探測器（2 種感度），以加熱試驗器檢查其動作時間，下列何者爲合格？
(A)30 秒　　　　(B)40 秒　　　　(C)60 秒　　　　(D)120 秒
(B) 2. 火警自動警報設備之檢修作業中，下列何種火警探測器可允許最長之動作時間？
(A) 差動式侷限型　　　　　　(B) 定溫式侷限型
(C) 離子式侷限型　　　　　　(D) 光電式分離型
(A) 3. 裝置探測器時需依裝置場所之高度選擇探測器，當同一室內天花板高度不同時，高度之計算方式爲何？
(A) 依平均高度
(B) 以最嚴格之方式依最高高度
(C) 以距人員最近之方式依最低高度

　　　　　(D) 以最嚴重之火災情境計算

（ A ）　4. 下列何種火警探測器於認可測試時不需進行粉塵試驗？
　　　　　(A) 差動式侷限型探測器　　　　　(B) 離子式探測器
　　　　　(C) 光電式探測器　　　　　　　　(D) 火焰式探測器

（ B ）　5. 某防火構造建築物之內部空間，高度未滿四公尺，面積為一百平方公尺，
　　　　　若裝置定溫式侷限型特種探測器需裝置之數量為？
　　　　　(A) 一個　　　　(B) 二個　　　　(C) 三個　　　　(D) 四個

（ C ）　6. 下列何項探測器並未在「各類場所消防安全設備設置標準」中所規定之警
　　　　　報設備中？
　　　　　(A) 火焰式探測器　　　　　　　　(B) 光電式探測器
　　　　　(C) 一氧化碳探測器　　　　　　　(D) 差動式探測器

（ A ）　7. 下列何項非瓦斯漏氣火警自動警報設備性能檢查之項目？
　　　　　(A) 結線接續電壓　　　　　　　　(B) 切換裝置
　　　　　(C) 充電裝置　　　　　　　　　　(D) 端子電壓

（ A ）　15. 殘響時間是指音源訊號自聲源（揚聲器）播送，聲源停止時，廣播區域中
　　　　　聲音音壓強度自然衰減至多少分貝之時間？
　　　　　(A)60 dB　　　　(B)65 dB　　　　(C)75 dB　　　　(D)80 dB

（ A ）　16. 樓梯或坡道，設有緊急照明設備及供確認避難方向之樓層標示者，出口標
　　　　　示燈、避難方向指示燈或避難指標之規定為何？
　　　　　(A) 得免設避難方向指示燈
　　　　　(B) 步行距離在避難層為二十公尺以下，在避難層以外之樓層為十公尺以下
　　　　　　　者，可免設出口標示燈
　　　　　(C) 設有探測器連動自動關閉裝置之防火門時得免設避難指標
　　　　　(D) 設有避難指標及緊急照明設備確保該指標明顯易見者，得免設出口標示
　　　　　　　燈

（ D ）　17. 在進行竣工測試火警受信總機之操作部外觀試驗，以下判定要領何者為錯
　　　　　誤？
　　　　　(A) 電源監視裝置應正常
　　　　　(B) 各種表示燈亮燈應正常且距 3 m 處能明確識別
　　　　　(C) 表示裝置以不易磨滅方法標示及適當火警分區名稱
　　　　　(D) 壁掛式操作開關應設置在距離樓地板面高度 0.6 m 以上 1.5 m 以下處

（ D ）　18. 火警分區每一分區之任一邊長不得超過 50 m，但是下列何種型式火警探測
　　　　　器設置時，分區邊長得增為 100 m 以下？
　　　　　(A) 火焰式紫外光波型　　　　　　(B) 偵煙式離子侷限型
　　　　　(C) 差動式分布型　　　　　　　　(D) 偵煙式光電分離型

（ C ）　20. 已設置高感度密閉式撒水頭自動撒水設備之場所，得免設火警自動警報設
　　　　　備，依各類場所消防安全設備設置標準規定，下列何種場所適用？
　　　　　(A) 地下建築物　　　　　(B) 甲類場所

(C) 乙類場所　　　　　(D) 應設偵煙式探測器場所

(D) 24. 圓錐型揚聲器應用於火警緊急廣播設備時應有之性能，下列何者爲錯誤？
　　(A) 額定頻率範圍上限值需達到 8 kHz 以上者爲正常功能
　　(B) 額定頻率範圍上限值之音壓位準不可低於特性感度音壓位準 20 dB 以上
　　(C) 額定頻率範圍之最低阻抗值需達標稱阻抗之 80% 以上
　　(D) 指向特性爲 W 者，區分角在 30 至 60 度時指向係數爲 5

(D) 26. 下列有關手動報警設備火警發信機設置之規定，何者錯誤？
　　(A) 按鈕按下時，能 即發出火警音響
　　(B) 按鈕前有防止隨意撥弄之保護板
　　(C) 附設緊急電話插座
　　(D) 裝置於屋外之火警發信機，具防火之性能

(B) 27. 進行火警自動警報設備綜合檢查，操作 P 型 1 級受信總機火災試驗開關及回路選擇開關，不要復舊使任意多少回路進行火災同時動作表示試驗？
　　(A) 二回路　　　(B) 五回路　　　(C) 十回路　　　(D) 全部回路

(D) 28. 有關瓦斯漏氣檢知器之檢修作業之敘述，下列何者爲誤？
　　(A) 瓦斯對空氣比重大於一時，檢知器上端裝設在距樓地板面三十公分範圍內
　　(B) 瓦斯對空氣比重大於一時，檢知器裝設在距瓦斯燃燒器具水平距離四公尺以內
　　(C) 瓦斯對空氣比重小於一時，檢知器裝設在距瓦斯燃燒器具水平距離八公尺以內
　　(D) 水平距離之計算以瓦斯導管貫穿牆壁處起算

(A) 29. 使用加瓦斯試驗器進行瓦斯漏氣火警警報設備之檢知器測試性能檢查時，若檢測對象之瓦斯對空氣之比重小於 1 者，應使用何種瓦斯氣體來檢測？
　　(A) 甲烷　　　(B) 乙烷　　　(C) 丙烷　　　(D) 異丁烷

(C) 32. 進行緊急廣播設備 M 級揚聲器之音壓檢測時，距離揚聲器 1 公尺處，以噪音計量測其音壓至少應在多少分貝以上爲合格判定？
　　(A) 92 分貝　　　(B) 90 分貝　　　(C) 87 分貝　　　(D) 84 分貝

(B) 33. 竣工查驗定溫式感知線型火警探測器設置之狀況，下列何者爲錯誤？
　　(A) 感知線設置在裝置面下方 30 cm 以內位置
　　(B) 感知線之彎曲半徑在 10 cm 以上
　　(C) 感知線安裝直線部分以每 50 cm 以內間隔固定，彎曲部分以每 10 cm 以內間隔固定
　　(D) 設置在周圍溫度低於探測器標稱動作溫度 20℃ 以上處所

(C) 34. 竣工測試及確認場所火警警報設備地區音響裝置的設置狀況，下列何者爲正確？
　　(A) 從設置樓層各部分至任一地區音響裝置步行距離在 25 m 以下之範圍內
　　(B) 距離地板面之高度應在 1.2 m 以上 1.5 m 以下，但與發信機合併裝設時

不在此限

(C) 如設於有可燃性氣體發生或滯留之虞場所應採防爆構造者

(D) 在規定電壓下，離開地區音響裝置 1 m 處所測得之音壓應在 80 分貝以上

(C) 35. 受信總機竣工後試驗二信號式機能，測試其火災表示，依規定操作火警表示試驗開關，就各回路進行，下列步驟何者為錯誤？

(A) 第一信號時，地區表示裝置應亮燈及主音響裝置應鳴動

(B) 第二信號時，火警燈應即亮燈、地區表示裝置亮燈及主、地區音響裝置應鳴動

(C) 使發信機動作應在接收第二信號時操作

(D) 使發信機動作時火警及地區表示亮燈、主音響及地區音響裝置鳴動

(A) 36. 某飯店之餐廳廚房處所設有定溫式侷限型探測器（非再用型），竣工測試以加熱試驗器加熱測定其動作時間，已知現場配置數量為 21 個，請問應抽取個數為何？

(A) 2 個　　　　(B) 4 個　　　　(C) 6 個　　　　(D) 8 個

(C) 37. 某供公共使用場所緊急廣播設備揚聲器之音壓為 85 分貝時，屬於以下那一級別之揚聲器？

(A) L 級　　　　(B) M 級　　　　(C) S 級　　　　(D) XL 級

8-10 100年警報系統考題詳解

甲、申論題部分：（50分）

不必抄題，作答時請將試題題號及答案依照順序寫在申論試卷上，於本試題上作答者，不予計分。請以藍、黑色鋼筆或原子筆在申論試卷上作答。

一、試依下列條件繪製一套火警昇位圖，並計算其主管管路之線數。（25分）（備
　註：以法定最簡化線數計之）

　1)使用用途：老人安養中心。

　2)樓層數：地下二層；地上六層。

　3)樓層高度：3 m。

　4)樓梯數：1 座。

　5)各層樓地板面積：1200 m²。

　6)標示燈回路、警鈴回路等配線：採線徑 1.6 mm。

　7)電話回路配線：採線徑 1.2 mm。

　8)探測回路配線：採線徑 1.2 mm。

　9)受信總機：採 P 型 1 級，設置於 1F。

　10) 火警探測器：採偵煙式侷限型。

解：

室內樓梯間	P	L	B	T	S			
	P	L	B	T	S	6F 樓地板面積 600 m² 為一區，每層	B：1.6×2 條 L：1.6×2 條
						樓地板面積 600 m² 為一區	T：1.2×2 條 S：1.2×4 條（2 區＋樓梯＋共線）
		L	B	T	S	5F	B：1.6×3 條 L：1.6×2 條
							T：1.2×2 條 S：1.2×6 條
		L	B	T	S	4F	B：1.6×4 條 L：1.6×2 條
							T：1.2×2 條 S：1.2×8 條
		L	B	T	S	3F	B：1.6×5 條 L：1.6×2 條
							T：1.2×2 條 S：1.2×11 條（7 區＋ 1 條共線）
		L	B	T	S	2F	B：1.6×6 條 L：1.6×2 條

						T：1.2×2 條 S：1.2×13 條
L	B	T	S	1F	P 型 1 級	B：1.6×4 條 L：1.6×2 條
						T：1.2×2 條 S：1.2×8 條
L	B	T	S	B1F		B：1.6×3 條 L：1.6×2 條
						T：1.2×2 條 S：1.2×6 條
L	B	T	S	B2F		B：1.6×2 條 L：1.6×2 條
						T：1.2×2 條 S：1.2×4 條（2 區＋BF 樓梯＋共線）

1.6 mm 警鈴回路 B：每層樓一共線＋1 條。

1.6 mm 標示燈回路 L：全部 2 條

1.2 mm 電話回路 T：全部 2 條

1.2 mm 探測回路 S：每層樓 2 區，一共線＋1 條。

計 35 條電線，將 檢維修或擴增之用，多配 1 條，共計 36 條。

乙、測驗題部分：（50分）代號：3902

本測驗試題為單一選擇題，請選出一個正確或最適當的答案，複選作答者，該題不予計分。共 40 題，每題 1.25 分，需用 2B 鉛筆在試卡上依題號清楚劃記，於本試題或申論試卷上作答者，不予計分。

（A）　1. 某地上六樓層、地下三樓層之建築物，其總樓地板面積為五千平方公尺，當地面層發生火災時，火警自動警報設備應鳴動樓層為何？
(A)限地面層、地上二層與地下一、二、三層
(B)限地面層、地上二、三層與地下一、二、三層
(C)限地面層、地上二層與地下一、二層
(D)各樓層一齊鳴動

（C）　2. 下列火警自動警報設備探測器之動作時間敘述，何者錯誤？
(A)差動式偵限型一種探測器為三十秒
(B)火焰式探測器為三十秒
(C)定溫式偵限型一種探測器為三十秒
(D)光電式分離型探測器為三十秒

(D) 3. 有關於緊急廣播設備之敘述，下列何者錯誤？
(A)地下四樓的啓動裝置要使用緊急電話方式
(B)緊急電話啓動裝置係拿起電話既可以啓動緊急廣播設備，並具有與廣播主機對講之功能
(C)緊急廣播設備啓動裝置應採分層分梯間設置為原則
(D)緊急電源使用蓄電池設備，其容量能使其二回路有效動作十分鐘以上

(C) 4. 下列何者不是無線電通信輔助設備的組成元件？
(A)洩波同軸電纜 　　　　　　(B) 無線電接頭之射頻電纜
(C) 訊號並排器 　　　　　　　(D) 訊號增輻器

(A) 5. 「消防機關受理消防安全設備檢修申報及複查注意事項」中，消防機關視轄區狀況進行重點抽測，其必要抽測項目，下列敘述何者錯誤？
(A)火警自動警報設備：用加煙（或加熱）試驗器對探測器進行動作試驗（每層至少測試三個）
(B)瓦斯漏氣火警自動警報設備：用加瓦斯試驗器測試檢知器三個以上
(C)緊急廣播設備：使用噪音計對每一層樓之一處揚聲器進行音壓測試
(D)排煙設備：使用風速計於最高樓層及最低樓層之機械排煙進行測試

(B) 6. 下列何者不是差動分布型空氣管式探測器檢修的實驗？
(A)空氣注入試驗 　　　　　　(B) 流氣隔絕試驗
(C) 接點水高試驗 　　　　　　(D) 流通試驗

(C) 7. 特別安全梯與緊急昇降機之排煙設備採用機械排煙，下列何者不用連接緊急電源？
(A) 排煙口 　　(B) 進風機 　　(C) 手動開關裝置 　　(D) 進風口

(B) 8. 下列火警自動警報設備有關探測器設置場所，所述何者錯誤？
(A)在地下室的電話機械室設置光電式偵限型的偵煙式探測器
(B)鍋爐室設置差動式偵限型探測器
(C)木材加工場所設置火焰式探測器
(D)餐廳的廚房設置定溫式探測器

(D) 12. 下列火警自動警報設備探測器的設置場所，所述何者錯誤？
(A)位於第十樓的辦公室內的走廊要設偵煙式探測器
(B)位於第十二樓的餐廳內要設偵煙式探測器
(C)位於第十二樓的辦公室內要設偵煙式探測器
(D)位於第十二樓的集合住宅的住家內要設偵煙式探測器

(B) 13. 瓦斯漏氣火警自動警報設備檢知器之性能檢查時，檢知器有動作確認燈者，測定由確認燈亮至受信總機之瓦斯漏氣燈亮之時間要在幾秒內？
(A)八十五秒 　　　　　　　(B) 六十秒
(C)四十五秒 　　　　　　　(D) 三十秒

(C) 16. 有一辦公室面積四百平方公尺（長 20 公尺 × 寬 20 公尺），天花板高度為三公尺，但有一下垂四十五公分的樑從中間隔開，試問該辦公室裝置光電

式偏限型一種的偵煙式探測器要幾個？

    (A)1　　　　　(B)2　　　　　(C)3　　　　　(D)4

(C) 18. 有一大樓共有十六個火警分區，依各類場所消防安全設備設置標準第一百二十七條規定，其火警自動警報設備則需選擇至少有幾個共線端點的P型受信總機？

    (A)1　　　　　(B)2　　　　　(C)3　　　　　(D)4

(C) 20. 緊急廣播設備之裝置規定，下列何者正確？

    (A) L 級揚聲器：距揚聲器 100 公分處所測得之音壓，在 90 分貝以上

    (B) 設於樓梯或斜坡通道時，至少水平距離每 15 公尺設一個 L 級揚聲器

    (C) 廣播區域在 50 平方公尺以下時，設 L 級、M 級或 S 級揚聲器

    (D) 從各廣播區域內任一點至揚聲器之水平距離在 8 公尺以下

(A) 21. 依各類場所消防安全設備檢修及申報作業基準，偵煙分離型探測器（多信號探測器除外）使用減光罩確認動作是否正常時，當插入減光罩後到動作之時間，應在幾秒內才判定合格？

    (A)30　　　　　(B)40　　　　　(C)50　　　　　(D)60

(D) 24. 依各類場所消防安全設備檢修及申報作業基準，定溫式偏限型探測器當其標稱動作溫度與周圍溫度之差超過幾度時，其動作時間得加倍計算？

    (A)20　　　　　(B)30　　　　　(C)40　　　　　(D)50

(A) 25. 依瓦斯漏氣檢知器之裝置規定，若測漏之瓦斯為 LPG（液化石油氣），則下列規定何者正確？

    (A) 檢知器上端，裝設在距樓地板面 30 公分範圍內

    (B) 設於距瓦斯燃燒器具或瓦斯導管貫穿牆壁處水平距離 8 公尺以內

    (C) 樓板有淨高 60 公分以上之樑或類似構造體時，設於近瓦斯燃燒器具或瓦斯導管貫穿牆壁處

    (D) 無需設置瓦斯漏氣檢知器

(D) 27. 依各類場所消防安全設備檢修及申報作業基準，火警自動警報設備之受信總機前應確保多少公尺以上之空間才判定合格？

    (A) 0.5　　　　(B) 0.6　　　　(C) 0.8　　　　(D) 1.0

(C) 28. 某防火構造建築物，其探測器裝置面高度為六公尺，若採差動式偏限型二種探測器其有效探測範圍為多少平方公尺？

    (A) 25　　　　(B) 30　　　　(C) 35　　　　(D) 40

(C) 30. 火焰式探測器得設於下列何處所？

    (A) 顯著高溫之場所　　　　　(B) 煙會大量流入之場所

    (C) 排放廢氣會大量滯留之場所　　(D) 會結露之場所

(B) 31. 裝設火警自動警報設備之建築物，火警分區之劃定，下列規定何者錯誤？

    (A) 每一火警分區不得超過一樓層，並在樓地板面積六百平方公尺以下

    (B) 裝設光電式偏限型探測器時，火警分區邊長得在 100 公尺以下

    (C) 樓梯或斜坡通道，垂直距離每 45 公尺以下為一火警分區

(D) 樓梯、斜坡通道應與建築物各層之走廊、通道及居室等場所分別設置火警分區

(B) 32. 火警受信總機之裝置規定，下列何者正確？

(A) 壁掛型火警受信總機操作開關距離樓地板面之高度，在 0.3 公尺以上 1.5 公尺以下

(B) P 型受信總機之探測器迴路電阻，在 50 Ω 以下

(C) 緊急電源，應使用蓄電池設備，其容量能使其有效動作 20 分鐘以上

(D) R 型受信總機採用數個分區共用一公用線方式配線時，該公用線供應之分區數，不得超過 7 個

(D) 33. 依據音壓的衰減特性，當距離每增加一倍，音壓衰減幾分貝（dB）？

(A) 1　　　　　(B) 2　　　　　(C) 4　　　　　(D) 6

(D) 34. 火警發信機之裝置規定，下列何者錯誤？

(A) 二樓層共用一火警分區者，火警發信機應分別設置

(B) 標示燈與裝置面成 15 度角，在 10 公尺距離內需無遮視物且明顯易見

(C) 若設有緊急廣播設備時，得免設火警發信機之火警警鈴

(D) 火警警鈴在規定電壓下，離開火警警鈴 100 公分處，所測得之音壓，在 70 分貝以上

(B) 37. 攜帶加熱試驗棒或加煙試驗棒至現場測試探測器，從事火警自動警報設備性能綜合檢查時，下列敘述何者錯誤？

(A) 必須先切換成緊急電源狀態或預備電源狀態

(B) 測試結果火警自動警報未動作，一定是火警受信總機故障

(C) 測試結果緊急廣播及警鈴一定要自動動作

(D) 測試結果火警受信總機火警分區燈及探測器 LED 燈一定要會亮起

(D) 39. 水蒸氣會大量滯留之場所，可設置下列何種探測器？

(A) 差動式侷限型一種　　　　　(B) 差動式侷限型二種

(C) 差動式分布型一種　　　　　(D) 差動式分布型二種

＋知識補充站

臺灣消防機具器材及設備型式認可申請作業流程

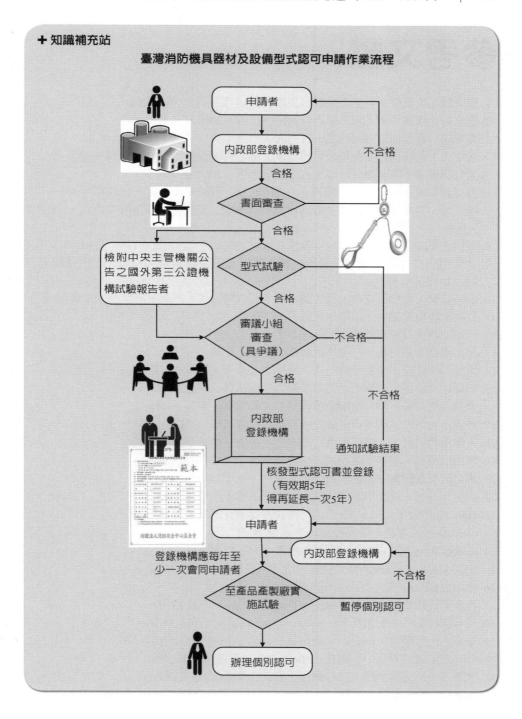

參考文獻

1. 盧守謙，火災學 2 版，五南圖書出版，2019 年 7 月。
2. 盧守謙，圖解消防工程 2 版，五南圖書出版，2019 年 4 月。
3. 盧守謙，圖解消防危險物品，五南圖書出版，2018 年 4 月。
4. 盧守謙，圖解消防安全設備設置標準 2 版，五南圖書出版，2019 年 5 月。
5. 盧守謙與陳永隆，防火防爆，五南圖書出版，2017 年 2 月。
6. 盧守謙與陳永隆，消防設備師士：消防法規，五南圖書出版，2017 年 4 月。
7. 陳火炎，各類場所消防安全設備設置標準解說（五版），鼎茂圖書出版，2009 年 3 月。
8. 張裕忠與陳仕榕，消防危險物器法令解說（四版），鼎茂圖書出版，2011 年 3 月。
9. 林文興與林坤層，警報與避難系統消防安全設備總整理（一版），鼎茂圖書出版，2012 年 6 月。
10. 消防設備士資格研究會，第 5 類與第 6 類消防設備士，新星出版社，平成 22 年。
11. 日本消防檢定協會，消防用設備等，平成 28 年。
12. 日本危險物設施基準指南，平成 7 年。
13. 日本總務省消防廳，高發泡泡沫滅火設備，平成 29 年。
14. 埼玉市消防局，埼玉市消防用設備等審查基準，平成 28 年。
15. 福岡市消防局，福岡市消防用設備等技術基準，平成 26 年。
16. 神戶市消防局，神戶市消防用設備等技術基準，平成 25 年
17. 橫濱市消防局，橫濱市危險物規制事務審查基準，平成 27 年。
18. 大津市消防局，大津市危險物規制事務審查基準，平成 26 年。
19. 堺市消防局，堺市危險物規制審查基準，平成 28 年。
20. 東京防災設備保守協會，消防用設備等，平成 28 年。
21. 浜松市役所，浜松市消防用設備等審查基準，平成 28 年。
22. Saitama 市役所，Saitama 市消防用設備等審查基準，2016
23. Chikata 株式會社，消火設備，平成 28 年。。
24. Nohmi Bosai 株式會社，消防用設備，平成 29 年。
25. Nippon Dry-Chemical 株式會社，消防用設備等，平成 28 年。
26. Morita Miyata 株式會社，消防用設備等，平成 28 年。
27. 日本消防檢定協會網頁，http://www.jfeii.or.jp/，平成 31 年
28. 日本總務省消防廳網頁，http://www.fdma.go.jp/，平成 31 年。
29. 東京消防庁網頁，http://www.tfd.metro.tokyo.jp/，平成 31 年。
30. 日本消防設備安全中心網頁，http://www.fesc.or.jp/index.html，平成 31 年。
31. 財團法人消防試驗研究中心網頁，http://www.shoubo-shiken.or.jp/，平成 31 年。
21. NFPA 11, Standard for Low, Medium, and High-Expansion Foam, Foam Fatale, 2017.

國家圖書館出版品預行編目資料

圖解警報系統消防安全設備／盧守謙作. --
二版. -- 臺北市：五南圖書出版股份有限
公司, 2021.10
　　面；　公分
　ISBN 978-626-317-073-5（平裝）

　1.消防設施　2.消防安全

575.875　　　　　　　　110013011

5T44

圖解警報系統消防安全設備

作　　　者 ― 盧守謙（481）

協同作者 ― 陳承聖

發 行 人 ― 楊榮川

總 經 理 ― 楊士清

總 編 輯 ― 楊秀麗

副總編輯 ― 王正華

責任編輯 ― 金明芬

封面設計 ― 姚孝慈

出 版 者 ― 五南圖書出版股份有限公司

地　　　址：106台北市大安區和平東路二段339號4樓

電　　　話：(02)2705-5066　　傳　　真：(02)2706-6100

網　　　址：https://www.wunan.com.tw

電子郵件：wunan@wunan.com.tw

劃撥帳號：01068953

戶　　　名：五南圖書出版股份有限公司

法律顧問　林勝安律師事務所　林勝安律師

出版日期　2019年10月初版一刷
　　　　　2021年10月二版一刷

定　　　價　新臺幣500元

經典永恆・名著常在

五十週年的獻禮——經典名著文庫

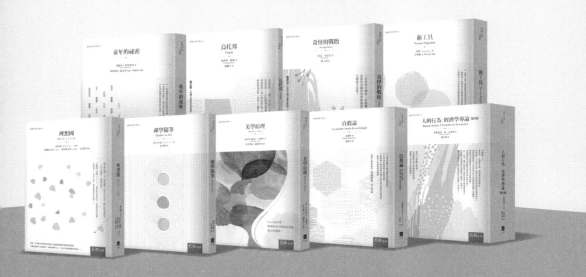

　　五南，五十年了，半個世紀，人生旅程的一大半，走過來了。
　思索著，邁向百年的未來歷程，能為知識界、文化學術界作些什麼？
　　在速食文化的生態下，有什麼值得讓人雋永品味的？

歷代經典・當今名著，經過時間的洗禮，千錘百鍊，流傳至今，光芒耀人；
不僅使我們能領悟前人的智慧，同時也增深加廣我們思考的深度與視野。
　我們決心投入巨資，有計畫的系統梳選，成立「經典名著文庫」，
　　希望收入古今中外思想性的、充滿睿智與獨見的經典、名著。
　　　　這是一項理想性的、永續性的巨大出版工程。
不在意讀者的眾寡，只考慮它的學術價值，力求完整展現先哲思想的軌跡；
　為知識界開啟一片智慧之窗，營造一座百花綻放的世界文明公園，
　　　　任君遨遊、取菁吸蜜、嘉惠學子！